21世纪交通版高等学校教材
城市轨道交通系列教材

Equipment System in Urban Mass Transit
城市轨道交通设备系统

周顺华　主编
金　锋　主审

人民交通出版社

内 容 提 要

本书为城市轨道交通系列教材，全书共分十一章，首先介绍了容纳城市轨道交通设备系统的车站建筑设计，在此基础上系统介绍了城市轨道交通设备系统，包括供电系统、通信系统、信号系统、火灾自动报警系统、自动售检票系统、通风空调系统、给排水及消防系统，同时还介绍了控制中心、车辆段与综合基地的设备组成。

本书可作为高等院校交通工程、土木工程等相关专业本科生和研究生的教学参考书，也可供从事城市轨道交通工程建设、运营、管理等领域的相关人员参考。

图书在版编目（CIP）数据

城市轨道交通设备系统/周顺华主编. —北京：人民交通出版社，2009.6

ISBN 978-7-114-07766-1

I. 城… II. 周… III. 城市铁路—设备 IV. U239.5

中国版本图书馆 CIP 数据核字(2009)第 082666 号

21 世纪交通版高等学校教材
城市轨道交通系列教材

书　　名：城市轨道交通设备系统
著 作 者：周顺华
责任编辑：沈鸿雁　王文华
出版发行：人民交通出版社
地　　址：(100011)北京市朝阳区安定门外外馆斜街 3 号
网　　址：http://www.ccpress.com.cn
销售电话：(010)59757969，59757973
总 经 销：北京中交盛世书刊有限公司
经　　销：各地新华书店
印　　刷：北京凯通印刷厂
开　　本：787×1092　1/16
印　　张：17.75
字　　数：445 千
版　　次：2009 年 6 月　第 1 版
印　　次：2009 年 6 月　第 1 次印刷
书　　号：ISBN 978-7-114-07766-1
印　　数：0001～3000 册
定　　价：32.00 元

前　言

城市轨道交通的兴建，不仅仅是为了解决城市的公共交通问题，同时还能起到节省土地资源、减少交通排放、改善城市居住环境和投资环境等多方面的作用，所以近几年来我国城市轨道交通的建设发展非常快，社会对城市轨道交通相关专业人员的需求也较大。迄今，我国城市轨道交通的从业人员大多与国铁或者说铁道行业有关，也确实因为“国铁”与“城市轨道”之间有若干方面是相通的，特别是对于通才教育的高等教育来说，也许交通是要强调专业或者学科相通的一面，而非特殊的一面。诚然，“通”或者“广”是需要基础的，这不仅仅是知识的构成，而更为重要的是对技术问题进行判断、处理的思维习惯和认真严谨的态度。思维习惯和工作态度是可以培养的，培养的有效途径之一就是主动接受教育。

城市轨道交通的服务对象是客流。就一般乘客而言，车体的舒适性、速度、进出车站的便捷性等是可以感受的。显然，让乘客的所有感受能够达到优良的组合，是我们专业技术人员努力的目标。非常遗憾的是这一目标可能是永无止境的，所以未来技术人员应该不停地思考不足之处，不断地追求新技术，实现不断的自我发展。我在上学的时候，国内仅北京有地铁，也没有听说过自动售检票系统和列车自动驾驶系统，只是知道城市轨道交通(那时候称地下铁道)涉及许多专业，单方面的最优的简单组合，不一定就能够实现系统的最优。到了20世纪90年代，国内的城市轨道交通开始加快发展步伐，那个时候许多土建的专业人员开始知道在有限的轨道交通车站内部需要容纳许多的“系统”，正是众多的“系统”保证车体的快速和舒适。这些系统分别属于不同的学科领域，很难将这些系统纳入到一门课程之内。随着城市轨道交通的快速发展，国内从事这一行业的设计、施工、建设管理、监理等方面的技术人员得到迅速的扩张，当交通类或土建类的设计院纷纷承担起城市轨道交通的各项设计任务的时候，让技术人员知道城市轨道交通设备系统的组成已成为必要，尤其是交通类的大学生们更应该了解这些系统的组成，但苦于没有现成的教材，于是萌生了邀请设计院的同行们一道来编写《城市轨道交通设备系统》这样一本教学参考书，使在校的学生们有机会了解土建之外的系统，让他们今后的技术作品能够更加完善。

本书由周顺华主编，金锋主审，在编写过程中得到了上海市政工程设计研究院罗衍俭先生，南京市地下铁道责任有限公司佘才高、裴顺鑫先生的大力支持，主审人广州市地下铁道总公司教授级高工金锋先生提了许多富有建设性的意见，为本书内容的提升起到了很好的作用。全书共分十一章。第一章由周顺华编写；第二章由张旭东、罗衍俭编写；第三章由叶玉萍、莫汉军编写；第四章由王之峰编写；第五章由罗志兵编写；

第六、七章由张守芝、徐舰编写；第八章由郝盛编写；第九章由秦烽编写；第十章由高继传编写；第十一章由周鸣语编写，并请铁道第二设计院的张强先生审阅。在编写及文稿整理过程中博士生庄丽、研究生王春凯等做了大量的工作，上海市政工程设计研究院的祁玉华先生为本书的编写做了有益的工作，编写人员也吸取了近期城市轨道交通方面大量的最新成果，在此一并表示感谢。

本书大量的资料来源于上海地铁和南京地铁的大运量、中速度设备系统，未包括中小运量的城市轨道交通系统，这有待于以后补充完善；此外，限于作者的水平以及参与实践机会有限，对一些问题的认识也不尽合理，恳请读者对书中的不足之处提出批评指正。

周顺华

2009 年 1 月于同济大学

目　录

第1章 绪　论

城市轨道交通包含了通常所说的地铁、轻轨、市郊铁路、独轨、有轨电车和磁浮系统等。"地铁"(Metro)一词已经由早期的"地下铁道"(under ground railway)演变成城市轨道交通体系的一类,其特点是:①运量大,车体较宽(2.8～3.0m),一般单方向每小时的运量超过3万人;②全封闭式,全线无平交道口,可以实现高密度发车,发车密度达30对/h,所以"地铁"已经脱离了中文的原意。"轻轨"(light rail transit)也不是中文表面上钢轨轻的意思,而是指与地铁相对应的一种交通系统,即运量相对较小,一般单方向客运量为1～3万人/h,车体的宽度相对较小,一般在2.6m以下。显然,从土建工程量来说,地铁的工程量要大些,而轻轨的工程量相对要小些,但这两种系统都可以采用高架线、地面线和地下线的方式。目前的独轨和磁浮交通系统则大都采用高架的方式,这两种交通系统也无平交道口,而有轨电车由于速度与运量较轻轨小,所以就可以采用平交道口的方式,因而造价更低、线路的走向也更加灵活方便。

城市轨道交通系统与其他公共交通工具相比的优点除了运量大之外,就是全天候、快捷、舒适和节能、环保。要实现此目的,就必然要涉及土建系统的合理性、设备系统的先进性和可靠性。无论是土建工程还是设备系统,都是随着社会整体工业水平的提高而发展的。最早的伦敦地铁采用的是蒸汽机车,随着电力机车的出现,伦敦地铁也实现了电气化,这也是世界上最早的第三轨供电的地铁系统。之所以由电力机车来替代蒸汽机车,主要有以下几方面的原因:①蒸汽机车的排烟污染大;②蒸汽机车产生的噪声很大。事实上,人们乘坐这种交通工具,除了速度比其他交通工具快之外,在舒适性方面也存在问题,同时对周边环境的影响也较大。人类的需求促进了技术的发展。

此外,技术的发展并没有固定模式。伦敦地铁从蒸汽机改为第三轨供电,芝加哥的西部铁路线则采用高架接触网供电,不仅如此,在芝加哥高架铁路电气化的同时,斯卜拉斯(Sprague)还于1897年发明了多单元的动车系统,也就是我们今天的动车组,一改由单一机车牵引若干车辆的模式,使牵引力更加均匀,也更有利于启动时加速。一般的电力机车是采用旋转电机牵引,这几乎是固定的模式。但20世纪80年代中期,为了解决城市轨道交通中困难地段的曲线半径小、坡度大等困难,日本和加拿大研发了直线电机系统,目前世界上已有5个国家建成10余条直线电机的轨道交通线路。世界上绝大多数铁路都是由两根钢轨组成,但实际上欧洲人很早就开始研发独轨铁路了。英国人派门(P. H. Palmer)于19世纪初研发了由马牵引的独轨马车,当然那时所采用的轨道材料为木轨;1888年爱尔兰建设了跨座式的独轨铁路,并由蒸汽机牵引;1897年德国人发明了悬挂式的独轨。现代铁路很容易使人联想到钢轮钢轨,其实除了钢轮钢轨之外,还可以采用其他模式,如橡胶轮系统、磁浮系统等。

城市轨道交通主要解决大城市的公共交通问题。大城市一般都面临着客流集中、用地紧张、环境要求高等诸多的技术课题,尤其是随着现代经济的发展,一方面人们对速度和舒适性的要求越来越高,另一方面也意识到资源和环境对人类的重要性,所以对轨道交通系统的基础设施建设要求精巧细致，做到节省用地，同时由于生活节奏的加速，也要求轨道交通能够更加便捷、快速和舒适，这实际上就形成庞大的系统工程。这一系统工程要求以乘客为中心，集车辆、信号、供电、环控、交通组织、土建工程等为一体。从车辆、信号、供电、环控、交通组织到土建工程的专业跨度非常大，无论是谁都难以掌握这么多门类的专业知识，所以对于轨道交通系统来说，专业之间的协调或者说专业之间的接口，显得尤为重要。尤其对土建类的学生来说，更应该了解其他专业的技术要求，因为与其他专业相关的设备系统通常都要与土建发生关系，例如供电的接触网系统，需要土建提供安装的支架，若对刚性接触网系统，盾构隧道的下沉量或者施工中的偏差还将影响道床的结构形式；再如环控系统的设备容量一方面受控于某区段的土建规模，另一方面设备容量的大小也直接影响到建筑布局和结构形式。这充分说明轨道交通是项系统工程。

1.1 城市轨道交通设备系统的组成

城市轨道交通运营设备的主体是车辆。正是因为车辆的产生、发展和演变，才导致了当前多种形式的城市轨道交通模型。对土建工程师来说，车辆类型的选定也就意味着结构断面也基本确定了。对于某时间段内的运量，可以采用大车、大长度、大的时间间隔的方式来解决，也可以选用小车、小长度、缩短发车的时间间隔来解决同一运量。表面上看，这是解决运输的理念不同，其实不同运输理念的背后，常常受许多技术因素的影响。例如要缩短发车的时间间隔，就需要许多先进的技术作支撑，否则是难以实现的。如前所述，现代社会对公共交通的要求非常高，所以就必须要有众多的先进设备作保证。

目前，就城市轨道交通中最为普遍的地铁与轻轨而言，除车辆系统之外，还必须包含以下设备系统：①供电系统，由变电所、接触网（或接触轨）、电力监控设备等组成；②通信系统，分有线通信和无线通信等；③信号系统，由联锁装置和列车运行控制系统组成；④防灾报警系统，目前主要是火灾自动报警系统，由火灾报警控制器和火灾探测器以及火灾联动控制装置组成；⑤自动售检票系统，这是最近30年出现的技术，可以提高售票的效率，减少工作人员；⑥通风空调系统，这又与换气方式以及隧道和站台的分割关系有关，目前有三种基本系统：开式系统、闭式系统、屏蔽门系统；⑦给排水及消防系统，实际上这是完整的解决生活、生产、消防的用水和排水问题。除了这些设备系统之外，为了便于了解轨道交通的运行状态并及时处理各种突发事件，通常要设置控制中心，既可以一条线设置一个也可以多条线共设一个。与控制中心相类似的还有车辆段和综合基地，这是保证轨道交通正常运行的后勤基地，可以按线单独设置也可以多线共建。

上述设备有些是为了保证行车所必须设置的，如供电、信号、通信等；有的则是面向乘客的，如自动售检票、通风空调、防灾报警等；有的是既为车辆服务又为乘客服务的，如给排水与消防系统。显然，设备系统的技术水平主要取决于机电学科和电子科学。

1.2 城市轨道交通设备系统的发展

城市轨道交通的设备随着电力、机械、电子等工业的发展而得到迅速发展。20世纪初信号技术主要是机械式集中联锁、电话闭塞和机械式自动停车装置，到了20世纪30年代美国研制了继电式电气集中及利用轨道电路的自动闭塞，以色灯信号机取代了臂板信号机，感应式自动停车装置取代了机械接触式自动停车装置。其中轨道电路技术，实现了由列车来控制信号显示，从而大大缩短了行车间隔。随后出现的计算机给信号技术和设备控制技术带来了革命性的发展。就信号技术而言，早期主要依靠驾驶员的瞭望信号来操作列车的加速或减速，现在已经在计算机的监控下自动完成，列车的调度和运输的组织也可以在计算机控制下实现自动化。

随着网络技术的发展，轨道交通车站及沿线分布的各种机电设备，都可以采用计算机网络实现自动化管理和控制。例如环境与设备监控系统(EMCS)就可以对空调、通风、给排水、照明、自动扶梯、导向系统、防淹门等实现最优化控制，从而延长设备的使用寿命。

火灾自动报警系统(FAS)也随着城市轨道交通客流的日益集中而得到迅速发展，特别是国外的几次火灾和毒气事故，促使人们实现报警与消防救灾联动。售票系统主要依靠人工售票，所以在车站里需要设置足够面积的人工售票亭。当自动售检票系统(AFC)出现之后，一方面可以节省车站内的面积，另一方面也可以大大提高售检票的效率。电力对现代轨道交通来说是至关重要的，目前轨道交通的电力调度可以在控制中心通过电力监控系统(SCADA)，对全线变电所的运行状况实现监视和控制。

由上述几个简单的例子可以发现，设备在城市轨道交通系统中占有非常重要的地位，而设备系统的更新对于土建人员来说，是非常时髦的，计算机出现便有计算机控制，网络出现便有网络控制。但无论多么先进的设备都必须设置在土建结构空间之内，所以土建工程无论从建筑布置还是结构设计，最好能够把握设备系统发展的脉络，以便留出足够的设备系统改建的空间。

1.3 设备系统在城市轨道交通中的地位

城市轨道交通系统的主要目的是解决大城市客流问题。大城市的概念不仅仅是由于人员多才称其“大”，更主要的是具有相对较高的经济水平，从而成为某地区的中心，由此带来的是连锁的流动人员问题。流动人员越多，城市的地位越高，交通问题也越突出，而正由于经济条件相对好的原因，客流群体对交通便捷和舒适的要求也就越高。在这方面除了路网规划和车站的建筑布局合理之外，能够使乘客体会到便捷和舒适的便是设备系统，例如售检票系统的便捷性，通风空调系统的舒适性，自动驾驶系统的快速和安全性。另一些设备系统如车辆段、综合基地和控制中心等，是保证安全运行所必需的。

城市轨道交通的设备特征是以机电和网络等现代电子技术为基础的，一方面现代工业技术是直接为人服务的纽带，另一方面设备的功能也大大体现了人类自身功能的延伸，如驾驶系统、自动售检票系统。这些系统除了最大限度地满足为乘客服务之外，还应该体现节能、环保。尤其是对于地下线路，除了牵引用电之外，照明、环控、排水等均需要消耗电能，设备的优劣也就直接影响到了耗电量的大小。

减小乘客的滞留时间，加大行车密度，从而节省建筑空间，既可以降低能耗也能够节省用地，这实际上也是对设备的功能要求更高。目前行车间隔时间最短的必须采用无人驾驶系统，该系统涉及电子科学、控制科学等众多学科领域。

1.4 城市轨道交通的系统最优思想

城市轨道交通系统涉及建筑、土建、机电、环境等众多的学科领域。对于从事专业技术研发的技术人员来说，总是希望自己的作品是最为先进的，这样才富有创新性，也更富有挑战性。

诚然，这是我们社会技术之所以能够不断进步的动力之一。但如前所述，城市轨道交通系统涉及众多的学科领域，这些不同学科领域的产品或者成果组成系统的目标是有效地解决城市公共交通问题。其中“有效”的含义除了包含大运量和快捷之外，显然不能离开成本，以高昂代价所换取的高效不是我们追求的目标。

虽然全球的城市轨道交通从经济效益方面来看绝大多数处于亏损状态，但对技术人员来讲，不能形成亏损是城市轨道交通必然的意识，通过系统配置的寻优避免亏损，这是今后城市轨道交通系统集成追求的目标。

系统集成功能的最优，是城市轨道交通功能的最佳，同时运营成本最低。满足功能要求的最经济的配置才是最优的配置，而不是单项技术指标最先进的配置。为此，作为城市轨道交通领域的从业人员，应该思考和研究设备配置与大系统功能之间的关系。一方面设备系统的类型差别很大，导致初期投入和使用成本会相差很大；另一方面即使同一类型，因设备的功能需要不同以及技术特点的不同，也会导致经济性差别很大。最为典型的例子是大连轨道交通3号线的信号系统采用CTC＋ATP方式，在不影响使用功能的前提下，其造价仅是常规系统的1/6～1/5。另一负面例子是某城市的第一条轨道交通在信号设备方面的配置是满足列车运行间隔时间为45s，但折返设备的能力是行车间隔2min，造成了信号设备投入的浪费。这充分说明设备系统的选择空间非常大，而这恰恰是我们在认识上面需要引起重视的。

以系统集成的功能最优为目标，要求我们的专业技术人员应该既要充分了解城市轨道交通的功能，同时还得具备对设备系统的性能与配置方面的知识，这才会使设备的选型和采购趋于合理。尤其是对于设备功能相同条件下，用高低不同的配置在设备的使用寿命中如何发挥效益，这是设备选购中值得深思的。其次，设备的配置与资金的状况是不容忽视的另一重要问题，而这是依靠任何一个单一专业都无法解决的问题。

资源共享是节省设备系统投入的新课题。城市轨道交通一般应形成路网，不同线路之间的设施(如车辆段、控制中心等)应尽可能多线共用。由线组成网是目前我国城市轨道交通建设、管理的基本思想。从解决城市交通的角度出发，城市轨道交通不仅要考虑自身的问题，还应与其他交通系统共同形成解决城市交通的网络体系。就城市轨道交通自身而言，也应该逐渐抛弃由线组网的思想，建立网络运营、网络维修、网络管理的思想，从而在真正意义上实现资源共享。

现实中可能一时无法实现系统的真正最优，但我们依然要以最大的努力去追求系统最优和功能最优。

从以上简单的叙述可以发现，设备在城市轨道交通系统中占有非常重要的地位，它既是实现轨道交通系统功能的保障，又是技术、经济不同层次的具体体现，应按照系统工程和价值工程的理论，配置符合功能需求和全寿命周期内价值最大的设备系统。但目前本课程只能根据轨道交通的现行情况，介绍设备系统的一些技术特征，希望我国的城市轨道交通能够实现系统最优。

思考题

1. 新能源、新材料、电子信息技术的发展对城市轨道交通有何影响？
2. 你心目中人的生存环境与未来的城市交通模式是怎样的？
3. 如何理解系统最优和局部最优？

第2章 车站建筑

车站是轨道交通与乘客联系的最重要节点，是供列车到、发及折返、乘客集散的唯一途径，所以车站在路网中占有极其重要的地位。此外，为了保证安全高效的运行，车站内部需要安置数量较多的设备。

车站建筑设计的成功与否直接关系到城市轨道交通线路设计的成败。作为交通类建筑的一种，车站的建筑设计与其他建筑设计有很多相似之处，一般需要通过设计者的深入研究、分析、构思后形成一种“能”和“形”的组合。所谓“能”就是指被建对象的功能组合，“形”表示被建对象实实在在展现在人们面前的形态。通常我们说：某某建筑很好用，就是说这种“能”的组合合理；某某建筑好看或者美观就表示这种“形”的组合很成功。只有“能”和“形”的有机组合，才能形成一个好的建筑设计。

城市轨道交通的车站建筑设计应更偏重“能”的设计：由若干专业和系统组合为一体的车站工程，其功能设计是非常重要的。这是保证城市轨道交通快捷的前提。

城市轨道车站建筑设计包括两大部分内容：总平面设计和平面设计。车站建筑首先要根据线路的走向，结合现场踏勘和调查，初步拟定包括车站的基本站位、站型、出地面的风井、出入口位置等车站总平面布局。

在初步拟定的总平面布置基础上，进行车站平面设计。车站平面设计首先要确定功能分区，即公共区与设备管理区的划分，然后根据对乘客进出站流线的分析，对公共区进行布置，根据各系统专业的提资对设备管理区进行房间布置。

在建筑平面设计的基础上，结合城市的特征等因素对总平面布置（站位、出入口风井）进行调整，几经反复完成车站的建筑设计。

2.1 总平面设计

车站总平面设计首先要根据线路设计确定车站的站位，然后结合现场的周边状况确定出地面建筑物的位置等因素，进行站位的调整。

车站平面设计的前期工作包括调查、收集资料，分析设计资料和确定功能要求。构思、落实设计方案，是做好车站总平面布局的关键。

收集设计资料主要包括：轨道交通线路、车站位置的地形、地貌图及该站的客流资料；有关城市道路、公交站点的资料；批准的用地范围内现存建筑物总平面图及规划总平面图；有关城市地下通道或天桥的位置；有关城市地下管网、地下建筑物、地下构筑物的资料；有关地区内的文物古迹、古木及有保留价值的建筑物、构筑物和其他有关资料。

2.1.1 总体布局原则

(1)车站站位应满足城市规划要求，并应与线路方案协调。应对场地工程地质、水文地质条件、既有和规划的地下管线、地面建筑、地面公交线路等进行详细调查，尽量减少既有建筑物的拆迁和管线改移，尽可能避免施工对地面交通的干扰。

(2)需根据车站的特点、场地的地形、地理环境、地面规划，因地制宜地以灵活多样的形式布置车站，合理进行地下、地面空间的综合开发。

(3)车站总平面设计应积极配合城市道路、建筑、公交的规划，以充分吸引和疏散客流量为目的，合理地布置出入口、风亭、冷却塔的位置。有条件时应尽量优先与沿街建筑相结合。目前无法结合的，可设部分临时出入口或预留口，待规划实施时续建。

地面上建筑物、构筑物应与城市景观相协调，尤其沿道路中间及两侧绿化带的建筑物、构筑物与设备，更应充分考虑与城市环境的关系，同时也要兼顾市民过街的要求。

(4)应充分考虑车站与其他轨道交通线路、地面公交及出租车等的换乘与衔接，设计中应本着“以人为本”的原则，选择合理、便捷的换乘方式。近、远期工程统一规划，统一设计，分期实施，预留切实可行的换乘土建接口。

(5)高架、地面车站的设计，不应影响地面城市道路交通功能。造型设计要与周围环境及城市景观相协调。车站与相邻建、构筑物的距离等应满足防火、防振动和防噪声等有关设计规范要求。在施工期间，应最大限度减少对城市交通的影响，充分利用市政配套设施(过街天桥、地下通道和地面横道线等)。

(6)各车站均要考虑相应的市政配套设施，如自行车棚、停车位等。

(7)出入口风亭建筑宜后退道路红线布置，一般后退距离不小于3m，位于城市主干道的后退距离不小于5m。特殊地段经规划同意可贴近红线。风亭的设置应尽量远离居民、学校等建筑，并征得环保等部门的同意，排风口不应面向建筑。

(8)设于道路两侧的出入口宜平行或垂直于道路红线。客流量大的出入口应设小型集散广场，设自行车停车场。

(9)地面出入口应尽量与邻近建筑物合建。出入口规模宜按初、近、远期中最大分向客流乘以1.1～1.25的不均匀系数计算确定。特殊情况不能满足时，则所有出入口总规模应满足初、近、远期中总客流最大值的需要。

(10)车站地面出入口的建筑形式，应根据所处的具体位置和周边建筑规划要求确定。位于广场、绿地上的出入口优先考虑做无盖敞开式出入口。

(11)地面出入口应有明显的引导标志，便于乘客识别，出入口外应有客流集散场地。

(12)独立修建的出入口、风亭与周围建筑物之间的距离应满足防火要求。

(13)由于环境的需要而采用低风亭(上部进排风)时，需考虑排水设施。风亭的周边应配合绿化和安全措施。

(14)风亭应设在空气洁净的地方，任何建筑物距风亭口部的直线距离不应小于5m。

(15)应有统一规定出入口编号的方法。

2.1.2 总平面设计要点

1)站位选择

车站站位的比选、确定是总平面设计时的首要任务，甚至是车站设计的头等任务。站位比选涉及很多方面，首先就是前面已经提到的资料收集，对收集到的资料应进行必要的核对和调查。

在对基础资料进行分析后，应按照车站所处区域的条件，对车站站位、主体工程建筑布置、出入口通道、风道风亭位置以及车站结构形式和初步的施工方法进行综合研究，以保证车站的站位选择既满足功能要求，也能照顾到周围条件的实际情况：既满足车站各方面的客流需要，方便乘客乘坐及换乘，也要注意轨道交通建设与城市规划、建设的协调发展，充分发挥轨道交通建设对城市发展的推动作用；站位选择时，还要合理地考虑拆迁工程，并统筹兼顾施工期间的地面交通；在统一考虑工程地质、水文地质和地下管线条件以及车站和两端区间施工方法的前提下，尽量减小车站埋深，以减小乘客进出站时的坡度和坡长，降低工程造价。对条件较为复杂的车站，除进行多方案比选外，还应征求市规划等部门的意见，反复研究，认真优化。

一般轨道交通车站都建在城市道路和城市公共建筑较密集地带，以便充分发挥轨道交通工程的功能和吸引、疏解客流。同时，还可兼备城市其他功能的作用，如人行过街以及连接车站周围公共建筑。这样，轨道交通才能更好地发挥其综合效能，改善本区区域城市市政建设的条件和标准，最大限度地方便乘客使用轨道交通。根据轨道交通建设的一般特点以及与城市道路的关系，轨道交通车站站址主要以设于道路交叉口、横跨道路、平行道路（或斜交道路）三种情况为主要特征。其中，最为复杂、最不易处理好的就是设于道路交叉口（或横跨道路）的车站。

车站站址若定在城市道路交叉路口，应尽可能地首选跨路口设站或尽量向路口延伸设站。如图 2-1 所示为跨路口的车站总平面布置，其中图 2-1a）为车站与四个象限相连通，图 2-1b）为

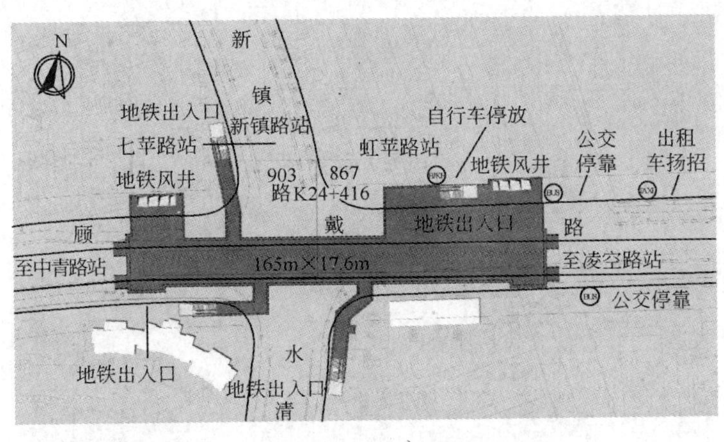

a)

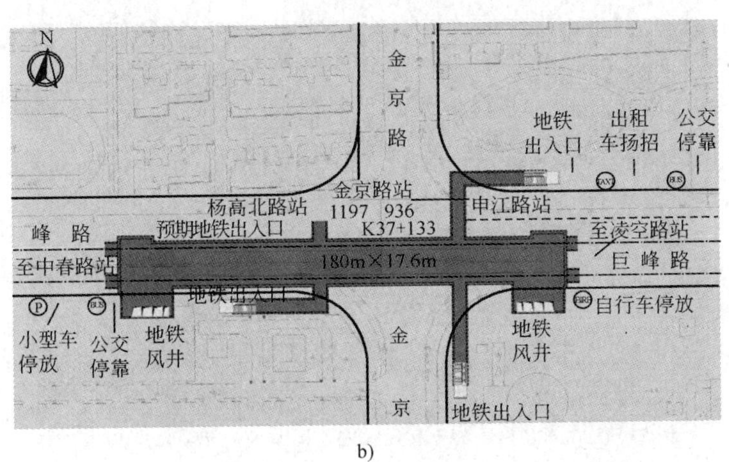

b)

图 2-1　车站跨路口总平面布置

a）车站与四个象限相连通；b）车站与三个象限相连通

车站与三个象限相连通，远期预留第四个象限的出入口通道。这样，车站不仅能在交叉路口处均匀、有效地吸引和疏解乘坐轨道交通的客流，还可在很好地解决轨道交通功能的前提下，兼作该路口的行人过街通道，以达到利用轨道交通建设，综合治理城市交叉路口行人混乱和高架过街天桥对城市景观的影响，提高轨道交通站的综合社会效益之目的。但是，行人利用轨道交通站过街又会给运营管理（特别是夜间轨道交通站要关闭，与行人过街的矛盾）和客流集散带来不便，必须权衡利弊。

轨道交通跨路口设站在车站施工期间对本区域的地面交通会带来较大影响，对市民、城市机动车的交通组织带来很多不便。然而，轨道交通是一项投资多、功能强、影响大的城市交通动脉，虽然在短期内对城市交通和市民有很大影响，但从长远利益分析，跨路口设站所得到的效益和创造的使用条件是相当明显的。至于施工期间对地面交通的影响可以在工程结构、施工组织等方面进行多方案比较、研究和论证，以寻找出影响最小、投资最省、又能保证车站功能的最佳方案。甚至，通过努力如采用盖挖法、分条倒边、明暗挖结合等多种结构体系，可以完全避免或对交通的影响程度降至最低。

结合周边情况，车站站址平行道路设计也较为常见，如图 2-2 所示，图 a)为两侧客流不均衡，图 b)为客流主要集中于一侧的总平面布置情况。

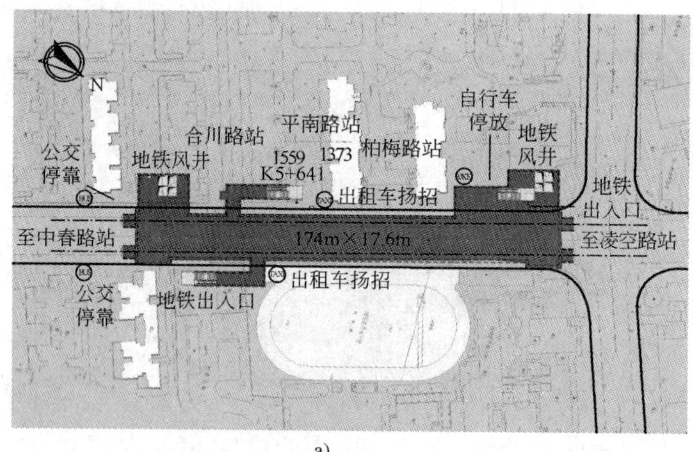

a)

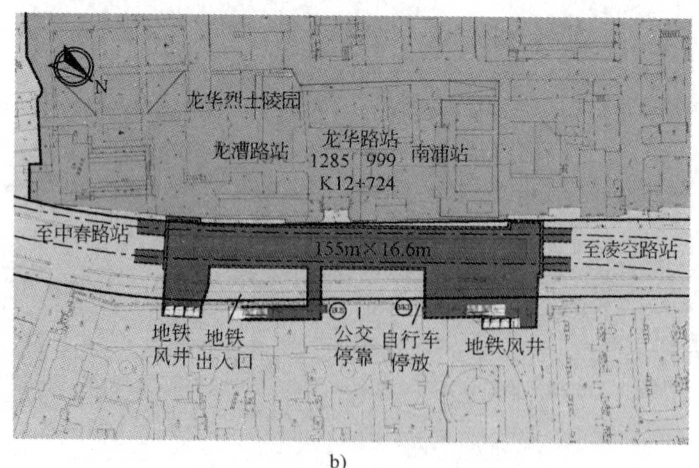

b)

图 2-2 车站平行道路总平面布置

a)两侧客流不均衡；b)客流主要集中于一侧

车站站址斜穿道路的情况，对周边地块影响较大，因此较少采用，一般在换乘站设计时可能采用，或是线路走向受限制时不得已采用，如图 2-3 所示，图 a)为车站斜穿多条道路的情况，图 b)为车站斜穿一条主要道路的情况。

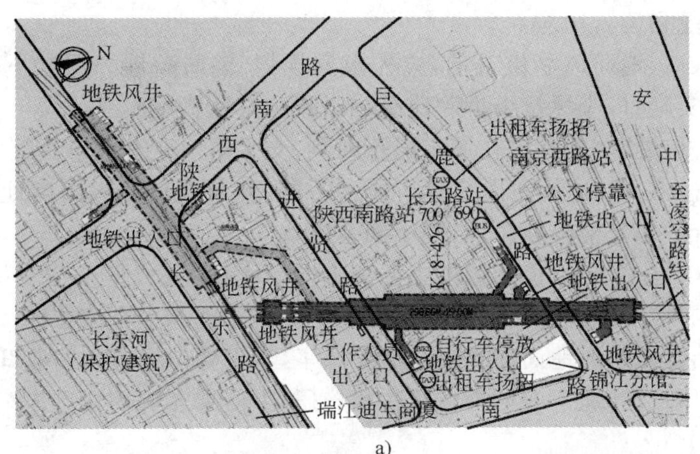

a)

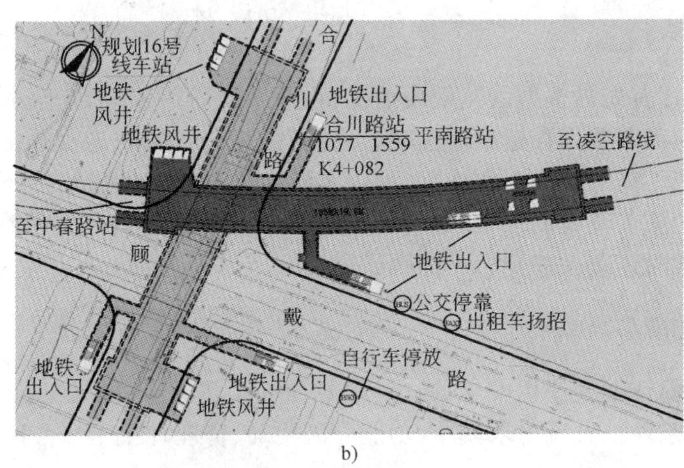

b)

图 2-3　车站横跨道路总平面布置

a)车站斜穿多条道路；b)车站斜穿一条主要道路

除了以上三种布置方式外，还有一种比较特殊的车站站址设置：车站位于地块之内，车站结合地块同步设计施工，如图 2-4 所示。

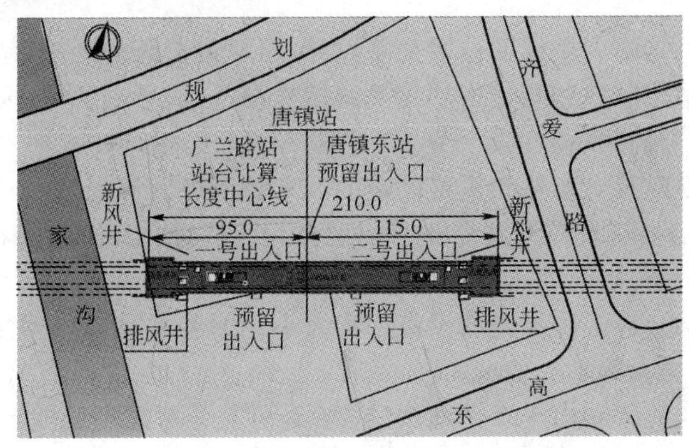

图 2-4　车站设置在地块中的总平面布置

2)出入口、风亭位置选择

在车站站位基本确定后,需要重点考虑出入口通道、风道与风亭位置的协调。对周边环境的现状和规划,要深入调查、研究、落实,避免实施过程中的突然变化,致使出入口、风道等位置变动,影响设备功能和运营功能。

确定车站出入口、地面风亭位置前,应先根据规划、消防疏散、环控专业的要求确定其数量。出入口、风亭实施时,应尽量少拆除建筑物以减少拆迁费用。

车站出入口的位置,一般都选在城市道路两侧、交叉路口及有大量人流的广场附近。出入口宜分散均匀布置,出入口之间的距离尽可能大一些,使其能够最大限度地吸引更多的乘客。出入口布置应结合考虑公交枢纽设置,便于乘客换乘。

车站主要出入口应面向轨道交通的主客流方向。大商场、大型公交车站、大中型企业、大型文体中心、大型居住区等都是轨道交通乘客的主要来源地和主客流方向。

与周边物业结合修建的地面出入口和地面风亭,其设置位置应与物业开发商充分协调,使车站出入口可以与附近的地下商场等建筑物相连通,方便乘客购物和进入车站。

2.2 车站平面设计

车站的平面设计首先是根据线路敷设情况、行车组织等因素确定车站的站型。站型确定后,开始进行车站内部布置。在这个过程中,设计者须充分了解轨道交通的运营管理模式,设备系统的配置,站内工作人员的工作流程,站内客流的组织,各工种提出的设备、管理用房规模要求及设备、管道的施工流程要求,在此基础上统一考虑,设计出合理、明确、高效、环保、经济的建筑布局,有困难时还应反馈到总平面图研究。

2.2.1 车站功能与组成

车站的设计应保证乘客使用安全、迅速、方便、舒适,并具有良好的通风、照明、卫生、防灾等内部和外部环境条件。布置力求紧凑,功能分区明确、合理,便于运营、管理。这其中需特别注意以下几个因素。

(1)轨道交通行车线路对建筑边界的影响,即要了解渡线、折返线、缓和曲线进站对车站限界的要求,确保轨道交通行车安全,了解限界对其他设备用房造成的影响。

(2)要重视轨道交通站内人流组织的问题,注重进出闸机、售票机等 AFC 设备的布置方式,防止人流交叉。

(3)注重进出闸机与站内楼梯的位置关系,尽量压缩付费区的规模,减小车站的长度。

(4)应考虑好车站控制室和与之密切相关的信号设备、信号电源室、变电所的关系,还需注意车站控制室的视线干扰问题。

(5)影响车站规模以及对车站布置最决定的因素是环控设备用房,一般情况下其占车站主体的 30%,因此特别需要和环控设备专业密切配合,了解、研究其工艺流程,采用多种方式,有效、经济地布置环控设备,以达到压缩建筑规模的目的。

(6)车站柱距应结合各工种提出的设备用房大小仔细考虑,尽量避免出现设备用房因有柱而造成设备布置面积加大等不利情况。

(7)在商业密集的地区和由于车站埋深的关系,可充分考虑利用地下空间,有效地进行物业开发。

总之，轨道交通设计复杂，牵涉面广，因此应尽可能在较稳定、可靠、可行的情况下，进行多方案比较，尽可能地遵循“协调—修改—再协调—再修改”的设计思路，不断深化，不断优化，以达到最佳的协调成果。

车站的各功能组成如下。

1)站厅

(1)站厅根据功能要求可单独设置或成层设置，是上、下车乘客的售、检票和集散的公共空间，是客流进、出车站的咽喉，其规模大小应与集散客流匹配，其位置选择应便于乘客进出站。

站厅设有售票、检票、问讯等为乘客服务的各种设施，其次，站厅层内还需设置轨道交通设备和运营管理所必需的用房，并按轨道交通设计规范要求合理划分防火分区。

站厅层设计合理与否，将会直接影响车站的使用效果及站内的管理和秩序。站厅层的布置与车站类型、站台形式及布置密切相关。乘客进、出岛式站台车站，需要跨越行车轨道，站台和站厅就分别设置在两个不同的高度上。侧式站台车站分两种情况：一种是乘客进、出车站需要跨越行车轨道，其站厅设置与岛式站台车站相同；另一种是乘客进、出车站不需要跨越行车轨道，站厅及站台可设在同一层，但分设两个站厅。

(2)站厅层布置如下

①根据车站运营及合理组织客流路线的需要，将站厅划分成付费区及非付费区。付费区是指乘客需经购票、检票后方可进入的区域，由此可进入站台。非付费区乘客可以在本区域内自由通行。

设计上一般采用不锈钢管材和钢化玻璃分隔带将付费区与非付费区分开。在客流流线上于两区分界线的交点处，设置进、出站检票机。付费区内设有通往站台层的楼扶梯、残疾人电梯等，非付费区内设有售票、问讯、公用电话等，个别车站设有小商铺，其设置位置应区别对待。与乘车活动直接关联的设施和用房(如：售票、问讯)，应设在客流流线附近。而与乘车活动无直接关联的设施和用房(如公用电话、银行)，应充分利用站厅非付费区死角设置，这也是公用电话、银行需要的相对安静环境。

售、检票口及栅栏的位置应合理设置，使进、出站客流的相互干扰减小到最低程度。

②楼梯宽度、自动扶梯数量既要满足平时客流集散需要，又要满足事故情况下紧急疏散需要。出入口通道、售票口、检票口、楼电梯的通过能力应相互协调匹配。

③设于站厅两端的非付费区，宜用通道沟通。关于这点岛式车站比较容易做到，侧式车站由于楼扶梯在两侧，两侧非付费区的连通难度较大。

④车站在满足集散的前提下要尽量控制公共区的规模，以降低造价。

地下车站站厅公共区应结合车站埋深、结构形式及建筑布置等综合因素进行空间设计。在满足乘客集散的前提下，尽量丰富地下车站的空间形式，减少地下建筑沉闷和压抑的感觉。

2)站台层

(1)站台是供乘客上、下车及候车的场所。站台层设有楼扶梯及站内设备用房，站台按形式不同，有岛式站台、侧式站台、混合式站台、纵列式站台等形式，如图 2-5 所示。

(2)站台长度

站台长度为站台有效长度和有效长度以外的附加站台长度之和，是根据车站有效站台长度和站台层设备管理用房布置需要确定。

有效站台的长度是远期列车编组总长度与列车停站时的允许停车距离(不准确值)之和。有效站台长度满足乘客上、下车和列车停站的需要。由于列车采用的自动停车设备的先进程度不同，驾驶员操作熟练程度的差别，使得列车停车的理论位置与实际位置有一定的误差。

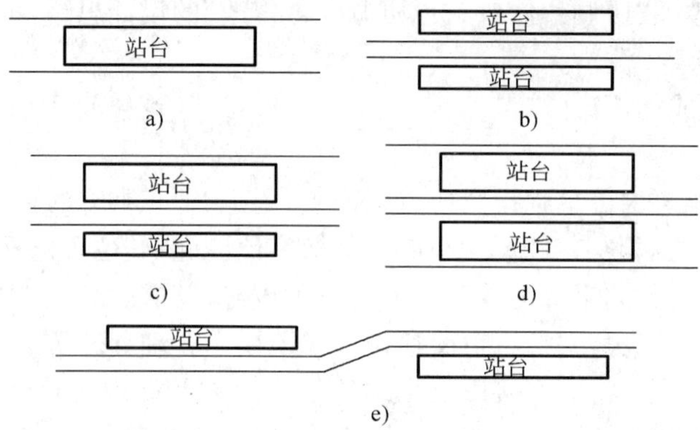

图 2-5　车站站台形式示意图

a)岛式站台；b)侧式站台；c)一岛一侧式站台(混合式站台)；d)双岛式站台(混合式站台)；e)纵列式站台

城市轨道交通常采用的列车编组有 4 节、6 节、8 节，车辆型号不同，车长也有所区别。上海已建的 1 号线、2 号线车站土建预留采用的是 8 节编组，6 号线是 4 节编组，7、8 号线采用的是 6 节编组。

(3)站台宽度

站台宽度主要根据车站设计客流量大小、列车运行间隔时间、结构形式、站台形式、步梯及扶梯位置等因素综合考虑确定。而站台规模又直接控制车站规模，甚至对车站两端区间线路、折返车站的折返能力也会有很大影响。因此，合理确定车站站台宽度对有效控制车站规模和行车组织都将起到重要的作用。

站台宽度的最终确定，除满足乘降区宽度和楼梯、自动扶梯的布置要求外，应综合考虑站台层设备用房布置对车站长度以及车站总体规模控制的影响。在站台宽度变化不影响工程可实施性的前提下，岛式站台的宽度可按照以下原则初步确定。

设置有配线的车站，应选择可以满足布局要求的最小宽度岛式站台，只设单渡线时不小于 10m。无配线的车站，站台层设置有大型机电设备用房(如变电所)时，应核算按 12m 宽站台和 12m 以下宽度站台布置时主体单层建筑面积的差异，择优选用。

岛式站台车站的楼扶梯沿站台中间纵向布置，两侧为侧站台。在站台有效长度范围内，侧站台面积应不小于上行及下行客流量所需的面积。中间为集散通道，布设有步梯及扶梯。岛式站台宽度一般为 8～14m。

侧式站台车站的步梯及扶梯、车站用房均可布置在站台有效长度范围以外。在此情况下，站台宽度应满足乘客上、下车，候车及进、出站通道所需的面积要求。侧式站台宽度一般为 4～6m。

侧站台宽度计算公式如下：

$$B_{岛} = b_1 + b_2 + n \cdot z + T(\mathrm{m}) \tag{2-1a}$$

$$B_{侧} = b_1 + z + T(\mathrm{m}) \tag{2-1b}$$

式中：$n \cdot z$——柱数×柱宽，m；

T——每组人行楼梯宽度＋自动扶梯宽度，m；

b_1、b_2——乘降区站台宽度，岛式车站乘降区站台宽度$\nless$2.5m，侧式车站乘降区站台宽度$\nless$3.5m。

$$b_1(b_2)=\frac{Q_{上}\rho}{L}+B_{安},b_1(b_2)=\frac{Q_{上,下}\rho}{L}+M(\mathrm{m})(取大者) \tag{2-2}$$

式中：ρ——站台上人流密度，建议 $\rho=0.5\mathrm{m}^2/人$；

L——站台计算长度，m；

M——站台边至屏蔽门立柱内侧距，$M=260\mathrm{mm}$；

$Q_{上}$——远期每列车高峰小时单侧上车设计客流量（换算成高峰时段发车间隔内的设计客流量）；

$Q_{上,下}$——远期每列车高峰小时单侧上、下车设计客流量（换算成高峰时段发车间隔内的设计客流量）；

$B_{安}$——站台安全防护宽度，取 0.40m（不包括 80mm 警戒线），采用屏蔽门时其站台边缘至屏蔽门立柱内侧距离 M 替代 $B_{安}$ 值。

侧站台宽度除了通过上式计算得出外，还应考虑侧站台吊顶内管线敷设的需要，减小未来设备施工的难度。

站台总宽还与楼扶梯宽度有关，在设计过程中应仔细考虑站台楼扶梯的布置。常规设计中楼扶梯是并排布置的，当车辆编组长度大于 6 节，且车站的客流量不大时，可将楼扶梯错开，采用单排布置的形式以减少站台宽度，从而降低车站的土建费用。

（4）车站站台层中段为站台，其有效站台长度两端为设备或管理用房区。为了降低造价，两端设备用房可分别伸入站台有效长度内，但不得占用侧站台宽度，且满足距人行梯第一踏步面不小于 8m，距自动扶梯下工作点不小于 12m。

站台两端用房伸入有效站台的连续长度不得超过 10m（或 1/2 节车厢长度，下同）。当用房总宽度（墙外侧距离）可以达到 6m 时，伸入总长度可大于 10m，但不应超过 30m。

（5）协调站台层与站厅层的楼电梯布置，使站台层客流分布均匀，并确保站台上任意点至楼梯口的距离不大于 50m。

（6）站台有效长度之外应设防护栅栏，并设置到达轨道面上的人行楼梯（四处），以作检修人员上、下用，同时当列车在区间发生事故时，可作疏散乘客用。为了疏散通畅，该楼梯宽度宜满足两股人流。

3）车站设备管理用房

车站设备管理用房是为保证设备正常运行、改善站内环境、进行运营管理和为乘客服务而设置的，是车站的重要组成部分。确定这些用房的大小、合理布置和组合至关重要。

影响控制设备管理用房规模的主要因素有：运营管理模式；设备来源及数量；车站的规模及特征。例如：AFC 用房，按照车票编码、点钞按运营模式要求在现场或在异地的不同要求，用房面积有很大差别。环控机房或变电所设备，由于国产和进口设备尺寸差别大，相应用房规模也就不一样。同样的设备用房，影响因素很多，也很复杂。若设在平面布置很规整、规范的区域内和设在平面极不规则的区域内，其用房规模也不一样。其中一个边界条件不清楚，就会导致车站规模、布置的不同。为此，在开展车站建筑设计之前，一定要先完善运营管理模式，再确定车站设备。否则，车站各种设备与管理用房的规模只能按最不利的条件去设计预留，以便在任何情况下均能保证功能要求，这样将造成车站设备及管理用房的规模偏大。

各地轨道交通系统的运营管理模式不同，采用的设备规格及技术指标也不同，因此车站设备管理用房的构成、规模及布置也不尽相同，但差别不大，还是有一个大致的设计标准。

表 2-1～表 2-4 为上海市轨道交通地下站和高架站的设备管理用房设置要求，可作为一般

设计体参考，再结合各地不同的情况进行调整。

地下车站管理用房表 表 2-1

房间名称	参考面积(m^2)	设置要求
车控室	30	布置在站厅层，便于观察客流情况的位置
客服中心	6	
站长室	12	设在车控室旁，地坪与车控室平
警务室	12＋15	靠近站厅层公共区
站务员室	4～5	设在站台层公共区
收款室	15	布置在管理区
通信仪表室	12×2	宜设于车控室一端
交接班室	30	布置在管理区较安静的部位
更衣室	16	内部男女分隔由业主自定
男女公厕	15＋18	设于非付费区
管理区厕所	8	仅考虑公厕远离管理区时设置
茶水	4	布置在管理区
屏蔽门管理室	20	设于站台层靠近车控室一端
清扫	4×2	站厅站台各设一个
垃圾堆放点	2	结合出入口公厕布置
检修及备品用房	15～20	有岔车站 30m^2
驾驶室	10	仅设在折返站站台层靠近道岔区
列检室	10	仅设在折返站站台层靠近道岔区

地下车站设备用房表 表 2-2

房间名称	参考面积(m^2)	设置要求
通信设备室	90	近车控室布置，含通信机械 60m^2，电源室 30m^2，包括 FAS、BAS 电源
信号设备室	17/90	近车控室布置，一般车站为 17m^2，集中站为 90m^2(包括 1 间电缆引入间)
民用通信专用机房	90	包括公网覆盖、电源机房、网络维修
民用通信检修房	15	5 个站左右设一间
区间通风机房	根据工艺布置	
环控机房	根据工艺布置	
冷水机房	根据工艺布置	
小通风机房	根据工艺布置	
环控电控	48×2	靠近环控机房设置
牵引变电所	220	尽量设在站台层，运输通道通畅。牵降变混合所 320m^2
降压变电所	140＋25＋10	尽量设在站台层，内设控制室 25m^2，值班室 10m^2
消防泵房	36	有水喷淋，带防污装置
污水泵房	18	靠近厕所位置
废水池	20	设在站台层最低端
烟烙烬	根据计算布置	保护半径 120m
配电室	8×4	站厅、站台各两间，靠近公共区，其中一间含 AFC 配电

高架车站管理用房表 表 2-3

房 间 名 称	参考面积(m^2)	设 置 要 求
车控室	25	布置在站厅层，便于观察客流情况的位置
客服中心	6	
站长室	12	设在车控室旁，地坪与车控室平
警务室	10×2	靠近站厅层公共区
站务员室	8×2	结合站台空调候车室设置，岛式站台设一间
通信仪表室	12×2	宜设于车控室一端
交接班室	20	布置在管理区
男女公厕	15+18	设于非付费区
管理区厕所	8	仅考虑公厕远离管理区时设置
空调候车室	(2×20)/30	设在站台公共区中部，侧式车站两个站台各设一间 $20m^2$，岛式车站设一间 $30m^2$
清扫	4×2	
驾驶室	10	仅设在折返站站台层靠近道岔区
安全门设备室	20	
检修及备品用房	(12～15)×2	一般车站站厅站台各一间

高架车站设备用房表 表 2-4

房 间 名 称	参考面积(m^2)	设 置 要 求
通信设备室	90	近车控室布置，含通信机械 $60m^2$，电源室 $30m^2$，包括 FASBAS 电源
信号设备室	17/80	近车控室布置，一般车站为 $17m^2$，集中站为 $80m^2$
电缆引入室	15	
消防泵房	30	
民用通信机房/电源室	40+15	设备机房 $40m^2$，电源机房 $15m^2$
牵引降压混合所	200	
降压变电所	120	
配电室	8×(3～4)	设在站厅、站台两端各一处

车站设备管理用房的构成及规模确定以后，具体的布置是设计所要解决的关键。设备管理用房涉及众多的专业，协调处理的核心是建筑。首先，各专业提出的设备、管理用房规模要求及设备管理功能的合理流程要求，如位置要求、形状要求、检修空间要求、运输通道要求以及集中程度要求等，均由建筑专业统一实施。其次，建筑专业还必须统一考虑防火、疏散门的类型，甚至门的开启方向等，以确保设备、管理用房及人员的安全。设备管理用房设计布置时，应注意以下几点：

(1)地下车站的设备、管理用房布置应紧凑合理，有人值班的主要设备、管理用房应集中一端布置，消防泵房宜设于管理用房区地面专用出入口的通道附近。

(2)管理区内通道及楼梯布置应满足消防要求。

(3)一般环控用房布置在站厅，占用站厅层大多数设备用房空间；强电用房布置在站台，占用站台层绝大多数设备用房空间；可灵活调剂站厅、站台空间的房间数量少，面积较小。因此，站厅长度受制于环控用房，站台长度受制于强电用房的事实很难改变。因此站厅、站台设备管理用房的组合与均衡布置是控制车站规模、优化设计的关键。但原则上电路与主要负荷应尽可能靠近；管理与设备房、强电与弱电尽可能分开；供电、供冷线路尽可能短；控制设备尽可能集中。

(4)设备用房布置在满足工艺要求的基础上应尽量紧凑，要充分利用空间。

(5)根据设备工艺要求预留好各种孔洞，并考虑主要设备至吊装孔的搬运通道。

(6)变电所、车站控制室和通信、信号设备用房不允许有与之无关的管线(尤其是水管)穿过，不应布置在轨道层、厕所、泵房的下部或贴邻。不得已布置时，应有可靠的防渗漏措施。

(7)电缆井、管道井的井道断面尺寸应符合管道安装和检修的需要，井壁应为耐火极限不低于 1h 的不燃烧体，井壁上的检修门采用甲级防火门，管井开洞部分应符合防火规范的规定。

2.2.2 车站的主要设施

1)自动扶梯

(1)自动扶梯的设置要求满足客流量及提升高度的需要。原则上从站台到站厅上行均考虑采用自动扶梯，下行采用人行楼梯(高差超过 6m 时，下行应设自动扶梯)；出入口提升高度大于 6m 的设上行自动扶梯，提升高度大于 12m 的均设上、下行自动扶梯。个别重要车站的设置标准可酌情提高。

(2)自动扶梯的倾角按 30°考虑，有效净宽为 1m，运输速度采用 0.65m/s，通过能力按 9 600 人/h 计。

(3)自动扶梯踏步面以上最小净空不小于 2.3m。

(4)当自动扶梯穿越楼层时，扶手带中心至开孔边沿的净距应不小于 0.5m，如达不到标准时应设防轧安全标志。

(5)当自动扶梯靠墙布置时，要求扶手带中心至墙壁装饰面的最小距离为 0.4m。

(6)两相对布置的自动扶梯工作点之间的距离一般不小于 24m，困难时不小于 16m。

(7)自动扶梯工作点至前面障碍物距离不小于 8m。

(8)自动扶梯与人行楼梯相对布置时，自动扶梯工作点至楼梯第一级踏步距离不小于 12m。

(9)在布置自动扶梯时应考虑吊运空间及吊钩。出入口处自动扶梯下端应设集水坑。

2)电梯

岛式车站应在站台层与站厅层之间设置一台残疾人用的电梯(兼作车站内部货运)，该电梯不计入紧急疏散用；侧式车站则每个站台均设一部残疾人用电梯。

3)楼梯

(1)每个车站均应在付费区内至少设一座楼梯，其通过能力相当一台自动扶梯，以便在自动扶梯不能运转时仍能保证站内乘客的疏散。

(2)车站应至少设一部供工作人员和消防人员使用的楼梯，该楼梯宜设在工作人员较集中的管理用房区内，楼梯宽度不得小于 1.2m，踏步尺寸建议采用 175mm×250mm。此梯宽度不计入紧急疏散楼梯宽度。

(3)设计标准

踏步高：乘客使用为 150～160mm，工作人员使用为 160～175mm。

踏步宽：乘客使用为 280～320mm，工作人员使用为 250～280mm。

乘客使用的楼梯，其踏步尺寸原则上采用 150mm×300mm。

车站内公共区楼梯每个梯段的踏步级数应不小于 3 级，不大于 18 级。

楼梯休息平台宽:1 200～1 500mm。

楼梯宽度:单向楼梯净宽不小于 1 800mm,双向楼梯净宽不小于 2 400mm。

当楼梯净宽大于 3 600mm 时,应在中间增设一道扶手。

楼梯口部栏杆高:1 100mm。楼梯梯段栏杆高:900mm。

楼梯台阶装饰面至上部障碍物的最小净空不小于 2 300mm。

4)检票机

(1)进站检票机应设在售票处至站台的人流流线上,出站检票机应设在站台至出站通道的人流流线上。其数量应能满足远期超高峰小时客流的需要(1.1～1.25 系数)。

(2)检票口是付费区与非付费区的分界线,宜垂直人流方向设置。

(3)进、出站检票机应合理布置,既要方便管理,又要避免进、出站人流的交叉干扰。

(4)出站检票机布置应适当留有扩容的余地。

(5)出站检票机前应留有 8m 以上的缓冲距离。

5)售票机

(1)售票机的数量应预留远期超高峰小时客流的需要。

(2)售票机应设在客流不交叉,且干扰小的地方。售票机前应留有足够的空间,供乘客排队购票及通行。

(3)车站内售票机宜沿进站客流方向纵向排列,并应结合车站不同的客流方向布置,宜不少于两处。

(4)售票机的布置应注意与出、入口通道及进站检票机保持适当的缓冲距离。

(5)售票机的布置应考虑在不影响乘客正常使用的条件下能进行检修,并留有足够的取款及检修空间。

6)通道,楼梯,自动扶梯,售、检票口的通过能力

通道,楼梯,自动扶梯,售、检票口的最大通过能力如表 2-5 所示。

通道,楼梯,自动扶梯,售、检票口的最大通过能力(人/h)　　表 2-5

名　　称	通 行 工 况	每小时通过人数
1m 宽通道	单向通行	5 000
	双向通行	4 000
1m 宽楼梯	单向下行	4 200
	单向上行	3 700
	双向混行	3 200
1m 宽自动扶梯	0.65m/s	9 600

7)公用电话

在车站非付费区应安装公用电话,其数量则按各站具体情况而定。公用电话的布置应避免影响乘客进、出站。

8)站厅层的付费区与非付费区之间

站厅层的付费区与非付费区之间应设栏杆或透明栏板,高 1 200mm(具体做法根据装修设计确定),并在适当位置设置双扇平开安全疏散口,宽 1 500mm。

上面介绍的是以地铁型的大运量轨道交通车站平面设计的一些要点,但轨道交通是有多种类型的,它们的运营和技术特点都有很大的区别。所以不同类型之间的布置其简繁程度是

有很大区别的，请读者注意这一特点。

2.2.3 车站站型

根据线路敷设的不同，轨道交通车站可分为地下站、地面站和高架站。目前在轨道交通建设中，一般在市中心闹市区采用地下线路，在城市边缘区、近郊区或特殊地形的地段可以采用高架或地面线路。

1)地下站布置

根据车站埋深与行车组织，地下站又分为地下一层、地下二层和地下多层等多种形式。

(1)地下一层车站

①路中地面站厅地下单层侧式站

客流量不大的郊区线，可以结合比较两侧及地面情况采用地下单层侧式站台方式，乘客集散的站厅可以设置在地面，这一类型的车站造价较低。上海轨道交通 8 号线的黄兴绿地站、翔殷路站、嫩江路站等均采用这一站型。其中黄兴绿地站一端区间为单圆盾构，另一端为双圆盾构，其他两个车站两端区间均为双圆盾构；同时车站所处道路两侧，根据规划有设置地面站厅及设备用房的条件，如图 2-6 所示。

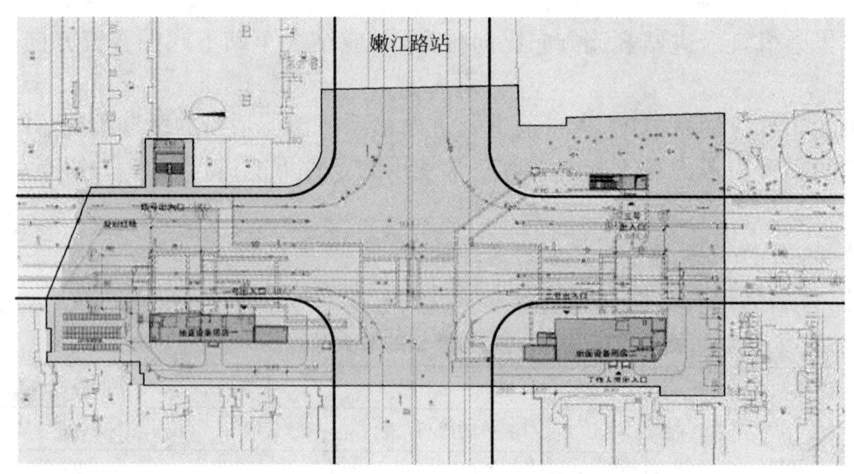

a)

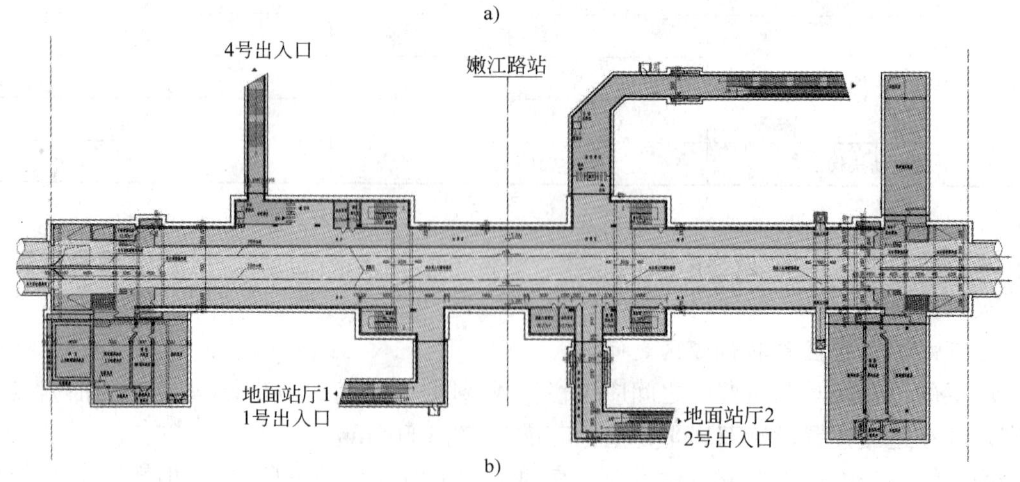

b)

图 2-6

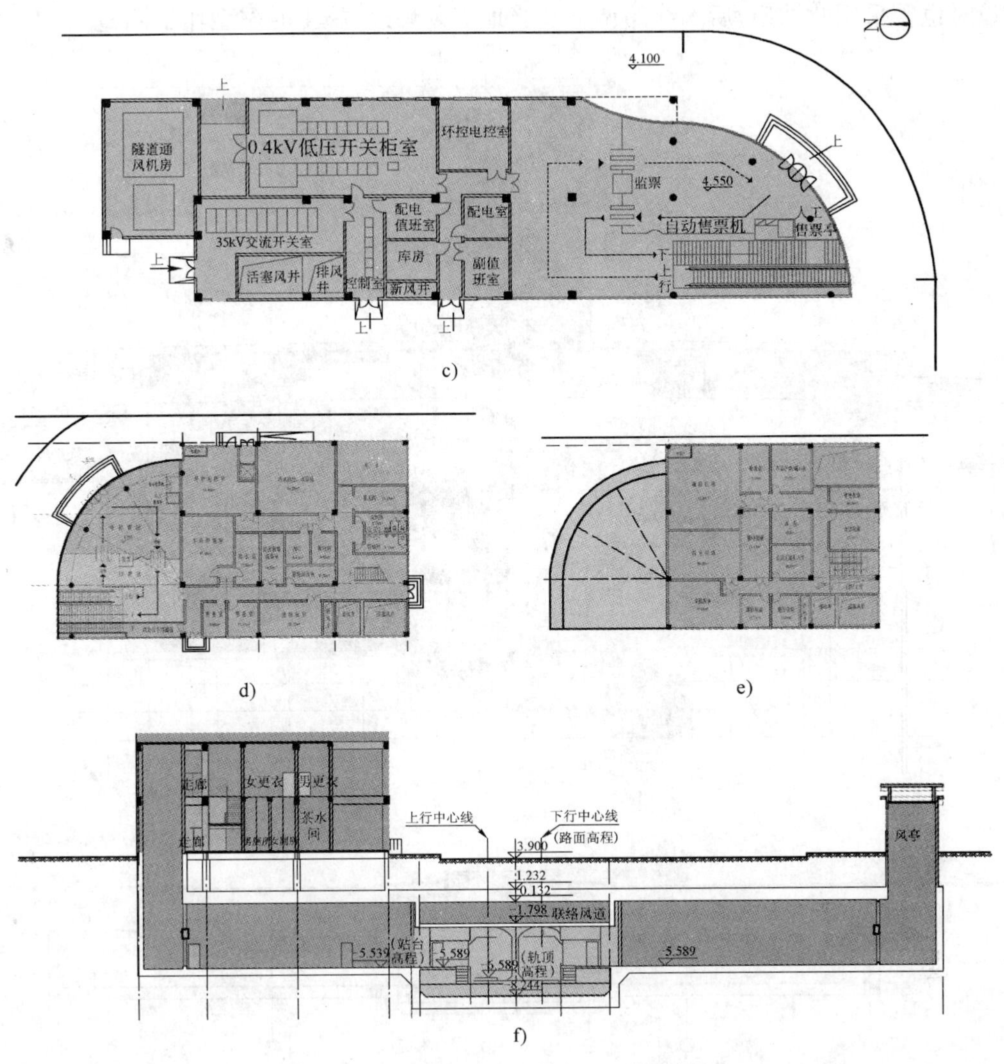

图 2-6　地下一层建筑布置案例——嫩江路站

a)嫩江路站台总平面布置；b)嫩江路站台层平面；c)嫩江路站台地面设备用房区 1；d)嫩江路站台地面设备用房区 2；e)嫩江路站台地面设备用房区 3；f)嫩江路站台横剖面布置

地下一层仅有站台公共区及两端必备的区间环控设备用房和废水泵房，减小地下主体规模；将站厅公共区、设备管理用房尽可能设在地面。车站地面用房与地下站台层通过地下通道、楼扶梯连接，并结合车站具体情况，通过上翻或下穿轨行区设置连通道解决侧式站台跨线问题。风亭等附属建筑也应与地面站厅集中合建，以减少对周围环境的影响。

②地下站厅单层侧式车站

地面无条件设置地面厅时可以采用地下站厅单层侧式车站方式。上海轨道交通 6 号线张扬路沿线车站、博兴路、长清路及华夏西路采用此站型，如图 2-7 所示。

车站站台、站厅及所有设备管理用房设于地下一层，站厅与站台在一个层面，通过 2 条宽的地下通道连接地下站厅和地面出入口，并设置跨线通道解决侧式站台联络问题。

③路侧地面站厅地下单层侧式站

车站位于地块内，同时有条件设置地面厅的站点或换乘站中可以采用路侧地面站厅地下单层侧式站方式。上海市轨道交通 2 号线龙阳路站为典型车站，轨道交通 7 号线北段四个车站初设时也曾采用此站型，后因线路调整及当地规划修改，施工时站型作了调整。

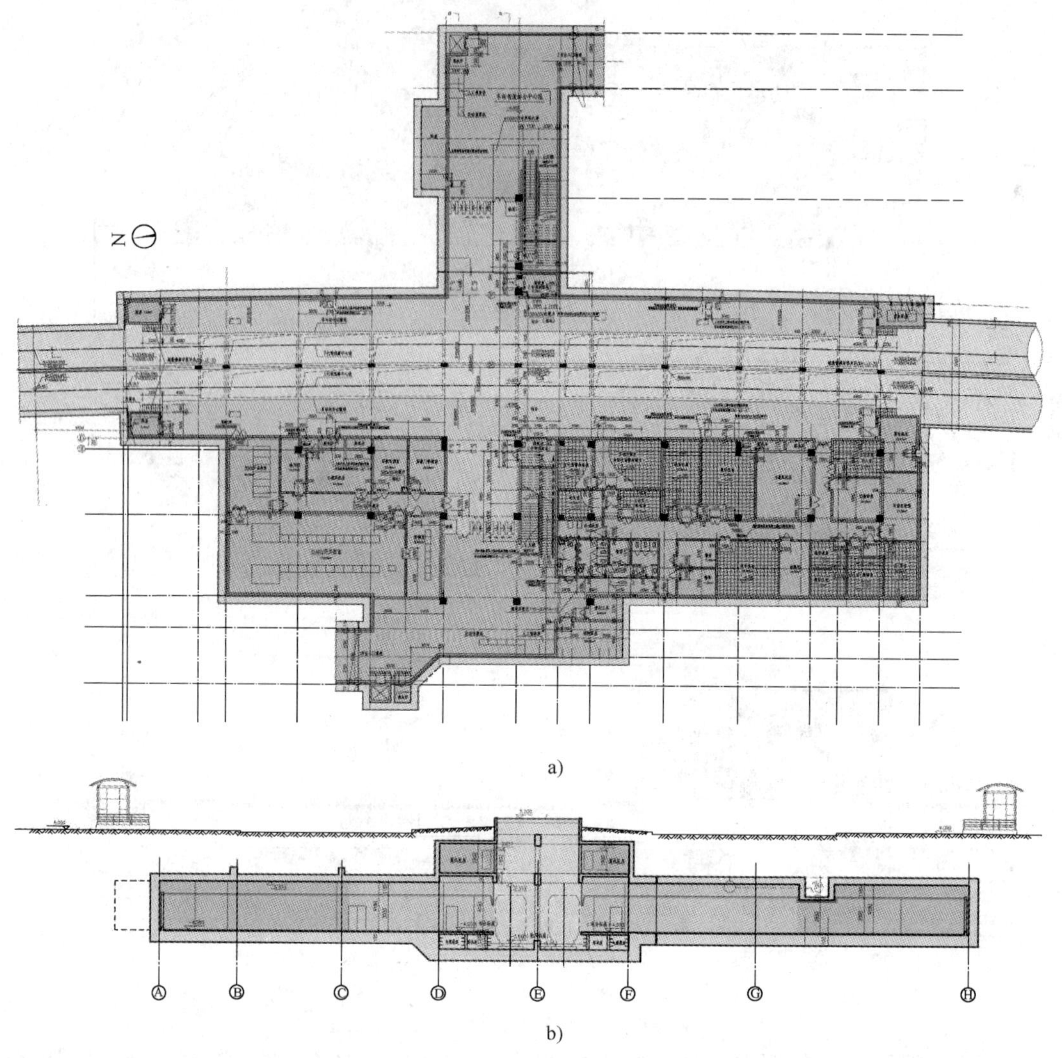

图 2-7 地下站厅单层侧式车站布置案例

a)站台、站厅区；b)横剖面布置

车站分为地上和地下两部分，站厅结合大部分设备管理用房设于地面，其中两端为设备管理用房，中部为公共区。站台包括少量设备用房，设于地下一层。站厅与站台以楼扶梯等垂直交通设施相联系，站厅在站台正上方。站台层上方可以有覆土，如 7 号线北段四车站初设；也可以无覆土，站厅与站台直接垂直连接，如龙阳路站。

(2)地下二层车站

①地下二层岛式车站

客流量较大的车站及城市繁华地区可以采用双层岛式车站方式，站台宽度根据客流量的不同，分别选择 8m、10m、12m、14m 不等，这种车站的造价相对较高。上海已建的 1、2 号线市中心段车站基本都选用此站型。

车站地下一层为站厅层、地下二层为站台层，如图 2-8 所示。

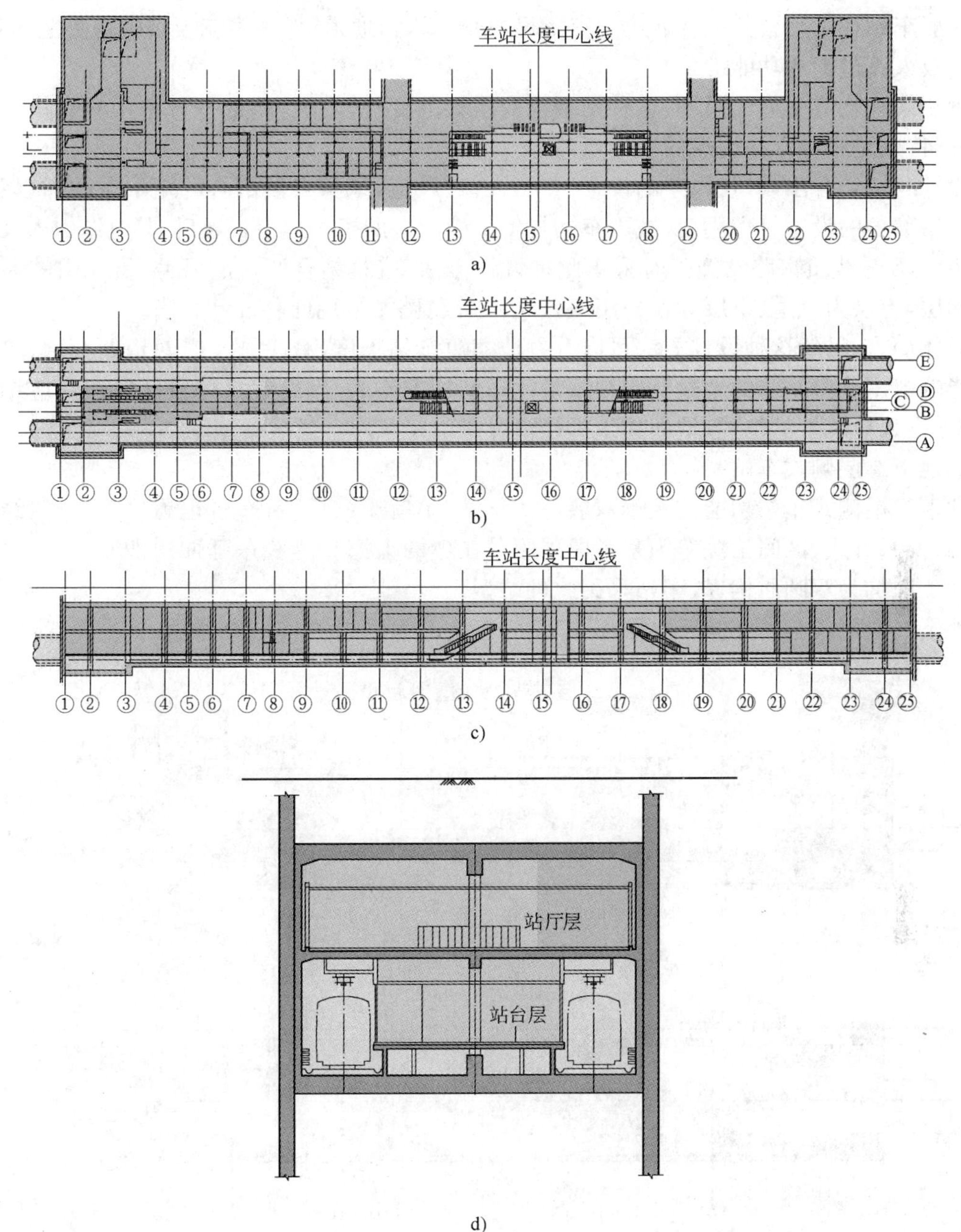

图 2-8 地下二层岛式车站布置案例

a)站厅区;b)站台区;c)车站纵剖面布置;d)车站横剖面布置

站厅层中段为公共区,由进出站闸机划分为付费区和非付费区。付费区内设楼、扶梯和垂直电梯通往站台。站厅公共区一端为主要设备管理用房集中区域,主要布置车站控制室、站长室、交接班、更衣室、男厕/女厕等管理用房和通信、信号、AFC 机房等弱电设备用房。环控机房作为站厅设备用房的重要组成部分设于车站两端,其占用站厅层面积的比例相当大,将制约车站站厅层规模。

站台层中部为乘车区,两端布置有站台值班室、清扫工具室、污水泵房、变电所、屏蔽门设备室等设备管理用房。其中变电所占用站台层面积的比例相当大,将制约车站站台层规模。

一般车站在站厅公共区的四个角点各设一个出入口通道,保证客流吸引的均衡性,同时能兼顾市政人流过街的功能。

近年来在轨道交通建设中,这种站型也有了新的变化、发展:将部分设备用房外挂至车站主体外(特别是影响车站规模的变电所)。

设计时或结合出入口、风亭的设置,将出入口、风道、风亭自然围合的矩形空间加以利用,设置车站部分的设备管理用房,减少车站长度。但变电所搬至地下一层后,其电缆引入及设备运输不便,8 号线黄兴路站施工时采用此种设计方法;或是结合两端的风道,将一层的风道开挖到两层,上层为风道、下层为设备用房,7 号线锦绣路站采用此种设计方法。

总体而言,虽然这种设计方法可以有效地缩短车站长度,减少施工时对道路交通、市政管线的影响范围。但站体的土建费用与原设计站型相差不大,因此在具体设计时还是应结合地形,根据出入口风亭的位置、地面建筑拆迁情况来确定采用合适的站型。

②地下二层侧式车站

地下二层侧式车站功能均次于双层岛式车站,单就车站比较,造价也无优势,一般结合线路走向、换乘方式、区间工法等因素考虑采用。在建的上海 2 号线东延伸川沙站,因为站两端的区间工法均为双圆盾构,故车站采用此种站型。

地下二层侧式车站类同于双层岛式车站,但站台为侧式,如图 2-9 所示。

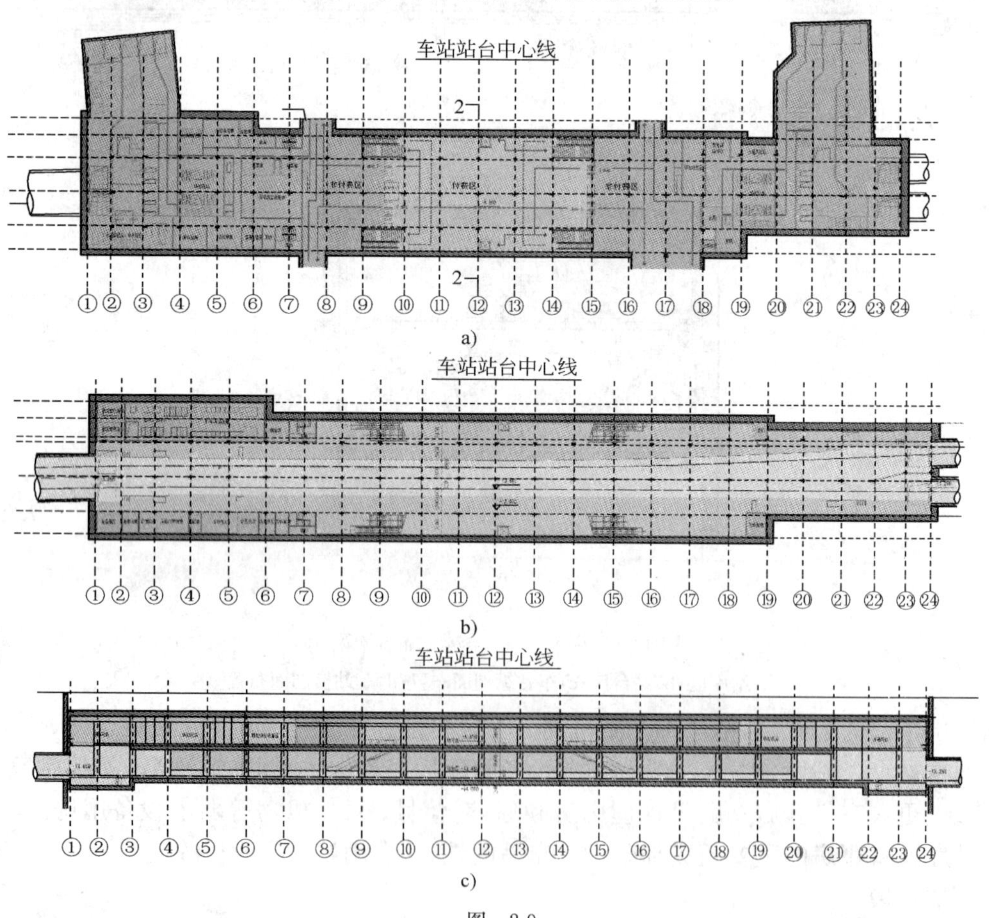

图 2-9

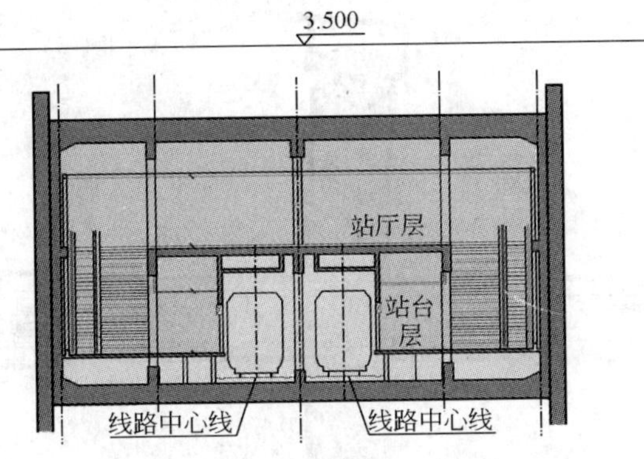

d) 车站横剖面布置

图 2-9　地下二层侧式车站布置案例

a)站厅区；b)站台区；c)车站纵剖面布置；d)车站横剖面布置

由于侧式两站台各有两组楼扶梯下站台区，站厅层的非付费区被付费区一分为二，较难沟通，且上、下行线各有站台，使乘客上、下车，进、出站及车站的运营管理不便，但适宜用于终点站。

近年来在上海的轨道交通建设中，车站因为线路走向、区间工法等因素影响，一端区间为双圆盾构，一端区间为单圆盾构，因此车站站台仍为侧式，但站体呈喇叭状。其功能布局同于双层侧式车站，但由于车站为喇叭状，使得一端的跨度大，增加了工程量及造价。这种站型只有在特殊情况下才会使用，如 10 号线的曲阳路站、2 号线东延伸的华夏东路站。

(3)地下三层车站

埋深较深的换乘站或是地块地下开发相结合的车站可以采用三层岛式站台车站方式。已建的 2 号线人民广场站，在建的 7 号线的静安寺站、常熟路站等均为与已建线换乘的车站，而在建的 2 号线东延伸唐镇站则是位于地块内，与地块开发结合建设而采用地下三层的典型例证，如图 2-10 所示。

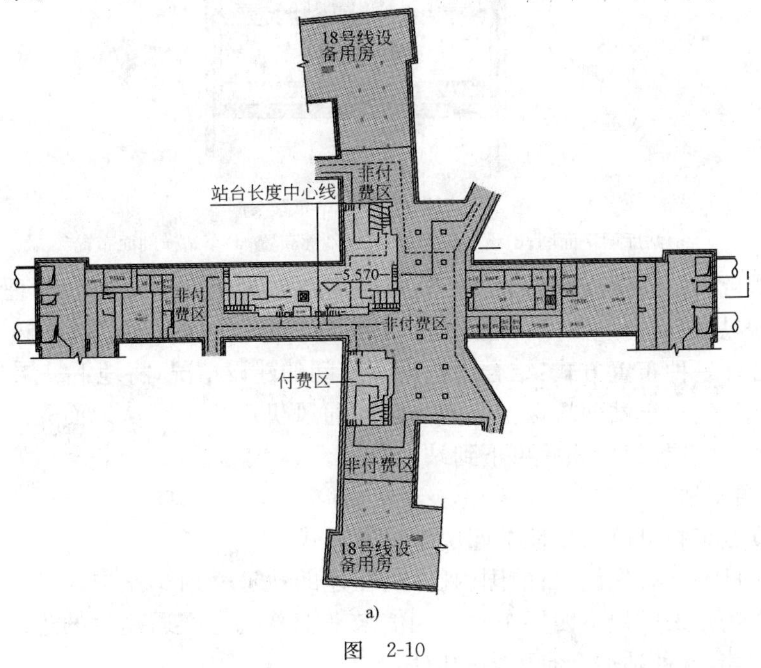

a)

图　2-10

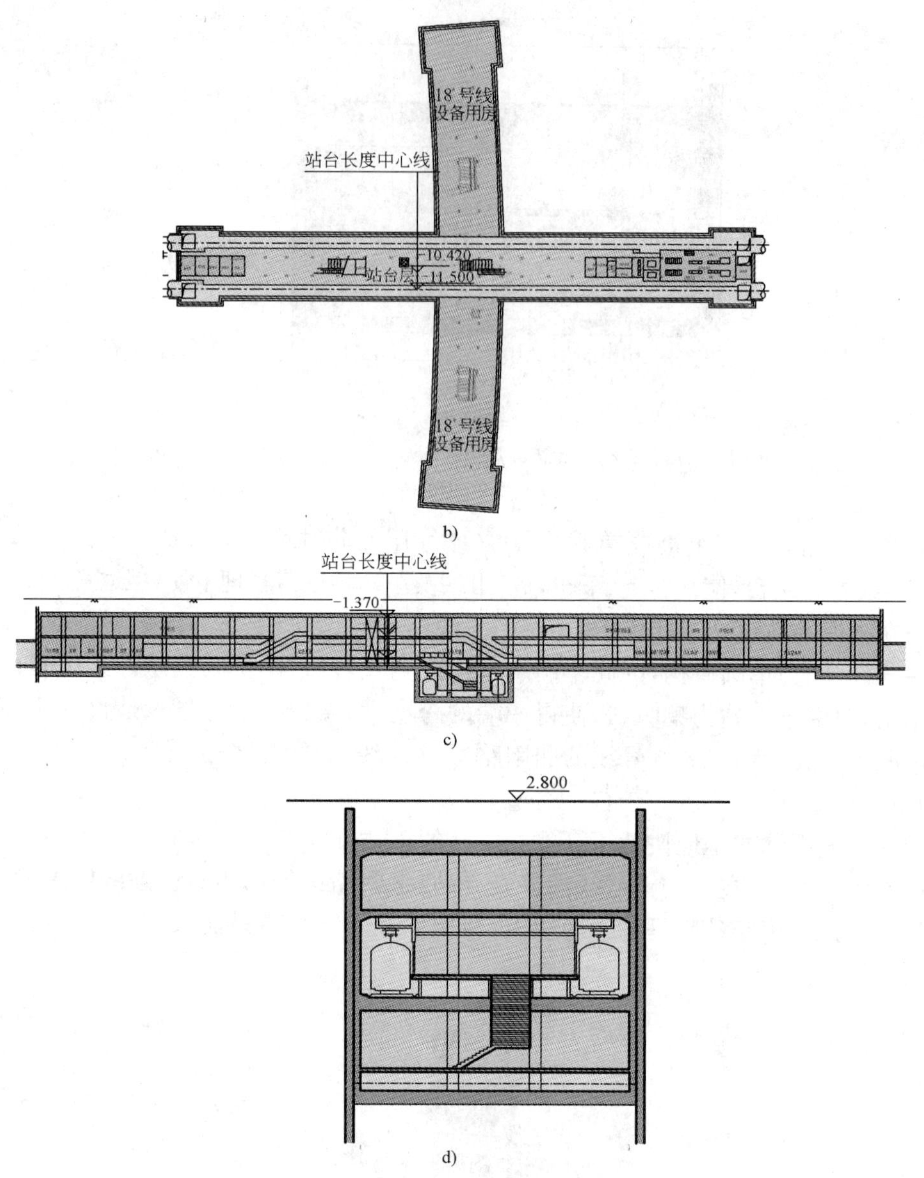

图 2-10 地下三层车站布置案例

a)站厅层平面图;b)设备层;c)车站纵剖面布置;d)车站横剖面布置

三层岛式站台车站的常规布局为:地下一层站厅层、地下二层设备和管理用房区、地下三层为站台层,乘客从地面通过出入口通道进入站厅层,再从站厅层通过楼扶梯设施直接下到地下三层。也有另外一种布置方式:结合周边地下空间的建设情况,将地下一层与周边地下空间连通,作为开发层,仅在车站两端保留必要的区间通风机房。乘客从地面先进入到开发层,再通过楼扶梯下到站厅层,售检票后再下到站台乘车。

(4)地下四层车站

大型换乘节点车站可以采用地下四层车站的方式。

此种站型在日本已有先例,目前国内已建、在建的轨道交通车站中此种站型较少,广州地铁 2 号线珠海广场站采用地下四层车站。相信未来随着轨道交通建设的进一步发展、轨道交通网络的逐步完善,这种站型会有更多的应用。

(5)带辅助线车站

辅助线是为了保证正线运营而设置的配线，以增加运营调度的灵活性，一般不通过载客列车，故标准较正线低。

常见的辅助线包括有联络线、折返线、存车线、渡线、安全线。其中联络线为连接两条独立运行正线之间的线路，如图 2-11 所示。

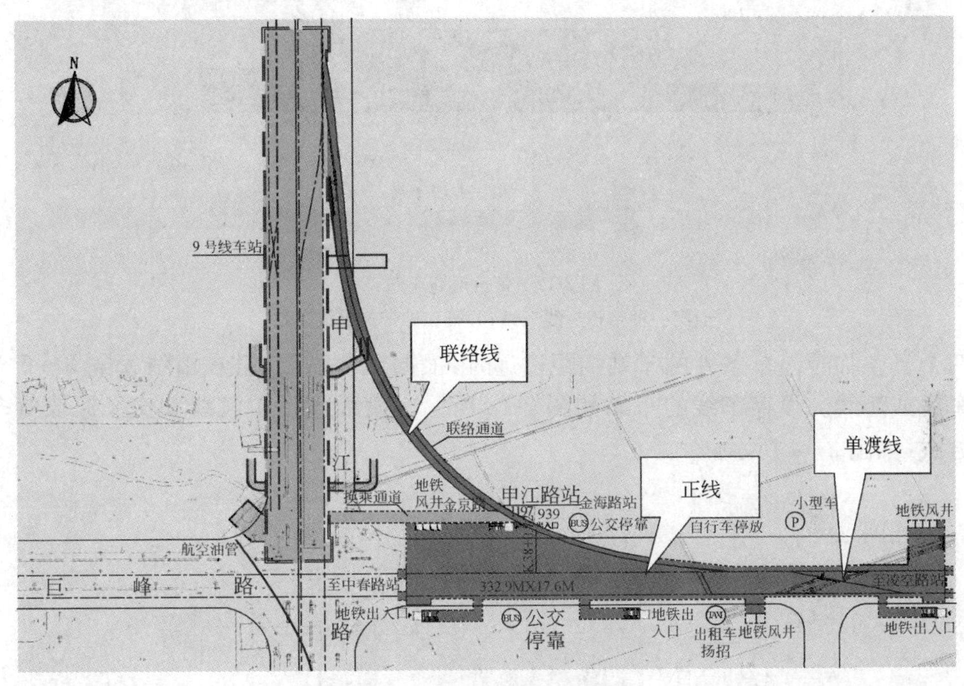

图 2-11　带联络线车站

带折返线车站一般分为两种类型。第一种是设在行车小交路的车站，车站设有折返线和折返设备，兼顾折返和通过功能。可根据客流量的大小，实现合理组织列车运行的目的，如图 2-12a)所示，实例如 2 号线西延伸的淞虹路站、东延伸的广兰路站。第二种是终点站，就列车上下行而言，终点站也是起点站，设在整条线路的两端，如图 2-12b)所示。

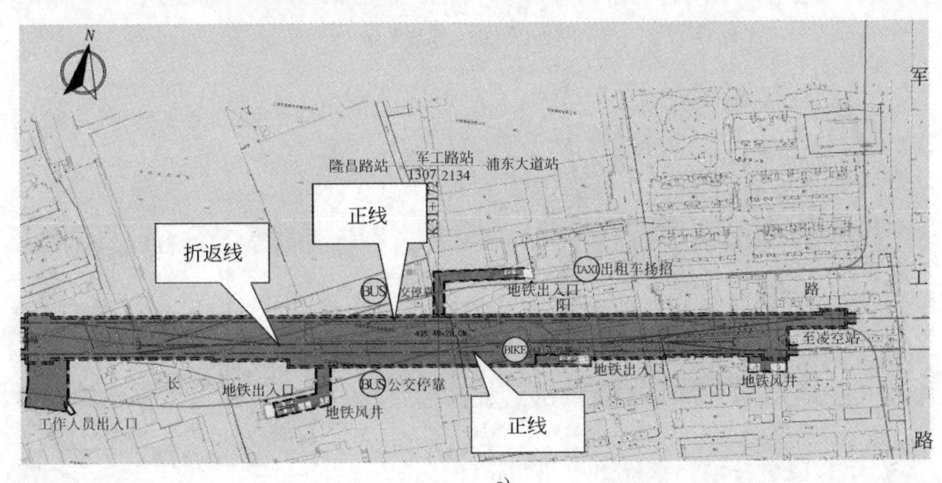

a)

图　2-12

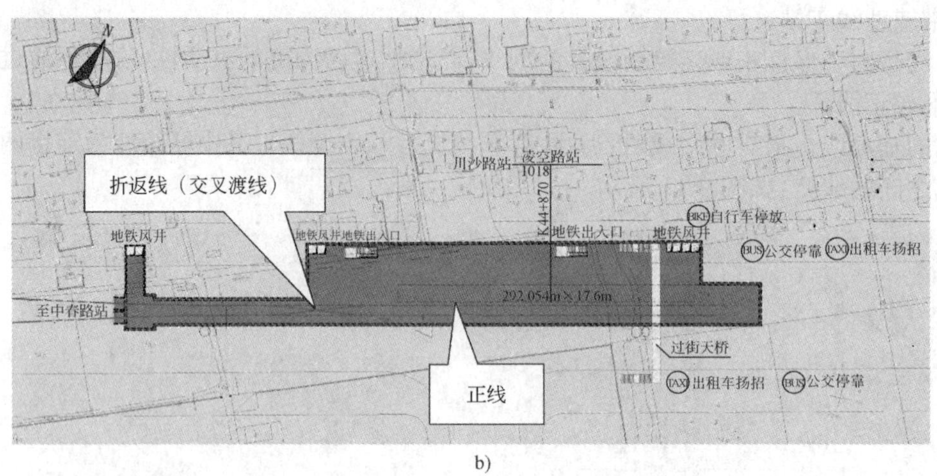

b)

图 2-12　带折返线车站

a)第一种带折返线车站；b)第二种带折返线车站

当两个具备临时停车条件的车站相距过远时，根据运营需要，宜在沿线每隔 3～5 个车站加设存车线或渡线。设存车线的车站如图 2-13 所示。渡线包括单渡线和交叉渡线等多种线路设置方式，如图 2-14 所示。

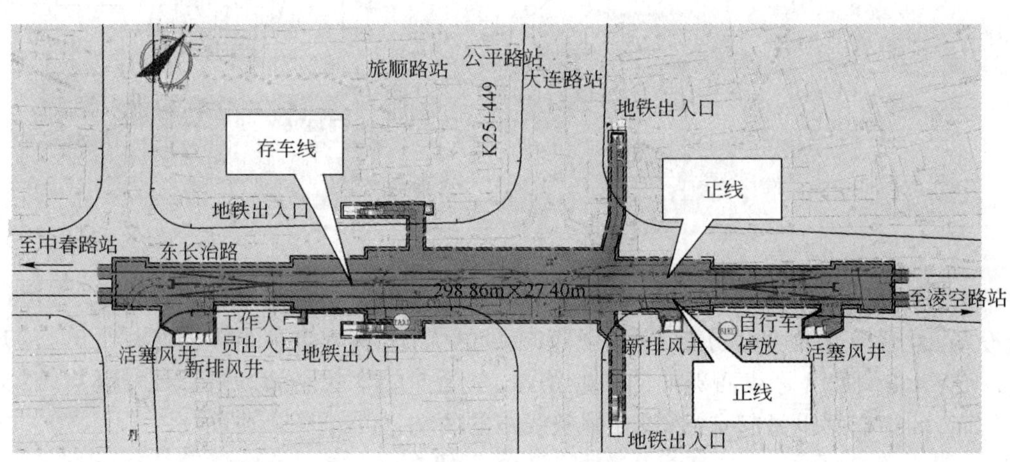

图 2-13　带存车线车站

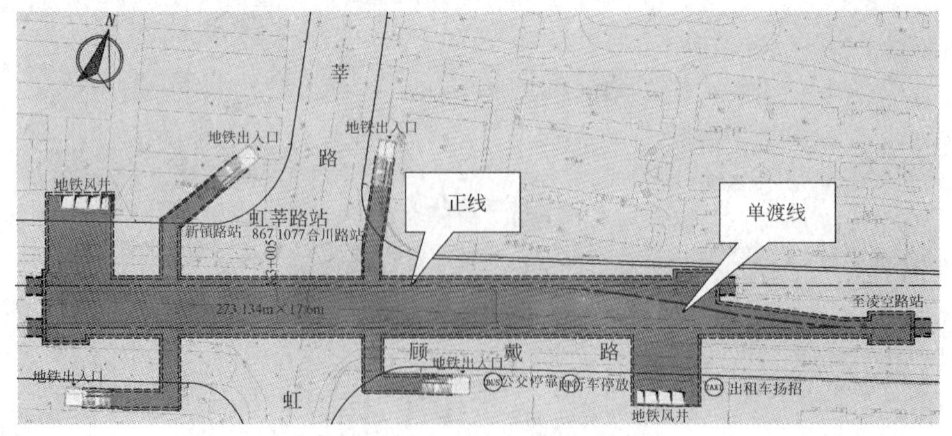

图 2-14　带单渡线车站

安全线是为了提高折返能力和行车安全的辅助线，一般结合折返线和存车线设置。

带辅助线的车站，既要满足一般中间站的功能要求，又要解决列车折返、存放、检修等要求。在设计这种车站时，应首先满足全线技术要求的设备管理用房的配置、面积及位置要求，既方便乘客使用，又满足运营要求。其次，根据行车组织、运营管理、限界、线路、车辆等专业对辅助线长度、线间距、站前或站后折返方式及配套使用的设备用房等提出的具体技术要求及工艺要求，对辅助线及附属设施进行具体布置。特别需要强调的是，辅助线地段结构柱及结构墙体的布置，应严格按照建筑限界进行设计，并考虑适当的施工误差，以保证行车安全。由于带辅助线，一般车站规模较大，常规布置后往往还会有相当部分的多余空间，对于这部分空间的利用，设计时也应结合周边情况仔细考虑。

从站台布置看，此类车站站台形式多样，有岛式、侧式、一岛一侧式及双岛式。

从竖向设计看，由于车站规模较大，应尽量减少车站埋深，以降低车站总造价。有条件的情况下，可考虑地下一层布置。

总而言之，带辅助线的车站与中间站既有共同点又有自身的特点。设计时，应充分了解其个性特点，有针对地进行工作，并需与各专业密切配合，才能使设计合理，满足相关专业的技术、工艺要求。

2)地面站和高架站的布置

高架车站一般用于城市郊区，由于高架车站处理不当对城市交通和景观有较大的影响，车站设计必须结合周边条件、结构类型进行综合考虑。

高架车站一般由出入口、高架人行天桥、站厅公共区、站台公共区、设备及管理用房区组成。站厅层、站台层平面功能格局基本类同地下站，但主要设备用房如环控用房、变电所相对地下车站明显减少，出入口与城市过街天桥结合为架空过街走廊形式，降压变电所一般单独设置在地面。

地面站可以看作是高架站的一种特殊形式。

(1)路侧高架二层侧式站

道路一侧规划预留宽阔的轨道交通建设空间时可以采用路侧高架二层侧式站台方式。

地面层为站厅层，分为公共区和设备管理用房区。站厅中部为公共区，由进出站闸机划分为付费区和非付费区。付费区内设楼、扶梯和垂直电梯通往二层站台。站厅层一端为管理用房区，主要有车站控制室、站长室、会议接待室等管理用房及弱电设备用房，另一端为变电所。车站两端局部架空，布置自行车停放场地和小型车停车场等。

地面二层站台层主要为乘车区，仅布置少量设备管理用房，如站台值班室、清扫工具室、配电间、电缆竖井等，如图 2-15 所示。

地面层建筑用房考虑集中布置，局部架空结合路口退红线布置站前广场，结合出入口布置绿化、停车、公交始末站、长途客运站、小商业等，有条件还可以结合地块进行一体化开发，提升地块商业价值。车站造型应简洁、通透，反映时代特点。

(2)路中高架二层侧式车站

线路沿路中绿化带敷设时可以采用路中高架二层侧式车站方式。结合站体周边具体情况，车站设备用房与车站主体可以布置在道路一侧，或一起设置在绿化带中，如上海 2 号线华夏东路站，如图 2-16 所示。

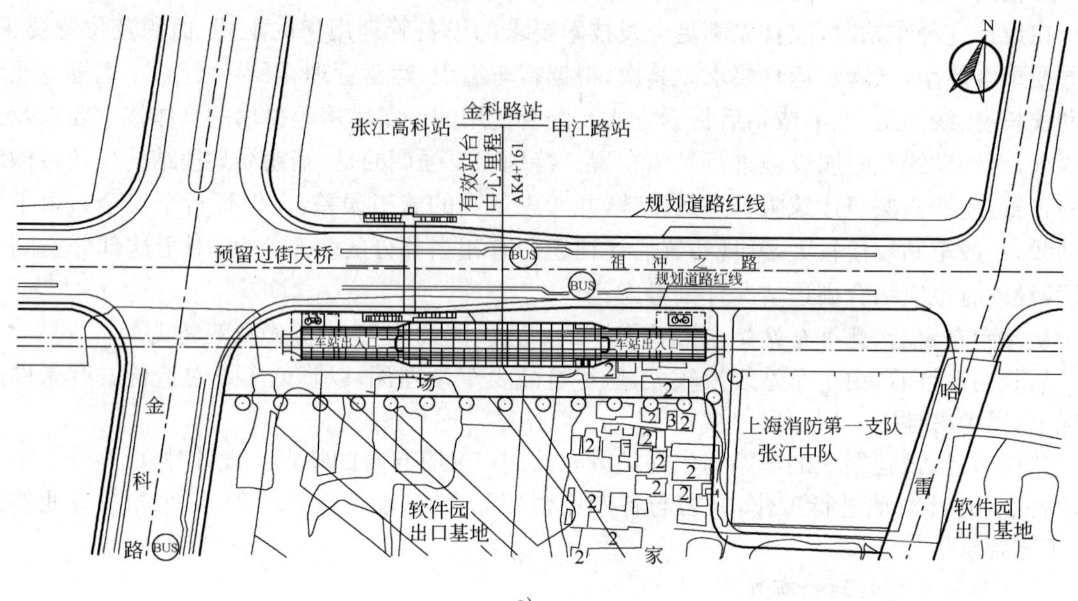

a)

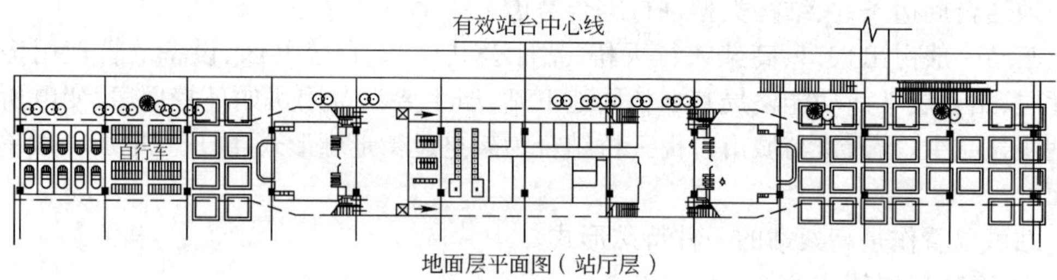

地面层平面图（站厅层）

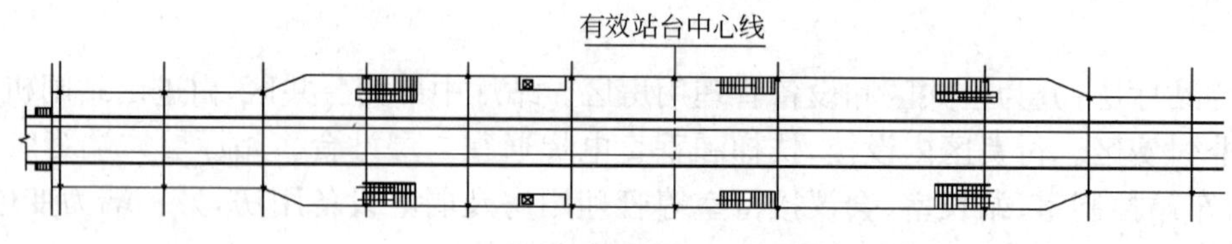

二层平面图（站台层）

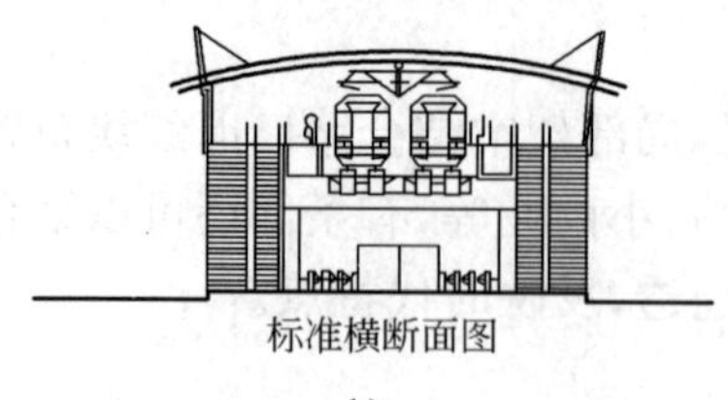

标准横断面图

b)

图 2-15 路侧高架二层侧式站布置案例

a)总平面布置；b)平剖面布置

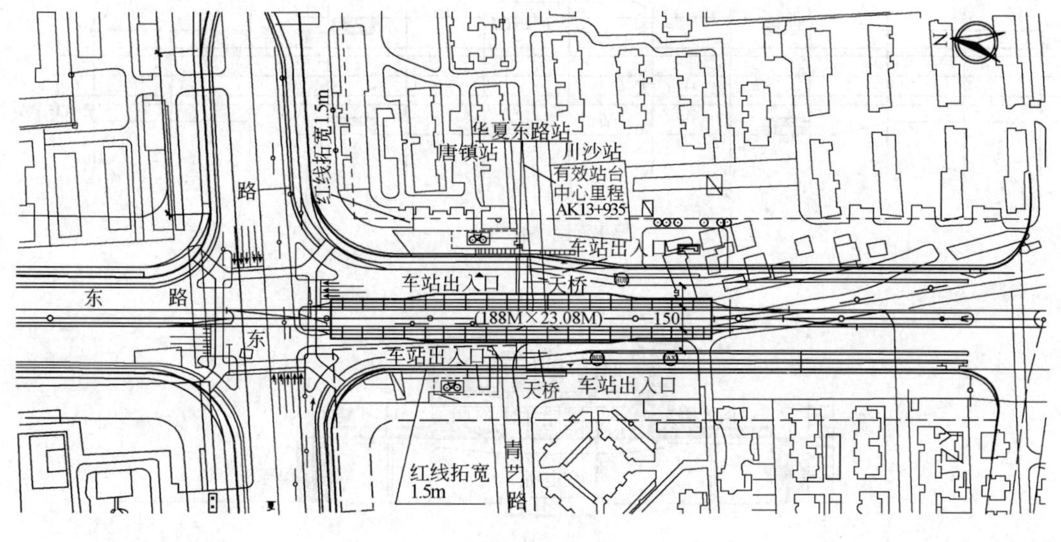

a)

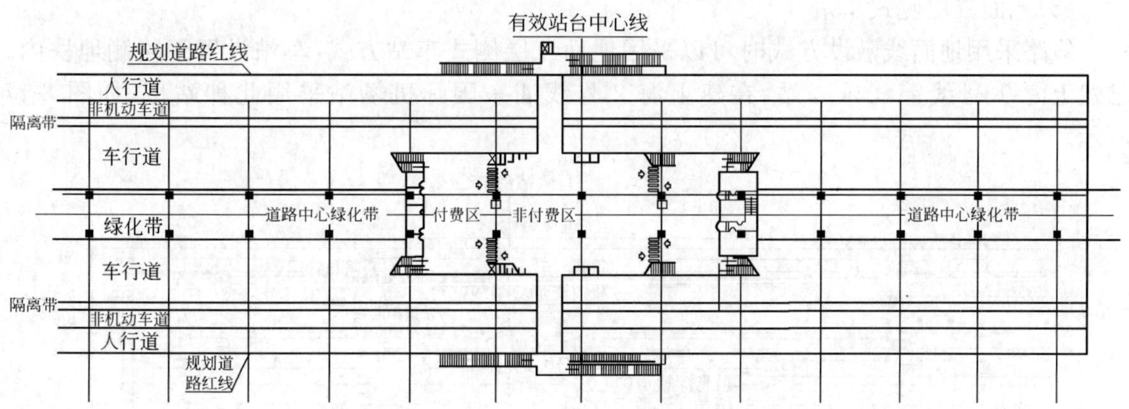

底层平面图（设备层）

夹层平面图（站厅层）

b)

图 2-16

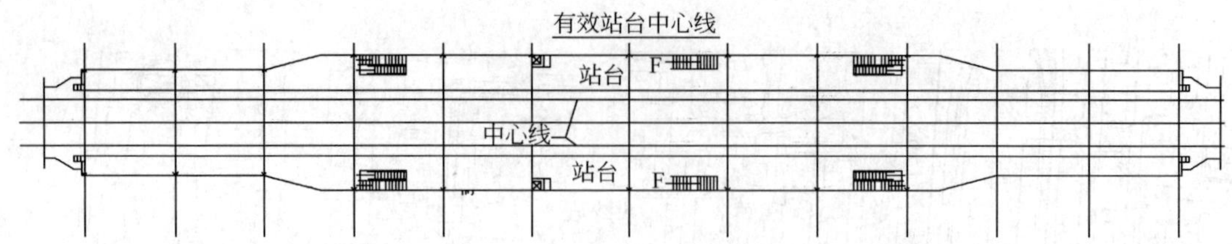

二层平面图(站台层)

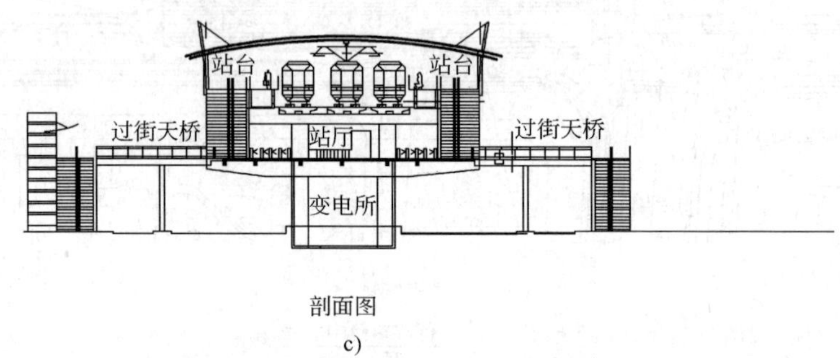

剖面图

c)

图 2-16　路中高架二层侧式车站布置案例——华夏东路站

a)华夏东路站总平面布置;b)华夏东路站平面布置;c)华夏东路站平剖面布置

夹层设站厅公共区,并通过天桥与道路两侧相连接,二层为站台层。设备管理用房布置在道路一侧,或路中地面一层。结合出入口布置站前广场、停车场、港湾停靠站,方便轨道交通与地面公交的换乘。

(3)路侧高架二层岛式车站

适用性、功能布局、造型景观设计雷同于路侧高架二层侧式站,但站台为岛式。

(4)路中高架二层岛式车站

适用性、功能布局、造型景观设计雷同于路中高架二层侧式站,但站台为岛式。

(5)地面二层侧式车站

线路采用地面线敷设方式时可以采用地面二层侧式车站方式,车站设置于路侧地块内。已建上海 1 号线锦江乐园站、在建上海 2 号线浦东国际机场站采用此种站型,如图 2-17 所示。

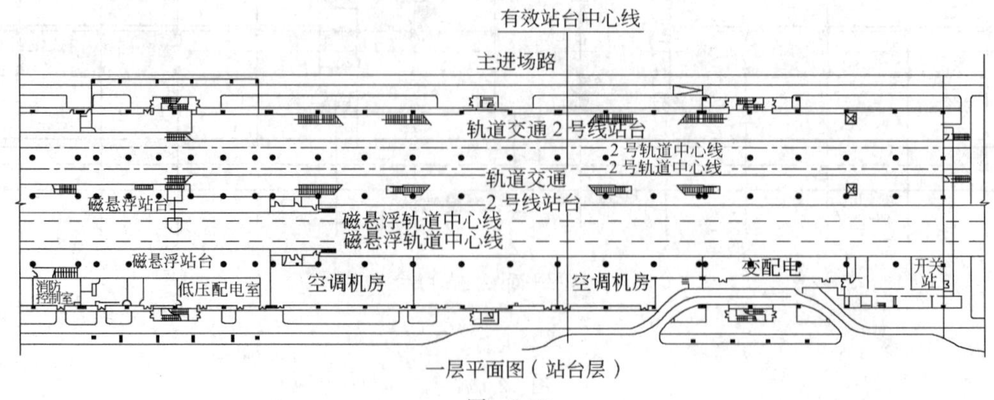

一层平面图(站台层)

图　2-17

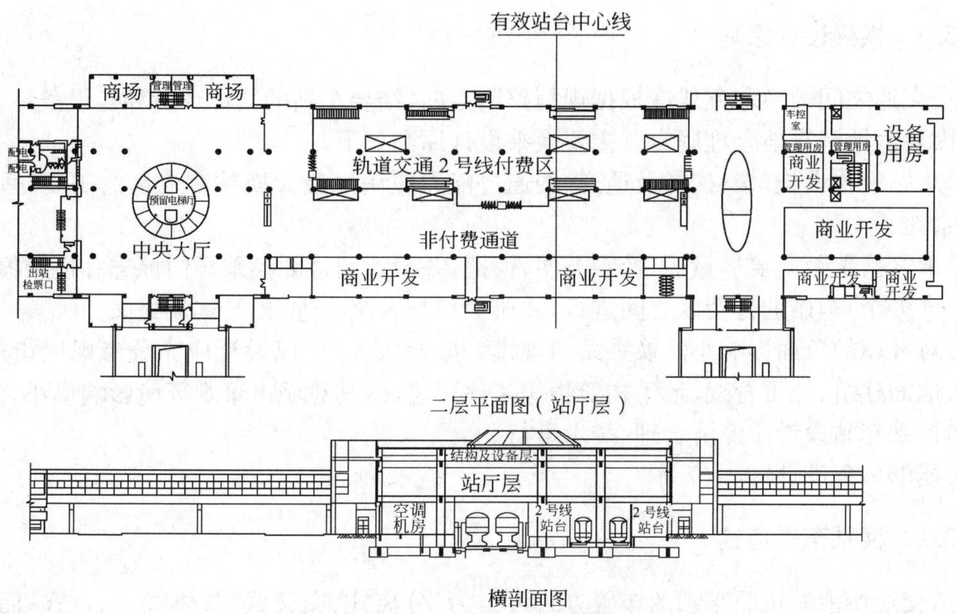

图2-17 地面二层侧式车站平剖面布置

车站地面层为侧式站台层，主要为乘车区、车行线，站台层两端可设设备管理用房。地面二层为站厅层，实行人车分离。进站乘客通过楼扶梯，或是通过天桥跨越机动车道进入车站站厅层，并可与道路周边物业连通，有效组织客流的互动。

2.3 车站换乘设计

换乘站在城市轨道交通线网中起着重要作用，位于城市轨道交通线路的交叉点或汇合点处，其功能是把线网中各独立运营的线路搭接起来，为乘客换乘其他线的列车创造方便条件。为使线网形成一个四通八达的整体，在国外以轨道交通换乘站为基础，形成了许多大型综合换乘枢纽。东京轨道交通的大型换乘站有3～5条线路进行交叉换乘，斯德哥尔摩轨道交通的3条线路与火车站进行换乘。在欧洲还有一些由数条轨道交通线、市郊铁路和公共交通总站组成的特大型综合换乘枢纽。所以换乘点的分布和换乘方式的灵活性，对轨道交通线网的整体功能是十分重要的。同样，换乘站的形式对轨道交通线网构架的稳定性也有着较大影响。

换乘点的研究重点是换乘点分布和换乘方式的可能性分析，并提出原则可行的规划设想和建议。

换乘方式首先决定于两条线路的走向和相互交织形式。一般常见的交通交织有垂直交叉、斜交、平行交织等多种形式，但归纳到换乘方式，可分为同站台换乘、楼梯换乘、站厅换乘、通道换乘、站外换乘等基本形式。其中平行换乘站又称为同站台同方向换乘站，因其使用方便，颇受广大乘客的欢迎。据初步统计，北京市轨道交通路网规划中有15个同站台换乘车站，广州轨道交通线网有5个同站台换乘车站，南京轨道交通线网有7个同站台换乘车站，杭州轨道交通线网有9个同站台平行换乘车站，上海轨道交通线网有14个同站台换乘车站。

2.3.1 换乘设计原则

轨道交通之间的换乘方式应根据规划路网走向，结合车站的具体环境和建设条件、换乘客流量等因素因地制宜地合理确定。主要换乘设计原则如下。

(1)车站换乘设施(楼、扶梯及通道)的通过能力应满足最大换乘客流量的需要，适当留有发展的余地。

(2)乘客换乘距离要尽量短，换乘方便、快捷，并设置明显的换乘导向标志。换乘原则上考虑在两个(多个)车站的付费区之间进行，并避免换乘客流与进、出站客流交叉。

(3)对环境的负面影响小。换乘站的规模一般比较大，所以设计应充分考虑城市规划、城市交通、地面建筑、地下管线、地下构筑物等条件影响，使其对城市景观环境影响最小。

(4)换乘车站设计应经济合理、技术可行。

(5)能够体现设计“以人为本”。

2.3.2 换乘布置方式

轨道交通换乘站按照车站的布置方式可分为：分离式、交叉式、整体式、综合式；而轨道交通之间的换乘方式又可分为：同台换乘、节点换乘、通道换乘。

1)同站换乘

换乘在同一个车站内完成，利用共用站厅层分至各轨道交通线换乘，并且还可以为站台之间的直接换乘。换乘方式有：同平面站台换乘、上下平行站台换乘、相交站台的换乘。

(1)平行换乘

①同站台平行换乘

两条线路平行交织时可以采用同站台平行换乘方式。二期采用岛式站台的车站，乘客换乘时，由岛式站台的一侧下车，横过站台到另一侧上车，即完成了转线换乘，换乘极为方便。同站台换乘的基本布局为双岛站台的结构形式，可以在同一平面上布置，也可以双层立体布置。如香港轨道交通旺角与太子站是两个双层换乘点的典型范例。

采用同站台换乘方式要求两条线要有足够长的重合段，工程量大，线路交叉复杂，施工难度大，近期需要把预留线车站及区间交叉预留处理好，所以尽量选用在两条线建设期相近或同步建成的换乘点上。

换乘站的站台形式可以为双岛式站台，也可以为岛侧式站台，站台为平行关系，如图 2-18 所示。双线双岛式站台能满足同站台两条线两个方向的换乘，双线岛侧式站台仅提供两线一个方向的换乘。这两种布置方式的其他换乘方向还需要通过站厅层完成。

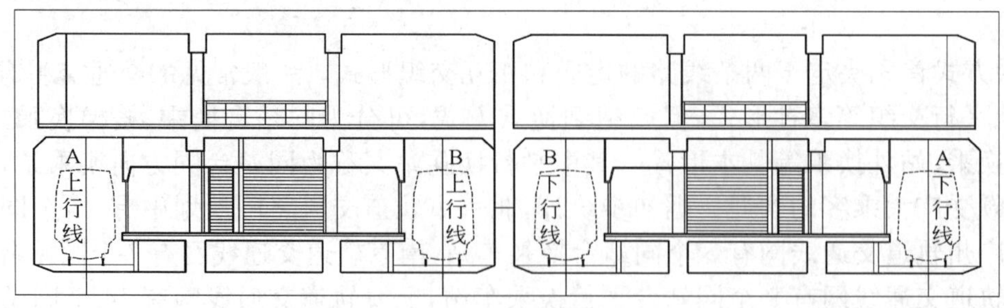

图 2-18 同站台岛侧式换乘

根据实际调查，在总换乘客流中的同向换乘客流量比较大，站台的同平面同方向设计可以大大地方便换乘，换乘量大，换乘距离最短。如图 2-18 当 A 线与 B 线列车同时到达时，A 线与 B 线之间的同向换乘快则只需几秒钟的时间。而逆向换乘客流量一般比较小，可以通过站厅层进行换乘。

站台同平面换乘方式占地面积比较大，应有较大的建筑用地来布置。

②同站台上下平行换乘

换乘站为上下两层岛式站台，同一条线的上下行线均设在站台的同侧的换乘方式为同站台上下平行换乘。这种换乘方式能满足同站台两条线相同方向的换乘，另一个方向的换乘则需要通过一次上下换乘楼梯来完成，如图 2-19 所示。

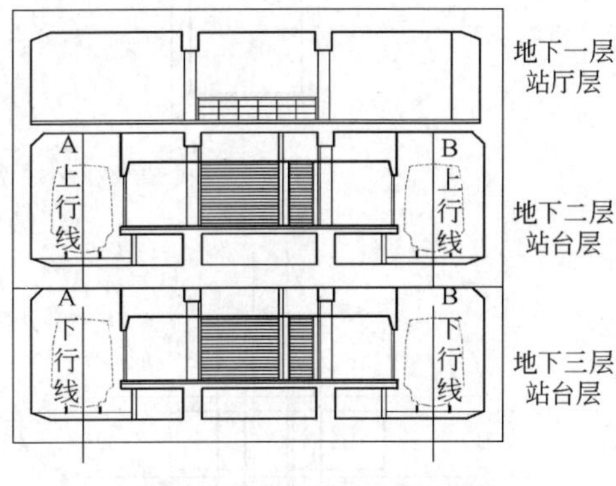

图 2-19　同站台上下平行换乘

这种方式的换乘站平面布置紧凑，占地比较小，换乘量大，换乘方便、快捷。该形式的车站比较普遍，日本、泰国、俄罗斯等国家以及中国香港均设有此类换乘站。

(2)相交换乘

在两条线路交叉处，将两线隧道重叠部分的结构做成整体的结点，并采用楼梯将两座车站站台直接连通，乘客通过该楼梯进行换乘的方式为相交换乘，换乘高差一般为 5～6m，因此乘客换乘十分方便。但要注意上下楼的客流组织，更应避免进出站客流与换乘客流的交叉紊乱。

楼梯换乘方式依两线车站交叉位置，又有“十”、“T”、“L”三种布置形式。这三种形式在北京轨道交通环线与规划预留线之间采用较多，例如：西直门站为“十”形，复兴门为“T”形，积水潭为“L”形等。

按照站台布置形式有岛式站台与岛式站台、岛式站台与侧式站台、侧式站台与侧式站台三种。三种布置形式各有特点，但是各个方向的换乘均可以通过一次上下楼梯完成。

楼梯换乘方式的关键在于楼梯和站台宽度往往受岛式站台总宽度所限，使换乘客流量亦受到限制，尤其是上下楼梯相交处小平台，对于换乘客流将有很大干扰，使楼梯换乘方式的使用范围受到局限。一般适用于岛式站台与侧式站台间换乘或与其他换乘方式组合应用，可以达到较佳效果。

另外，换乘结点要求一次做成，预留线路的限界净空及线路位置受到制约，这就要求预留线要有必要的设计深度，避免预留工程做得不尽合理。

①岛式站台与岛式站台的换乘

岛式站台与岛式站台的换乘为岛式站台与岛式站台之间的直接换乘，换乘量偏小。如果布置得当，能够满足一定数量的换乘量，如果布置不当会造成换乘客流拥挤堵塞的现象。岛式站台与岛式站台的换乘布置如图 2-20 所示。

②岛式站台与侧式站台之间的换乘

岛式站台与侧式站台之间的换乘为两点换乘，换乘量比较大，适合换乘客流比较大的车站。岛式站台与侧式站台之间的换乘布置如图 2-21 所示。

③侧式站台与侧式站台之间的换乘

侧式站台与侧式站台之间的换乘为四点换乘，换乘直接，换乘量大，侧式站台与侧式站台之间的换乘布置如图 2-22 所示。

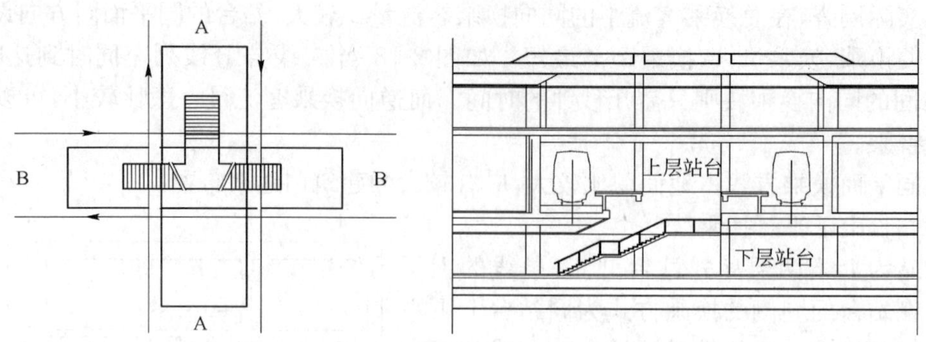

图 2-20　岛式站台与岛式站台的换乘

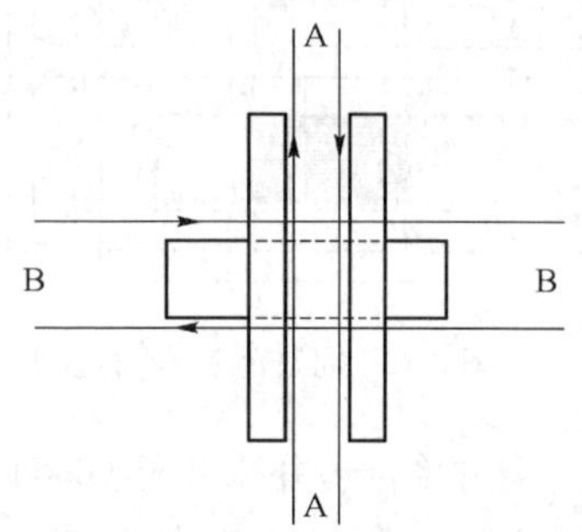

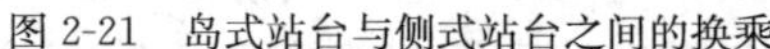

图 2-21　岛式站台与侧式站台之间的换乘

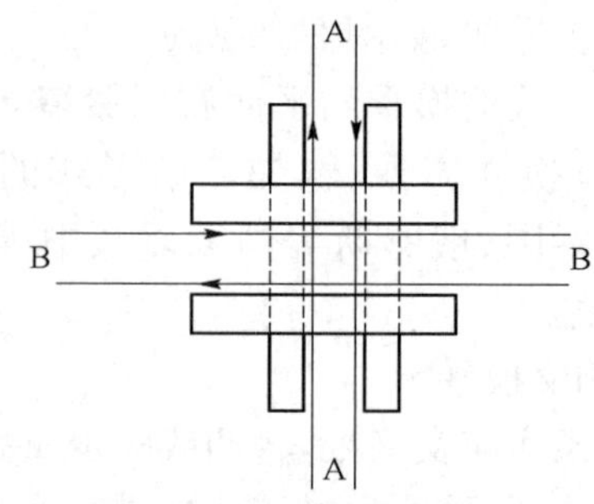

图 2-22　侧式站台与侧式站台之间的换乘

(3)站厅层换乘

站厅层换乘为辅助换乘，当两条线路相交采用上下站台直接换乘有困难时，同站同平面换乘主客流能在站台上换乘，而非主客流的换乘需要通过站厅进行换乘。这是比较普遍的一种换乘形式，同平面站台换乘、上下平行站台换乘、相交站台的换乘都可以采取本方式进行辅助换乘。

乘客下车后，无论是出站还是换乘，都必须经过站厅，再根据导向标志出站或进入另一个站台继续乘车。由于下车客流只朝一个方向流动，减少站台上人流交织，乘客行进速度快，在站台上的滞留时间减少，可避免站台拥挤，同时又可减少楼梯等升降设备的总数量，增加站台有效使用面积，有利于控制站台宽度规模。

站厅换乘方式与前两种方式比，乘客换乘路线必须先上(或下)，再下(或上)，换乘难度总高度大。若是站台与站厅之间是自动扶梯连接，可改善换乘条件。这种换乘方式有利于各条线路分期修建。

2)通道换乘

通道换乘是指两个车站靠得很近，但又无法建造同一车站，因此换乘需要设置一条至多条专用通道，如图 2-23 所示。通道可以连接两个车站的付费区，也可以连接两个车站的非付费区。这种换乘方式没有同站换乘方便，但是通过设置专用换乘通道也能给乘客提供明显的换乘方向。北京轨道交通 1 号线与环线复兴门站、上海轨道交通 1 号线与 2 号线人民广场站都采用了通道换乘方式。

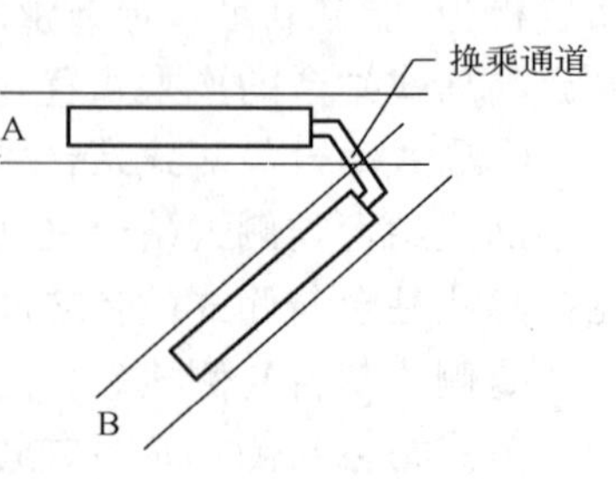

图 2-23　通道换乘

通道换乘方式布置较为灵活，对两线交角及车站设置有较大适应性，预留工程少，甚至可以不预留，容许预留线位置将来可以少许移动。通道宽度可以根据换乘客流量的需要设计。不相邻的两座车站，通道换乘为最佳选择，但换乘通道长度一般不宜超过 100mm。这种换乘方式最有利于两条线工程分期实施，预留工程最少，后期线路位置调节的灵活性大。

但通道换乘需要大量的换乘设施，很长的换乘时间，占用较大的城市用地。适用于两座、多座地下车站之间的换乘、地下车站与高架车站的换乘。

3)站外换乘

站外换乘是乘客在车站付费区以外进行换乘，实际上是没有专用换乘设施的换乘方式。采用站外换乘方式，往往是无线网规划而造成的后遗症，不予推荐。由于乘客增加一次进、出站手续，再加上在站外与其他人流交织和步行距离长，而显得极为不方便。对轨道交通自身而言，是一种系统性缺陷的反映。因此，在线网规划中应注意尽量避免使用站外换乘方式。

4)组合式换乘

在换乘方式的实际应用中，往往采用两种或几种换乘方式组合，以达到完善换乘条件，方便乘客使用，降低工程造价的目的。例如：同站台换乘方式辅以站厅或通道换乘方式，使所有的换乘方向都能换乘；在岛式站台中两条线换乘方式，必须辅以站厅或通道换乘方式，可以减少预留工程量等。上述组合的目的，都是从功能上考虑，不但要有足够的换乘通过能力，还要有较大的灵活性，为乘客方便，为工程实施降低难度。

2.3.3 轨道交通与其他形式交通之间的换乘方式

轨道交通与其他公交之间的换乘形式主要有三种。

第一种为无组织换乘。换乘客流主要通过地面广场、道路进行换乘。如某个轨道交通中间站和公共汽车站点之间的换乘。这种形式是最为普通的一种换乘。轨道交通出入口的布置除了便于吸引附近客流，还要兼顾公共汽车站的换乘客流。

第二种为有组织换乘。换乘客流主要通过地下通道、高架天桥进行换乘。如某个轨道交通站或换乘站与公共汽车枢纽站或火车站之间的换乘，这种方式一般均在两种交通之间设计通道或天桥，为换乘乘客提供方便快捷的服务。

第三种为换乘综合体或共同换乘广场。换乘综合体是将轨道交通站和公共汽车站、出租汽车站、商业开发、办公或其他设施建在一个综合大楼内，换乘客流在综合体内进行换乘。共同换乘广场是将多种形式的交通通过换乘广场进行换乘，换乘广场可以设在地下、地面、半地下或高架。这种形式一般出现在大、中型公共设施内，适用于换乘客流量比较大的大型枢纽站，例如火车站、商业中心、公共汽车枢纽站等。

2.3.4 换乘方式的选择

根据现状和建设规划，换乘车站的设计、实施和预留应遵循如下原则。

(1)应充分利用先期实施的换乘车站现有预留换乘节点，对于先期实施车站未考虑换乘的，应在尽量减少对现有车站改造的前提条件下，考虑最便捷的换乘组织形式、对既有线路运营影响最小的施工方案。

(2)建设规划中，初期建设车站及同站台换乘的车站，宜按照同步设计、同期实施的原则进行设计与施工；应考虑资源共享和工程总体规模的控制。

(3)建设规划中，近期车站宜按照同步(方案)设计、分期实施、节点预留的原则进行设计与施工;不考虑资源共享，以减少近期投资为原则。

(4)建设规划中，远期建设车站宜按照通道换乘预留条件，并根据可能实现的其他换乘形式，在车站结构处理上留有穿越的可能性。设置有联络线的车站，应预留设置联络线条件。

(5)换乘节点预留应征得规划部门的认可，同时地下车站预留换乘节点的宽度每侧应留不小于500mm宽的放大量和排除积水的措施。

(6)换乘车站设计中，应在线网规划、建设规划、工程实施条件等综合分析的基础上，根据客流规模对换乘通路以及集散区域的要求，进行分析并选择适宜的换乘形式。在此基础上，确定相应的车站形式、如十字形、T字形、L形等。

注:换乘形式的便捷程度依次为:同站台换乘，台—台楼梯换乘，同站厅换乘，通道换乘。对于换乘客流规模的适应性和可控性综合评价则相反。在所有换乘形式中，应根据线网条件，优先选择同站台换乘和近距离水平平行换乘。区间线路立交条件以及车站场地条件较为苛刻，宜近期建设的车站，可选择采用垂直或平行换乘。

非平行换乘车站设计可按以下原则选择适宜的换乘布局。

中小规模换乘站:最大单向换乘客流(高峰小时)小于3 000人/h的车站，应尽量采用台—台换乘，换乘楼梯总宽不小于3.6m。站厅层付费区可分别设置，有利于控制站厅公共区及车站总体规模。

中大规模换乘站:最大单向换乘客流(高峰小时)3 000～8 000人/h的车站，应采用台—台+同站厅单向换乘，换乘楼梯单向宽度可计算确定，且不小于2.4m。站厅层付费区应贯通或主要部分贯通。

特大规模换乘站:最大单向换乘客流(高峰小时)8 000人/h以上的车站，应考虑采用同站厅换乘或通道换乘。换乘规模达到一定程度，会对换乘目的站造成较大的集中客流冲击隐患，设计中对这一因素应予以充分重视。

2.4 车站出入口

车站出入口是连通轨道交通车站与外界的建筑物，是乘客进出车站的通道。为吸引和方便疏散客流，车站出入口以分散布置为宜，通常一个车站设置2～4个出入口。随着轨道交通线网的不断扩展，城市内轨道交通车站出入口数量不断增加，其作为城市建筑的一部分，必然对城市景观和城市环境产生一定的影响。因此车站出入口的设计除满足吸引、疏散乘客的需要外，还应满足城市规划和城市景观的要求，做到协调、美观、易于识别。轨道交通地面、高架线路的车站出入口与车站主体作为一个整体进行建筑设计，这里不作深入讨论。

1)出入口布置原则

车站出入口位置应以最大量吸引附近客流、方便进出车站为原则，同时要方便与地面公交客流的换乘，或者直接利用附近商场、地下人行通道等设施，以节省工程造价。

出入口布置应与主客流的方向相一致，宜与过街天桥、过街地道等相结合或连通，统一规划，同步或分期实施。出入口如兼作过街地道或天桥时，其通道宽度应考虑过街客流量。

出入口的布置通常是根据设计人员的经验，结合各个车站所在位置的地面建筑及街道的具体情况进行。

同时,对出入口的布置不仅要考虑其交通疏散功能、引导功能,还要考虑在紧急状态下,对人员安全疏散和救援实施的影响。

2)规模及数量

(1)轨道交通出入口规模应以满足初、近、远期设计客流量最大值的疏散为依据。站址建设条件比较差的情况下可酌情减少出入口数量,但不得少于两个。

车站出入口通道(天桥)总宽,应以车站最大设计进、出站客流量和疏散要求进行计算确定。其总通过能力应不小于车站内楼梯和自动扶梯通过能力之和。每个出入口通道(天桥)的宽度应根据分向设计客流量确定,并根据出入口的位置以及可能产生的突发性客流等因素,而取 1.1～1.25 的不均匀系数。

兼作城市过街道的出入口通道或过街天桥,其宽度应根据过街客流量适当加宽(如无过街客流量数据亦可在分向设计客流量基础上,再乘以 1.4 的系数)。

(2)轨道交通车站应以轨道交通功能为主,同时兼顾市政过街功能。凡需纵向穿越车站站厅实现过街功能的车站,可不考虑夜间通行的条件。

当市政过街客流规模较大,或者应提供夜间过街功能时,轨道交通车站站位选择应适当避开市政过街设施规划用地,并预留将来市政过街设施的工程实施条件。轨道交通车站应尽量设置与该设施的联系通道,以便更加方便乘客进出站。

当兼顾市政过街功能设站造成轨道交通车站规模控制不利,工程投资增加量超过独立设置过街设施的投资时,应在规划条件许可的前提下,设置独立的市政过街设施。

(3)每座车站应利用一个出入口设置残疾人用直升电梯。

(4)出入口应通过调整通道纵向坡度,尽量减小楼(扶)梯的提升高度,保证自动扶梯的标准化设计。楼(扶)梯的通过能力应满足疏散要求。每个出入口均应设置楼梯,并根据提升高度决定是否和如何设置自动扶梯。

(5)凡有可能,出入口应尽量争取结合沿街建筑建造。地块内车站,出入口原则上考虑与地块开发结合,目前没有条件结合的,可先设临时出入口 2～3 个,以满足近期通车及消防疏散要求。其余出入口可采取预留口形式,待规划实施时再续建。

车站出入口和地面建筑合建时,在出入口和地面建筑物之间应采取防火分隔措施,以确保客流疏散,如图 2-24 所示。

独建的出入口地面建筑与周围建筑物之间的距离应满足防火规范的要求。出入口紧临机动车道一侧应考虑防撞措施,主要人防出入口在相邻建筑物倒塌范围内时,应设防倒塌措施,如图 2-25 所示。

图 2-24　出入口与建筑物合建

图 2-25　独建无盖出入口

(6)每个出入口均应设卷帘闸门，出入口宽度及朝向应满足远期分向客流的需要，地面口部应根据客流大小留有足够的集散面积。

地面出入口设计中，应考虑夜间封闭措施及其对造型设计的影响，造型设计应优先考虑可设置上端封闭的造型。当采用敞开式出入口，或者是封闭设施对造型设计有较大不利影响时，可采用就近下端封闭设施，并设置远程监控设备。

各车站出入口设计中，应考虑与市政导向标志系统的有机结合，以保证出入口造型的灵活性与完整性，以及导向系统的标准化与规范化，出入口造型设计应结合地方特点，各具特色。图 2-26 为各地出入口实景图。

a)

b)

c)

d)

e)

图 2-26

f)

g)

图 2-26 各地出入口实景图

a)广州三元里站出入口；b)深圳罗湖站出入口；c)深圳世界之窗站出入口；d)深圳少年宫站出入口；e)日本轨道交通出入口；f)加拿大轨道交通出入口；g)法国轨道交通出入口

(7)地下出入口通道应力求短、直，需弯折的通道其弯折不宜超过三处，弯折角度宜大于90°。出入口通道长度大于100m时设置排烟设施，大于100m时应满足消防疏散要求，有条件时宜设自动人行道。

(8)车站出入口平台高程应比规划室外地面高程高出450mm。出入口建筑应考虑防洪闸槽，闸槽高度为平台面以上800mm。

(9)设于道路两侧的出入口宜平行或垂直于道路红线，且后退道路红线3m。在特殊情况下，出入口可踏红线或设于人行道上，但必须征得规划部门同意。当出入口开向城市主干道时，出入口前应有集散场地。

出入口广场设计应考虑自行车和摩托车停放场地，并根据现状及规划条件尽可能按需设置，条件不满足时，也可以不设置，但应提出需求量，由规划部门统一协调。

出入口平台前方的集散广场，应根据出入口布置方向与开口方向和道路之间的关系综合确定，如表2-6所示。

车站地面出入口布置设计要求 表2-6

布置方式	示　例	设计要求
出入口平行于道路红线布置	人行道 车行道	出入口长边围护结构距人行道路缘小于3m时，不得采用侧开式出入口，并应在端部平台前方，设置进深不小于出入口宽度，长度不小于进深1.2倍且不小于3.6m的集散场地。 出入口长边围护结构距人行道路缘大于3m时，可采用侧开式出入口，直接通往人行道，出入口长边与人行道之间采用硬地铺砌
出入口垂直于道路红线布置	人行道 车行道	开口朝向道路且为端部开口时，其端部平台前方距人行道路缘的距离不得小于出入口宽度的1.2倍，且不小于3.6m。 开口背向道路时，应采用侧开式出入口，并沿开口一侧长边设置宽度不小于开口宽度1.0倍，且不小于3.6m宽的硬地广场(通道)通向人行道
出入口与道路成斜角布置	人行道 车行道	夹角小于30°时，按平行布置的要求执行； 夹角大于30°时，按垂直布置的要求执行

续上表

布置方式	示　例	设 计 要 求
出入口位于人行道外侧设置	人行道 车行道	在地下管线条件复杂、控制性管线埋深较大且需要改移至道路外侧时，地下车站出入口可以沿人行道路缘一侧设置。 应采用端部开口的方式，并在远离道路的一侧设置满足规划宽度要求的人行道。出入口围护结构距机动车车行道的距离不小于 0.6m，且该长边不宜采用外挑式雨棚

(10)设计标准

①通道或天桥净宽≥3 000mm。

②通道净高≥2 500mm。

③地下出入口通道坡度不应大于 8%(1/12)，坡度大于 4%时应采取防滑措施。防滑措施不宜采用防滑条，应采用较平整、不影响舒适度的措施(如地面拉毛或横纹防滑砖等)。

④天桥跨主要干道时，净空≥5.5m；跨次要干道时，净空≥5.0m；跨其他道路时，净空≥4.5m。

⑤出入口防淹平台长度≥2 700mm。

⑥防淹平台的落水应坡向街道，落水坡度应≥1.0%。

2.5　风亭与冷却塔、膨胀水箱

(1)风亭应满足通风空调专业所提出的土建和工艺技术要求。在满足功能前提下，根据地面建筑的现状或规划要求，风亭可集中或分散布置。

(2)风道长度、风亭面积及风口高度除应满足通风工艺要求外，还应满足环保要求，送、排风口不得正对邻近建筑物，相隔距离应不小于 5m；人行道旁的送排风口应高出人行道 2m 以上；当风亭为敞顶低风亭时，风亭距地面的高度应不小于 1.2m，且满足防淹的高度要求。

(3)风亭冷却塔应尽量与街面建筑相结合，见图 2-27 所示。目前没有条件结合的可后退红线单独建造或采取过渡性措施。对于单建的风亭应设检查门，风亭内应设检查梯及照明等设施。

(4)拟附建在规划建筑物内的风亭，应考虑今后与该建筑物施工建造的接口问题，以免相互造成功能及景观上的影响。地块内车站，风亭原则上考虑与地块开发结合，目前没有条件结合的，可先设临时风亭，以满足近期功能要求，待规划实施时再续建。

图 2-27　与建筑物合建的风亭

(5)独立修建的地面风亭应注意与周围环境相协调，风亭的体量尽量控制。对于环境大气质量较差而景观要求较高的地段，风亭设计可采用分散式、透明式等造型处理方式，以降低风亭高度、削弱视觉冲击、减少对景观的影响，见图 2-28 所示。

风亭有时也可以考虑与出入口结合设置成一组建筑物，如图 2-29 所示。

如城市环境有要求时，可采用敞顶低风亭，但应有排水、防淹、安全、挡物措施，且周边宜具备绿地条件，如图 2-30 所示。

图 2-28　与周围环境相协调的独建风亭

图 2-29　风亭与出入口合建

图 2-30　敞顶低风亭

(6)活塞风道长度不宜大于 25m。

(7)风亭风口设置、距离要求：

①地面进风风亭应设在空气洁净的地方，当风亭设于路边时，风亭开口距地面的高度应不小于 2m；

②进、排风亭口部距任何建筑物的直线距离应大于 5m，风口兼排烟时，应大于 10m；

③当进、排风亭合建时，排风口应比进风口高出 5m，或风口错开方向布置，且进、排风口最小间距应大于 5m；

④进风亭格栅底部距地面的高度应大于 2m，当布置在绿地内时，高度允许降低，但不宜低于 1m。

(8)采用敞顶低风亭时，各风亭间及与敞开式出入口距离要求如下：

①排风井与新风井净距≥10m；

②活塞风井与新风井净距≥10m；

③排风井与活塞风井净距≥5m；

④活塞风井与活塞风井净距≥5m；

⑤排风井与敞开式出入口净距宜≥10m；

⑥活塞风井与敞开式出入口净距宜≥10m。

(9)采用空调系统的地下车站，地面应设冷却塔、膨胀水箱。其造型、用色、位置应符合城市规划、环保和景观要求。有特殊要求的地段，冷却塔设置的位置可采用下沉式或全地下式，但必须满足工艺要求，如图 2-31 所示。

图 2-31　冷却塔布置实景图

2.6　车站环境设计

(1)车站建筑在风格上应与城市环境相协调，突出交通建筑简洁明快的特点，体现城市形象，营造出一种快节奏的韵律感。

(2)车站的环境设计力求与所处区域的规划相协调，改善轨道交通对城市景观的影响。合理布置车站建筑的站前广场，诸如通道、绿化、停车场，原则上应争取更多的绿化面积，改善城市交通环境，美化城市景观。

(3)在满足功能前提下，尽可能把高架车站规模压缩至最小程度，尽量缩小建筑的体量，并使之通透，让车站建筑有更好的视觉景观效果。

(4)一般高架车站站台雨篷应力求简洁实用，宜采用钢构架，使车站显得轻巧优美，与周围环境相融合。

(5)正确处理好车站的共性与个性，既要相互呼应，形成一体，又避免雷同，各具识别性，形成一线一景。其建筑技术、构造、材料、设备尽可能采用新的技术成果。

2.7　车 站 装 修

2.7.1　原则

(1)车站装修与环境设计以功能要求为主，适度装饰为辅，力求简洁、明快，体现时代气息与地域人文特色。

(2)车站装修与环境设计力求达到安全、实用、经济、美观，满足使用功能，方便乘客集散，确保安全，同时有利于运营。

(3)车站装修室内设计将努力为乘客创造一个舒适、愉悦的乘车环境。车站建筑外装修要与周边环境相协调，同时具有轨道交通建筑的特点。

(4)设备用房的装修在满足各种工艺要求的前提下力求做到简洁实用。

(5)注重车站建筑风格的塑造，在形式上表现为现代的建筑风格，在细节和内涵上应反映一定的地域特征。

(6)各站应在统一的共性下，采用各自的手法体现各站的个性和识别性。

2.7.2 材料

(1)装修应采用具有防火、耐潮、耐腐、不易粘污、容易清洗、装饰性好等特性的环保材料。地面材料还应采用耐磨损、防滑和防静电吸尘等性能的优质建材。

(2)每个车站的装修材料品种不宜过多，并考虑防振措施及有利今后维修保养。

(3)设备管理用房的装修在满足工艺要求的前提下宜尽量简化。

2.7.3 管线综合要求

车站建筑设计时，必须做好站内管线综合工作，确保装修净空高度，特别要注意穿梁风管的位置与高度。

2.7.4 车站服务及导向标志

(1)在车站的站台层、站厅层、地面出入口以及与车站相连的物业开发区、地下步行街、商店、行人道等公共区域，必须设置明显而易于识别的车站服务及导向标志，以方便乘客快速、有序地进出车站。

(2)车站服务及导向标志按当地统一标准，并注意与其他线标志的区别和协调。

(3)车站服务及导向标志必须大小适度，高度及宽度应符合乘客的视觉要求，造型美观、新颖，路引内容图案一目了然，并符合国标。其悬吊高度为离地 2 500mm 高。

2.7.5 广告灯箱

车站内广告灯箱的设置应与车站装修设计和照明设计相协调，使其成为车站内环境的组成部分。广告灯箱宜规格化、统一化。

2.8 无障碍设计

(1)残疾人出入车站的途径，自地面至站厅层和自站厅至站台采用直升电梯。

(2)每座车站中应有一个出入口设直升电梯。

(3)每座车站从站厅到站台，岛式车站应设一部残疾人专用电梯(可与内部使用电梯合用)；侧式车站则每个站台均设一部残疾人用电梯。

(4)所有车站的站内残疾人电梯应置于车站的同一位置，以方便残疾人出行。

(5)出入口、通道、楼梯、站厅及站台等盲人涉足之地应设盲人导向带，具体要求应符合无障碍设计的有关规范。

2.9 车站防灾

2.9.1 车站建筑消防

车站建筑消防系指完整可靠的风、水、电消防设施以外的在建筑范围内所采取的措施。

(1)一条线路、换乘车站及相邻区间应按同一时间内发生一次火灾考虑。

(2)车站内的商场及车站周边联体开发的商场等公共场所,应与车站做防火分隔,并应符合民用建筑、人防工程相关的防火规定。地下车站站厅的乘客疏散区域、站台及疏散通道内不应布置商业用房。

(3)地下工程、出入口、通风井的耐火等级应为一级,地面车站、高架车站及高架区间结构的耐火等级不应低于二级。除敞开式车站外承重结构采用钢结构时,其柱、梁的耐火极限应分别达到 2.5h、1.5h。

(4)车站按消防要求划分防火分区。两个防火分区之间采用能耐 3h 的防火墙分隔,不能砌墙处,则采用其他防火阻隔。穿过防火墙的管线均需采取防火措施(如风管设防火风阀,穿墙电缆采用防火堵料封堵),分区之间门窗按防火等级选用相应等级的防火门窗。除公共区外,每个防火分区最大允许使用面积不大于 1 500m^2。

(5)控制中心、车站控制室、变电所、配电室、通信及信号机房、通风和空调机房、消防泵房、气体灭火剂室、蓄电池室、屏蔽门设备控制室等重要设备管理用房,应采用耐火极限不低于 2h 的隔墙和耐火极限不低于 1.5h 的楼板与其他部位隔开,防火隔墙应砌筑到顶,隔墙上的门应采用乙级防火门。设备和管理区域应与站台、站厅层公共区采用防火墙分隔,防火墙上的门应采用甲级防火门。

(6)车站的站台、站厅、出入口楼梯、疏散通道、封闭楼梯间等乘客集散部位,其墙、地及顶面的装修材料应采用不燃材料,广告灯箱、坐椅、电话亭、售检票亭等可用难燃材料,但不得采用石棉、玻璃纤维等有害人体健康的制品。

(7)穿越防火墙的管道、电缆、风管空隙处,应采用防火封堵材料填密塞实。当风管穿越防火墙时应设防火阀。

(8)车站按消防要求划分防烟分区,防烟分区及站厅与站台公共区内的楼扶梯孔口,采用挡烟垂壁分隔,挡烟垂壁的高度不小于 500mm(吊顶面下),且升至结构顶板底。

(9)公共区的栏栅应设疏散门,门宽度应与车站的客流相匹配。

(10)在人员较多的设备管理区应设一条直接通地面的消防专用通道,通道宽 1 200mm,(可与乘客出入口合一布置,但需用防火墙隔断),供消防人员进入车站进行扑救。车控室与消防泵房的布置应尽量靠近此消防专用通道。

(11)车站设备管理用房区内的步行楼梯在紧急情况下仅供车站工作人员及消防人员用。该楼梯应作封闭处理。

(12)车站主要设备管理用房区内应有两条独立的疏散通道,并符合消防疏散距离要求。

(13)站台上人行楼梯和自动扶梯宜沿站台纵向均匀布置。站台计算长度内任意一点距最近楼梯口(同层时,为最近的疏散通道口或站台与站厅结合口部)的距离应小于 50m。

(14)车站的紧急疏散能力应保证在初、近、远期高峰小时客流量的最大值时,6min 内将一列车乘客加上站台上候车的设计客流量及工作人员疏散完毕。

(15)火灾工况时车站内所有自动扶梯及楼梯均作为上行，其通过能力按正常情况下的90％计算。

(16)有物业开发的车站，物业开发区应为独立的防火分区，设两个可直达地面的独立的疏散通道。

(17)站台有效长度以外，设通往轨道面的人行楼梯(设四处)，宽度不应小于1.1m。

(18)车站内设置事故照明及紧急疏散诱导指示灯。

2.9.2 车站建筑降噪

(1)车站建筑降噪系指各设备系统自身消噪以外的在建筑范围内采取的措施。

(2)控制混响时间，改善介质，混响时间控制在：站厅2s，站台1.8s，办公室等用房1～1.2s，广播室0.5～0.6s，其余房间相应选用。

(3)站台(公共区)噪声控制在85dB以内，广播＜40dB。

(4)隔声门——凡产生噪声的设备用房门均采用隔声门(如防火需要结合为防火隔声门)。

(5)站厅、站台公共区的吊顶采用穿孔板(或漏空型吊顶)，墙面不再进行吸声处理。

(6)喷吸声料(或贴吸声板材)——铺设在站台缘石下方的竖墙面及其对应另一侧墙面。

(7)管理、设备用房根据不同要求，在墙面及顶部进行相应建筑吸声处理。

(8)对产生噪声的机房(尤其是可能传至地面的风机房及通道)，应设有效的降噪措施。

2.9.3 车站防淹

(1)车站防洪设计按当地百年一遇暴雨重现期的标准设防。

(2)车站地面出入口平台面应高出室外地坪0.3～0.45m，门洞两边并设防洪闸槽。风亭进排风口下沿以及能通至车站内的其他开口的高程均应考虑防淹高度(高出室外地坪1m)，必要时应加设防淹设施。

(3)地面风亭及与地下车站连通的其他开放式孔洞(如直通地面的垂直电梯门洞，敞开式出入口的围墙等)，孔底高度应不低于当地最高积水位，且不小于1.0m。

(4)地下车站与不满足上述防洪防涝标准的其他地下构建筑物连通时，宜计算可能发生的最大积水量并设置排涝设施，也可采用其他能满足防涝要求的措施。

(5)区间下穿河流、湖泊，且两端相邻车站轨行区底高程低于河面、湖面最高水位时，两端车站与该区间接口的端部，或在区间中部适当的位置，应设置防淹门。

穿越大型河道的区间，如在河道防洪设施区域外设置区间通风井，防淹门应设置在通风井处，相邻一端的车站可不设置防淹门。如区间只设置一处中间风井，则对岸相邻车站应设置防淹门。

2.10 车站建筑布置案例

上海轨道交通8号线黄兴路站位于控江路、靖宇南路“T”字交口的控江路中心线下，其西侧为黄兴路和内环线高架。车站共设有4个出入口、2组风井，其中四号出入口预留，黄兴路站车站布置如图2-32所示。

车站为地下二层岛式车站，地下一层为站厅层，地下二层为站台层。站台宽度为

10.394m,有效站台长度为137m,站台设置屏蔽门。车站内净长166.6m,标准段净宽17.6m,有效站台中心(SK5+779)处轨顶高程−10.16m(吴淞高程)。车站布置如图2-33所示。

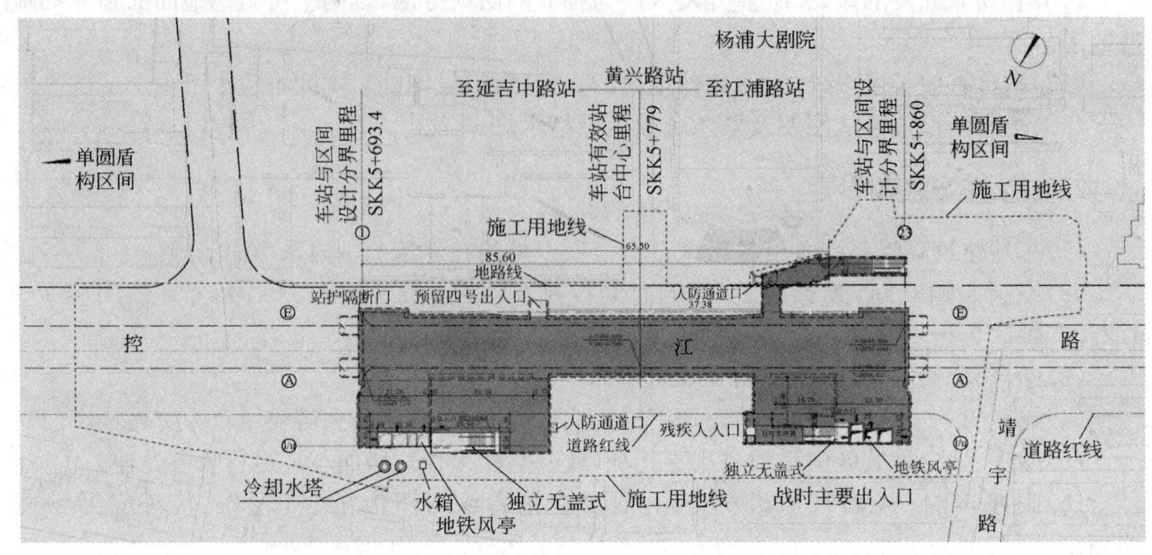

图2-32 黄兴路站总平面图

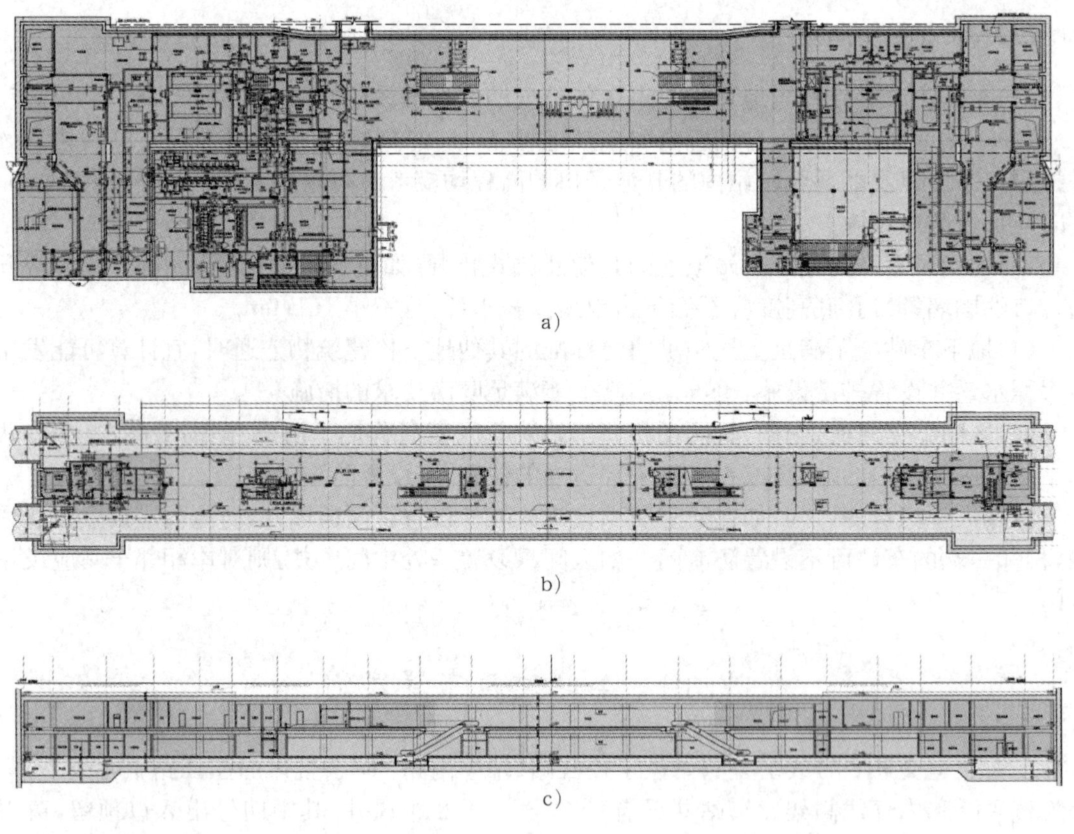

a)

b)

c)

图 2-33

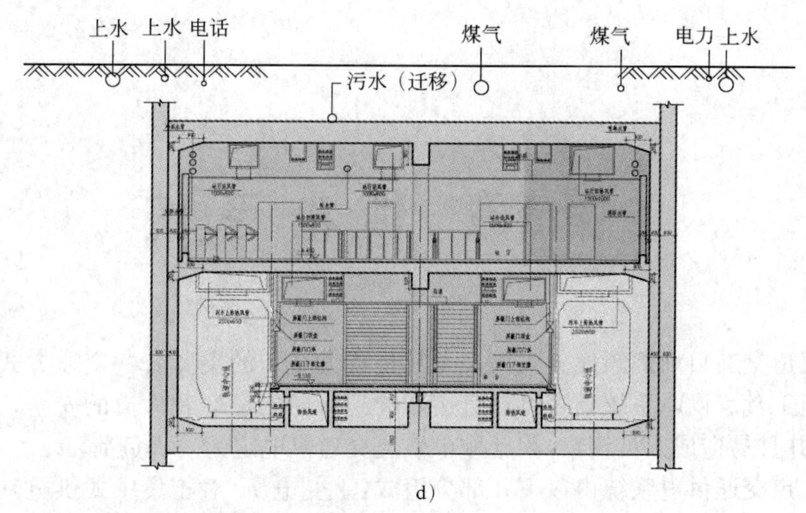

d)

图 2-33　黄兴路车站布置图

a)黄兴路站站厅平面图；b)黄兴路站站台平面图；c)黄兴路站纵剖面图；d)黄兴路站横剖面图

思　考　题

1. 车站总平面设计的要点是什么？车站站址选择时主要需要考虑哪些因素？车站出入口、风亭布置的基本原则是什么？
2. 车站的平面组成有哪几个部分？站台有几种基本形式？
3. 车站设备管理用房布置的基本原则是什么？
4. 地下车站、高架站有哪几种基本类型？
5. 车站换乘有几种类型？各自的优缺点是什么？
6. 不同类型的城市轨道交通车站建筑有什么不同？

第3章 供电系统

城市轨道交通目前逐渐成为大城市尤其是特大城市的主要公共交通方式，成为市民出行的首选交通工具。供电系统是否可靠直接影响到交通的畅通和人员的安全，一旦停电将导致交通混乱，并且易造成人员伤亡，因此城市轨道交通供电定为一级负荷。

城市轨道交通供电系统由以下几部分组成：主变电所（对于集中式供电）、中压供电网络、牵引（降压）变电所、牵引网、车站及区间动力照明配电系统、电力监控（SCADA）系统、杂散电流防护系统、防雷及接地系统等。

3.1 供电系统功能

1）接受并分配电能

通过主变电所将来自于城市电网的高压 110kV 交流电源或其他电压等级交流电降压为轨道交通系统使用的中压交流电，中压交流电一般为 10kV、20kV 和 35kV，再由中压供电网络向牵引供电系统和低压配电系统供电。中压网络的作用主要有：纵向把上级的主变电所和下级的牵引变电所、降压变电所连接起来；横向把全线的各个牵引变电所和降压变电所连接起来。

2）降压整流及接触传输直流电能

将来自于主变电所的 35kV（或 20kV、10kV）电源通过中压网络分配给牵引变电所，并通过降压整流变成轨道交通电动列车使用的直流 1 500V（或直流 750V）电源，再通过沿线架空接触网（或接触轨）及回流网等，不间断地供给轨道交通电动列车电能，以保证电动列车安全、可靠、快速地运行。

3）降压及动力配电

将来自于主变电所的 35kV（或 20kV、10kV）电源，通过中压网络分配给降压变电所，经降压变成车站、区间动力照明等设备使用的低压 380/220V 电源，再通过低压配电系统供给动力照明等设备使用，以保证车站、区间、场、段动力设备和照明系统的正常运行。

4）电力监控（SCADA）

在轨道交通控制指挥中心（OCC），通过电力调度中心调度端、通道、执行端（RTU），对整个轨道交通供电系统的主变电所、牵引降压混合变电所、降压变电所、牵引网等主要供电设施的运行状态进行实时监视、控制、数据采集及处理，实现供电设备的自动化调度管理，以保证设备的正常运行。

3.2 供电方式

城市轨道交通的规划呈现网络化的格局，供电方式的选择不应局限在单一的一条线路上，应结合城市轨道交通规划网络及城市电网的现状、规划进行统筹考虑，选择合适的供电方式。

供电系统按区域划分可分为集中供电、分散供电和混合供电三种方式；按电压等级划分可分为二级电压供电和三级电压供电两种方式。

1）集中供电方式

集中供电方式，即城市轨道交通供电系统在城市轨道交通沿线均衡地设置几座主变电所，每座主变电所分别从城市电网引入 110kV 或其他电压等级的电源，引入的电压等级越高，主变电所的数量就越少。由于城市 110kV 或 220kV 公用变电站容量较大，供电能力较强，因此轨道交通主变电站接引电源时，对城市公用变电站的改造工程量较小。

集中供电方式的优点：

（1）便于城市电力系统的调度管理。城市轨道交通供电系统自成体系，有利于城市轨道交通供电的管理，运营维护方便，提高了检修作业的独立性。

（2）提高了供电的可靠性和灵活性，受牵引负荷的冲击和谐波影响小，如谐波含量超标，可在主变电所设滤波装置。

（3）轨道交通主变电所设置位置尽可能地靠近多条轨道交通线路，可实现建造一座主变电所，给多条轨道交通供电，达到供电资源共享的目的。

国内城市电网电压等级为 35kV、10kV 的公用变电站容量较小，供电能力较差，无法为轨道交通的车站提供足够可靠的电源，因此目前国内大多数城市轨道交通均采用集中供电方式，但它的缺点是外部电源的投资较大，中压环网电缆所需的投资很大。

集中供电方式组成如图 3-1 所示。

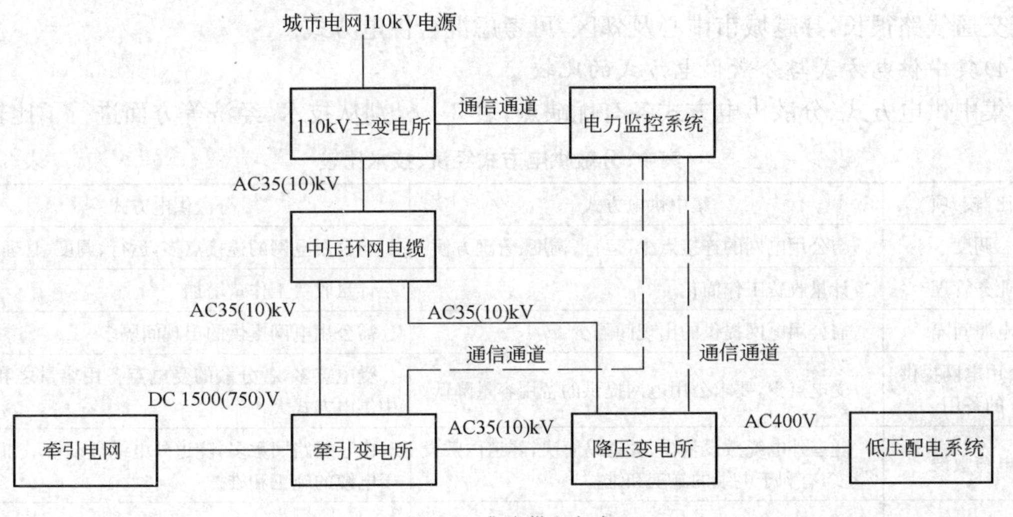

图 3-1　集中供电方式

2）分散供电方式

分散供电方式不设主变电所，各牵引变电所、降压变电所或电流开闭所分别由城市轨道交通沿线城市电网就近引两路相互独立的 35kV 或更低电压等级的电源供电。分散式供电要求城市电力系统的变电所留有足够的备用容量及备用仓位，才能保证城市轨道交通电源的可行性、可靠性。

分散供电方式的优点：

（1）由于沿线牵引变电所、降压变电所可由就近的城市电网供电，供电距离短，可极大地节省外部电源投资；

(2)无需单独设置主变电所，节省了较大的投资；

(3)由于每站都可接引2路可靠的电源，所以无需中压环网电缆，节省了大量的投资。

城市电网可靠，轨道交通各车站可以分散取得满足要求的电源时，可优先考虑采用分散供电方式。目前发达国家的轨道交通大多采用分散供电方式。缺点是要求城市轨道交通沿线城市电网有足够的电源引入点及备用容量，与城市电网接口多，同时因牵引负荷的冲击和谐波将影响较小容量的城市公用变电站35kV或更低电压等级电源点的电能质量。

分散供电方式组成如图3-2所示。

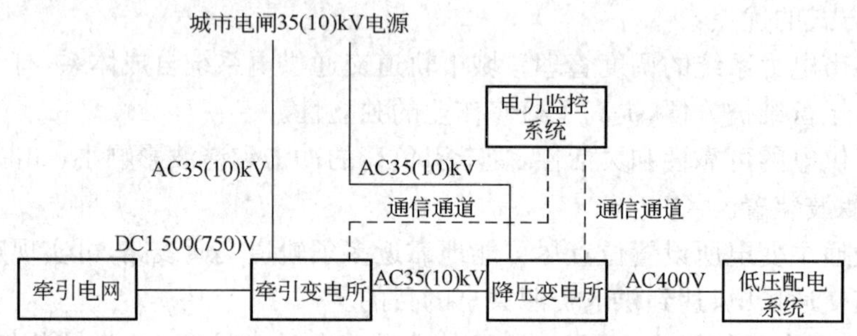

图3-2 分散供电方式

3)混合供电方式

混合式供电方式是前两种方式的结合，以集中供电方式为主，个别地段就近引入城市电网电源作为集中供电方式的补充。此种供电方式不利于城市轨道交通供电系统的管理。当城市轨道交通线路很长，穿越城市中心及郊区，可考虑混合供电方式。

4)集中供电方式与分散供电方式的比较

集中供电方式、分散供电方式各有优缺点，表3-1分别从技术、经济等方面进行了比较。

集中、分散供电方式经济、技术比较 表3-1

比较项	集中供电方式	分散供电方式
调度	与公用电网的连接点少，运行、调度、管理方便	与公用电网的连接点多，运行、调度、管理不便
业务管理	计量收费工作简化	计量收费工作量增加
电源间隔	需公用电网提供的出现间隔少	需公用电网提供的出现间隔多
需公用电网提供的备用	受电点少，要求公用电网提供的备用容量降低	受电点多，各分散的受电点备用容量之和比集中供电方式大
电缆敷设	隧道外电缆敷设量少，通道易解决，隧道内敷设量多，有利于电缆的施工和维护	由于线路回数多，隧道外电缆敷设量增加，不利于电缆的施工和维护
供电可靠性	可靠性、安全性高，受外部电网影响小，有利于形成轨道交通供电网，供电资源共享，进一步提高可靠性	与众多的公用负荷出线引接在一条公用母线上，供电可靠性受影响
电能质量	与公用电网相互影响小，可采取措施监测和治理谐波	与公用电网相互影响较大，容易造成电网的污染
远、近期结合供电	对近、远不同期建设的线路，可进行供电方案优化，提出更合理的供电方案向多条轨道交通线路供电	由于线路送电容量小，每条线路无能力再向其他轨道交通线路供电
变电站占地面积	主变电站需占用土地	不建设主变电站

续上表

比较项	集中供电方式	分散供电方式
经济性	(1)对交叉或临近线路供电,能进行综合优化,节约投资及土地资源; (2)对近、远不同期建设的线路供电方案能优化,做到远近结合; (3)充分利用公用电网的电力资源; (4)节约优化使用公用电网出线间隔	(1)没有能力对交叉或临近线路供电,不能对近、远不同期建设的线路供电方案进行综合优化; (2)公用电网需提供大量出线间隔,可能影响社会用电间隔需求,对公用变电站的改造量大
投资建设	需建设主变电站、电力通道	对公用电网必须进行改造及增容,需建设较多的电力通道
运行	集中管理,运行人员少,费用相对较低,电网损耗也相对低	分散管理,运行人员多,费用相对大,电网损耗也大

5)二级电压供电方式

城市轨道交通供电系统分为若干个供电分区,主变电所以35kV电源向牵引变电所和降压变电所供电,一个供电分区内牵引变电所与降压变电所构成环网,每个分区均有两路互为备用的电源。由于只有35kV中压供电网络,相应沿线敷设电缆少,电缆敷设工程量小,变电所只有牵引变电所和降压变电所两类,变电所种类少,设备种类少,工程建设方便,电能损失和运营维护工程量较少。

二级电压供电方式组成如图3-3所示。

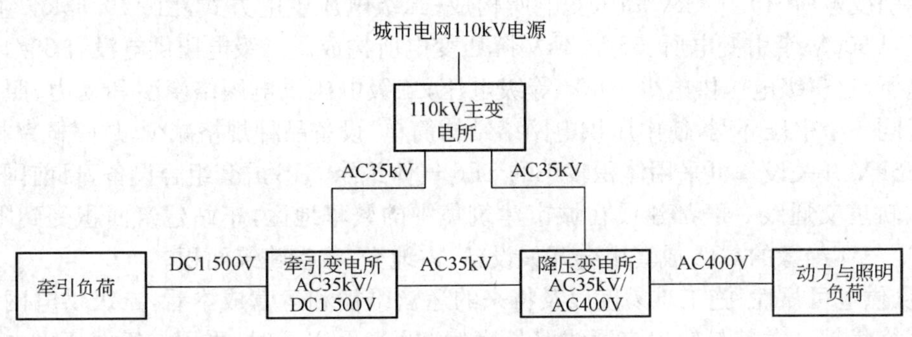

图3-3 二级电压供电方式

6)三级电压供电方式

牵引变电所每两座为一个单元,单元中每个牵引变电所直接从主变电所35kV母线各引入一回35kV主供电源,两个牵引变电所之间设联络电缆。每个牵引变电所电源一主一备,牵引供电系统供电可靠性高。

全线设若干个35/10kV中心降压变电所,各中心降压变电所从主变电所引入两回35kV电源,输出10kV电源向全线降压变电所供电。10kV系统采用环串供电方式,每个10kV降压变电所也有两回路电源。

三级电压供电方式沿线敷设供电电缆多,既有35kV电缆又有10kV电缆,电缆敷设工作量大。变电所包括牵引变电所、降压变电所和中心降压变电所,变电所种类多,设备种类多,工程建设复杂,电能损失和运营维护工程量较大。

三级电压供电方式组成如图3-4所示。

7)轨道交通供电电压等级选择

(1)在城市轨道交通建设初期,由于轨道交通线路距离短、数量少,采用三级电压供电

(110kV/35kV/10kV)方式，牵引供电电压为110/35kV，动力、照明等车站设备供电电压为110/10kV。三级电压供电网络在中压环网部分把牵引供电和动力、照明等车站设备供电分开，这样相互较独立，增强了牵引供电的可靠性。

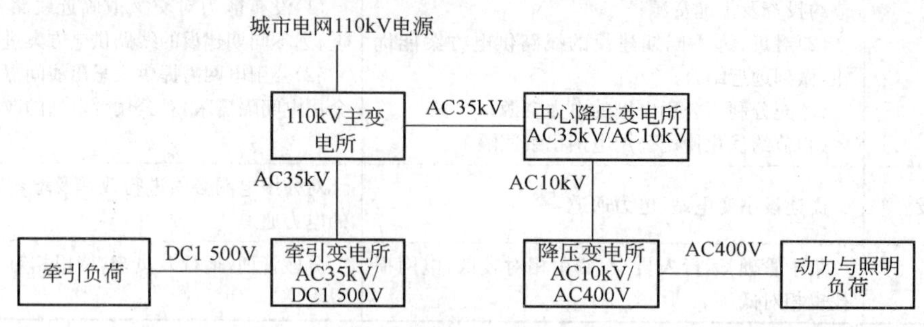

图3-4　三级电压供电方式

(2)10kV电压等级的中压环网供电半径一般不宜超过10km，中压采用10kV时，主变电所设置数量比采用35kV时多。

随着轨道交通建设的不断发展，其城市轨道交通建设的规划逐步成熟，实际交通线路发展距离长、数量多，因为35kV供电时供电距离可达30km，所以中压采用35kV供电，对轨道交通远期会有很好的延伸条件，便于近远期的结合。

(3)三级电压供电方式，由110/35kV主变电所、35/10kV中心降压变电所、35kV/DC 1 500V牵引变电所、10/0.4kV降压变电所构成；二级电压供电方式，由110/35kV主变电所、35kV/DC 1 500V牵引变电所、35/0.4kV降压变电所构成。二级电压供电没有35/10kV中心降压变电所，比三级电压供电少10kV等级电压，二级电压供电网络牵引和动力、照明等车站设备属于同一个中压环网，使中压供电网络结构简单，设备品种规格减少，故障概率相对较低。

(4)35kV开关设备可采用体积较小的SF6气体绝缘GIS成套组合设备，目前国内已能制造生产。轨道交通线一般都建设在城市建筑集中的繁华地区，车站建筑面积受到限制，采用35kV SF6气体绝缘的GIS成套组合开关设备，占地少，节省建筑面积。

(5)从供电可靠性、施工难易度以及将来的运营维护和运营成本看，二级供电网络均比三级供电网络优越。尤其是轨道交通线路长度达30km及以上时，采用二级电压供电比采用三级电压供电的供电臂长，损耗少。中压网采用35kV供电比采用10kV供电，其线路电压损失及功率损失要小得多，运营成本低。

(6)二级电压供电方式的高压开关柜投资增加，但是高压开关柜的数量明显减少，比三级供电网络的变电所土建面积小。总的比较，三级供电网络投资略高于二级供电网络。

二级电压供电与三级电压供电比较如表3-2所示。

两种电压供电方案比较表　　表3-2

名　　称	三级电压供电	二级电压供电
可靠性	可靠性满足要求	可靠性满足要求，略优
供电工程投资	较高	略低
运营成本	较高	电能损失少，初估每年可节省250万度电
运营维护工作	较多，且多了10kV等级	设备可靠性高、维修工作量小
供电系统	10kV电压等级低，系统延伸条件差，增加了10kV等级，系统复杂	35kV电压等级高，供电半径大，延伸条件好，系统简单

3.3 变 电 所

城市轨道交通变电所分为主变电所、牵引变电所、降压变电所三大类。

1)主变电所

主变电所承担着向城市轨道交通全线提供可靠电源的任务，必须保证其供电的可靠性。其功能是将来自于城市电网的110kV电源降为中压35kV电源。主变电所的设置，应结合城市轨道交通线网规划及城市电网规划统筹考虑，尽可能靠近负荷中心，通过供电计算并结合城市电网电源分布现状及规划，采用多条线路供电电源(地区性供电资源)共享的设计，以避免地区供电工程建设的重复和浪费。

主变电所由城市电网提供两路相互独立、可靠的110kV电源。当一座主变电所因事故解列时，与之相邻的主变电所应能越区供电，满足城市轨道交通高峰小时牵引负荷和一、二级动力照明负荷用电要求。主变电所应尽量设置在靠近负荷中心、城市轨道交通线路附近、电缆线路引入方便、设备运输方便的位置。在条件允许时，尽量将主变电所建在地面上。

主变电所设置至少两台主变压器，正常时两台主变压器同时运行，其容量能满足主变电所的任一台主变压器因故退出运行时，另一台主变压器能够担负起本所供电区域内的城市轨道交通高峰小时牵引负荷和一、二级动力照明负荷用电。

主变电所主接线形式一般采用内桥接线和线路—变压器接线两种方式。

内桥接线方式可使两路进线与两台变压器的运行灵活，防止一路110kV进线发生故障、而另一路的主变压器又故障时必须全所停电的事故。这是两路电源进线、两台变压器的变电所为了提高供电可靠性经常采用的接线方式，运行的灵活性进一步提高了供电的可靠性。考虑当在一台变压器退出运行，由另一台变压器负担全部一、二级负荷的情况下，能够确保轨道交通供电系统的正常运行。但采用内桥接线方式一次接线及保护较为复杂，投资较大，其主接线方式如图3-5所示。

线路—变压器接线方式一次接线及保护比较简单，投资较少，但如果一路110kV进线发生故障、而另一路的主变压器又故障时发生全所停电事故，必须由相邻的主变电所越区供电，满足城市轨道交通高峰小时牵引负荷和一、二级动力照明负荷用电要求，所以必须保证每路110kV电源进线非常可靠，其主接线方式如图3-6所示。

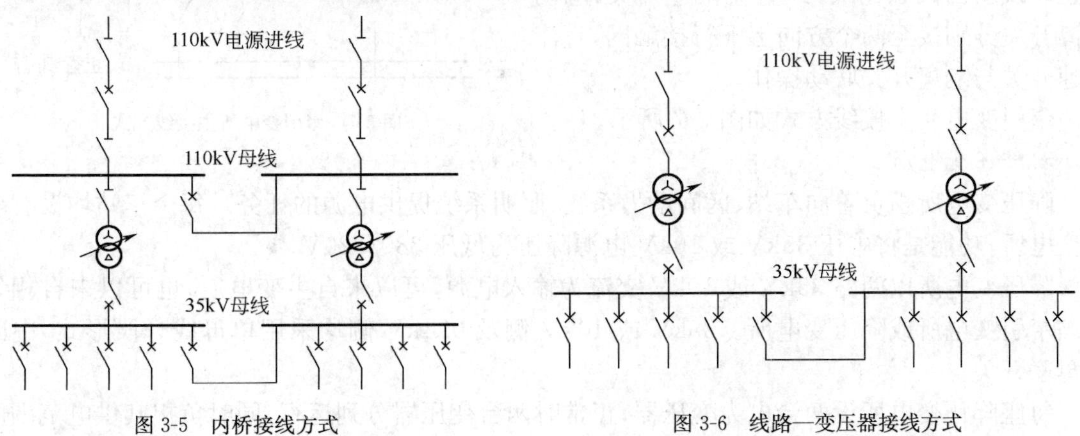

图3-5　内桥接线方式　　　　图3-6　线路—变压器接线方式

无论采用哪一种接线方式，都要根据城市轨道交通实际情况，必须和城市供电部门协商，取得一致意见后方能确定。

2）牵引变电所

牵引变电所承担着向牵引电网提供电源的任务，功能是将中压 35kV 电源降压整流后变成供轨道交通列车使用的直流 1 500V 电源。

牵引变电所根据牵引供电计算要求和线路情况、接触网的形式、沿线车站的形式等要求，考虑牵引变电所的站址选择。牵引变电所在线路上的设置位置、数量和容量，根据远期运行高峰小时的车流密度、车辆编组及车辆形式通过牵引供电计算，经多方案的比较后确定。

牵引变电所的站位设置应使供电合理、运营方便，满足远期高峰运营时最大牵引负荷的需要。牵引变电所整流机组负荷等级为重牵引负荷（IV 类）。

牵引变电所一般设置在站台层，同一车站同侧的牵引变电所与降压变电所合建，一方面可共用设施，节省设备投资，安装调试配合更为方便，另一方面使变电所总体设计结构紧凑，可减小面积，节省土建工程投资。利用轨道车进行设备运输，满足了设备正常安装及检修时的运输需要。

任何相邻的三个牵引变电所中，允许其中一座牵引变电所事故解列时，由相邻正常工作牵引变电所采用越区供电方式，担负起该段运行列车牵引供电负荷，即正常时双边供电，中间牵引变电所解列后大双边供电。

35kV 母线采用单母线断路器分段形式，由中压网络系统引入两路独立电源，分别接至两段母线，每段母线环进环出，35kV 联络电缆构成环网系统。正常运行时母联开关打开，两段母线分段运行，当一路电源故障时，闭合母联开关，由一路进线电源同时带两段母线维持正常供电。每段母线上分别设有电压互感器和避雷器。

两套整流机组接于同一段母线上（在混合所中，两台动力变压器分别接于两段母线），其优点是两套整流机组出力均匀。机组采用等效 24 脉波整流电路，以减少送入电力系统的谐波量。

直流 1 500V 母线为单母线形式，整流机组正极通过电动隔离开关与 1 500V 母线相连，负极通过手动隔离开关与负极柜中的负母排相连，由正母线引出四条出线，经直流快速开关、电动隔离开关分别接至两个方向上下行接触网，直流快速开关与隔离开关联动操作。

牵引变电所主接线方式如图 3-7 所示。

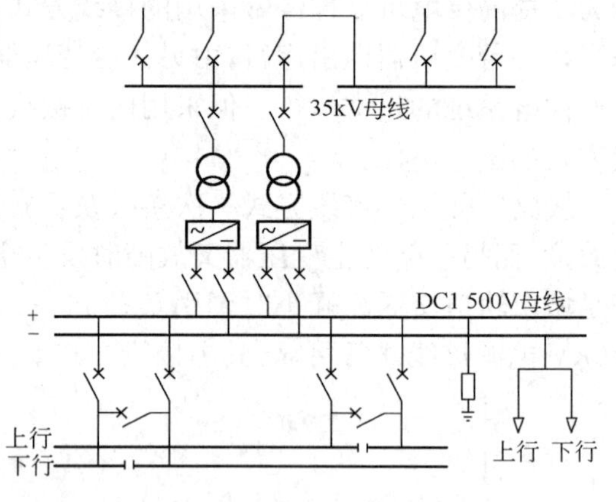

图 3-7 牵引变电所主接线方式

3）降压变电所

降压变电所担负着向车站、区间动力系统、照明系统提供电源的任务。每个车站均设有降压变电所，功能是将中压 35kV 或 10kV 电源降压为低压 380/220V。

降压变电所以两路 35kV 或 10kV 交流为输入电源，可以来自主变电所，也可以来自相邻车站牵引变电所或降压变电所。35kV 或 10kV 侧及 0.4kV 侧均采用单母线分段形式，中间设母联开关。

每座降压变电所设两台电力变压器，正常时两台变压器分列运行，同时负担其供电范围内的动力、照明负荷供电，负荷率为 70%左右。当一台变压器故障退出运行时，自动切除三级负荷，另一台变压器可以承担全部一、二级负荷，保证轨道交通的正常运行。

降压变电所主接线方式如图 3-8 所示。

在换乘枢纽站、车辆段等用电负荷较大的车站，还需设置跟随式降压变电所。带跟随式降压变电所主接线方式如图 3-9 所示。

4)牵引降压混合变电所

当车站同时设有牵引变电所和降压变电所时，宜将牵引变电所和降压变电所合建成牵引降压混合变电所，以减少投资，方便今后的运营管理。

牵引降压混合变电所主接线方式如图 3-10 所示。

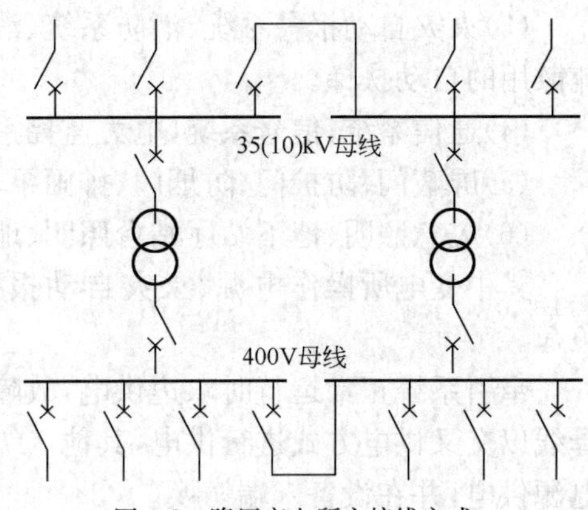

图 3-8 降压变电所主接线方式

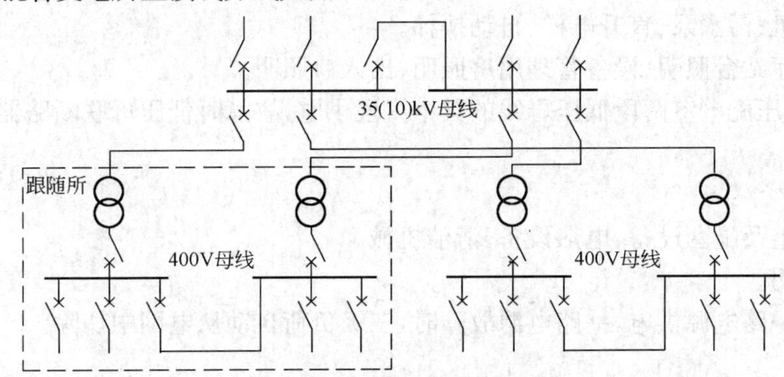

图 3-9 带跟随式降压变电所主接线方式

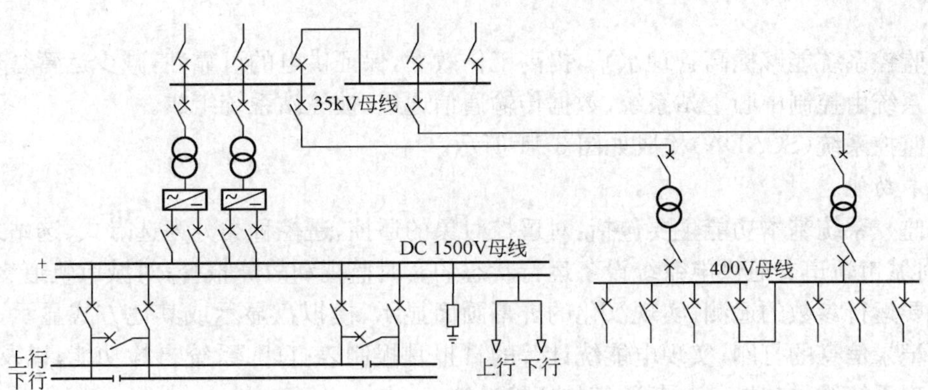

图 3-10 牵引降压混合变电所主接线方式

3.4 供电负荷分类

城市轨道交通供电负荷分为牵引负荷及动力照明负荷，负荷等级分为一级负荷、二级负荷和三级负荷。

1)一级负荷

(1)牵引系统。

(2)变电所操作电源。

(3)火灾自动报警系统、消防系统、消防电梯、事故风机、排风/排烟风机及相关风阀、兼作疏散用的自动扶梯。

(4)通信系统,信号系统,电力监控系统,环境与设备监控系统,自动售、检票系统。

(5)屏蔽门、防护门、防烟门、排雨泵、车站排水泵。

(6)应急照明、地下站厅站台照明、地下区间照明。

其中变电所操作电源、火灾自动报警系统、通信系统、信号系统、应急照明为特别重要负荷。

牵引系统正常运行时双边供电,故障情况下大双边供电;站厅站台照明由低压配电室不同母线以交叉供电方式进行供电,其他一级负荷供电采用由两段低压母线以专用回路各引一路电源供电,并在设备末端切换。

2)二级负荷

(1)普通风机、污水泵、直升电梯、自动扶梯。

(2)地上站厅站台照明、设备管理用房照明、出入口照明。

正常时由低压配电室两段低压母线的其中一段供电,故障时低压母联断路器投入,由另一段母线供电。

3)三级负荷

(1)冷水机组及配套设备、电热设备、清洁机械。

(2)广告照明。

正常时,由一路电源供电,一路电源故障时,三级负荷自动从电网中切除。

3.5 电力监控系统(SCADA)

电力监控系统能够提高管理水平,提高工作效率,保证供电的可靠性,减少运营管理费用。电力监控系统由控制中心主站系统、数据传输通信通道、被控站系统组成。

电力监控系统(SCADA)构成如图3-11所示。

1)基本功能

电力监控系统基本功能主要包括:对遥控对象的遥控,遥控种类分为选点式、选站式、选线式控制;对城市轨道交通供电系统设备运行状态的实时监视和故障报警;对城市轨道交通供电系统中主要运行参数的遥测;实现汉化的屏幕画面显示、模拟盘显示或其他方式显示,以及运行和故障记录信息的打印;实现电能统计等的日报月报制表打印;系统自检功能;以友好的人机界面实现系统维护功能;主、备通道的切换功能。

2)主站

主站一般设置在城市轨道交通控制中心大楼内。主站系统采用计算机网络技术,客户机/服务器模式,主从网络节点方式。配置服务器、调度工作站、系统维护工作站、前置通信处理、行调显示终端节点设备,设置实时数据、程序、统计报表、画面拷贝等打印机及实时监控供电系统概况的模拟盘(或投影仪)等外围设备,重要设备冗余配置,以提高系统的可靠性。系统还配置保证系统供电的不停电电源装置。

系统采用开放式局域网结构,网络体系符合国际网络互联网标准,软、硬件采用国际流行、标准化、通用性强的产品。因此,这不仅有利于网络扩展,而且支持网际互联,为将来与各种管理网络系统(MIS)及其他所需系统联网提供了方便。

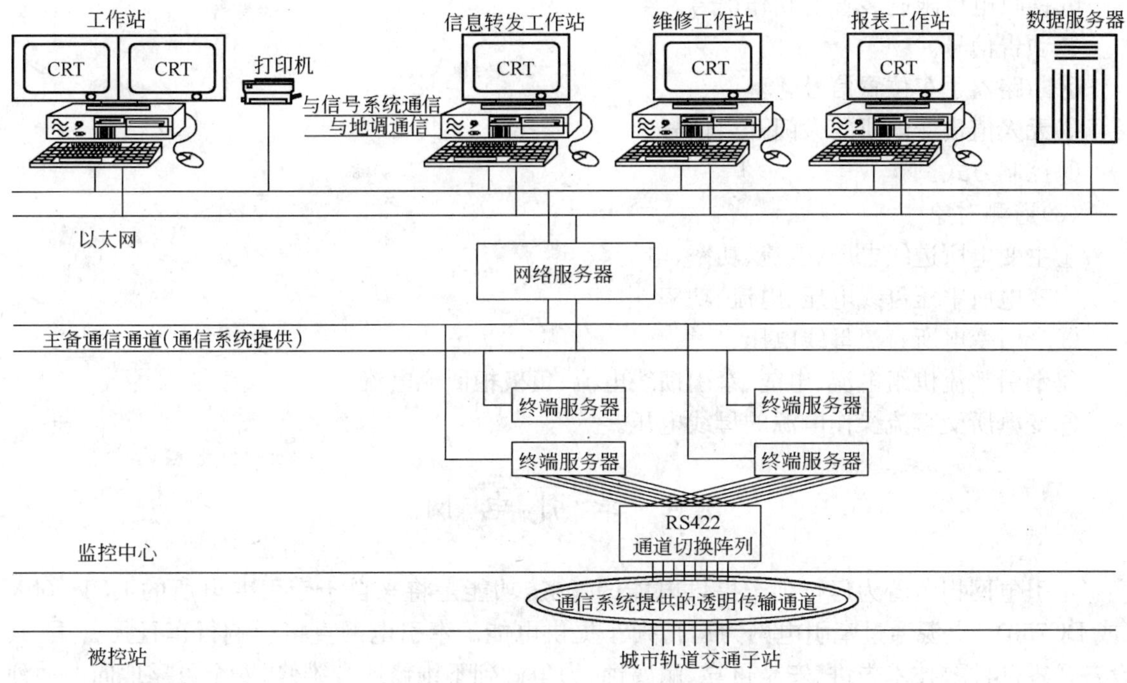

图 3-11 电力监控系统(SCADA)构成

3)被控站

被控站设在主变电所、牵引降压混合所、降压变电所。变电所采用分层分布式变电所综合自动化系统,主要由站级管理层设备、所内现场通信网络、间隔设备层单元组成,完成对变电所及其供电范围内供电设备的保护、控制、信号、测量及自动装置、远程通信等功能。

4)数据传输通信通道

系统采用通信专业配置的专用数据传输通道,通道结构一般采用点对点式结构。

5)监控对象

监控对象包括遥控对象、遥信对象和遥测对象三部分。

(1)遥控对象

①主变电所、牵引变电所、降压变电所内 10kV 及以上电压等级的断路器、负荷开关及电动隔离开关。

②牵引变电所的直流快速断路器、直流电源总隔离开关;降压变电所的低压进线断路器、低压母联断路器、三级负荷低压总开关。

③接触网电源隔离开关。

④有载调压变压器的调压开关。

(2)遥信对象

①遥控对象的位置信号。

②高中压断路器、直流快速断路器的各种故障跳闸信号。

③变压器、整流器的故障信号。

④交直流电源系统的故障信号。

⑤降压变电所低压进线断路器、低压母联断路器的故障信号。

⑥钢轨电位限制装置的动作信号。

⑦预告信号。

⑧断路器手车位置信号。

⑨无人值班变电所的大门开启信号。

⑩控制方式。

(3)遥测对象

①主变电所进线电压、电流、功率、电能。

②变电所中压母线电压、电流、功率、电能。

③牵引变电所直流母线电压。

④牵引整流机组电流、电能、牵引馈线电流、负极柜回流电流。

⑤变电所交直流操作电源的母线电压。

3.6 牵 引 电 网

牵引电网担负着为运行列车提供电能的任务，功能是将来自于牵引变电所的DC1 500V(或DC750V)电源通过牵引电网为运行列车提供电能。牵引电网直接影响行车且无备用，其设备及零部件要技术先进、安全可靠、耐腐蚀，力争做到不维修或少维修，安全可靠地向电动列车供电。

牵引电网由接触网和回流网组成。接触网为正极，回流网为负极，分别通过上网电缆和回流电缆与牵引变电所连接。

接触网按安装位置和接触导线的不同分为接触轨和架空接触网。

接触轨按授流接触位置的不同分为上部授流接触轨、下部授流接触轨和侧部授流接触轨三种形式；按电压等级分为DC1 500V和DC750V两种电压制式接触轨。

架空接触网按接触悬挂的不同分为刚性架空接触网和柔性架空接触网两种形式。

接触轨和柔性架空接触网可应用于地下线、地面线及高架线。刚性架空接触网使用于地下线。

1)刚性架空接触网

刚性架空接触网由汇流排、接触线、架空地线及悬挂部件构成。

架空接触网刚性悬挂如图3-12所示。

(1)刚性梁的结构

刚性梁的结构有Ⅱ形梁和T形梁之分。由于T形梁是采用连续的长线夹(长为1m)固定接触线方式，工程投资相对大一些。所以国内外目前都趋向于使用Ⅱ形梁结构。

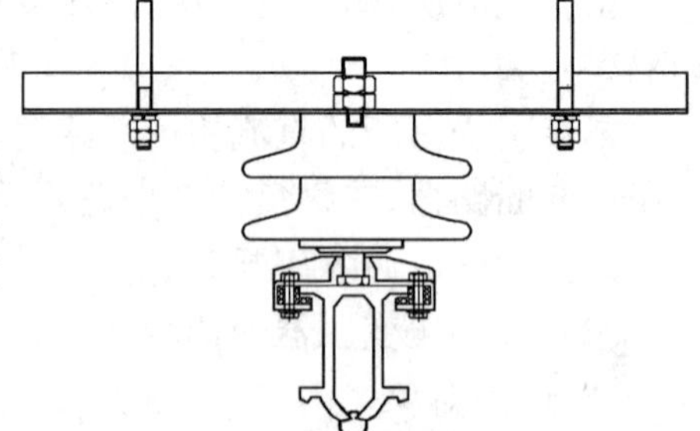
图3-12 架空接触网刚性悬挂示意图

(2)刚性梁分段方式

刚性梁的分段类型分为机械分段和电气分段。

一般刚性梁不超过250m长就应进行机械分段。机械分段有两种方式：一种是在两段梁间加设伸缩接头，以补偿梁随温度变化时的伸缩；另一种为锚段关节方式，采用交叉平行布置两梁，便于两梁的自由伸缩。

电气分段也有两种方式：一种为装设分段绝缘器，另一种为设置绝缘关节方式。

(3)刚柔过渡

架空接触网刚性悬挂与柔性悬挂之间的连接过渡有两种方式，即锚段关节方式和弹性梁方式。

在锚段关节方式中，将柔性悬挂与刚性悬挂交叉平行地布置成一个关节，以便受电弓的平稳过渡。由于两种悬挂的弹性差异很大，受电弓过渡时不平稳，造成关节中接触线的磨耗加剧。

弹性梁就是在一段长度内，梁体是变截面的。当从柔性悬挂过渡到刚性悬挂时，汇流排的截面逐渐加大至正常截面，这样就保证了受电弓平稳可靠地过渡，并减少了过渡段中接触线的磨耗。

(4)刚性悬挂方式的优缺点

采用大截面汇流排，取消了接触线下锚张力补偿装置，安装结构简单。

悬挂结构紧凑，占用隧道净空小，施工方便。

避免了断排、断线事故的发生，在保证技术水平及产品质量的前提下，提高了接触网的安全可靠性。

悬挂零部件及产品规格少，维修工作量少。

锚段长度短(约 250m)，结构简单。事故范围小，提高了电动列车运行的安全性。

针对隧道盾构断面及站间距长等特点，采用刚性悬挂可以节省由于下锚带来的区间隧道断面的开挖工作量，降低了隧道工程投资。

但刚性悬挂方式在平面布置时，应注意通过合理地设置锚段关节和悬挂定位等解决隧道不均匀沉降对刚性悬挂造成的影响。另外对受电弓抬升力、导线磨耗以及悬挂安装精度等方面也提出了更高的要求。

2)柔性架空接触网

柔性架空接触网一般由接触线、承力索、馈电线、架空地线及悬挂部件构成。

柔性悬挂如图 3-13 所示。

柔性接触网悬挂用于城市轨道交通基本上分为全补偿简单链形悬挂方式和弹性支架简单悬挂方式。

(1)全补偿简单链形悬挂方式

该悬挂方式具有接触网弹性好、受流条件好、磨耗小、国产化率高等优点。

缺点是：导线根数多，悬挂结构相对复杂、凌乱，而且与土建工程配合的工作量大，维修工作量大。

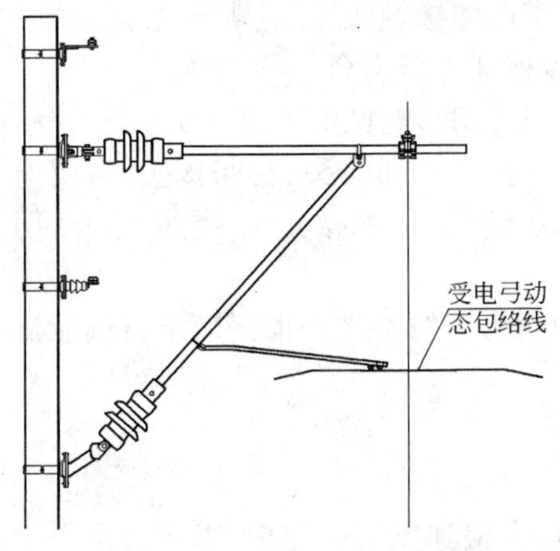

图 3-13　架空接触网柔性悬挂示意图

(2)弹性支架简单悬挂方式

弹性支架简单悬挂方式安全可靠性高，特别适用于在低净空隧道及低净空跨线桥下采用，是一种较为理想的接触网悬挂方式。

弹性支架简单悬挂方式具有以下优点：机电性能可靠，导线磨耗小、弹性好，结构简单、占用空间小，安装简单、方便，维修工作量少。

不足之处在于，受弹性橡胶轴本身机械性能的限制，悬挂点密集，一般跨距为 6～10m。另外弹性橡胶轴技术含量高，目前还需要进口，所以相对于链形悬挂而言，其工程投资较高。

3)架空接触网不同悬挂类型技术经济比较(表 3-3)

技术经济比较表

表 3-3

序　　号	项　　目	刚 性 悬 挂	链 形 悬 挂	弹性支架简单悬挂
1	悬挂组成	由刚性Ⅱ形梁、单根接触线及架空地线组成。悬挂结构简单、紧凑	由接触线、承力索、多根馈电线、架空地线组成,导线根数多	由接触线、多根馈电线、架空地线组成,导线根数多
2	所需安装净空	略高	略高	较小
3	受流质量	较好	好	好
4	受电弓及接触线磨耗程度	磨耗均匀,但要保证梁体的安装精度及刚柔过渡的平整度	磨耗较均匀,由于导线及悬挂结构有弹性,磨耗量较小	磨耗较均匀,由于导线及悬挂结构有弹性,磨耗量较小
5	对运营维护的影响	全线两种悬挂方式,零部件规格多,不便于维护、管理	全线悬挂方式统一,零部件规格少,便于维护、管理,维修量较少	全线两种悬挂方式,零部件规格多,不便于维护、管理,维修量较多
6	使用寿命	满足要求	满足要求	满足要求
7	设备及零部件国产化程度	国产化率达到 96%	国产化率达到 97%	国产化率约 80%
8	工程造价比	1.0	1.0～1.1	1.4～1.5

4)下部授流接触轨

下部授流第三轨属于比较成熟的结构形式,结构简单、稳定性及整体性好、载流量高、耐腐蚀、维修工作量小,以及使用寿命较长。沿地面线路安装敷设,便于安装施工及运营维护,受气候条件的影响也小,可以叫做免维护的供电网络。

下部授流第三轨主要分为 DC1 500V、DC750V 两种电压形式。目前,广州地铁 4 号线、深圳地铁 3 号线是采用 DC1 500V 电压形式,北京地铁采用的是 DC750V 电压形式。北京地铁 DC750V 第三轨系统已投入运营 30 年未发生结构损坏停电事故,供电十分可靠。

第三轨是沿电动列车行驶线路的地面安装敷设,虽然带电体接触轨有绝缘防护罩防护,但是在误入轨行区及检修时仍有可能发生与人身接触的危险。电动列车的受流器在运行中不能随时脱离接触轨,所以安全性略差。为避免旅客及行人与带电体接触轨接触,轨道交通沿线一般采用全封闭,检修人员在进入轨行区时采取安全措施,以保证人身安全。

在高架线路上采用第三轨供电方式,可以弥补轨道交通线路影响城市景观的缺点。

第三轨系统主要包括:钢铝复合接触轨及其附件(附件包括普通接头、膨胀接头、端部弯头、电连接中间接头、普通防爬器、锚结防爬器)、绝缘支撑系统(包括绝缘支架、支座、卡爪、防护罩、防护罩接头、防护罩支撑等)。

钢铝复合接触轨导体以高导电率的铝合金为主,接触面为不锈钢带。根据额定持续载流量要求,有 2 000A、3 000A、4 000A、5 000A 等规格。

下部授流接触轨安装如图 3-14 所示。

5)侧部授流接触轨

单轨跨座式轨道交通系统在重庆市轨道交通二号中首次得到成功的应用,采用的牵引电网属于侧部授流接触轨。该类型接触轨采用轨道梁侧面 DC1 500V 刚性接触悬挂方式,轨道交通电动车组通过 DC1 500V 侧式刚性接触网授流，轨道梁一侧为正极，另一侧为负极，不通过走行轨而是通过接触轨负极回流，因此不会产生杂散电流，线路轨道结构、车站结构无需采取杂散电流防护。

车站轨道梁接触网负极侧(接触网回流侧)设置车体接地装置，接地板通过电缆与车站综合接地网相连，使车体可靠接地，以保证人员及运营安全。

侧部授流接触轨安装如图 3-15 所示。

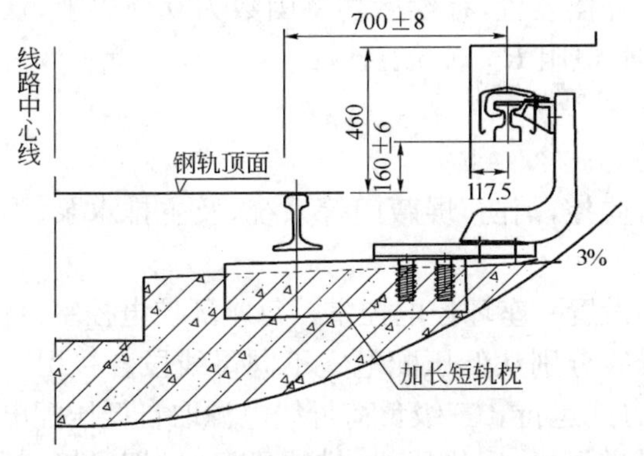

图 3-14 下部授流接触轨安装示意图(尺寸单位:mm)

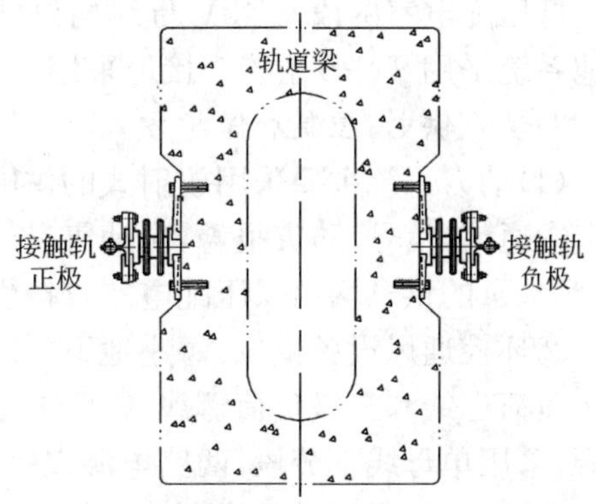

图 3-15 侧部授流接触轨安装示意图

6)防雷及接地保护

(1)在架空接触网的出隧道端、地面接触网的电源隔离开关处、空旷地面区段、高架桥区段雷击危险段，根据实际情况每隔 150～300m 距离设置直流避雷器。

(2)地面区段、高架桥区段，架空接触网的架空地线可兼作避雷线。

(3)全线架设架空地线作为接地保护，接触网所有金属底座与架空地线连接构成接地保护回路。架空地线接至牵引变电所接地装置。

7)接触网的电分段设置位置

接触网的电分段设置位置主要在有牵引变电所车站的车辆惰行处，辅助线与正线的衔接处，车辆设施与综合基地出入线与正线的衔接处，车辆设施与综合基地检修库、停车库入口等处。

3.7 动力照明供电系统

1)降压变电所设置原则

地下车站，一般设置一座降压变电所，位于车站重负荷端，有折返的车站和规模较大车站，设置一座降压变电所和一座跟随式降压变电所，分别位于车站两端。地上或高架车站均设置一座降压变电所。车辆段及基地设置降压变电所及跟随式降压变电所各一座，控制中心设置一座降压变电所。在设有牵引变电所的车站，降压变电所与牵引变电所合建为混合变电所。

设一座降压变电所和一座跟随式降压变电所的车站，每个变电所负责半个车站及半个区间的动力照明负荷;设一座降压变电所的车站，变电所负责整个车站及车站两端各半个区间的动力照明负荷。长大区间供电可增设区间小型变电站。

2)降压变电所运行方式

35/0.4kV 降压变电所高压侧采用单母线断路器分段接线，由城市轨道交通 35kV 中压网络系统接引两路独立电源，分别引入两段母线，每段母线环进环出，正常时母联开关打开，当其中一路电源故障时，高压母联闭合，由另一路电源供电，每座降压变电所设两台动力变压器，分别接在高压侧两段母线上。

变电所低压配电室两路0.4kV电源同时运行，低压母线采取单母线分段方式运行，当一路电源故障时，母联分段开关自投，由另一路电源供全站一、二级负荷用电，三级负荷经断路器由支母线供电，当一路电源故障时，三级负荷自动切除。

低压配电室两段0.4kV母线均设电容自动补偿装置，补偿后功率因数为0.9以上，低压接地系统采用TN-S系统。接地采用公用接地网，电阻$R \leqslant 0.5\Omega$。

3)动力供电、控制和保护方式

(1)动力系统主要采用放射式的供电方式

①通信，信号，防灾报警，自动售、检票，电力监控，消防，屏蔽门等系统，及主排水泵、雨水泵、污水泵的供电均由低压配电室直接供电。

②环控通风设备供电：每座地下站的两端各设置一座环控电控室。每座环控电控室设一、二级负荷母线和三级负荷母线。一、二级负荷母线分别从低压配电室不同母线段各接引一路电源，采用单母线不分段，两路电源以一主一备方式运行。三级负荷母线电源取自低压配电室三级负荷母线，采用单母线不分段接线方式。隧道风机、回排风机、排热风机、排烟风机、新风机、冷冻机组、冷冻水泵、冷却塔风机、冷却水泵、空调箱、空气幕等均集中由环控电控室供电。

③车站设备用房及站厅、站台等公共区均在适当位置设置安全式插座箱。防火阀门及风阀由环控电控室馈出回路在风阀相对集中的位置设置配电箱分回路供电。

④行车调度指挥设备用电主要采用树干式的供电方式。

(2)控制

动力设备控制分控制中心远程控制、车站综合控制室控制、就地控制三种方式，通过FAS、BAS、SCADA系统实现。

(3)保护及自动装置

①低压配电室需远控的开关采用电动断路器，频繁操作的设备采用交流接触器。

②一级负荷在末端采用自动电源切换装置。

③断路器设过载、短路及接地保护。

④动力插座、插座箱及移动式用电设备设漏电保护。

(4)计量

电源进线柜、照明柜、广告照明及空调负荷馈电回路等分别设电度表计量。

4)照明供电、光源选择及控制

(1)照明供电分类：城市轨道交通照明分为工作照明、节电照明、应急照明、标示照明、广告照明等。

(2)站厅、站台照明及主要设备用房照明由低压配电室不同母线以交叉供电方式进行供电。应急照明以EPS作为备用电源，容量满足事故状态下车站、区间1h供电的需要。

(3)地下车站站台板下及地面车站净高小于2m的电缆通道，设置安全照明，采用安全电压(≤36V)供电。

(4)照明光源

以荧光灯为主，白炽灯为辅。

(5)灯具选择

主要考虑结构轻巧、便于维修、光效高并满足装饰需要。

车辆段等室外场所采用弯灯及投光灯塔照明，光源采用高压钠灯。

5）照度标准

各场所照度值如表3-4所示。

照度标准 表3-4

序号	场所	参考平面及高度	正常照度(lx)	应急照度(lx)
1	出入口门厅、楼梯、自动扶梯	地面	150	5
2	通道	地面	150	5
3	站内楼梯、自动扶梯	地面	150	5
4	售票室、自动售票机	台面，0.75m	300	30
5	检票处、自动检票口	台面，0.75m	300	30
6	站厅(地下)	地面	200	5
7	站台(地下)	地面	150	5
8	站厅(地面)	地面	150	5
9	站台(地面)	地面	100	5
10	办公室	台面，0.75m	300	30
11	会议室	台面，0.75m	300	30
12	休息室	台面，0.75m	100	10
13	盥洗室、卫生间	地面	100	5
14	行车、电力、机电、配电等控制室及综控室	台面，0.75m	300	300
15	变电、机电、通号等设备用房	垂直面，1.6m	150	15
16	泵房、风机房	地面	100	5
17	冷冻站	地面	150	5
18	风道	地面	10	5
19	隧道	轨平面	10	5
20	地面、高架线	轨平面	5	5
21	道岔区	轨平面	20	5

3.8 杂散电流及其防护

城市轨道交通大多数采用走行轨牵引回流系统。由于走行轨与道床不能做到完全绝缘，造成少部分回流泄入道床和隧道结构，形成杂散电流，杂散电流通过沿线金属结构、管线返回变电所，从而给这些设施带来危害。轨道交通的杂散电流对城市建筑和轨道交通本身具有较大的腐蚀作用，为有效地限制轨道交通的杂散电流，降低与消除其不利影响，保证轨道交通具有良好的社会经济总体效益，有必要设置杂散电流防护系统。

1）杂散电流防护原则

杂散电流腐蚀防护应按照“以堵为主，以排为辅，堵排结合，加强监测”的原则。

(1)“堵”

堵，即减少杂散电流量，可通过适当限制供电区段长度，减小供电区段内的负荷和走行轨电位实现，设置钢轨均流线和钢轨电位限制器也可降低钢轨电位。直流供电设备和回流走行轨采用绝缘安装，从而减少杂散电流。

(2)"排"

排，即设置杂散电流收集网，逐层屏蔽。利用杂散电流的首经通路——道床内的结构钢筋连通形成第一道屏蔽网，防止杂散电流向道床外部漏泄；利用隧道结构钢筋连通形成第二道屏蔽网，既保护自身受到腐蚀，又防止杂散电流向隧道外部漏泄，避免危及市政公共设施。在牵引变电所内设置排流装置，构成排流通路。

(3)"限"

对于车辆段钢轨对道床的泄漏电阻较低、杂散电流较大的区段，设置单向导通装置，限制杂散电流的扩散。

对隧道内的金属管线和其他金属设施采取材质选择和对地绝缘等措施，限制杂散电流向其漏泄。

(4)"测"

设置完备的杂散电流检测系统，监控、测量杂散电流的大小，为运营维护提供依据。

2)杂散电流防护措施

(1)建立畅通的回流通路

牵引回流系统由钢轨、负回流电缆、上下行均流电缆等组成。减小钢轨纵向电阻即减小了钢轨纵向电压降，从而降低了钢轨电位和杂散电流。

①走行轨焊成的长轨，当设有钢轨接头时，设置铜连接线；道岔与辙岔的连接部位设置铜引连接线，铜引线与钢轨间可靠焊接。

②牵引侧回流电缆与钢轨可靠焊接，其根数不少于两根，并具有足够的导电截面，当一回电缆故障时，其余电缆也能满足导电截面的要求。

③不设牵引变电所的每个车站设置一均流电缆，停车场均流线的设置视停车场具体情况而定。

(2)加大钢轨对地泄漏电阻

①通过使用绝缘扣件、绝缘垫和绝缘缓冲垫板增加走行轨与道床之间的绝缘过渡电阻，堵截杂散电流。

②地下隧道设置持久有效结构防水层及进行相应的排水防水设计。

3)杂散电流的排流措施

(1)建立杂散电流收集网。

①将钢轨下方设置钢筋作为杂散电流主收集网，并确保其截面大小能使杂散电流密度处在腐蚀状态钝化范围内。

②将隧道钢筋作为杂散电流的辅助收集网，将隧道内纵向结构钢筋焊接连通，再用电缆引至牵引变电所排流柜。该网的作用是，进一步收集主收集网未收集到的杂散电流，回流到牵引变电所，使隧道结构钢筋处在腐蚀钝化状态之内，保证隧道结构使用年限。

出现主收集网钢筋极化电压接近0.5V的情况，需进行排流，保护结构钢筋免受杂散电流腐蚀。

(2)车站的底板、中板、顶板横向结构钢筋电气连续，若有搭接，应进行搭接焊，并和车站边墙的竖筋相焊接。底板纵向钢筋电气连续，若有搭接，应进行搭接焊，每隔5m距离选取底板、中板、顶板内表层的一根横向钢筋和所有纵向钢筋焊接。

(3)车站中间的变形缝两侧用50mm×5mm的扁钢和侧墙表层结构钢筋焊接引出连接端子,两侧的连接端子通过铜绞线连接,将变形缝两侧的车站结构钢筋连成一个电气整体。

(4)明挖区间隧道每个结构段内的内层横向钢筋电气连续,若有搭接,应进行搭接焊,并且内层横向钢筋和竖筋焊接。每个结构段内的内层纵向钢筋电气连续,若有搭接,进行搭接焊。

(5)暗挖区间隧道每个横向钢筋圈电气连续,若有搭接,进行搭接焊。每个纵向钢筋电气连续,若有搭接,进行搭接焊。每隔5m距离将内表层横向钢筋圈与所有的内表层纵向结构钢筋焊接。

(6)隧道变形缝两侧第一排横向结构钢筋圈和所有的与之相交的纵向结构钢筋焊接,并在侧墙上引出连接端子,两侧的连接端子通过铜绞线连接,将变形缝两侧的隧道结构钢筋连成一个电气整体。

(7)整体道床结构段内的横向钢筋电气连续,若有搭接,进行搭接焊;整体道床结构段内的纵向钢筋电气连续,若有搭接,进行搭接焊;每隔5m距离选1根横向钢筋与所有的纵向钢筋焊接。

(8)道床沉降缝处两侧第一排横向钢筋和所有的纵向结构钢筋焊接,并在整体道床的两侧引出连接端子,道床沉降缝两侧的连接端子采用铜绞线连接,使全线的整体道床结构钢筋电气连续。

4)杂散电流的分区防护

(1)在地下和地面交接处,设置单向导通装置,实行分区域防护。

(2)停车场内采用单向导通装置进行区域隔离。正线走行轨与停车场出入段线、停车场内运用库每条线路与段内其他线路间、停车场检修库每条线路与段内其他线路间设置单向导通装置与其他线路单向隔离,同时将根据现场实际,设置均流线,减少回流电阻,达到减少杂散电流的目的。

(3)所有进出停车场的管线,在进入停车场前应加不少于1m长的绝缘管。

5)杂散电流监测系统

设置完备的杂散电流监测系统,并将杂散电流监测系统纳入电力监控系统,使其成为遥测功能的一部分,监测杂散电流对结构钢筋的腐蚀情况。

(1)杂散电流的监测

①主收集网与牵引变电所负极相连,并形成低电阻排流通路,是主体结构钢筋的第一道防护系统,须随时监测。

②辅助排流系统必须监测,以便给已对主体结构钢筋造成危害的杂散电流开辟一条低电阻通路,确保主体结构钢筋不受腐蚀。

(2)杂散电流的监测方案

集中式杂散电流监测系统通过传感器将地铁沿线监测点所采集到的参考电极与结构钢筋以及轨道与结构钢的电压的模拟量经短距离的传输(小于10m)及时转化为数字量,避免了模拟量长距离传输造成的误差。传感器所采集的数据通过安装在牵引变电所控制室内的智能监测装置传送到计算机系统,管理人员可在办公室内直接查询和打印结构钢筋极化电压及沿线各区段过渡电阻值和其他各种信息,并根据以上结果,定出辅助收集网排流开关闭合时间,并及时对相关区段进行清扫和相应的维护管理。

(3)测试端子及参考电极的设置

①测试端子的设置

在车站范围内，车站站台两侧进出站附近的道床和隧道壁上分别设置一个测试端子。

在隧道区间范围内，只在靠近车站 250m 距离处在道床和隧道壁上分别设置一个测试端子。

在盾构区间隧道，只在道床上设置测试端子。

上下行分别设置。

②参考电极的设置

在相距每个测试端子不超过 1m 的范围内，设置一个参考电极。

3.9 综合接地系统

综合接地系统除应满足正常的工作接地和人身、设备安全接地的功能之外，还应考虑杂散电流防护的需要。

(1)每个车站只设一个接地网，供车站各种设备的工作接地和安全接地。接地电阻满足强弱电设备共用接地网的要求。

(2)沿线电缆支架上敷设贯通的接地扁铜，供沿线区间电气、通信、信号等机电设备安全接地用。

(3)敷设架空地线，供接触网系统设备工作接地、安全接地和防雷接地用。

(4)牵引回流系统采用浮空不接地方式，钢轨、负回流线、直流开关柜、整流器、负极柜等采用绝缘法安装。

(5)当杂散电流防护设计与安全接地发生矛盾时，优先考虑安全接地。

(6)各车站设置钢轨电位限制装置。

3.10 供电系统运营维修机构

城市轨道交通供电系统一般在车辆段或停车场内设置一处供电车间。

对部分使用率较低的设备，可考虑与车辆段或停车场其他车间设备共用。主要设备大修由车辆段、停车场或外委有关工厂进行，主变电所变压器油色谱分析及化验委托地方供电部门，实现社会化维修。

供电车间的主要检修生产房屋和铁路岔线等基础设施按全线需要建设，并预留发展条件。为节省投资，供电车间所需普通轨道车、轨道吊等通用车辆设备及其车库由车辆段或停车场统一考虑。

定员配备、设备选型充分考虑设备的维护和使用要求。车站牵引变电所、降压变电所为无人值班，采用巡视检查方式。

牵引供变电、配电设备多采用模块化结构和通用标准，设备可靠性较高。接触网的维护、检修和检测以铁路轨道车辆为主，人工巡检为辅。

1)供电车间

(1)管理机构

供电系统运行维修管理设置供电车间，设在车辆段或停车场，负责全线供电系统设备的日常运行管理及维修管理。

供电车间下设机电工区和接触网工区。

①机电工区的主要任务

负责牵引、降压变电所及主变电所自行维修部分的设备检修、检测及抢修工作。

负责35kV交流环网电缆和1 500V直流电缆维护、检测、试验及故障的抢修工作。主变电所110kV、35kV GIS开关设备，110/35kV主变压器及110(35)kV电源电缆，考虑到电压等级高，设备技术要求高，需要配置的检测、维修设备多且昂贵，但设备数量少，宜委托当地电业部门进行检测、维修。

②接触网工区的主要任务

承担接触网设备的维护、事故抢修等工作，负责接触网的运行和日常维修检测工作，负责接触网运行值班、事故处理等工作。

(2)定员

运行值班人员属供电车间直接管理。运行值班人员有控制中心电力调度人员、主变电所值班人员等。

定员配置如表3-5所示。

定员配置表 表3-5

序号	名称	定员	备注
1	车间正副主任	2	以上定员数额中不含轨道车、接触网检修车驾驶员
2	技术主管	1	
3	供电技术人员	3	
4	统计及安监	1	
5	主变电所值班人员	2×10	
6	控制中心电力调度人员	1×10	
7	机电工区	22	
8	接触网工区	22	

2)房屋设置及其他设施

(1)停车场内房屋设置

设置的主要房屋类型有:综合检修办公楼，专用检测，检修车辆库，专用抢修配件库，生活房屋(停车场统一考虑)。

(2)其他设施

在车辆段或停车场内设铁路岔线两条，并在其中的一条旁设抢修材料站台，便于接触网检测作业车辆的存放和调用。岔线终端设轨道车库一座。库旁引出一条平板车线，供停放平板车以及进行作业车组的编组作业。按维修作业的需要，库端设检修间、值班间、备品库等生产用房。

供电车间专用汽车类车辆存放于车辆段或停车场汽车库内，需用五台位。通用轨道型车辆也统一存放于停车场相应岔线上或轨道车库内。

根据检修、抢修和设备材料存放的需要，运行部在沿线适当站内设置各类运行工区值班房屋。房屋位于每个变电巡检工区所辖范围的中部车站，其中每处运行工区设变电、接触网、电力工班房屋各一间，变电、接触网各一处。

3)检修设备配备

(1)检修设备按供电设备小、中两个修程进行配备，所有供电设备不考虑大修。小修属维持性的修理，中修属恢复性修理。具体修程如下。

变电设备：直流 1 500V 及以下中、小修（整流机组只进行定检）；交流 35kV 小修及现场检查性修理；110(35)kV 设备现场检修。

接触网：小修、巡检和维护检修。

仪表、继保：小修、校验、整定、零部件更换。

铁路专用检修、检测车辆：保养、小修及轴探伤（设备可与车辆段或停车场共用）。

绝缘油：色谱分析、耐压试验。

动力照明线路（配电箱）：维护、检测、小修、事故抢修。

其他供电设备：小修、检测。

(2)检修设备配备原则

按进行小、中修检修能力配备必要的常规检修、检测设备；加强现场设备的检修、检测能力；为运行设备潜伏性故障的监测配备先进、可靠的监测设备；为使供电设备在正常的运行状态下能进行检测，配备在线检测设备；配备电力监控复示终端系统；为提高接触网和变电设备检修、检测水平及能力，配备了接触网作业车、电气设备试验车等设备；为加强供电设备的抢修能力及日常维修材料的运输工作，配备运输车辆；为巡视人员配备交通工具及相关检测、维护设备。

思 考 题

1. 城市轨道交通中供电系统的特点是什么？针对不同类型的轨道交通，其供电系统有什么区别？
2. 在结构设计中为什么要进行防迷流处理？高架线路如何进行防迷流处理？
3. 牵引变电所的设置原则是什么？

第4章 通信系统

通信系统是轨道交通运营指挥、企业管理、公共安全治理、服务乘客的网络平台，为列车运行的快捷、安全、准点提供了基本保障。

通信系统在正常情况下应保证列车安全高效运营、为乘客出行提供高质量的服务保证，在异常情况下能迅速转变为供防灾救援和事故处理的指挥通信系统。

通信系统主要由传输、有线电话（包括公务电话、专用电话）、无线通信、闭路电视监视、广播、时钟、电源及接地防雷、公用通信、公安（消防）通信等子系统组成。

4.1 传输系统

1)传输系统的功能

传输系统能满足各有关系统的信息内容及其传输容量的要求，提供所需的业务接口。

传输系统从逻辑上提供保护通道，并利用轨道交通线路两侧的各一条光缆，从物理上构成自愈环，确保传输系统的可靠性。

传输系统的各节点，可提供点对点直通式、一点对多点共用式及总线式等信道形式。

传输系统具有自诊断功能，可进行故障管理、性能监视、系统管理、配置管理，并具有集中告警维护、统一管理的网络管理功能。系统具有扩展性，并能平滑升级。

传输系统留有与其他轨道交通线路及上级管理部门的通信接口。

2)传输系统制式的选择

目前，轨道交通通信传输系统构建主要有以下几种制式：SDH（同步数字序列）、OTN（开放式传输网络）、ATM（异步转移模式）。

(1)SDH

SDH 符合 ITU-T（国际电信联盟）的相关建议，具有开放的标准化光电接口，允许不同厂家设备的光电接口，在规范约定的接口等级与类型条件下方便地互联互通，可灵活地对不同方向的数据流进行分下和插入，能降低联网的成本。SDH 网络结构和设备简单、配置灵活、调度方便，具有强大的网络管理功能，能保证网络的可用性。SDH 一直是构建传输系统的主流技术。

随着信息业务的发展需要，产生了基于SDH的多业务传送平台（MSTP，multi-service transport platform）。在 MSTP 的演进过程中，从最初的传统 SDH 不能有效承载 IP 业务，到引入虚级联、LCAS 技术的 MSTP 能够承载 IP 业务，再到支持 RPR、支持 MPLS 逐渐完善的 MSTP，MSTP 越来越体现出它的广泛适用性和较高的性价比。

SDH 在北京地铁 13 号线已经得到应用；MSTP 在北京地铁 1、2 号线改造，上海地铁 1、4、9 号线，天津地铁 1 号线，广州 3 号线已经或即将得到应用。

(2)OTN

OTN是一种光纤环路传输网络技术，它的最大特点是可通过网管按用户需求配置传输带宽，具有丰富的用户接口、可传输宽带数字视频及以太网信息，并提供1+1环路自愈保护功能，网络安全性较高。OTN设备具备共线数字压缩视频通道及接口。OTN的网管具有分散管理、集中管理和中心控制各项功能。

但是，OTN只能由西门子公司进行生产和技术支持，和其他制式通信系统互联互通的能力不够强。

OTN在北京地铁5号线，上海地铁2号线，天津滨海轻轨，广州地铁1、2、4号线，南京地铁1号线，深圳地铁1、4号线，重庆轻轨以及香港地铁已经或即将得到应用。

(3)ATM

ATM(异步传输模式)是ITU-T提出实现宽带综合业务数字网(B-ISDN)的核心技术，它是在总结、分析传统电话网的电路交换和数据网分组交换的基础上发展起来的，是具有面向联结和数据包交换特点的一种比较成熟的技术，传输媒介采用光纤或同轴电缆，带宽可视要求在不同的用户之间灵活分配，通过QoS机制，能够按不同服务等级保障专用通道、计算机网络、电话、视频传输等各种业务的服务质量。

但是，ATM固定点对点音频和低速数据信息接入不够方便，需采用电路仿真接口设备来完成大量的2M以下通道固定连接，这种应用方式背离了ATM的基于交换的技术特长。同时ATM技术为了实现各种业务的综合，增加了系统的复杂性，使系统总体成本偏高。

ATM在长春轻轨中已经得到应用，另外，结合SDH在北京地铁八通线，天津地铁1号线，上海地铁3、5号线也得到应用。

(4)比选

通过对以上各传输技术特点的分析可知，MSTP采用了目前最为成熟的SDH组网和保护技术，保留了固有的TDM交叉能力和传统的SDH/PDH业务接口，继续满足话音业务的需求，同时又能提供ATM、IP业务接口。

而且，目前发展的MSTP(内嵌RPR)技术解决了二代MSTP的种种不足，引入了公平机制，提供多等级的服务，来满足不同用户的需求。MSTP(内嵌RPR)支持RPR拓扑自动更新，支持RPR保护功能(steering或wrap)。MSTP(内嵌RPR)技术承载实时性业务和非实时性业务都可以做到最佳。另外MSTP(内嵌RPR)设备价格适中，介于OTN/ATM和SDH/IP设备价格之间。

因此，本章建议采用基于SDH制式的MSTP设备来构建轨道交通通信系统的传输系统，后续的内容均在此基础上进行论述。

3)传输系统的构成

传输系统按照传输层和接入层的两层网设计，实现业务的分层管理以及各线传输系统之间的互联，系统的线路传输速率为2.5Gb/s。

从网络的安全可靠性考虑，传输系统一般采取以控制中心向两端方向构建两个相切的光纤传输环，形成具备高度抗中断能力的SDH环状自愈网络。

在控制中心设置1套MSTP设备、系统网管设备。各车站、车辆段、停车场分别设置1套MSTP设备。

4)网络同步

作为SDH系统的支撑网络，需要建设以GPS+BITS为核心的数字同步网，通信系统中的各交换、传输、无线设备提供统一的高稳定度、高可靠性的同步时钟信号。

在控制中心设置一套 GPS+BITS 设备。采用主从同步方式，控制中心 MSTP 设备同步信号在控制中心 BITS 上接引，沿线 MSTP 设备从 STM-16 线路码提取时钟信号。传输设备内部时钟源为备用时钟源。

5)传输线路

通信干线传输线路采用光电缆。光缆用于传输系统以及信号、无线通信和防灾报警等相关系统；电缆则主要用于构成站间联系、各种临时通信和备用倒换通道。

干线通信光缆线路采用 ITU-TG. 652 建议的双窗口单模光纤。为保证通信线路的安全，沿轨道交通全线上下行线路，各敷设一条 96 芯单模光缆和一条 50 对高抗干扰电缆。干线通信线路采用阻燃、低烟、无卤、防鼠害的铠装型光电缆，在区间内全线设置通信电缆托架或电缆管、槽保护。

4.2 有线电话系统

轨道交通各职能部门所使用的有线电话系统从功能上划分，可分为公务电话系统和专用电话系统两类。

公务电话系统主要是供管理部门、运营部门、维修部门等工作人员进行内部及外部公务联系。

专用电话系统主要是供控制中心调度员，车站、停车场、车辆段的值班员组织指挥行车、运营管理及确保行车安全。系统主要包括调度电话、站(场)内集中电话、站间电话、区间电话、紧急电话、接车电话、市内直线电话等。

从现有的交换网络来看，每条轨道交通线路都各自成网。由于轨道交通对于语音通信的需求规模并不大，所以采用专用电话系统由轨道交通自建交换网络，而公务电话系统则可以采用轨道交通自建模式，也可利用公众电信运营商的交换网络的设置原则。

轨道交通自建公务电话系统、专用电话系统时，可有合设及分设组网两种方式。

4.2.1 公务电话系统

1)交换网络构成方案的选择

目前，城市轨道交通公务电话系统的交换网络构成主要有以下几种方案：设置数字程控交换机、利用广域虚拟交换机、采用 VoIP 技术组建 IP 电话网。

(1)设置数字程控交换机

数字程控交换机的组成如图 4-1 所示。

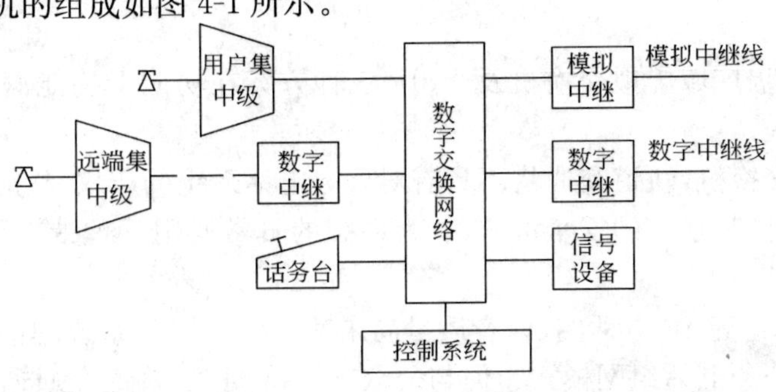

图 4-1 数字程控交换机

该方案的优点是技术成熟可靠、应用广泛。轨道交通对所使用的数字程控交换机拥有完全的控制权，可独立使用其全部功能和容量。可完全按照轨道交通的需要，选用满足系统功能要求的数字程控交换机。符合构建相对封闭的轨道交通专用通信网络的需要。目前国内开通运营的轨道交通线路基本都采用该方案组网。

该方案的建设期投资较大；与公众电话网连接需申请中继线；需设置相应的维护管理人员。

(2)利用广域虚拟交换机

广域虚拟交换机(WAC)，又称 VPN(virtual private network)，即虚拟专用网，是公众电信运营商利用其交换网络资源向某些机关、企业等集团用户提供的一个逻辑上的专用网，以供这些集团用户在该专用网内开展业务。

该方案能提供与 PABX(用户小交换机)一样的业务功能。其最显著的特点是利用公网资源实现专网功能，使用户不必投资购买 PBX 设备，而由电信运营商负责在公网上实现虚拟(软件方法)PBX 功能。可以节省建设投资，并且减少运营维护人员及相关费用。

但是，采用该方案，轨道交通缺乏系统控制权，使用不够灵活；多点引入公网，潜在的故障点多，无法保证系统的可靠性；通话费、月租费高，长远看并不经济。

(3)利用 VoIP 技术组建 IP 电话网

VoIP(Voice over IP)是以 IP 分组交换网络为传输平台，对模拟的语音信号进行压缩、打包等一系列的特殊处理，使之可以采用无连接的 UDP 协议进行传输的技术。目前主要有两个国际标准：ITU-T 的 H. 323 标准和 IETF 的 SIP 协议，国内主要采用 H. 323 标准。

典型的 VoIP 系统由 IP 电话终端、网关(GW)、多点接入控制单元(MCU)和网守四大部分构成：

①IP 电话终端包括传统的语音电话机、PC、IP 电话机，也可以是集语音、数据和图像于一体的多媒体业务终端；

②网关提供与 PSTN 连接的中继接口、模拟电话接口和与 IP 网络连接的接口；

③网守的主要功能是用户认证、地址解析、带宽管理、安全管理和区域管理；

④多点接入控制单元是可选组件，其功能在于利用 IP 网络实现多点通信，使得 IP Phone 能够支持诸如网络会议这样一些多点应用。

其主要优势在于可提供一种利用 IP 网络解决语音通信的手段，而 IP 同一网络恰恰是通信网络的发展趋势。VoIP 与传统语音系统相比更加灵活。能提供更多的终端种类(模拟语音电话机、PC、IP 电话机)，还能够为用户提供新的基于多媒体的增值服务。

其主要劣势在于其话音质量与传统语音系统相比还是稍差，缺乏端对端的 QoS 保证。

(4)比选

数字程控交换机、广域虚拟交换机及 VoIP 三种方案在功能上均能满足线路公务电话系统的要求。

利用广域虚拟交换机，轨道交通将不具有对公务电话系统的产权，只能利用他人提供的有偿服务，不能有效保证其系统的安全可靠，并为系统的日常使用管理带来不便。因此，使用该方案需慎重。

利用 VoIP 技术组建 IP 电话网，语音质量尚未达到传统语音系统的高度，因此，目前还不宜用来取代传统的公务电话组网模式。但与公众电话网相似，轨道交通通信网络同样面临信息种类太多，以至系统结构趋于复杂的问题。减少信息种类，建立简洁的基于 IP 技术的同一网络，应该是轨道交通通信网的一个发展方向，在今后的轨道交通建设中将值得重视。

设置数字程控交换机构建轨道交通的公务电话系统，仍是目前最佳的解决方案。本章后续的内容针对该方案进行论述。

2)公务电话系统构成

按照设置数字程控交换机构建本线公务电话系统的方式，根据公务电话终端接入方式的不同，系统的具体构成有以下两种方式。

方式一：在控制中心设置程控交换机，各车站、停车场、车辆段设置远端模块，其中的公务电话终端接入各自的远端模块；各远端模块通过传输系统提供的 E1 接口与控制中心程控交换机连接。

方式二：在控制中心设置程控交换机，各车站、停车场、车辆段的公务电话利用传输系统的接入设备提供的模拟语音接口以透传方式接入控制中心程控交换机。

方式一与方式二比较，可有效减少传输系统与程控交换机模拟用户接口板的配置，且能够更好地满足系统的要求。

在控制中心一处设置程控交换机，在各车站、停车场、车辆段分别设置容量不同的远端模块。

各车站、停车场、车辆段的公务电话用户通过电缆实回线引到各处的远端模块内，再通过传输系统提供的 E1 通道接入控制中心的程控交换机内。

控制中心内部的公务电话用户通过电缆实回线直接接到程控交换机的用户接口上。

公务电话系统在控制中心设置有操作维护终端、计费终端、话务台(人工或自动)等配套设备。

3)公务电话系统的功能

轨道交通内部用户之间能以五位号码自动呼叫。

轨道交通内部用户与公众网用户之间可自动呼叫(包括国内和国际的长途呼叫)。内部用户可自动拨叫 119、110 和 120 等各种公众网中的特种业务。

分机可方便地召开会议电话，系统至少可同时召开 8 组以上会议，每组会议至少可有 16 方参加，且都可以有外线用户参加。

公务电话系统具有区别振铃的功能，区分外线呼叫、内线呼叫以及话务台呼叫。具有密码计费呼出的功能，同一分机可设置多个密码，供多个用户通过各自的密码进行呼出，分别计费。

分机可以设置级别，高级别的分机可以对低级别的分机进行强插以及强拆的操作，满足紧急状态下的指挥调度。能针对公网及专网，设置不同的呼叫权限。可设置限额呼叫，一段时间内，分机话费到达一定额度，即无法继续呼出。分机可以设置为热线方式，热线服务可分立即与延时热线功能，即分机摘机后不拨号，立即或延时一段时间后，自动转接至系统指定的话机上。分机须可按用户设定不同分机服务级别。

数字话机具有中/英文字显示及菜单显示，并具有来电显示功能，方便用户使用。

对远端用户模块接入方式，远端用户的业务、功能以及拨号方式应与近端用户一致。

4.2.2 专用电话系统

1)专用电话系统的组成

专用电话系统通常由调度电话、区间电话、站间电话及站内集中电话、紧急电话、接车电话、市内直线电话组成。

(1)调度电话

调度电话是控制中心调度员组织、指挥所辖范围内的值班员而设的一种专用通信设备，为控制中心调度员与各车站、车辆段(或停车场)值班员以及与办理行车业务直接有关的工作人员提供专用的直达通信工具。必须迅速、可靠地直接通话，同时不应接入与本业务系统无关的电话。

通常，设行车调度电话、电力调度电话、防灾调度电话、客运服务调度电话和总调度。

(2)站内集中电话

站内集中电话是站(场)值班员与本站(场)其他有关值班人员进行联系的点对点直通电话。

(3)站间电话

站间行车电话是保证安全行车的专用电话设备，供相邻车站值班员间办理有关行车业务联系。在其回线上不得连接其他电话，应能保证相邻站值班员无阻塞的直达通话。

(4)区间电话

区间电话的作用是供驾驶员和区间维修人员与邻站值班员及相关部门联系通话。

(5)紧急电话

紧急电话是紧急状态下供乘客或车站工作人员使用的，用户摘机即可与本站车控室值班员或具有车控室功能的客服中心值班员进行通话。

(6)接车电话

接车电话是供站台值班员与控制中心行车调度员进行接发车通话使用。

(7)市内直线电话

市内直线电话是供轨道交通相关部门或人员与地方相关部门直接联系的电话，其中，主变电所至地方供电局，控制中心防灾救援中心至市消防局、防汛指挥中心、地震监测部门之间应设置成热线电话并具有录音功能(由于市内直线电话的设置、安装相对较为简单，且比较独立，因此在后面将不再作具体论述)。

2)专用电话系统构成方案的选择

专用电话系统的构成主要有以下三种方案：设置专用数字通信系统、设置独立的调度程控交换机系统、利用公务电话程控交换机系统。

(1)设置专用数字通信系统

在控制中心设置专用数字通信主系统设备，在各车站及车辆段(或停车场)设置专用数字通信车站分系统设备，主系统设备与车站分系统设备间通过传输系统提供的 2Mb/s 通道进行环状连接。

该方案功能全面，可完成调度电话、站间电话、站内集中电话以及区间电话功能；单独组建系统，可靠性高；采用环状 2Mb/s 通道连接，做到了通道的迂回保护功能。

该方案应用广泛，目前，新建、改建铁路的调度通信系统均采用此方案，技术成熟，具有丰富的工程及开通经验，系统设备完全实现了国产化，设备维护管理方便。

(2)设置独立的调度程控交换机系统

在控制中心设置独立的调度程控交换系统设备，各站段调度电话分机通过传输系统提供的 a/b 线接口接入调度程控交换机。

该方案可提供调度电话所要求的全部功能，且单独成系统，安全性较高，但站内直通电话需另设车站调度程控交换机解决。

(3)利用公务电话程控交换机系统

利用公务电话程控交换机实现专用电话功能可有两个方案供选择。

①方案一

利用公务电话系统设置的数字程控交换机独立实现轨道交通专用电话功能。

目前，轨道交通公务电话系统所设置的数字程控交换机均具有强大的功能，能提供丰富的业务。在公务电话交换机基础上增加部分板卡并对软件进行必要修改便可实现专用电话的大部分功能。系统具体实施方案如下。

公务电话交换机的设置采用数字程控交换机加远端模块的方式。在控制中心设置数字程控交换机，在车站、车辆段(或停车场)处设置远端模块。中心各调度台直接接入中心数字程控交换机，各站调度分机、站内直通电话、站间电话及区间电话均接入相应的远端模块。各调度分机与其所属调度总机设置为热线电话，调度分机摘机即可与调度总机通话。为了满足调度需要，调度总机需采用数字话机。站(场)内各集中电话分机、区间电话与站(场)值班员处集中电话总机间也设置为热线电话，集中电话分机及区间电话摘机即可与集中电话总机通话。站间行车电话采用数字话机，通过按键可以选择与相邻的车站中的任意一个通话。

②方案二

在公务电话系统设置的数字程控交换机基础上增加调度服务器，共同实现轨道交通专用电话功能。

该方案与方案一相似，公务交换机的设置采用数字程控交换机加远端模块的方式。在控制中心设置数字程控交换机，在车站、车辆段(或停车场)处设置远端模块。在控制中心增加调度服务器，调度服务器与程控交换机之间采用 2M 通道连接。各调度总机与调度服务器相连，调度分机通过定义车站远端模块内的分机电话即可实现。站段内集中电话、站间行车电话和区间电话的实现方式与方案一相同。

(4)比选

通过对上述方案的比较，利用公务电话程控交换机独立实现轨道交通专用电话功能的方案投资最少，但由于公务交换机支持的多方通话能力有限，当调度总机发起全呼时，系统很难满足要求。同时也不能满足专用通信对一般呼叫和紧急呼叫进行区分的功能要求，且在交换机故障时公务通信与专用通信将同时中断，造成调度电话、区间电话通信的中断。

其余方案在功能上均能满足要求。比较而言，数字专用通信系统方案在轨道交通及铁路工程中均有大量的应用，有成熟的经验可供借鉴，且该方案具有技术先进、组网能力强、操作简便、功能齐全、安全可靠的特点。系统通过传输系统提供的透明 2Mb/s 通道组网，可实现系统的远程监控和诊断，节省了系统维护的费用，具有很高的技术先进性、可靠性和安全性，完全能满足线路调度功能要求。同时，在车辆段、停车场、车站可利用专用通信车站分系统设备实现站内集中电话、站间电话及区间电话功能，大量减少公务电话系统交换机的容量设置及对传输系统带宽的需求，降低工程投资。

本章后续的内容针对数字专用通信系统方案进行论述。

3)专用电话系统的构成

在控制中心设置数字专用通信系统主系统设备(以下简称 MU)，在各车站、停车场、车辆段设置数字专用通信系统分系统设备(以下简称 BU)。

车站、停车场、车辆段的各种专用电话系统终端接入分系统设备。数字专用通信系统主系统设备与分系统设备间通过传输系统提供的 2Mb/s 通道连接。

在控制中心设置网管系统，完成本线范围专用电话设备的日常维护、用户外线监控等管理功能，实现对专用电话系统的统一网管。

(1)调度电话

行车调度电话、电力调度电话、防灾调度电话等总机设置于中央控制室的各相应调度台上，供相关调度人员对本线行车、电力、环控及防灾等情况进行指挥调度。

行车调度电话、环控防灾调度电话等分机设于车站、停车场、车辆段综合控制室，供车站值班员或信号楼值班员使用。电力调度电话分机设于各变电所的主控室，供其值班人员使用。调度电话系统的构成如图4-2所示。

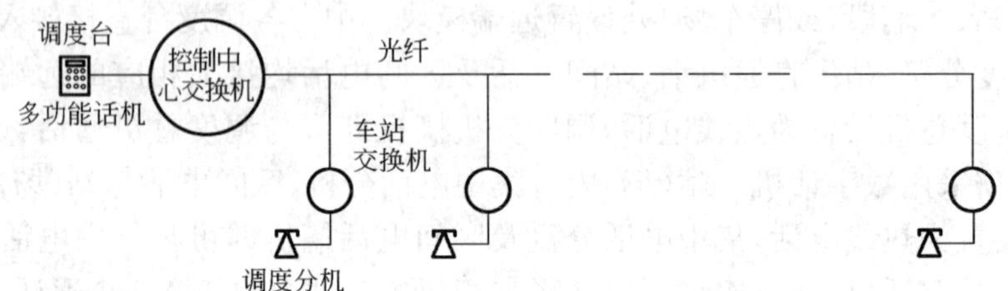

图4-2 调度电话系统构成图

(2)站内集中电话

在车站综合控制室及停车场信号楼值班室设控制台(与行调分机合设)。各控制台通过2B+D接口与专用数字通信系统分系统相连，供车站或信号楼值班员使用，以对本站(场)内的相关人员进行指挥。站(场)内集中电话终端根据需要，设置于与本站(场)内业务有关的各值班室、办公室、机房及垂直电梯等地点。站(场)内集中电话终端均接入专用数字通信系统分系统。

在侧式车站的每个站台的头部及中部、在岛式车站的岛式站台两侧上下行的头部及站台中部各设置一台站内集中电话终端，作为紧急电话，供乘客或其他人员在紧急情况下与车站值班员通话使用，纳入车站分系统。

(3)站间电话

站间电话通过BU间的光通道共同完成，供车站值班员与邻站值班员通话使用。

系统为每个车站的站间通信分配两个时隙，相邻两站间的通信通过主系统设备连接站间时隙的交叉连接实现。

与其邻站的通信站间行车电话具有多方向呼叫与通话功能，只需增加一个站间通信时隙即可实现第三个方向的通信。

如只有单方向呼叫，只需在其通道中设一个站间通信时隙即可。

区间通道除主用的数字光通道外，还将线路两侧的区间电缆接入车站分系统的磁石接口上，作为对数字站间通信的模拟通信备份。磁石接口接入电缆距离可达15 000m。系统在两者之间可以实现故障自动切换。

(4)区间电话

区间电话应设于区间具有维护工作的有关设备附近，即区间信号机、接触网开关柜、岔线、泵房等附近，一般区段设置间隔为150m(地下)、250m(地面或高架)。利用敷设于线路两侧的10对市话充油电缆2对共线并联，1对接入各车站专用通信分系统，1对至车站并通过传输系统接入公务电话程控交换机。

(5)接车电话

在车站上、下行站台发车端各设置1台接车电话，接入各车站专用通信分系统，与控制中心行车调度台沟通联系。

4)专用电话系统的功能

(1)调度电话

调度台具有选呼、组呼、全呼、强插、强拆等各种呼叫方式。

各调度员通过按键式调度台呼叫各站、段值班员的调度分机,一键到位。如调度分机用户忙则在调度台上有占线的显示,此时调度员可采用强插、强拆的方式强行插入通话或拆除正在进行的通话。

各站、车辆段值班员呼叫中心调度员通过值班台按键方式呼叫,通过车站分系统和传输网送至控制中心的各调度台,调度台相应车站按键有醒目灯光提示,语音即通。

各站、段值班员呼叫中心调度员时,可进行一般呼叫和紧急呼叫。

一般呼叫时,控制中心调度操作台可按顺序显示呼叫分机号码。

紧急呼叫时,控制中心调度操作台有不同于一般呼叫时指示灯醒目显示,提示调度员优先处理。

调度分机呼叫调度台,按热线功能连接,无需拨号,快速呼叫,举机即通。

调度台具有台联功能,可互相通话。

系统提供数字录音仪,既可连接于操作台,也可连接于控制中心主系统和车站分系统的后台主机。启动方式可以设置为声控启动和压控启动方式。可同时对专用电话系统各调度台的通话、广播系统控制中心各广播控制台的播音、无线通信系统各调度台的通话及监听的语音信号进行录音。

(2)站间电话

站间行车电话通信即呼即通,无占线情况,当另一站间电话或站内电话呼入时,值班台有呼入用户灯显及铃声提示。

(3)站内集中电话

值班员可以通过行调值班台上的按键任意实现对集中电话用户的单呼、组呼、全呼,在集中电话占线的情况下也可强插、强拆集中电话用户。

集中电话用户摘机可直接呼叫本站列调值班台,无需拨号。列调值班台呼叫站内用户采用按键方式,一键代表一个站内用户。集中电话用户之间的呼叫通过拨号方式实现。

(4)区间电话

工作人员利用任一区间电话机摘机即可通过定义的号码一次拨号呼叫上、下行车站值班员、调度员或其他相关人员,无需键入电话号码。

区间板支持接入两站间距为20km之内的区间电缆及多个区间电话的共线式接入。

区间电话由区间电话机及区间电话机箱构成,机箱性能符合工业标准IP65有关规定。

(5)紧急电话

紧急电话采用摘机即可呼叫列调值班员,无需拨号,并与一般局部用户呼叫有不同灯显提示值班员。紧急电话机选用单键式话机,性能符合IP65有关规定。

4.3 无线通信系统

1)无线通信系统的功能

无线通信系统为轨道交通各相关部门的固定用户和移动用户、移动用户和移动用户之间的语音和数据信息交换提供可靠的通信手段，为行车安全、提高运输效率和管理水平、改善服务质量提供保证。同时，在轨道交通运营出现异常情况和有线通信出现故障时，亦能迅速提供防灾救援和事故处理等指挥所需要的通信手段。

根据运行组织、业务管理和指挥的需求，无线通信系统设置5个子系统。

行车调度子系统：供行车调度员、列车驾驶员、车站值班员、站台值班员之间进行通信联络，满足行车要求。

事故及防灾子系统：供环控调度员、车站值班员、现场指挥人员及相关人员之间进行通信联络，满足事故抢险及防灾需要。

车辆段/停车场调度子系统：供车辆段/停车场信号楼值班员、列检库运转值班员、列车驾驶员、场内作业人员之间进行通信联络，满足段内调车及车辆维修需要。

维修调度子系统：供维修调度员与现场值班员之间进行通信联络，满足线路、设备日常维护及抢修要求。

公安调度子系统：供公安调度员、车站/车辆段/停车场公安人员之间进行通信联络，满足公安要求。

各调度员与无线用户以及无线用户之间具有通话呼叫功能，根据不同用户之间的业务联系，可有选呼、组呼和全呼几种方式。

中心调度员对运行中的列车具有广播功能，对通话台的标志码、用户名、通话内容等具有显示功能，对通话台的通话内容可进行录音和检索。同时，具有多级优先呼叫功能、数据及辅助功能、系统网络管理功能。

2)无线通信系统制式的选择

目前，用于专用无线通信调度的系统主要有专用频道、模拟集群和数字集群三种制式。

专用频道技术成熟，设备简单，成本较低。但是，其话务量不大、子系统少、功能简单、扩容和升级困难。同时，模拟集群技术在抗干扰、可靠性、安全性、联通速度、通信质量和可扩展方面均存在一定的不足。

数字集群作为无线多功能调度系统的一种发展趋势，技术已比较成熟。目前，有TETRA和iDEN两个系统体制作为我国数字集群通信系统体制行业推荐性标准(分别为体制A和体制B)。两种体制各有优点和使用的侧重面，iDEN比较适合组建公共集群公网，TETRA适合组建无线调度专网。由于TETRA是一个空中接口信令开放的系统，指挥调度功能比较健全，国际国内支持的厂商较多，国内所有采用数字集群系统的轨道交通/轻轨交通线路，均已采用TETRA系统。

本章后续的内容针对TETRA系统进行论述。

3)无线通信系统组网方案的选择

系统采用数字集群TETRA方式，选用漏泄电缆方案来解决区间无线信号场强的全线覆盖问题。按照现行的地铁设计规范等相关技术文件的规定，TETRA系统使用800MHz频段，具体频点需向当地无线电管理委员会申请后再作决定。

本着节约投资、充分实现功能的原则，集群无线通信系统可以采用以下两种组网方案：多基站中区制方案和多基站小区制方案。

(1)方案一：多基站中区制方案

将全线无线通信系统分为多个基站区。其中正线设置若干个基站区，1个车辆段、2个停车场各设置一个基站区。

各基站、调度台接入控制中心设置集群无线交换机。

车辆段、停车场基站区完成车辆段、停车场区域的场强覆盖：采用基站＋光纤直放站＋漏泄同轴电缆覆盖全线车站及区间，站厅用小天线覆盖。

地面基站按 2 载频来建设；地下基站按 4 载频来建设，以满足以地面政务网与公安网 TETRA 无线系统互联互通对容量的需求。

(2)方案二：多基站小区制方案

各车站、车辆段及停车场分别设置集群基站。各基站、调度台接入控制中心新设集群交换。

车辆段、停车场基站天线完成车辆段、停车场区域的场强覆盖；漏泄同轴电缆完成各车站站台、隧道区间的场强覆盖；各车站站厅用小天线覆盖。

基站容量同方案一。

(3)方案比选

方案一：性能完全满足要求，系统设备投资较低，车辆在行进过程中的越区次数比较少。缺点是系统容量较低，并且光纤直放站需要单独设置网管。

方案二：频率利用率高，如在基站与控制中心通道中断的情况下，各基站仍然能够以单基站集群的方式运行，并且系统具有较好的扩展功能，功能较完善(可实现车站与驾驶员之间的组呼)，但系统设备投资较高。

本章后续的内容按方案二进行论述。

4)无线系统的构成

在全线各车站、车辆段、停车场各设一个无线通信基站区。

在控制中心设置集群无线交换机、一套集群控制设备和 3 套调度台，在车辆段、停车场各设置 1 套调度台。

另外，还需为全线各车站配置固定电台，为列车配置车载台，为流动人员配置便携台。

在车站站厅、办公区域采用无源小天线加射频电缆的方式进行覆盖，根据站厅和办公区域的面积、布置和结构采用 1 副或者 2 副天线进行覆盖，收发天线共用。

在区间和站台采用收发共用一根漏泄电缆方式进行覆盖，在隧道区间，漏泄电缆架设在隧道顶部区域；在站台区域，根据建筑结构和装修的情况，确定漏泄电缆的具体位置。

4.4 闭路电视监视系统

闭路电视监视系统是轨道交通维护和保证运输安全的重要手段，为控制中心的调度员、各车站值班员、列车驾驶员以及轨道交通公安分局等提供有关列车运行、防灾救灾、旅客疏导以及社会治安等方面的视觉信息，还能够提供弱电系统设备管理监视信息。

此外，具有授权权限的轨道交通内部相关部门、领导，以及市政务平台和应急指挥平台在需要时也能够调看和检索相关图像。

闭路电视监视系统的基本模型如图 4-3 所示。

闭路电视监视系统由控制中心电视监视管理子系统、车站电视监视子系统、列车电视监视子系统以及传输通道等部分组成。

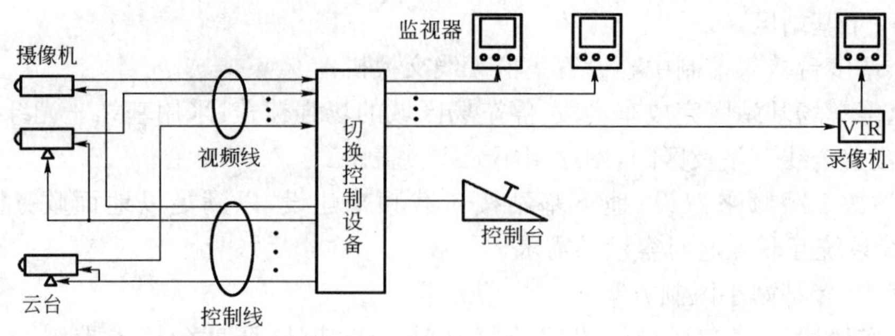

图 4-3　闭路电视监视系统基本模型

4.4.1　闭路电视监视系统的功能

1)监视功能

车站值班员、警务室值班员监视本站站台、站厅及自动扶梯、出入口情况,中心调度员监视全线各车站情况。

2)图像选择功能

车站值班员可选择本站任一摄像机的图像在任一监视器上显示,既可用各种时序自动循环切换,也可由操作人员手动切换。

控制中心各调度员可选择全线摄像机的图像在任一监视器和大屏幕显示墙上显示,既可用各种时序自动循环切换,也可由操作人员手动切换。

3)录像功能

对任何一路图像信号进行录像,中心调度员可对所辖范围内的任何一路图像信号进行调看。

4)摄像范围控制功能

控制中心各调度员和各车站值班员分别能够在远程和本地控制摄像机的云台和镜头焦距,用以调整摄像机摄像范围和视场大小,并可设定优先级。

5)字符叠加功能

系统应能将摄像机的号码及位置、摄像日期和时间等信息进行叠加,以便在监视器上显示。

6)系统网络管理功能

在控制中心的中心网管室设置一套电视的网管设备。该套设备主要负责对电视监视系统中包含的视频前端设备、控制设备和编解码设备的运行状态进行综合监视与管理,在必要时对系统数据及配置作及时的修改。

4.4.2　传输方案的选择

各车站采集的视频信号需要传送到控制中心。对于这种视频信号的远距离传送,目前可采用以下两种方案。

1)方案一(模拟+数字方案)

将各车站的控制和视频信号(假设按每站 30 路模拟信号)送入本地模拟矩阵,输出 32 路视频信号,其中 2 路视频供本地监视,30 路进行数字压缩编码,送入传输设备的 100M×2 以太网接口进行共线传输。控制中心将接收到的数字视频信号进行解码,并转换为模拟视频输出给监视器，同时模拟视频信号和控制信号一起送入至网络设备，供各调度员任意选取各站的图像。

2)方案二(数字方案)

前端设备采用数字摄像机，摄像机的输出图像信号为已压缩编码的数字信号，此信号直接送入本地以太网交换机，以太网交换机输出的信号，一路给本地解码再传送至监视器，另一路输送给传输设备的100M以太网接口传输至控制中心，中心调度员通过控制终端将调看的数字视频信号进行解码，并转换为模拟视频信号输出给监视器；同时模拟视频信号和控制信号一起送入至网络设备，各个调度能够任意选取各站的图像。

3)比选

两方案的共同点是图像传输是通过光传输系统实现的，不独占光纤，且享有传输系统的环网保护机制；中心可利用软件进行图像切换，设备规模小；易扩容；易维护；满足多点监控的需求。

不同点是采用“数字方案”车站需增设以太网交换机和解码器代替“模拟＋数字方案”中的车站矩阵；前端摄像机为数字式(价格较高)，使得系统造价高，而且此方案国内目前尚没有工程实例。

本章后续的内容按方案一进行论述。

4.4.3 图像压缩编码方式的选择

在轨道交通中，图像压缩编码通常采用以下三种方式：M-JPEG、MPEG-2和MPEG-4，表4-1是三种编码方式的比较。

图像压缩编码方式比较 表4-1

压缩格式	M-JPEG	MPEG-2	MPEG-4
硬件压缩	是	是	是
算法复杂程度	小	中	大
最大图像分辨率	720×576	720×576	384×288
占用带宽	12Mb/s～16Mb/s	6Mb/s～8Mb/s	128kb/s～2Mb/s
端到端时延	小	中	较大
价格	中	中	中

在视频通信应用中，压缩就是从时域、空域两方面去除冗余信息，即将可推知的确定信息去掉。编码方法的选择不但要考虑到压缩比、信噪比，还要考虑到算法的复杂性。太复杂的编码算法可能会产生较高的压缩比，但也会带来较大的计算开销，软件实现时会影响通信的实时性。因此，对于实时性要求较高的运营监控图像，本章建议采用MPEG-2编码方式。

4.4.4 闭路电视系统的组成

1)车站电视监视子系统

车站电视监视设备由视频矩阵、多画面处理器、摄像机、监视器、中文字符发生器、视频均衡分配器、数字硬盘录像机、控制键盘、视频传输设备等组成。车站电视监视采取实时图像监控方式。车站电视监视系统的示意图如图4-4所示。

2)列车电视监视子系统

列车电视监视子系统在各车厢设置摄像机设备，通过乘客信息系统提供的无线通道向控制中心发送每秒一至数帧的图像，满足控制中心调度员对于列车的全面监控。通常，列车设备由通信专业提数量和要求，车辆专业统一采购。

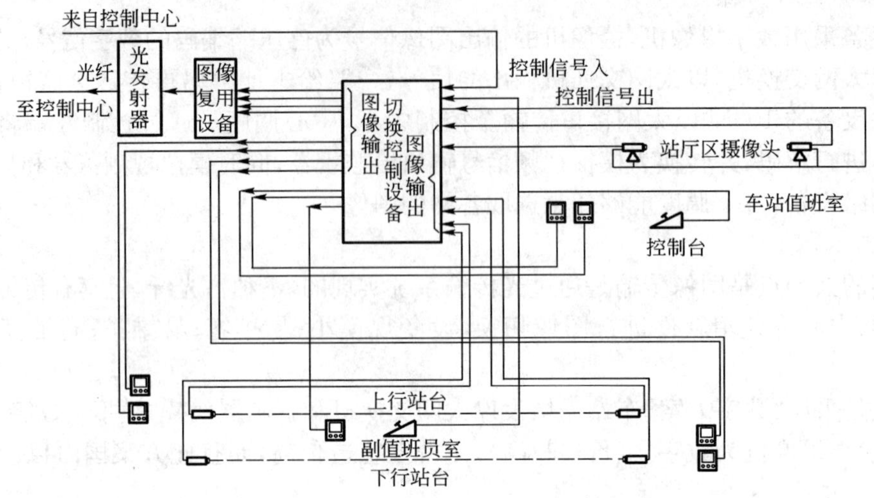

图 4-4　车站电视监视系统示意图

3)控制中心电视监视子系统

控制中心电视监视设备主要由监视器、控制键盘、视频分配器、多画面视频处理器、数字硬盘录像机、多媒体视频服务器等设备系统和监控软件组成。并且通过在控制中心和 ISCS 系统的连接，综合列车电视监视系统信息供调度员调用并且实现自动和手动切换监视。在调度大厅的调度桌上，分别设置监视器和控制盒，以便各调度员方便地实施图像源选择切换，提供辅助调度的功能。调度员桌上的监视器采用液晶屏。控制中心电视监视系统的示意图如图 4-5所示。

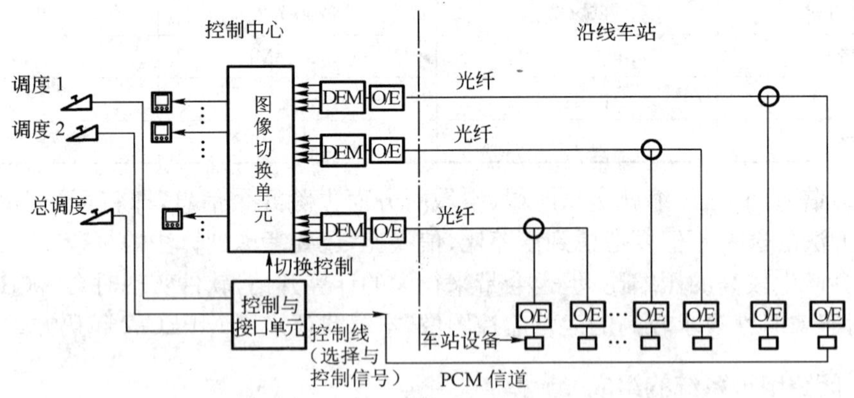

图 4-5　控制中心电视监视系统示意图

4.5　广 播 系 统

轨道交通的整个广播系统由三个相对独立的子系统即正线广播系统、车辆段/停车场广播系统及列车广播系统组成。

4.5.1 正线广播系统

正线广播系统主要用于控制中心调度员、各车站值班员和副值班员播送列车进出站信息、对乘客进行安全提示和向导、对车站工作人员播发通知;在发生紧急情况时,对列车内和车站内的乘客进行疏散向导广播。

1)正线广播系统的功能

控制中心调度员可对全线车站的广播设备进行遥控开关机,选站、选区广播或全线统一广播,可观察各站状态回示信息,并具备同步录音功能。

车站值班员可对本车站进行单选、组选、全选任意广播区进行广播,并设有自动、手动和紧急三种广播模式。

本系统应具有优先级处理,系统自动选择使用的优先级级别按照实际的使用需要进行设置。

网管设备应能对中心、车站和车辆段/停车场广播设备的运行状态实施监测。

2)正线广播系统的组成

本系统由控制中心广播设备、车站广播设备、系统监控终端、传输通道等组成两级控制广播网。

(1)中心广播设备

中心广播设备由行调广播控制台、防灾广播控制台、中心广播机柜、控制设备和网管设备组成。

(2)车站广播设备

车站广播设备包括行车广播控制台、广播机柜、环控(防灾)广播控制台、噪声检测器及扬声器网。

4.5.2 车辆段/停车场广播系统

车辆段/停车场广播系统不受中心广播设备控制,是完全独立的,只接受正线广播系统网管的监视。车辆段/停车场的有线广播系统包括:行车广播和防灾广播。

1)行车广播系统

行车广播系统供段内行车、生产指挥人员向室外或库内流动人员发布作业命令等。使用行车广播系统的人员包括信号楼行车值班员和停车库运转值班员等。广播区域包括停车列检库、架修库及车场三个广播区。

行车广播系统由功放柜以及扬声器网组成。功放柜内发 4 个 400W 功率放大器,3 主 1 备,并自动倒换。扬声器额定功率需根据库内建筑环境确定,暂按 15W 号筒式考虑。

2)防灾广播系统

在防灾值班室设置一个广播控制台,接入行车广播系统。防灾广播优先级高于行车广播。

4.5.3 列车广播系统

列车广播系统主要对车内乘客播放列车运行信息及在发生紧急情况下对车内乘客进行疏导,由 TETRA 系统来提供无线通道。

列车设备由通信专业部门提数量和要求,车辆专业部门统一采购。

4.6 时 钟 系 统

在控制中心设GPS接收单元和一级母钟,各车站、车辆段、停车场设子钟驱动器以驱动各个车站的车站控制室、站台及相关工作场所所设的显示子钟(终端),并向各自动化系统提供标准的时间驱动信号,向乘客、控制中心调度员、车站值班员及运营部门的工作人员输出统一的时间信号,为故障分析、保证列车的安全准点运行提供统一的时间平台。

4.6.1 时钟系统的功能

为乘客和控制中心、车站、车辆段、停车场等各部门工作人员提供统一的标准日期、时间信息,使全线时间标志完全一致。

一级母钟能自动跟踪GPS接收单元来校准时钟。

一级母钟能分路输出,连接各车站、车辆段、停车场等各子钟驱动器及各系统设备的外时钟输入口。

4.6.2 时钟系统的组成

时钟系统由一级母钟、分路输出接口、子钟驱动器及显示子钟等设备组成。其中一级母钟、分路输出接口设备设于控制中心内,子钟驱动器设于车站通信机械室,显示子钟设置于各站现场。

1)母钟

走时精度在锁定时间信号时在10^{-10}以上,在未锁定时达10^{-7}以上。

一级母钟包括高精度时间信号发生器、显示单元,应能高度可靠地工作。一级母钟平时由总母钟提供高精度的时间同步信号,当总母钟发生故障中断时,发生器自动提供高精度时间同步信号,并通过一级母钟的显示单元,显示与输出标准时间信号。

2)输出接口设备

时钟系统输出接口为数据接口,为各有关系统提供统一的时间信号。其分路数量应满足所有需要接受时钟定时信号的系统设备的要求。

3)子钟驱动器

时间信号通过传输系统提供的串行接口或者以太网接口,能从控制中心传送到各车站、车辆段、停车场的子钟驱动器,使所有子钟同步工作。由子钟驱动器产生时间信号显示在各处子钟显示器上,使整个轨道交通有一个标准时间。子钟驱动器的内部自走时精度应不劣于10^{-6}。

4)显示子钟

显示子钟安装于控制中心调度大厅及管理办公用房、车站站厅、站台、车站控制室及车辆段/停车场等需要显示时间的场所。结合乘客信息系统,显示子钟的形式以数字式为主体,适当采用视频显示屏等形式。

4.7 电源系统及接地、防雷

1)电源系统

电源系统通常采用高频开关电源+UPS方案。主要包括:UPS(含蓄电池)、高频开关电源(含蓄电池)、交流切换屏、交流配电屏、直流配电屏等。

高频开关电源负责传输、无线通信、公务电话、专用电话等通信设备的直流供电。UPS负责其他通信系统的设备供电。

通信系统设备均为一级负荷。由动照专业提供两路三相五线制交流电源,引至交流切换屏。交流切换屏可实现功能:两路输入电源自动切换,向UPS和高频开关电源输入供电,并预留检修及备用交流分路;输出配电单元负责将UPS输出的交流电源分配给交流配电屏。

UPS设备负责输出纯净的交流电源。在交流电源停电时,备用蓄电池组为各子系统可提供不小于4h的备用电源。

高频开关电源设备由交流输入模块、高频开关整流模块和监控模块组成。高频开关电源的备用蓄电池组单独设置,根据设计规范设置两组蓄电池组,两组容量相同且各为总容量的二分之一。在交流电源停电时,备用蓄电池组将维持4h供电。

2)综合接地

为防止外界电压危害人身安全和通信设备、抑制各种电气干扰、保证通信设备的正常工作,在控制中心、各车站、车辆段和停车场必须设置综合接地。宜由供电专业统一设置综合接地体及弱电汇流排,接地电阻$R\leqslant 1\Omega$。不同专业在接地体上的接地线引出点之间应保持足够距离。在不具备设置统一地线装置时,也可设置独立的通信地线装置。

3)防雷

防雷系统应能对通信各个子系统及区间电缆、光缆、泄漏同轴电缆、射频电缆、室外独立体等采取不同的措施进行过压过流保护。

防雷分两部分:对电源的防雷和对信号的防雷。

为抑制由电源线感应或其他原因产生的过电压值,将雷电感应能量通过有效的接地泄放入地,避免过电压能量对通信系统设备造成损害,应在通信电源前端分级安装不同通流容量及电压保护级别的过电压保护装置(SPD),通过多级SPD配合达到保护设备的目的。

由于通信机房内设备多为重要程度很高的设备,但耐过电压能力均较差。因此,对通信机房内设备的过电压保护必须严格按可能发生过电压的能量及各类设备耐受绝缘冲击电压能力确定电源SPD的参数。

4.8 公用通信系统

公用通信系统主要是将移动电信运营商的地面信号引入轨道交通的地下空间,满足乘客在地下空间内享受与地面同等的移动通信需求。除满足目前各移动电信运营商及无线市话的各种移动电话制式的需求外,还应考虑将来新增移动电信运营商和移动电话制式的需要。同时可以为轨道交通外部用户提供光纤通道及有线用户接入网的传输端口等业务。系统无线信号覆盖范围包括全线各车站的站厅、站台、出入通道等公共区域和全部地下隧道。

为方便乘客在地铁车站进行通话联络和银行业务办理,在每个地铁车站的站厅、站台、出入通道等处预留安装IC卡公用电话和ATM机的条件。

公用通信系统由传输系统、公用通信引入系统、电源系统及接地、集中告警系统等构成。

4.8.1 系统功能

1)传输系统

专为公用通信系统建立有线传输通道,接口包括 E1、低速数据、155M 接口,并预留宽带数据通道出租的能力。

传输系统应根据各种信息使用性质及要求提供主、备通道。

网络应具有自诊断功能,可进行故障管理、安全管理、性能监视、系统管理、配置管理。

2)公用通信引入系统

(1)公用通信引入系统要实现引入的信号种类如表 4-2 所示。

公用通信引入系统的信号种类 表 4-2

信号种类	频率	信号种类	频率
调频立体声广播	86～108MHz	中国移动 DCS 移动电话	1 800MHz 频段
中国电信 CDMA 移动电话	800MHz 频段	PHS	1 900MHz 频段
中国联通 GSM 移动电话	900MHz 频段	3G 移动电话	2.1GHz 频段
中国移动 GSM 移动电话	900MHz 频段		

(2)信号需覆盖范围

信号需覆盖的范围包括站台、站厅、设备间、办公区域、人行通道、隧道、换乘通道及换乘厅。

(3)信号质量应满足以下要求

区域边缘 GSM、CDMA 下行信号电平≥－85dBm。

根据国家环境电磁波卫生标准,办公区域一级标准($10\mu W/cm^2$),站台、站厅及隧道内达到二级标准($40\mu W/cm^2$)。

覆盖区内无线可通率≥95%。

同频干扰保护比:C/I(载波/干扰)≥12dB。

在基站接收端位置接收到的 GSM 上行噪声电平应小于－110dBm/200kHz。

在基站接收端位置接收到的 CDMA 上行噪声电平应小于－105dBm/1.25MHz。

越区切换成功率、掉话率、误码率(RxQual)应符合国家和行业的相关规定。

3)电源系统

车站动照专业提供一类电源,两路电源互为主备,故障时可自动倒换。

公用通信系统电源采用 UPS 供电,可为各子系统设备提供稳定电源,UPS 备用电池供电时间为 4h。

关键部件采用冗余设置并具有集中监控功能,可进行远端遥测电池电量、充放电、故障监视、故障记录及保存、系统配置。

4)集中告警系统

及时、动态地反应各系统设备的主要工作参数,能远程控制各车站设备的部分参数,并对机房的环境状况进行监测。对于系统故障,能够及时发出相应的告警,提醒相关人员进行处理;同时具备数据库功能,能够储存设备的各种状态信息。

4.8.2 系统方案及组成

1)传输系统

充分考虑公用宽带数据信号的传输需求，本设计推荐采用 MSTP 2.5Gb/s 传输系统。并在两侧隧道分别敷设 1 条 48 芯光缆，暂按 G.652D、G.655 光纤分别为 24 芯来考虑。

2)公用通信引入系统

(1)POI

公用通信引入系统按每个车站设置基站(由运营商提供)考虑。系统容量按 4～7 个运营商、提供 4～8 种制式的服务进行设计。系统除满足语音传输外，预留传送高速数据、图像的通信系统要求。

分布系统前端采用 POI，运营商基站信号分别经 POI 合成为宽频段、多系统信号，然后分成相应的路数输出到站厅、站台、隧道，再经过相应的无源器件，如功分器、耦合器等进行信号分配，送至天馈辐射单元，覆盖车站的各个区域；同样，各个运营商业主的上行信号经过天馈系统耦合传送到 POI，经 POI 的滤波分路将信号分送至不同运营商的信号源设备(如 BTS 设备)。在 POI 预留 3G 接口 3 个，为 3G 系统地接入预留接口条件。

(2)天馈系统

天馈系统是一个宽频段、多系统的综合系统，对噪声和干扰要求较严，而过多的有源器件，会增加噪声和干扰控制的难度，所以，系统设计时尽量选用一些性能和电器特性较好的设备、无源器件和材料，以减少有源器件的设置。

站厅、设备层、办公区域、人流通道和换乘厅区域宜采用天线覆盖方式，为了减少相互干扰，增加系统收发隔离度，馈线和小天线采用收发分开设置方式，收发天线的水平隔离距离大于 0.5m。

站台由于形状较规则，宽度较窄，结合隧道的覆盖方式，站台和隧道一并采用漏泄同轴电缆方式覆盖。

在隧道内采用宽带漏泄同轴电缆方式进行覆盖。同时，应考虑到因上下行信号同缆而造成不同系统间信号干扰的因素。

3)电源系统及接地

由动照专业从变电所引接两路独立交流电源接至公用通信机房交流配电箱。通信电源系统由交流配电箱引接 AC380V 外供交流电源。在各车站公用通信设备室，新设 UPS 设备需为移动基站和 MSTP 传输设备供电。UPS 系统由两路电源切换模块、UPS 单元、蓄电池组和交流配电屏构成。UPS 应采取冗余措施，采用模块式，按 25kVA 用电量预留。备用时间为 4h。

采用综合接地方式，由供电专业统一设置弱电综合接地体，接地电阻 $R\leqslant 1\Omega$，在公用机房提供统一的接地端子。

4)集中告警系统

集中告警系统由三部分构成：监测中心、传输平台、车站。

监测中心设备实时监测车站公用通信设备及环境量，对车站上报的各种信息进行智能分析处理，实现告警、遥控等。

传输平台提供从监控中心设备到各个车站的信息传输通道，利用公用传输系统提供的 E1 线路或者低速数据链路。

车站监测设备主要负责采集各个地下车站设备及环境参量的数据信息，并将信息定期或实时上报监测中心（告警信息实时上报），同时接收传递门禁系统采集上来的信息、开门时间和机房门状态信息。

4.9　公安（消防）通信系统

将公安（消防）通信系统引入地铁，为地铁公安（消防）快速、准确、高效地执行安全保卫任务提供重要的通信手段和基础设施，为市民的出行、地铁列车的运行提供有力的安全保障。本系统对市局及其他公安部门预留了良好的通信手段，为对外的沟通、交流和合作提供条件。

公安（消防）通信系统由公安（消防）引入、公安电视监视、公安（消防）电话等系统组成。

4.9.1　公安（消防）引入系统

公安（消防）专用无线系统是地面市公安局、消防局无线调度指挥系统的延伸部分，其建网方式和采用的通信制式都应和地面一致，从而形成一个从地面到地下的完整的专用无线通信网，满足公安、消防在地面和地下的统一调度。

按照市公安（消防）系统指挥调度的要求，系统必须覆盖站厅、站台、出入口通道及隧道区间，并且实现地下车站之间、车站与地面之间、在车站上执勤的民警与指挥中心或派出所之间、分局执勤民警与分局指挥中心以及与市公安（消防）局其他警种之间的无线通信，同时提供从指挥中心或现场任意一台手持台到公安各部门的全呼、一对多组呼、一对一单呼以及在紧急情况下的强拆、强插等集群调度功能。系统应具备呼叫、广播、录音、存储、显示、检测和优先权等功能。目前，通常市内有 350M 和 800M 两套系统。

1）TETRA 800M 系统

无线通信系统应实现政务、公安 TETRA 集群引入地 F 区域的功能要求。

地铁公安、消防系统在每个车站和区间设置天馈系统进行信号覆盖，从节约投资和降低施工量方面考虑，政务、公安无线系统应合用一套天馈系统，包括站厅分布小天线和站台、隧道漏缆的合用。在设置天馈系统时，采用的无源器件应兼容政务、公安的需求。

2）350M 系统

公安和消防采用 POI 平台方式，共用天馈线。

一车站设置独立的 350M 基站或基站＋光纤直放站，设计单位可提出自己的比选方案。在每个车站和区间应独立设置天馈系统进行信号覆盖，站厅设置小天线，站台、隧道设置漏缆。

3）配套设施

机房可与专用通信设备室共用，电源、接地与专用通信系统共用。

4.9.2　公安电视监视系统

公安电视监控系统是公安人员维护地铁正常的运营管理秩序、保障乘客安全、监控异常情况、防范突发事件的有效技术手段。该系统可为公安监控人员提供直观的图像，同时，车站录像机进行图像录制，保存 15 天以上。

所有终端均与专用电视监视系统共用。在轨道交通公安分局、车站警务室设置控制终端。

4.9.3 公安(消防)电话系统

公安(消防)值班人员应能实现与市公安局、轨道交通公安分局、派出所、车站警务室、地铁指挥中心等机构的有线通信,以便于指挥调度地铁公安(消防)人员。为此,在每个车站公安值班室、控制中心分别新设公安(消防)电话,电话可设为热线电话。

此部分纳入公务电话系统。

4.10 通信房屋技术要求

车站通信设备室(含公安通信)面积 $55m^2$;通信电源室面积 $20m^2$,电源室最小宽度为 3m;电缆引入室面积 $2\times15m^2$,电缆引入室最小宽度 2.5m;公用通信设备室面积不低于 $40m^2$。通信机房与变电所应尽量远离。车站通信设备室的位置宜靠近车站控制室,使配线最短,引入方便。

通信机房的地面应设防静电活动地板。内装修应满足通信设备的要求,应做到防尘、防潮、隔音。当通信设备有要求时,应采取防静电措施。通信机房地面均布荷载设备室不小于 $600kg/m^2$,电源室不小于 $1\,000kg/m^2$。室内净高不低于 2.8m,门的宽度不小于 1.5m,门的高度不小于 2.4m。

通信用房其他主要工艺要求应符合有关规定。

车站控制室预留通信控制台 2.5m×1m 位置。

思 考 题

1. 通信系统包含哪些内容?
2. 通信技术的发展与哪些行业有关?
3. 通信技术对轨道交通的作用体现在哪些方面?

第5章 信号系统

城市轨道交通机电设备之一的信号系统因站间距及列车行车间隔时间短等特点而与远程铁路的信号系统存在较大差别，由于网络技术、通信技术的飞速发展，促使城市轨道交通自动化程度越来越高，从而对信号系统的技术要求也高。对非信号专业的学生来说，需要先了解以下基本术语。

1)铁路信号(railway signal)

铁路运输系统中，为保证行车安全，提高区间和车站通过能力及编解能力而设置的手动控制、自动控制及遥控、遥信技术的总称。

2)轨道电路(track circuit)

利用铁路线路的钢轨作为导体，用以检查有无车占用，并能传递信息的电路。

3)进路(route)

车站内列车或调车车列由一点运行至另一点的全部途径。

4)信号机(signal)

表达固定信号显示所用的机具的总称。

5)联锁(interlocking)

通过技术方法，使道岔、信号、进路遵循一定程序，满足规定的技术条件，才能动作或建立起来的相互关系。

6)闭塞(block system)

用信号或凭证，保证列车按照规定的空间间隔控制运行的技术方法。

7)故障—安全(fail-safe)

信号设备发生故障以后导向安全。

5.1 信号系统的基础设备

1)信号机

目前城市轨道交通采用的信号机主要采用发光二极管(LED)半导体发光器件作为光源。信号机有高柱型和矮柱型之分，不论是高柱型还是矮柱型，其机构还要分单显示、二显示和三显示，不同显示数目的信号机机构，显示的原理都是相同的，其结构也相似，只是灯室数目不同，整个机构大小不同。

正线车站设置的色灯信号共有两种：一是防护信号机，二是阻挡信号机。正线上按照城市轨道交通右侧行车的规则，信号机原则上设在列车运行方向的右侧。在有道岔处设防护信号机，并对防护车站站台线路的防护信号机设引导信号。信号机的信号显示规定如下。

(1)防护信号机

防护信号机设于区间道岔处，指示列车能否进入其所防护进路的信号，分三种基本色灯，但有四种功能。一个红色信号灯表示不准列车越过该信号机；一个绿色信号灯表示前方道岔在直向位置，准许列车按规定速度运行；一个月白色信号灯表示前方道岔在侧向位置，准许列车按规定限制速度运行；一个红色信号灯加一个月白色闪光信号灯表示引导信号，准许列车在该信号机前方不停车，以不超过 20km/h 的速度进站或越过该信号机继续运行，并须准备随时停车。

(2)阻挡信号机

阻挡信号机有一种显示颜色——红色。红色信号灯表示不准列车越过该信号机。

2)继电器

继电器主要由电磁系统和接点系统两大部分组成，电磁系统包括磁路和线圈，是继电器的感受机构；接点系统是继电器的执行机构，用来实现控制。

信号设备的基本功能是确保行车安全和提高行车效率，而且是在保证安全的前提下提高效率，因此，对信号设备安全可靠性的要求是非常高的，按国际上习惯的讲法，凡与安全密切相关的一切设备、器材、元件都必须符合"故障—安全"准则，即当设备、器材、元件发生故障时，其后果必须是导向安全侧，信号继电器是组成信号系统的基本器材，必须满足信号系统的特殊安全要求。比如，控制信号机开闭的灯丝继电器，当继电器故障时，一定只能导致信号机点红灯，强行控制列车在该信号机前停车。

3)转辙机

转辙机是用于转换道岔的装置，在电气集中设备中，它接收到转换命令后即带动道岔转换；在道岔转换到位后将道岔锁闭在规定位置上，从而确保安全；在道岔到位(定位或反位)的同时，向电气集中给出定位或反位的表示。因此，转辙机的主要功能有三项:转换、锁闭及给出表示。

按转辙机的用电性质分，可分为直流电动转辙机和交流(三相)电动转辙机。国产 ZD 系列电动转辙机均为直流电动转辙机，国外大多已采用性能更优的交流电动转辙机。

4)轨道电路

轨道电路又称轨道空闲及占用的检测装置。由于轨道电路直接影响行车安全和行车效率，所以必须十分可靠，鉴于若错误通报"轨道空闲"将会导致恶性事故，因此，要求轨道电路设备在发生故障时只能给出"占用"通报，即必须确保遵循"故障—安全"原则。

轨道电路的类型很多，但我国目前应用比较广泛的是交流连续式轨道电路，简称"480"型轨道电路，这是因为它的轨道继电器线圈的电阻值为 480Ω 而得名，图 5-1 表示该轨道电路的原理图。它由 50Hz、220V 交流供电，经 BG 型轨道变压器、限流电阻 R_X 降压后送上轨面，轨道电压经钢轨传至受电端，由 BZ 型中继变压器升压后去动作 GJ 轨道继电器(带整流的直流无极继电器 JZXC-480)。当列车进入该轨道区段时，由于轮对的分路作用而导致 GJ 失磁落下，给出轨道区段"占用"通报。

5)联锁设备

城市轨道交通的大多数车站只有上、下旅客的功能，因此仅有 2 条到发线，不进行调车作业，也不设置道岔，这类车站称为无岔站，或称为非联锁站，但是，在城市轨道交通的每一条线路上，总要设置几个可以进行调车作业的车站，尤其是存放车辆和对车辆检修的车辆段，股道数量多，道岔、信号机的数量也多，为了确保行车安全，在这类车站上必须设置联锁设备，图5-2为车站联锁设备的组成框图。

值班人员通过控制台控制现场设备，并通过表示盘(背投大屏幕或工作站显示器)所反映的现场设备状态来监视车站情况。控制台和表示盘可以设在本站，也可设在控制中心，通过遥控、遥测手段来实现监控。对于城市轨道交通而言，一般视线路的长度而设置若干套联锁设备，而在车辆段必须单设1套联锁设备。

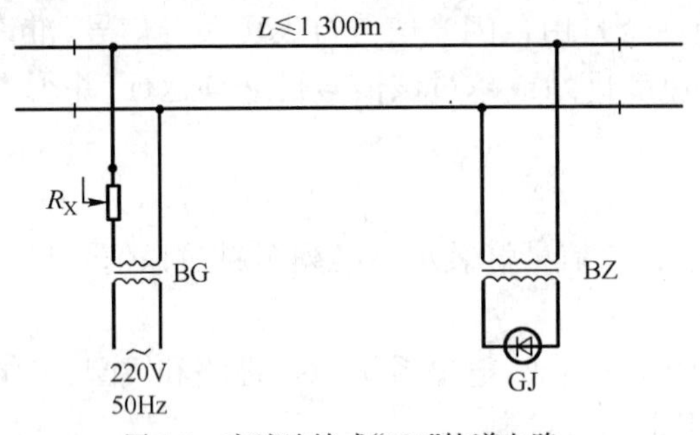

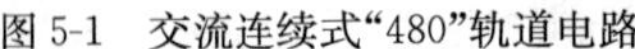
图5-1　交流连续式“480”轨道电路

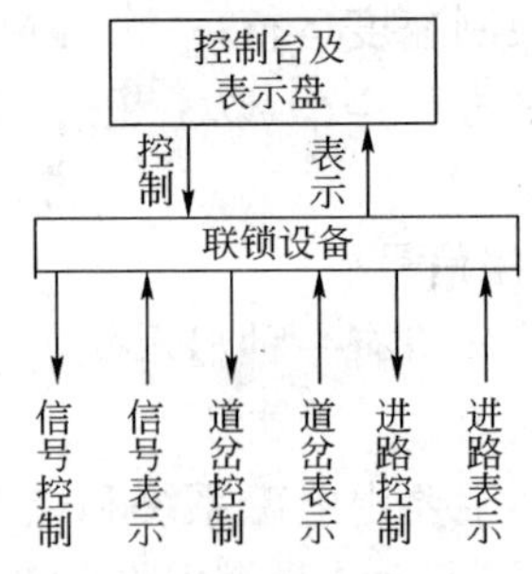

图5-2　车站联锁设备组成框图

联锁设备是为保证行车安全而设置的设备。控制命令必须经由联锁设备进行逻辑运算，确认符合安全要求时，才允许控制命令实施执行，否则控制命令将被阻止执行。为了进行逻辑运算，现场设备的状态必须反映到联锁设备中来，即联锁设备要根据控制命令和现场设备的状态来进行是否符合安全要求的逻辑运算。

若联锁逻辑和有关的输入输出控制及表示主要由继电器来完成，则称为继电器联锁设备，我国铁路上惯常使用的是6502电气集中(我国自行开发、研制的联锁系统)，目前国际上逐步趋向使用微机联锁，尤其是新建城市轨道交通线路，全部采用微机联锁。

正线微机联锁设备可分为分散式、区域式和集中式三种方式。

分散式：各站设置独立的、小型联锁设备，该方式适用于地铁站信号机、道岔数量少的特点。

区域式：联锁设备具有一定的监控规模，可根据车站规模确定联锁设备的数量。

集中式：在控制中心(又称OCC，operation control center)或某车站设置联锁中心，由该中心管辖全线有关信号设备的监控。

5.2　信号系统的构成

城市轨道交通信号系统通常包括两大部分：联锁装置和列车自动控制系统(又称ATC，automatic train control)，其中ATC系统又包括列车自动监控系统ATS(automatic train supervision)、列车自动防护系统ATP(automatic train protection)及列车自动运行系统ATO(automatic train operation)。

ATS子系统主要是实现对列车运行的监督和控制，辅助行车调度人员对全线列车运行进行管理。它会给行车调度人员显示全线列车的运行状态，监督和记录运行图的执行情况，在列车因故偏离运行图时及时做出反应(提出调整建议或者自动修整运行图)，通过ATO的接口，向旅客提供运行信息通报(例如：列车到达、出发时间，运行方向，中途停靠站名)。

ATP子系统主要用于对列车驾驶进行防护，对与安全有关的设备或系统进行监控，实现列车间隔保护、超速防护等功能，其主要的工作原理是：不断地将一些信息(例如：来自联锁设备和操作层面上的信息、地形信息、前方目标点的距离和允许速度信息等)从地面传至车上，从而得出此时刻所允许的安全速度，依此来对列车实现速度监督及管理。使用ATP子系统的一大优点是缩短列车行车间隔，提高了线路的利用率和行车的安全可靠性。

ATO子系统主要用于实现“地对车的控制”，即用地面信息实现对列车驱动、制动的控制。由于使用ATO子系统后，可以使列车经常处于最佳运行状态，避免了不必要的、过于剧烈的

控制中心
时刻表编辑工作站
行车调度工作站
行车调度工作站
调度长工作站
维护/管理工作站
模拟/显示工作站
显示屏
网络服务部
运行图打印设备
通信接口
车辆段、停车场
值班员工作站
行车管理工作站
行车管理台
MMI
MODEM
通信接口
信号机
道岔
轨道电路
通信接口
微机联锁
操作台
维修终端
ATS分机
通信接口
通信传输网
设备集中站
通信接口
车站ATS分机
车站操作台
MMI
维修终端
多路转换器
车站接口
车地通信
旅客向导
发车指示器
屏蔽门控制
ATO车载单元
ATP车载单元
轨道电路
联锁计算机
道岔
信号机
接口模块
接口模块
……
通信接口
车站ATS分机
车站操作台
MMI
维修终端
多路转换器
车站接口
车地通信
旅客向导
发车指示器
屏蔽门控制
ATO车载单元
ATP车载单元
轨道电路
联锁计算机
道岔
信号机
接口模块
接口模块

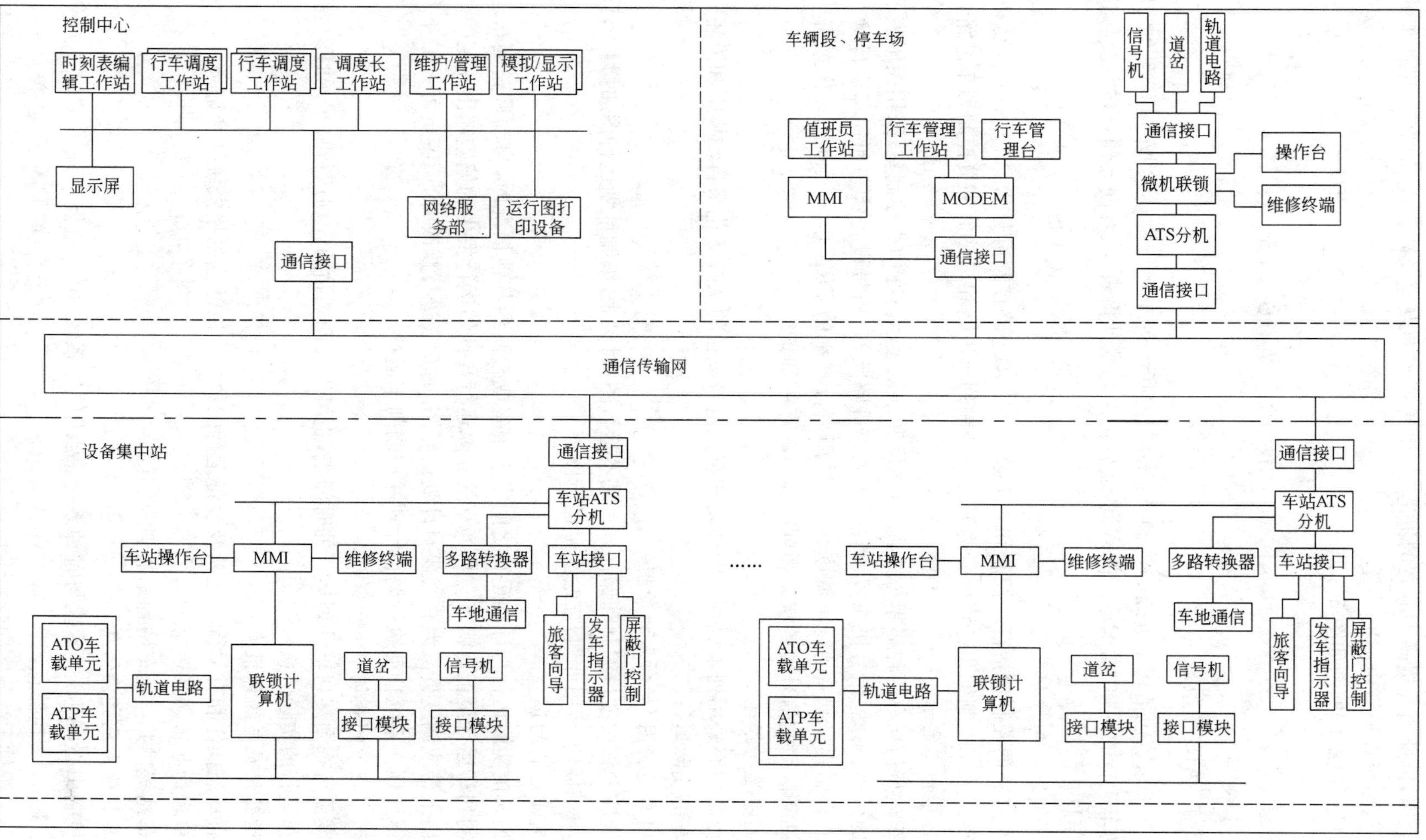

图5-3 ATC系统结构

加速和减速，因此明显提高了旅客的舒适度，提高列车准点率及减少轮轨磨损，与列车的再生制动相配合，可以节省电能的消耗。

ATC 系统结构框图如图 5-3 所示。

5.3 系统功能

5.3.1 ATS 子系统

ATS 子系统包括列车进路的控制、行车信息显示、列车运行描述、列车运行图/时刻表的管理、列车运行的调整、列车运行的查询、运营记录与统计报表、旅客向导信息显示及与其他系统交换信息。

1)列车进路的控制

列车进路的控制包括自动控制和人工控制。自动进路控制可分为 ATS 中央自动和 ATS 车站自动。人工控制列车进路可分为调度员控制列车进路和车站值班员控制列车进路。

2)行车信息显示

列车运行信息有两种显示方式:全景显示和细景显示。在中央控制室，采用投影表示屏模拟全线的线路、车站、信号机布置、车次号、列车进路状态、信号设备状态和列车运行状态的全景显示。在中央控制室的行车调度台上，采用高分辨率的 CRT 以单元画面和任意窗口详细显示车站和区间的信号设备状态和列车运行状态的细景。

3)列车运行描述

在控制中心采用列车识别号的移动和有关信号设备的状态变化来自动模拟和描述监控范围内列车的实际运行。

4)列车运行图/时刻表的管理

系统应允许调度员编制和储存列车基本运行图/时刻表，编制计划运行图/时刻表，调整运营计划，编制列车运用计划，描绘实际运行图等。

5)列车运行的调整

当列车的实际运行与计划运行之间发生偏差或检测到其他情况时，自动调整列车运行计划并控制列车运行至正点状态。当列车的实际运行与计划运行发生的偏差超出一定的范围而系统发出报警或调度员认为有必要对计划运行图/时刻表进行修改时，调度员可人工介入调整列车运行计划。系统自动执行调整计划并控制列车运行。

6)列车运行的查询

调度员可查询某列车计划运行的时间表，也可以查询某站的计划运行列车的时刻表，还可查询列车运行的实际信息。

7)运营记录与统计报表

所有动态操作和有关行车运营及设备运行的数据均以适当的格式统计和记录。

8)旅客向导信息显示

在车站提供并显示车站列车的到发信息。

9)与其他系统交换信息

在控制中心，ATS 子系统与时钟系统、无线传输系统、电力监控系统（SCADA)、防灾报警系统（FAS)交换信息。

在车上提供车载旅客向导触发信息。

5.3.2 ATP 子系统

ATP 子系统包括自动检测列车位置，进行停车点防护，车地信息传输，确定列车运行的安全保护速度曲线，连续速度监督，实现超速防护，列车进路的安全联锁控制，车门的安全监控；向 ATO 传输控制数据，与 ATS 系统交换信息及监测报警功能。

1）自动检测列车位置，进行停车点防护

系统具有连续地对列车占用/空闲状态进行检测、实现列车间隔控制和进路的正确排列的功能。

停车点有时即是危险点，考虑到安全性，在停车点的前方通常还设置一段防护段。ATP 系统计算得出的紧急制动曲线即以 P 点为基础，保证列车不超过 P 点。有时也可在 P 点设置一列车滑行速度值，例如 $v_P=5\text{km/h}$，一旦需要，列车可在此基础上加速，或者停在危险点前方。

紧急制动曲线图如图 5-4 所示。

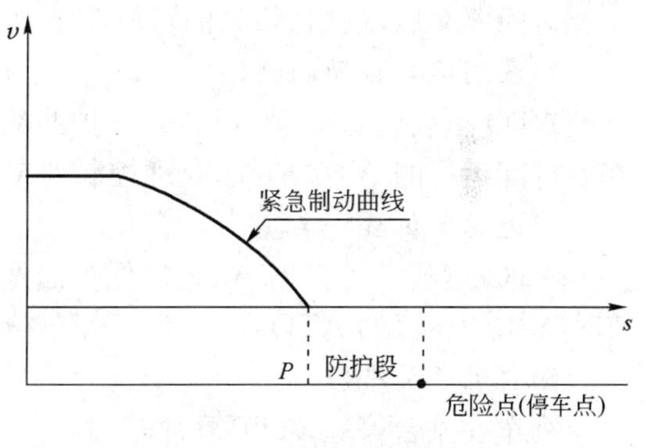

图 5-4　紧急制动曲线图

2）车地信息传输

采用可靠的通信传输设备连续地进行车地和地车双向数据传输，保证车地和地车双向通信。

3）确定列车运行的安全保护速度曲线

地对车信息传输设备频繁地向列车发送必要的速度、距离、线路条件等信息，车载设备制定列车运行的安全保护速度曲线，并保护列车在安全保护速度曲线下运行。

4）连续速度监督，实现超速防护

车载设备连续监测列车的运行速度，在列车运行速度接近保护速度时，采用常用制动使列车减速运行，当常用制动率达不到规定值或车速未按要求进行减速时，施行紧急制动，防止列车超速运行。

控制列车运行间隔，满足规定的通过能力，确保追踪列车之间的安全行车间隔距离。同时，提高列车运行效率。

5）列车进路的安全联锁控制

联锁设备保证信号机、道岔、轨道电路间的安全联锁关系，控制车站的接发车进路、自动折返进路、自动通过进路、引导进路、进路解锁和取消、轨道电路故障恢复、信号机关闭、道岔单独操纵及锁闭、区间临时限速、区间封锁、扣车、站控/遥控等。

6）车门的安全监控

车载设备监控车门的开启和关闭状态，当到站列车在站台区停稳并满足停车精度要求时，ATP 才允许打开相应侧车门，车门安全关闭后才能自车站发车和列车正常运行。

7）向 ATO 传输控制数据

向 ATO 传输列车保护速度的控制数据。

8）与 ATS 系统交换信息

联锁设备接收 ATS 的列车进路命令，并向 ATS 设备提供信号设备的状态信息和列车运行信息。

9)监测报警功能

地面设备和车载设备均具有自诊断和对自身健康状况的报警功能。

5.3.3 ATO子系统

ATO子系统包括合理控制列车运行、车地信息传输、列车启动控制、区间运行自动调速、进站定位置停车、自动开关车门、列车运行状态自诊断及列车运行自动调整。

1)合理控制列车运行

ATO子系统是在ATP的保护曲线下,实现对列车的自动、合理、节能驾驶。

2)车地信息传输

向地面传输列车的身份信息和运行速度信息,获取地面的停车目标信息等。

3)列车启动控制

在车站经人工确认车门关闭后,启动列车进入区间运行。

区间停车后,根据ATP的释放命令,自动启动列车运行。

4)区间运行自动调速

ATO车载设备根据ATP的保护曲线,在满足列车运行间隔要求的前提下,合理制定列车在区间运行的ATO曲线,合理控制列车的牵引、惰行、制动。

5)进站定位置停车

ATO车载设备根据ATP的保护曲线,在满足列车运行间隔要求的前提下,合理制定列车在车站内运行的ATO曲线,保证停车精度。

6)自动开关车门

列车在站台停稳,ATP释放车门后,ATO控制车门打开。

在人工确认关门时机后,ATO控制车门的关闭,在车门关闭、列车尚未启动过程中,可随时人工打开车门。

7)列车运行状态自诊断

ATO子系统具有自诊断功能,发生故障时立即向驾驶员报警。根据故障性质可实施常用制动和紧急制动,并能防止列车在车站自动启动。

8)列车运行自动调整

根据ATS的指令,实现列车在区间运行的自动调整,确保达到设计间隔及旅行速度,并实现列车的节能控制等。

5.3.4 其他信号设备

城市轨道交通信号系统除正线ATC系统和计算机联锁系统外,还包括车场、车辆段设备,试车线设备,培训及维修中心设备等。

1)车场、车辆段信号设备

车场、车辆段联锁设备控制车场内的道岔和信号机,实现进路的建立、进路锁闭、开放信号、进路解锁、故障解锁等基本联锁功能,保证场内列车作业的安全。其不受控制中心ATS子系统的控制,仅向控制中心ATS子系统提供场内进路状态、信号机状态、道岔状态、轨道电路的状态以及必要的报警信息。列车、调车进路均由车场值班员办理。

车场、车辆段内的ATS设备能实现车场内车组号的自动追踪,且能在控制中心调出并显示。

2)试车线信号设备

试车线信号设备主要为测试经维修、更换后的正线信号设备服务的，在车载设备维修、更换后，可通过试车工作站，在试车线(一般布置在车辆段内)上对车载设备进行测试和试验，测试和试验的主要内容有：ATP/ATO 的静态试验、各种速度等级下的 ATP 功能、ATO 自动驾驶、牵引和制动性能试验、ATO 定位置停车、自动折返、车门模拟控制及车地通信。

3)培训中心设备

培训中心设备实现对行车管理人员和信号设备维护人员进行 ATC 系统功能和原理的培训，使行车管理人员能掌握 ATC 系统的操作和管理，维护人员能掌握 ATC 设备的工作原理、设备性能、故障识别和处理，保证轨道交通系统的正常运营。

培训中心的培训工作站具备模拟仿真 ATC 系统设备运营的功能，展示 ATC 系统设备的工作原理，培训设备离线工作，也可在线表示 ATS 子系统提供的所有表示信息。

培训中心的培训设施为维修人员提供实物操作、实际故障设置及排除等的维护培训。

培训设备的主要功能有：实时接收中央 ATS 系统的所有表示信息、模拟联锁设备的操作、仿真联锁设备的运行情况、仿真列车的追踪运行和折返运行、模拟列车运行的自动和人工调整、仿真各种速度等级下车载设备的执行和反应情况、各子系统设备的故障诊断和报警分析及各单项设备的功能和性能。

4)维修中心设备

维修中心设备包括监测报警设备及测试检修设备。

(1)监测报警设备

维修中心的监测报警设备，完成下列主要功能：基础信号设备如信号机、道岔、轨道电路的监测报警功能；ATC 系统设备的监测报警信息的处理功能；所有信号设备的健康状态档案；对各设备的维护统计和分析，辅助设备的维护管理。

(2)测试检修设备

测试检修设备提供信号系统的日常离线设备的测试维修，包括通用和专用的工具、仪器及仪表。

5.4 ATC 系统的闭塞方式

按车地通信方式，ATC 系统通常分为基于轨道电路的信号系统和基于通信 TBS 的信号系统(transmission based signaling system)。

基于轨道电路的信号系统，有固定划分的轨道电路作为闭塞分区，通常统称为固定闭塞(fixed blocking)信号系统。固定闭塞信号系统包括分级速度信号系统和目标距离信号系统，国内将基于轨道电路的分级速度控制方式的信号系统称之为固定闭塞信号系统，而考虑到目标距离控制方式的信号系统从信息传输和系统能力上都介于固定闭塞和移动闭塞之间，因此将基于轨道电路的目标距离控制方式的信号系统定义为准移动闭塞系统。

基于通信的信号系统由于没有固定划分的闭塞分区，追踪列车间的安全运行间隔由前后列车的运行情况和线路情况等确定，故称之为移动闭塞(moving blocking)信号系统。

因此，ATC 系统的闭塞方式分为：固定闭塞式的 ATC 系统、准移动闭塞式的 ATC 系统及移动闭塞式的 ATC 系统。

1)固定闭塞信号系统

固定闭塞是基于轨道电路的信号系统，有固定划分的轨道电路作为闭塞分区。闭塞分区由牵引计算来确定，一旦划分将固定不变。列车以闭塞分区为最小行车间隔，信号系统根据这一特点实现行车指挥和列车运行的自动控制。

固定闭塞信号系统又分为分级速度信号系统和目标距离信号系统。

分级速度信号系统属 20 世纪 70～80 年代的产品，轨道电路采用普通音频无绝缘轨道电路，存在传输信息量少的缺点，系统对列车运行速度采用分级控制方式，因而存在对列车运行的控制精度不高，列车安全保护距离较长，功能扩展困难，不利于 ATP/ATO 系统的发展等问题。北京地铁和上海地铁 1 号线分别引进的英国 Westinghouse 公司和美国 GRS 公司的 ATC 系统均属于此类。

目标距离信号系统一般采用音频数字轨道电路或音频轨道电路加电缆环线或音频轨道电路加应答器，具有较大的信息传输量和较强的抗干扰能力，通过轨旁发送设备向车载设备提供目标速度、目标距离、线路状态（曲线半径、坡度等数据）等信息，车载结合固定的车辆性能计算出适合于列车运行的目标距离速度模式曲线，保证列车在目标距离速度模式曲线下有序运行。采用目标距离码模式不仅增强了列车运行的舒适度，而且列车追踪运行的最小安全间隔缩短为安全保护距离，较速度码模式可缩短一个闭塞分区，有利于提高线路的通过能力。上海地铁 2 号线采用美国 US & S 公司的 ATC 系统，明珠线采用法国 ALSTOM 公司的 ATC 系统和广州地铁 1、2 号线采用德国西门子的 ATC 系统均属此类。

考虑到目标距离控制方式的信号系统从信息传输和系统能力上都介于固定闭塞和移动闭塞之间，因此将基于轨道电路的目标距离控制方式的信号系统定义为准移动闭塞系统。

2)准移动闭塞信号系统

准移动闭塞方式的信号系统，列车获得的信息为距运行前方目标点要走的距离数据或列车的“运行权限”数据，有两种基本类型：①采用多信息音频无绝缘轨道电路检查列车占用和向列车传输速度等级命令，同时对应每个闭塞分区采用点式 ATP 信息发送设备或连续式感应电缆环线向列车发送 ATP/ATO 信息，车载设备能根据接受到的 ATP 信息，计算出一次模式速度曲线，对列车运行实施安全控制；车—地信息传输仍采用 TWC 设备；②采用数字式音频无绝缘轨道电路作为检查列车占用和向列车发送 ATP/ATO 信息，车载设备按可行走距离原则对列车实施安全控制。车—地信息传输仍采用 TWC 设备或 PTI（positive train identification）。

3)移动闭塞信号系统

基于通信的信号系统由于没有固定划分的闭塞分区，追踪列车间的安全运行间隔由前后列车的运行情况和线路情况等确定，故称之为移动闭塞信号系统。

移动闭塞信号系统是在保证列车运行的安全前提下，通过先进的通信手段来提供对列车的定位精度、实现车地间的双向数据传输、提高列车运行指令的发送次数等来提高轨道交通系统的通过能力，最大限度地缩短列车运行的间隔距离。

在移动闭塞系统中，前行列车与后随列车之间的安全间隔是根据列车当前运行速度、制动曲线以及列车在线路上的位置而动态计算出来的。由于列车位置定位精度高，因此后续列车可以在该线路区段最大允许速度安全地接近前一列车最后一次确认的尾部位置，并与之保持安全制动距离。列车不需要在被占用的固定闭塞分区入口处的前方停车，运行间隔显著缩短。

目前，基于通信的移动闭塞信号系统采用交叉感应电缆环线和无线扩频（spread spectrum）通信技术实现车地双向信息交换。

4)几种闭塞方式的比较与分析

现在从系统的性能方面对固定闭塞信号系统、准移动闭塞信号系统及移动闭塞信号系统进行比较。

(1)固定闭塞信号系统

在采用固定闭塞信号系统的情况下，根据最坏情形时的制动距离将轨道分为许多闭塞区间，从而向列车提供在每个区间中的最大安全速度和它们进入下一个区间时的目标速度。这类信息通常是由数字轨道电路传送。

这种系统的性能有两个特别的限制。首先，通常有一个可以传送给列车的数量有限的"速度级别"。第二，在列车的前面必须有足够的制动距离，以保证列车在准备进入更严格的区间时，以最大安全速度而不用减速到目标速度能准确停在前行列车或其他障碍物之前，这就要求设置"0/0"区间。

图 5-5a)表明在列车后面进行速度编码的情形。当下一列车接近时，降低它的速度，以满足在每一区间的末端要求的目标速度。最后，列车在进入"0/0"区间前暂停车。

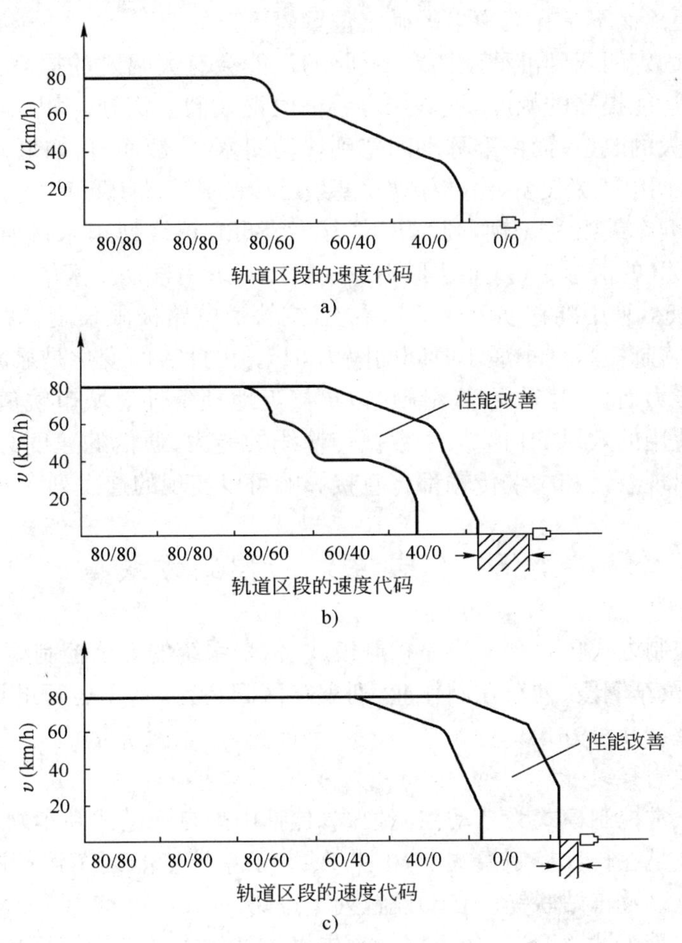

图 5-5　三种闭塞方式比较图

a)固定闭塞(速差式信号)；b)准移动闭塞；c)移动闭塞

(2)准移动闭塞信号系统

准移动闭塞信号系统大大减少了轨道交通运能所受到的上述限制，更多的信息被纳入车载系统中，列车不是为每个闭塞区间提供最大安全速度和目标速度数据，而是提前接收轨道的信号。随后车载设备计算列车的安全行驶距离有多远，以多快的速度行驶。列车监视自身的速度和位置，并利用已经存储的线路信息提前确定轨道每一点上的最大安全行驶速度。这些数据可以利用数字轨道电路、环线、信标或者无线电进行传送。

该系统每列列车都是根据自身存储的性能参数计算制动曲线的。

图 5-5b)表明准移动闭塞信号系统相对于固定闭塞信号系统的优点，采用这种制动方式的列车可以"准确"地停在指定停车点后的一特定距离上。固定闭塞信号系统和准移动闭塞信号系统都是依靠轨道旁检测来确定列车位置以实现联锁的。

(3)移动闭塞信号系统

为了实现移动闭塞目标，必须进行连续可靠的通信，以便轨旁设备所涉及的运行管理当局不受列车检测位置的限制。相反，每列列车连续检验它位置处的轨道旁设备。每列列车受到运行管理当局的限制，每列列车通过无线电或者环路进行联系。

图 5-5c)表明移动闭塞较剩余距离信号系统有进一步的提高，后续列车在前行列车或障碍物后面一个固定距离而不是在轨道上的确定位置停下。

实践表明，由固定闭塞到准移动闭塞，线路的运能会有大幅度的提高，而由准移动闭塞到移动闭塞，线路的运能提高的幅度要小得多，但仍值得人们去实施。相反，由固定闭塞到准移动闭塞，系统要有大的改造，而由准移动闭塞到移动闭塞，一般而言，如果无线通信线路能够将列车的位置数据传回给轨旁设备，由准移动闭塞最后转换成移动闭塞就不需要添加任何设备了。

数据表明：在列车编组为 4 辆，列车长度为 77.86m，正线列车旅行速度为 35km/h，最高运行速度为 80km/h 的情形下(以上情形不失一般性)，采用移动闭塞信号系统，计算出的列车最小时间间隔为 45s，采用准移动闭塞信号系统，按轨道电路极限长度 200～350m 计(轨道电路越短，时间间隔将越短)，列车最小时间间隔为 61s。由此表明变化是显而易见的。

就线路通过能力而言，移动闭塞系统可以更接近地理条件对城市轨道交通系统施加的实际限制。实际中使用的效果如何取决于数据传输线的能力，通信的速度必须快，质量必须高，因为数据传输线出现差错和中继传输都将直接影响可以实现的连发列车间隔时分。

5.5 信号系统的控制方式

信号系统的控制方式包含列车进路控制模式、信号系统的人工控制模式、列车运行控制模式、列车出入车场及车辆段、列车在站作业、列车在区间运行、列车运行的调整、列车的折返及列车运行结束作业这几种方式。

1)列车进路控制模式

列车进路的正常控制模式为自动控制模式，包括中央自动模式和车站自动模式。

中央自动模式是在自动控制模式下，中央 ATS 子系统依照列车运行图/时刻表和在线列车运行的有关信息以及车站联锁表自动设置列车进路。

车站自动模式是车站 ATS 设备可根据预先接收到的本站控制范围内的列车运行计划和在线列车的运行情况，自动控制所辖范围内的列车运行进路。

车站联锁设备也可按自动追踪运行方式，锁闭列车进路，保证列车进路的安全。

2)信号系统的人工控制模式

信号系统的人工控制模式包括中央人工模式及车站人工模式。

中央人工模式是中央调度员人工控制列车进路,包括变更计划运行图、储存进路命令、实时发出进路命令及将部分和全部信号机置于自动追踪进路模式状态等。

车站人工模式是在车站控制状态下,车站值班员可人工控制列车进路,包括储存进路命令,实时发出进路命令,将所辖范围内的部分和全部信号机置于自动追踪进路模式状态来设置列车进路,在取得控制权后,可对全线列车进路实施人工控制,通过车站现地控制盘紧急控制列车进路及通过站台紧急停车按钮控制列车进路等。

3)列车运行控制模式

列车运行控制模式包括 ATO 模式(ATO mode)、ATP 保护下的人工驾驶模式(ATP mode)、限制人工驾驶模式 RM(restrict mode)及非限制人工驾驶模式 NRM(non-RM)。

ATO 模式是在 ATP 监控下的列车自动运行模式。在该模式下,ATP 保证列车的运行安全,ATO 实现列车在区间的自动运行和合理运行以及站台自动停车。

ATP 保护下的人工驾驶模式是驾驶员操纵列车,ATP 实现列车自动防护的全部功能。在该模式下,ATP 确定列车运行的最大允许速度,驾驶员驾驶列车在 ATP 保护速度下运行。

限制人工驾驶模式是车载 ATP 限制列车在某一固定的低速(如 25km/h)之下运行,列车超速时,ATP 实施强迫停车。

非限制人工驾驶模式是完全人工驾驶模式,车载设备不监控列车的运行。

4)列车出入车场及车辆段

列车出入车场及车辆段包括列车出入车场及车辆段的转换模式及列车入车场及车辆段。列车出入车场及车辆段的转换模式是列车在预定离开车场及车辆段前,通过车载设备的自检和自诊断功能确认设备工作正常后方可驶离停车库。

在正线的入线信号开放、列车于车场及车辆段与正线之间的“转换轨”处办理完入线“登陆”手续,并自动或人工转换为 ATO 驾驶模式后,进入正线运行。

列车入车场及车辆段分为两阶段。第一阶段是列车入车场及车辆段前,ATC 系统向驾驶员和车场及车辆段值班员发出列车回库信息。第二阶段是列车进入“转换轨”后,办理出线“消号”手续,并自动或人工转换为限制人工驾驶模式,在入车场及车辆段的信号机开放后,列车进入车场及车辆段内。

5)列车在站作业

信号系统具备各种驾驶模式下的列车在站通过作业,以满足在特殊情况下的行车要求。在满足舒适度和停车精度要求的前提下,列车在车站规定的位置停车,当列车停稳后,车载设备才控制打开对应侧车门。需要时,也可手动打开车门。

车站设发车指示器指示列车的发车时机,在各种驾驶模式下,均由驾驶员根据发车指示器的显示关闭车门和启动列车。

发车指示器采用倒计时显示方式,当列车在站台停车后,发车指示器按系统给定的站停时分倒计时,显示距计划时刻表的发车时间,显示为零时允许列车发车,正计时为发车晚点。

6)列车在区间运行

列车在满足规定的安全间隔和运营间隔要求的前提下自动追踪运行。

信号系统根据线路状态、道岔位置、前方列车位置等条件,实现列车速度控制,防止列车超速和保证追踪列车间的安全间隔。

在 ATO 驾驶模式下，区间停车为智能控制，列车在区间停车后的启动为自动方式。

系统具备全线反向运行的能力，以满足在特殊情况下的行车组织要求，反向运行具备 ATP、ATO 的全部功能。

7）列车运行的调整

当列车实际运行偏离运行图/时刻表时，系统自动调整列车的区间运行时分和站停时分，控制列车运行进入正点状态。在自动调整状态下，调整手段完全由系统提供。

当列车实际运行与运行计划偏离较大或必要时，行车调度员对在线列车进行人工运行调整。人工调整包括调整列车运行计划和实时发送调整命令至车载 ATO 设备。在人工调整状态下，系统提供辅助功能。

8）列车的折返

系统提供各种驾驶模式下的列车折返作业，并应满足规定的折返间隔要求。

列车折返方式为 ATO 无人折返模式、ATO 有人折返模式、ATP 监督下的人工折返模式、限制人工折返模式、非限制人工折返模式。

9）列车运行结束作业

列车回车场及车辆段不再继续运行时，进行列车运营结束作业处理，即在当日运行计划中消去运营结束的列车，以免发生车次重号，并生成驾驶员作业报告单。

在终点站或在其他站停留不再运营、临时退出运营的列车，除在运行计划中标记外，也进行列车运营结束作业处理。

5.6 系统局部故障的降级使用

即使信号系统是高安全性、高可靠性的系统，但在实际运营中仍存在系统故障的情况，为确保运营安全，信号系统必须设置针对局部故障的降级使用应急预案。系统局部故障包括 ATS 设备故障、ATP 设备故障及车载 ATO 设备故障。

1）ATS 设备故障

ATS 设备故障包括 ATS 的工作站故障、中心的 ATS 设备故障、车站 ATS 设备故障及 ATS 子系统的故障降级顺序。

ATS 的工作站故障是当控制中心的某一工作站发生故障时，其他工作站可接替该工作站的工作。当控制中心的调度员工作站故障时，车站值班员工作站可接替中心的调度员工作站的工作。

中心的 ATS 设备故障是当控制中心的 ATS 设备故障时，各车站 ATS 设备可自动接替中心的 ATS 安排的工作，在一定的时间内能完成自动监控的功能。

车站 ATS 设备故障是当车站 ATS 设备故障时联锁设备可按自动追踪方式对接近列车实施控制或车站值班员人工控制列车进路。

ATS 子系统的故障降级顺序分为 ATS 中央设备故障降级顺序及 ATS 车站设备故障降级顺序。

ATS 中央设备故障时的降级处理顺序为各站 ATS 车站设备分别进行列车进路的自动控制、联锁设备按自动追踪进路方式控制列车、各站值班员人工控制列车进路。

ATS 车站设备故障时的降级处理顺序为联锁设备按自动追踪进路方式控制列车、各站值班员人工控制列车进路。

2)ATP 设备故障

ATP 设备故障包括 ATP 地面设备故障及车载 ATP 设备故障。

ATP 地面设备故障是某站 ATP 地面线路单元故障时，采用站间闭塞方式行车、列车在限制驾驶模式或非限制人工驾驶模式下运行。站内轨道电路故障时可采用引导方式锁闭道岔。

车载 ATP 设备故障是车载 ATP 设备故障时列车产生制动并报警。列车停车后人工或自动转换成限制或非限制人工驾驶模式运行。

3)车载 ATO 设备故障

ATO 设备故障时列车会产生制动并报警。列车停车后人工或自动转换为 ATP 监督下的人工驾驶模式运行。

5.7 维修系统的组成及功能

1)在线维护监测系统的组成

在线维护监测系统由以下设备组成：ATS、ATP、ATO 各子系统设备均具备系统本身的自诊断和监测报警终端设备、在控制中心设置中央 ATS 子系统的监测报警工作站、各设备集中站设车站监测报警工作站、车场及车辆段设监测报警工作站及综合维修中心的维护服务器及监测报警工作站。

2)在线维护监测的功能

ATS、ATP、ATO 各子系统设备均具备系统本身的自诊断和监测报警功能，并在相应的维修工作站或终端的界面上显示及报警，同时将各自的监测报警信息提供给在线维护监测系统。

ATS 子系统传输正线 ATS、ATP、ATO 各子系统和车场及车辆段所有信号设备的监测报警信息至综合维修中心。

在设备集中站和车场，基础信号设备监测报警的功能原则上由车站和车场及车辆段的联锁设备完成。

综合维修中心的监测工作站实时显示全线信号设备的监测报警信息，维护服务器管理所有信号系统设备的维护档案，并对信号系统的各设备进行维护信息分析，提出对信号设备的维护管理计划，提供信号系统所有设备的维护支持，对所有信号设备的工作状态和主要电气性能进行在线监测，当设备的工作状态异常或电气性能偏离预定界限时及时报警。

综合维修中心的监测报警工作站设备接受、统计和处理整个信号系统的监测报警信息，具备对被测试数据的图形和表格的生成、存储与再现功能，并能按要求生成各单项设备的月表、季表和年表。

故障报警分为三个等级。涉及行车安全的报警信息为一级报警，采用声光报警。影响行车或设备正常工作的报警信息为二级报警，采用声光报警。一般报警情况包括设备的电气特性超标准等为三级报警，可采用红色显示报警信息。

5.8 信号系统与其他专业的接口

信号系统与其他专业的接口包括与通信系统接口，与车辆的接口，与接地系统的接口，与接触网的接口，与中低压供电的接口，与线路、轨道、隧道、高架桥、车站建筑的接口，与综合信息管理系统的接口，与防灾报警系统(FAS)的接口，ATS 子系统与电力监控系统(SCADA)的接口及与杂散电流防护专业的接口。

1)与通信系统接口

通信传输系统为控制中心 ATS 至正线设备集中站、车场、车辆段及综合维修中心提供主、备传输通道(点对点)，传输速率 2Mb/s；为设备集中站、控制中心、车场、车辆段提供一条共线数据通道，传输速率 2Mb/s。各光端设备提供 2Mb/s 的数字接口。

通信系统对中央 ATS 系统提供标准时钟信号。ATS 系统与时钟系统间采用串行接口。

无线通信：ATS 系统向控制中心调度指挥无线通信系统传送实时变化的车次号、车组号等信息，以便中心调度员、车站值班员用车次号呼叫列车；向列车的无线装置传送列车占用车辆段转换区段的信息以及出、入段信号机的列车信号开放等信息。ATS 系统与无线通信系统间采用串行接口。

车站广播：ATS 系统向车站广播提供列车接近条件，作为列车到达预报的自动广播触发信号。

以上传输通道的接口分界点均在通信机械室配线架外线端。

电视监控系统的信息提供给控制中心的 ATS 系统，供综合显示用。

2)与车辆的接口

与车辆的接口包括安装工程及电气接口。

安装工程的内容包括列车两端驾驶室安装 ATP、ATO 车载设备(包括 ATP/ATO 机柜、操作台及控制设备等)，在列车首车前端安装接收、发送天线，在列车首车中部安装应答器接收天线，在列车每端的两个拖车轮轴上分别安装两台测速传感器及车辆提供信号车载设备供电电源。

电气接口的内容包括 ATO 与车辆的加速和制动系统的电气接口、ATP 与车辆的紧急制动系统的电气接口、ATP 与车门控制系统的电气接口及 ATP 与主选择开关的电气接口。

信号系统与车辆控制系统接口分界点在车辆控制柜外线接线端。

3)与接地系统的接口

按信号专业要求，在车站、中央、车场、车辆段信号设备室、试车线设备室提供接地排，在区间设置区间信号设备的接地母排，接地电阻 1Ω。

4)与接触网的接口

信号专业提出轨道电路对钢轨回流电流，以及均流线钢轨连接点要求，并配合接触轨设计。

回流箱和均流箱设置位置，回流箱、均流箱连接钢轨电缆的截面等要求由供电系统专业部门提供。

若信号制式是非移动闭塞制式，则回流箱、均流箱与钢轨连接点的位置应与信号专业部门、供电专业部门协商后确定。

5)与中低压供电的接口

信号系统提出设备用电点的供电要求，中低压供电专业在车站、车场、车辆段电源室、控制中心信号设备室、试车线设备室提供一级负荷供电配电箱，接口分界点在信号设备室配电箱二次侧出线端。根据设备室及维修管理用房的工艺要求，还应配置相应的照明及电源插座。

6)与线路、轨道、隧道、高架桥、车站建筑的接口

在区间、车站(包括地下、地面及高架线)、控制中心、车场、车辆段，预留信号设备安装所需沟、槽、管洞，预留条件在施工设计阶段最后确定。

信号专业向建筑专业提出信号设备室，信号工区，信号检修用房地点、面积、荷载要求。

7)与综合信息管理系统的接口

根据综合信息管理系统的通信协议统一要求，信号系统通过中央ATS子系统与综合信息管理系统联网，提供列车运行信息、设备状态信息、数据库统计信息等。

8)与防灾报警系统(FAS)的接口

在控制中心，ATS系统与FAS系统间原则上采用串行数据接口；ATS系统接收FAS系统提供的报警信息。

9)ATS子系统与电力监控系统(SCADA)的接口

在控制中心，ATS系统与FAS系统间原则上采用串行数据接口；ATS设备接收SCADA系统提供的牵引供电的状态信息和接触轨的带电状态信息。

10)与杂散电流防护系统的接口

杂散电流防护专业部门提出杂散电流防护绝缘节位置要求，信号专业部门配合设计。

5.9 信号系统生产用房

信号系统的生产用房包括运行设备用房和维修管理用房，分别设置在沿线车站、控制中心、车场和车辆段。

1)生产用房的工艺布置要求

信号运行设备用房的工艺布置必须满足《电子计算机机房设计规范》(GB 50174)的规定。正线车站信号设备用房尽量与车站控制室和通信机械室同侧相邻，并远离环控机房、变电站等可能对信号设备运转造成干扰的区域，信号设备室的位置应有利于区间及站台电缆的引入。所有信号设备室、电源室均装设防静电架空地板，并必须满足设备的环境要求，如温度、空气含尘量、振动、防静电、承重、照明等。维修及检修生产用房应提供所需的工作条件如面积、照亮、环控等。

信号设备室、电源室均满足：净高(活动地板面至吊顶)≥3.0m，其中中央控制室≥3.5m；活动地板高≥300mm；门宽≥1.5m；门高≥2.2m；楼板荷载≥600kg/m^2。

为达到防尘要求，设双层密封窗，墙面设无尘涂料。

2)车站用房

根据信号设备的布置要求，一般将含有联锁集中道岔的车站设为联锁集中车站，其他车站称为非设备集中站。设备集中站和非设备集中站的信号系统设备用房面积有所不同，因为，设备集中站需要放置较多的信号设备。而非设备集中站信号系统的设备相对要少，所以，从节约投资的角度考虑，可以将设备用房的面积控制在合理的范围。

3)控制中心生产用房

根据控制中心的功能需求及工艺要求，信号系统设置运营设备用房和维修管理用房。

中央调度控制大厅信号设备有模拟显示屏、调度长台及调度员台等。

ATS设备用房：ATS信号设备机房75m^2、运行图编辑室30m^2、培训演示室25m^2、打印室15m^2。

ATS维修工区管理用房：ATS值班室20m^2、维修工区20m^2、材料及维修测试室30m^2、软件开发资料室15m^2。

4)车场、车辆段设备用房

(1)车场设备用房

在车场信号楼内设置车场信号设备室、电源室、微机室、控制室和信号维修工区用房,信号设备室面积为90m²、信号电源室面积为25m²、信号微机室面积为20m²、控制室面积为40m²、车场信号工区(含工区、工作室、材料仓库室、值班室)面积为70m²。

(2)车辆段设备用房

在车辆段信号楼内设置车辆段信号设备室、电源室、微机室、控制室、信号维修工区用房及车间管理用房,在维修中心综合检修楼设置检修工区用房,在试车线旁设置试车线信号设备室及控制室,在运营停车库设置车载设备测试及库修工区,在培训中心设置信号培训设备用房。

5.10 信号系统安全性、可靠性、可用性

对于信号系统,为了满足铁路运输安全和高效的要求,必须具有极高的可靠性和安全性。但是无论系统的可靠性和安全性有多高,系统总是会发生故障的,采用各种可靠性、安全性技术措施可以提高系统的可用性。对于信号设备,不仅要求它尽可能少发生故障,而更要求它在发生了故障后不致出现危及行车安全的后果,因此,采用了故障—安全技术使系统不发生危险侧故障,但实践证明,绝对不发生危险侧故障是不可能的,只能采取措施使危险侧故障发生的概率尽可能小而已。实际上,系统和设备的可靠性、安全性和可用性是密切相关的,采取冗余措施对于提高系统的可靠性和安全性效果是显著的,在系统设计中应创造条件尽可能缩短平均修复时间,这对提高系统的可用性是非常有利的。

5.11 信号系统配置的一般方法

根据《地铁设计规范》(GB 50157—2003)和工程设计经验,我们可将信号系统划分为三个层次。一是运量较小、行车密度较低的非骨干路线。这类线路可仅配置联锁设备、固定闭塞、机车信号和自动停车系统,这种配置属最低水平,只适用于行车间隔大于3min的线路,且远期运量无明显变化的线路,但其优点是国产化水平高,工程投资低。二是运量较大、行车密度较高的路线。这类线路可配置列车自动监控系统(ATS)和列车自动防护系统(ATP),这种配置技术先进,便于向更高的水平扩展,适合行车间隔在2min以上的线路。另一类指组成城市轨道交通骨干网络的线路,其特点是运量大,行车密度高,信号系统应配置完整的列车自动控制系统(ATC),闭塞方式应在准移动闭塞或移动闭塞间选择,这种配置具有很高的现代化技术水平,适合行车间隔小于2min的线路,系统高水平的自动化程度将会给日后的运营、管理带来巨大的经济和社会效益,但国产化水平较低,工程投资规模大。

在"小编组,高密度"的行车组织方式越来越多地被采用的今天,运营管理部门看中的是其具有许多优点,最主要的是有利于提高服务水平,城市轨道交通的建设就是为了解决大中城市的交通拥挤、居民出行困难的问题,所以尽量缩短乘客的候车时间是最"人性化"的"以人为本"的解决方案,是符合城市轨道交通发展方向和趋势的,只有在此前提下考虑的总运量才真正是解决问题的关键,在信号制式的选择上应当首先考虑功能上的匹配,然后是技术先进,不应该一味地追求信号制式的先进,一般来讲,选择的原则应该是看高峰小时的客流量,根据线路在市网中的地位及作用来进行综合考虑,但如果客流分布的极度不平衡,可以适当考虑设置的灵

活性,而不应该只是以高峰小时客流量作为选择的唯一标准,以免造成资源的闲置浪费,减小不必要投资风险。

另一方面,当一个城市的轨道交通形成网络规模时,在信号系统的选择上就应考虑不同线路之间的“互联互通”和“资源共享”。

总之,对于城市轨道交通信号系统的选择,不能仅仅以线路的运能作为唯一的依据,而应综合各方面的因素进行筹划,才能找到一个最接近实际需求的系统配置。

5.12 城市轨道交通现代信号技术的发展

1)列车自动控制系统(ATC)代表了信号技术发展方向

现代城市轨道交通(地铁、轻轨以及快轨)大容量运输的需要,形成了行车高密度、列车短间隔追踪的特点。为此,对信号系统——行车指挥、列车控制和列车安全系统在技术上提出了越来越高的要求。实践证明,城轨信号系统最高安全功能等级应达到干线高速铁路系统的水平。我国《城市轨道交通工程项目建设标准》(建标 104—2008)规定,在 2min 及其以下行车间隔的城市轨道交通线路上,宜配置包括 ATS 子系统、ATP 子系统和 ATO 子系统的完整列车自动控制系统(ATC)。

ATC 系统以信息技术为标志,充分体现了计算机网络技术、信息处理技术、数据传输技术、控制工程和系统集成等现代技术特征。ATC 系统可在行车指挥中心集中进行全程、全网和高安全、高可靠的整体行车过程的控制和监测,具体完成与运行图对应的列车运行自动调整、自动进路控制和监视,列车超速防护、列车自动运行,确保行车安全,使整个交通网络具有均匀有规律的交通流量和有序的运输过程。ATC 系统代表着当代城市轨道交通信号技术的发展方向。

2)建立有效的、可靠的、多信息量的“地—车”联系,是信号技术研究的重点

轨道电路是 19 世纪 70 年代开始发展起来的。利用轨道电路传递信息,基于轨道电路的列车控制系统 TBTC(track based train control)是早期的铁路信号基础和特征。近代铁路微机联锁和各类自动闭塞都借助轨道电路,它有效地保证了安全,也是提高行车效率的重要措施。然而,强调集中控制,现代的行车指挥不仅仅需要列车的占用、出清信息,而且要求列车与地面控制者和管理者之间实现双向大信息量的传送,调度指挥要知道列车的存在、列车编组、车次号、列车位置、当前速度等列车监控信息;要向车载设备传送前方交会地点、线路坡度和弯道值以及前方列车位置、速度等更多的信号信息,用以提高列车控制性能,保证安全。上述要求显然使发展了 100 多年的轨道电路受到了挑战,即使是音频无绝缘轨道电路,也由于传输的信息量有限,难以适应要求。随着信息时代的进入,数字化传送技术得到发展。数字报文式无绝缘轨道电路以及适用于 ATC 系统的移动通信、数字集群、扩频通信、漏泄电缆、感应回线并附以查询应答器等多信息量的“列车—地面”通信手段不断得到开发应用。

3)现代通信技术影响着信号系统升级换代

通信技术对信号技术的影响主要反映在进路安全防护和列车安全防护两大方面,信号联锁设备向列车提供安全防护进路,要经过多次数据交换(通信)和计算机数据处理过程。当前已采用了局域数据网络技术,1999 年以来部分采用了虚拟专用通信网络技术(VPN),使行车指挥中心和车站联锁设备间进行信息交换;现代电力线通信技术的发展,可在不增设通道芯线的情况下,同时进行供电与信息传输,将更多的室外设备信息传输到信息中心系统;列车超速

防护系统(ATP)已开发成功卫星定位技术,工作中不需要地面传输设备。目前可做到比GPS和GOLNAS卫星定位更高的定位精度。总之迅速发展的通信与信息技术为信号系统开辟了新的信息通道和数据处理功能的升级空间。

4)基于通信的列车控制(CBTC)是整体集中监控得以实现的理想信号系统

CBTC(communication based train control)是20世纪60年代随着无线自动闭塞而出现的,是以通信技术代替轨道电路的新一代列车控制系统。CBTC分CBT-FAS(fixed autoblock system)和CBTC-MAS(moving autoblock system),前者仍保留固定闭塞分区,后者可适应移动闭塞方式。一般CBTC-FAS系统适用于城市轨道交通运量较小的发展初期,之后过渡到CBTC-MAS系统。

CBTC系统特点:

(1)无线双向移动通信是MAS的技术关键,在欧洲广泛应用GSM-R标准,充分反映了无线通信技术与信号技术的整合,为信号技术开辟了新的信息通道;

(2)可做到连续、双向、大信息量的"地—车"通信,并实现闭环控制,大大提高列车控制的安全性;

(3)无线通信列车控制系统的应用可实现以车载信号为主题,大幅度减少轨旁信号设备,地面信号系统结构十分简单,减少维护量,经济实用;

(4)CBTC系统可以在不干扰既有线路信号制式正常运行的基础上进行信息叠加,使采用多种制式信号系统的不同线路,做到互联互通。

思 考 题

1. 防护信号机、阻挡信号机色灯显示的含义是什么?
2. 如何理解"480"型轨道电路的构成及工作原理?
3. 城市轨道交通信号系统一般由哪些构成?
4. ATP、ATO和ATS子系统的功能是什么?
5. 信号系统与其他系统之间的接口关系是怎样的?
6. 简述城市轨道交通现代信号技术的发展特点。

第6章　火灾自动报警系统

地铁以其大运量和快捷在城市交通中担当着十分重要的角色，其事故和灾害将会产生巨大的影响。尤其是地下车站一旦发生火灾，人员疏散、救生和灭火都十分困难，造成的灾难和损失将难以估量。1991年德国柏林发生地铁火灾，18人送医院急救；2003年1月英国伦敦发生地铁火灾，造成至少32人受伤；2003年2月18日，韩国大邱市地铁火灾事故，造成近200人死亡、数百人受伤。这些重大事故引起了世界各国对地铁消防安全管理、消防设施完善性的关注。因此必须设置火灾监视和报警设施，对可能发生的灾害进行自动监视，及早发现灾情，并针对发生的灾害情况采取应对措施。设置地铁火灾自动报警系统(fire alarm system)是实现这一目的的必要手段。

6.1　火灾自动报警系统

火灾自动报警系统一般由火灾报警控制器和火灾探测器以及火灾联动控制装置组成。

6.1.1　火灾报警控制器

火灾报警控制器是火灾自动报警系统的重要组成部分，是系统运行的指挥中心，主要担负着整个系统监视、报警、控制、显示、信息记录和档案存储等功能。正常运行时，监视探测器及系统自身的工作状态；有火灾时，接受、转换、处理火灾探测器输出的报警信号，进行声光报警，并通过自动灭火控制装置启动自动灭火设备和消防联动控制设备。

6.1.2　火灾探测器

火灾自动报警系统中，火灾探测器是最重要的组成部分。火灾探测器是将火灾发生后的物理量，如温度、烟雾等转换成电信号，向火灾报警控制器发送信号报警的一种自动火灾探测装置。

火灾报警探测器可分感温、感烟、感光、感气、线形、复合式等类型。

感温火灾探测器是响应异常温度、温升速率和温差的火灾探测器，分为定温火灾探测器、差温火灾探测器及差定温火灾探测器。定温火灾探测器是温度达到或超过预定值时响应的火灾探测器；差温火灾探测器是升温速率超过预定值时响应的感温火灾探测器；差定温火灾探测器是兼有差温、定温两种功能的感温火灾探测器。感温火灾探测器，由于采用不同的敏感元件，如热敏电阻、热电偶、双金属片、易熔金属、膜盒和半导体等，又可派生出各种感温火灾探测器。

感烟火灾探测器是响应燃烧或热解产生的固体或液体微粒的火灾探测器，能探测物质燃烧初期所产生的气溶胶或烟雾粒子浓度，因此，有的国家称感烟火灾探测器为“早期发现”探测器。气溶胶或烟雾粒子可以改变光强，减小电离室的离子电流以及改变空气电容器的解电常数半导体的某些性质。由此，感烟火灾探测器又可分为离子型、光电型、电容式和半导体型。其中光电感烟火灾探测器，按其动作原理的不同，还可以分为应用烟雾粒子对光路遮挡原理的减光型及应用烟雾粒子对光散射原理的散光型两种。感烟探测器示意图如图 6-1 所示。

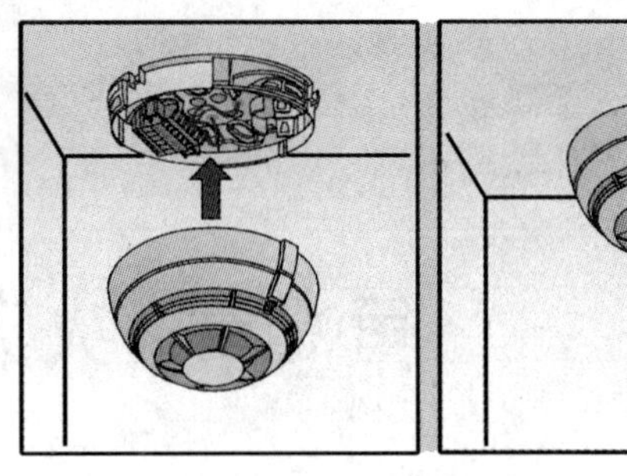

图 6-1　感烟探测器

感光火灾探测器又称为火焰探测器，是响应火焰辐射出的红外、紫外、可见光的火灾探测器，主要有红外火焰型和紫外火焰型两种。

气体火灾探测器是响应燃烧或热解产生的气体的火灾探测器。在易燃易爆场合中主要探测气体或粉尘的浓度，一般调整在爆炸下限浓度的 1/5～1/6 时动作报警。用作气体火灾探测器探测气体或粉尘浓度的传感元件主要有铂丝、铂钯(黑白元件)和金属氧化物半导体(如金属氧化物、钙钛晶体和尖晶石)等几种。

线形感温探测器又称为感温电缆，可以对警戒范围中某一线路周围烟雾、温度进行探测。线形感温电缆如图 6-2 所示。

图 6-2　线形感温电缆

复合式火灾探测器是响应两种以上火灾参数的火灾探测器，主要有感温感烟火灾探测器、感光感烟火灾探测器、感光感温火灾探测器等。

从第一个感温探测器面世，至今已有一百多年，但其灵敏性较低，难以满足用户的要求。20 世纪 40 年代瑞士西伯乐斯公司发明了一种离子感烟火灾探测器，这种灵敏度高的探测器在发展初期，已能够探测早期火警，但一味追求探测器灵敏度，大大减低火灾报警系统可靠性，引起了很多连带问题。长期以来，大幅度地改善火灾探测器的可靠性，是探测火警所不可或缺的，也是世界各国科学家努力研究的方向。随着科技的不断发展，更新的传感器、微型电子装置、数据处理及通信设备等都正积极地寻找在火灾探测方面新的突破。

6.1.3　手动报警按钮

手动报警按钮分布在公共活动场所墙上和消火栓箱内，是一个红色方盒。发生火灾后直接按下手动报警按钮面板上的玻璃即可向火灾报警系统报警。

我国火灾自动报警设备最早出现在 20 世纪 80 年代初，随着智能化建筑的增多，国家对减灾、防灾的重视，产品价格的降低及产品性能的提高，火灾自动化报警系统的使用更加普及，产品也被越来越多的用户所接受。

根据轨道交通的特点，火灾自动报警系统一般有如下的需求。

(1)遵照国家对火灾“预防为主，防消结合”的方针，设置火灾自动报警系统。

(2)以防火灾为主，同时具有防水淹、地震等灾害自动监测及自动报警的功能。

(3)地铁火灾报警系统是以一条线为监控目标进行系统设置的，针对一条地铁线路设置一套火灾自动报警系统。

(4)系统保护对象为地铁车站、区间隧道、控制中心楼、车辆段、停车场、主变电所等全线所有的建筑物。

(5)火灾自动报警系统的火灾报警控制器可手动、自动控制消防泵、喷淋泵等重要的消防灭火设备。

(6)按照规范要求在车站的重要设备用房采用气体自动灭火系统保护。气体灭火系统为独立系统,其保护范围内的探测器由该系统设置,相关防火阀由该系统控制。并通过通信通道与火灾自动报警系统交换信息,由火灾自动报警系统对其进行监视。

(7)为实现火灾报警时消防联动控制功能,火灾自动报警系统与 BAS、电梯、售检票系统或设备由不同接口相连接。

(8)整个系统应可靠性及稳定性高,技术先进、组网灵活、利于调试、布线简便、维护容易及具有扩展功能,抗电磁干扰能力强,且能适应地铁的环境要求。

火灾自动报警系统用电负荷为一级。两路独立电源经末端电源自动切换箱后引至消防控制室的 UPS 电源。再通过 UPS 引至 FAS 系统设备,UPS 后备电源时间不低于 60min。采用综合接地网,接地电阻不大于 1Ω。

6.2 地铁 FAS 系统构成

地铁火灾报警系统主要由设置在沿线各车站、区间隧道、控制中心大楼、停车场、主变电站等与地铁运营有关建筑与设施的火灾报警系统设备以及相关的网络设备和通信接口组成,一般由中央级和车站级二级系统构成,采用控制中心的中控级和车站级二级监控管理方式。地铁火灾报警系统的构成示意图如图 6-3 所示。

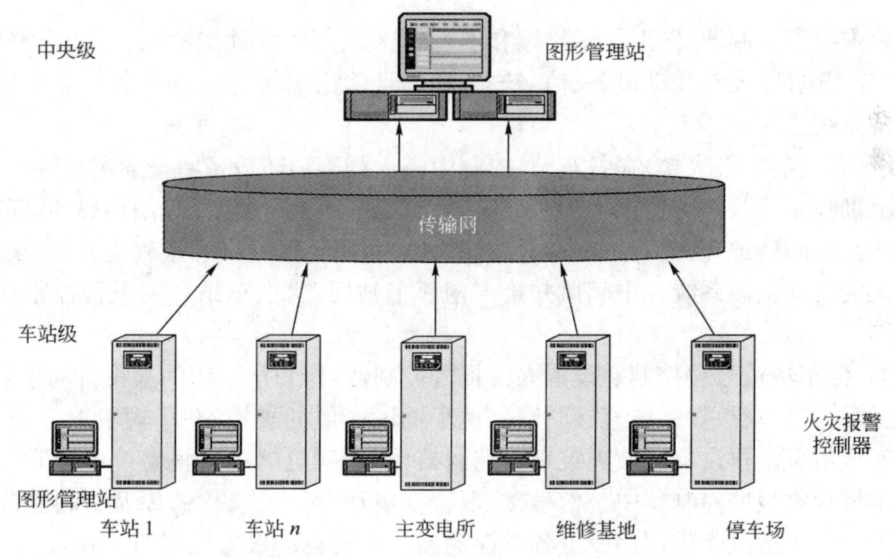

图 6-3　地铁火灾报警系统构成

6.2.1 中央级 FAS 系统

中央级 FAS 系统设于线路控制中心的中央控制室内,中央级系统主要包括火灾报警控制器、操作工作站和网络设备等设备,实现对全线防灾系统集中监控和管理。

FAS 中央级系统负责对地铁全线各车站、主变电所、车辆段、停车场、控制中心大楼的灾情监视，防救灾设备的管理和灾害时的组织指挥工作，侧重于上层的救灾指挥和协调功能。具体功能如下。

(1)监视全线火灾自动报警系统设备的运行状态，接收全线各车站、主变电所、车辆段、停车场、控制中心大楼的火灾报警信息。当发生火灾报警信号时，以地图式画面在综合显示屏上显示报警点，打印报警时间、地点并启动火灾报警的声光报警信号。

(2)记录显示全线所有消防设备的主要运行状态；当被控设备发生设备故障或状态变化时应发出音响提示并打印、记录所发生的时间、地点等。

(3)可对系统、设备和网络进行自检记录，包括设备离线的故障报警、网络的故障报警，存储操作人员的各项操作记录等。

(4)储存、实时打印故障、设备维修等其他各项记录。

(5)可以将历史记录等报告内容进行整理归纳并存储到磁盘，也可随机形成报表并打印。

(6)具有可操作权限时，应对各站点的控制器进行在线编辑和程序下载功能，修改现场参数。

(7)火灾自动报警系统可通过相关接口，将火灾信息发送至信号系统。

(8)控制中心中央级可通过操作电视监控系统(CCTV)的键盘和显示终端确认火灾现场的灾情。根据火灾的实际情况，向有关区域发出消防救灾指令和安全疏散指令，并通过通信工具来组织指挥救灾工作的开展。火灾工况具有优先权。

(9)控制中心火灾自动报警系统能接收由通信专业提供的主时钟信息，使火灾自动报警系统与主时钟同步。

6.2.2 车站级 FAS 系统

车站火灾报警控制器、图形显示终端和本管辖区域内的各种探测器、手动报警按钮、电话插孔、消防专用电话、控制联动设备、信号输入和信号输出模块等现场设备构成车站控制级火灾自动报警系统。

车站级(含控制中心大楼)在各车站、控制中心大楼等消防设备室设火灾报警控制器，能对其所管辖范围独立执行消防监控管理；其管辖范围除车站外，还包括车站相邻的区间隧道和隧道中间风井。区间隧道和区间隧道中间风井的火灾报警以区间中心里程为分界点分别纳入邻近的车站火灾自动报警系统。中间风井接入相邻车站回路，由车站火灾报警控制器实施报警和联动控制。

车辆段、停车场信号楼控制室设置火灾报警控制器，作为车站级的火灾自动报警系统控制器，并与全线火灾自动报警系统直接联网。视车辆段区域的规模，在车辆段综合楼、运行库的消防控制室或值班室再设置区域火灾报警控制器，附近建筑的火灾报警设备和联动设备均纳入相邻的区域火灾报警控制器中。信号楼、混合变电所、综合楼、检修库及材料总库、运行库、联合车库等设备用房及管理用房设置各类探测器。火灾自动报警控制器、图形显示终端、区域火灾报警控制器及管辖范围内的所有现场设备共同构成车辆段火灾自动报警系统。

主变电所视站内火灾工况的要求，设置联动型火灾报警器或区域火灾报警器。联动型火灾报警器可作为车站级的火灾报警控制器，并与全线火灾自动报警系统直接联网；区域火灾报警器应接入主变电所相邻车站的火灾报警控制器。区域火灾报警器将主变电所的报警、状态、联动信息按点实时送至车站控制级火灾报警控制器，再由车站控制级送至控制中心中央级。主变电所区域火灾报警控制器与管辖范围内的各类探测器、手动报警按钮、输入输出模块等现场设备构成主变电所火灾自动报警系统。

换乘车站的火灾自动报警系统，根据车站的共享功能，一般按一个完整车站，由先行建设的线路，按照整体的环控工艺和火灾联动工况，进行一次系统设计、分阶段实施。本车站的火灾自动报警控制器应预留与其他线路中央和车站系统的通信接口，以实现信息交换。同时，在共享车站上其他线路需要联动控制时，接受其他线路中央的控制指令，执行相应的火灾工况。之后建设线路在本站的部分火灾自动报警系统，由后建线路再行购置，并完成接入本车站火灾自动报警控制器和原来线路的中央系统。

车站级 FAS 系统设备组成示意图如图 6-4 所示。

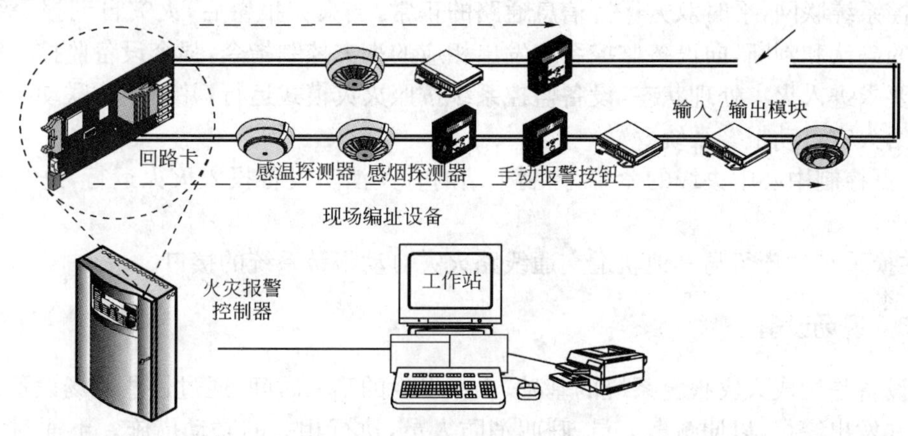

图 6-4　FAS 车站级设备组成

车站级系统是全线 FAS 系统的基本组成单元，也是火灾自动报警系统的关键环节。车站级 FAS 系统负责对所管辖的区域进行灾情监视，火灾时进行一系列消防联动控制，并向 EMCS 系统发出控制指令，指挥车站的疏散和灭火、救灾工作。具体功能如下。

(1)监视车站及所辖区间消防设备的运行状态。接收车站及所辖区间火灾报警或重要系统的报警，并显示报警部位。其图形显示界面如图 6-5 所示。

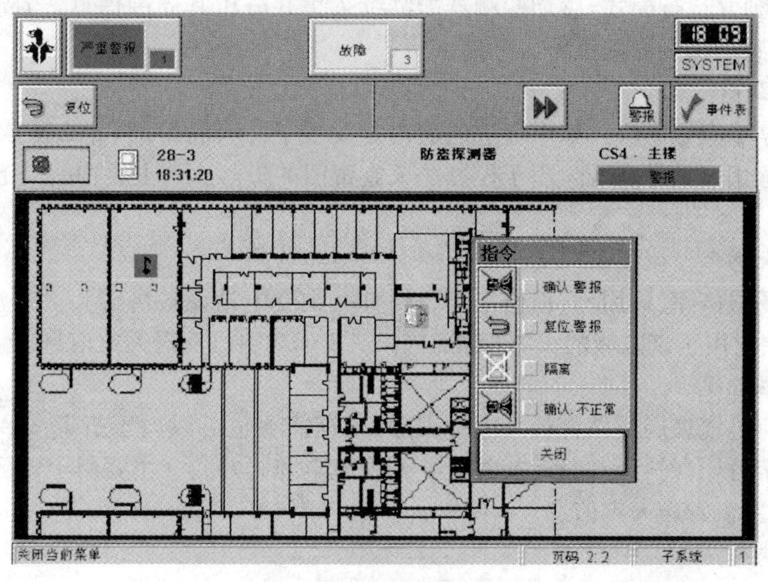

图 6-5　工作站的图形显示界面

(2)火灾探测器实时监视火灾信息，当发生火灾报警时，在控制器及监控工作站上发出声光报警及显示火灾发生的时间、位置等信息并实时打印记录。

(3)通过自诊断，对系统的控制器及内部模块、探测器、回路、监控模块等进行自检和故障诊断，当故障发生时可以发出相应的声光报警、实时打印及记录。

(4)能将火灾报警系统所有的信息通过网络传送到控制中心中央级火灾自动报警系统。

(5)车站火灾报警控制器能接受控制中心中央级紧急控制命令，并自动执行。接受控制中心中央级下达时钟同步信息。

(6)能实现与设备监控系统(EMCS)的联动控制功能。火灾自动报警系统通过通信接口与设备监控系统联网，平时双方保持信息通路的正常，当火灾报警后，火灾自动报警系统通过对火灾点的确认和判断，向设备监控系统发出相应的火灾控制指令，强令设备监控系统按照环控工艺的要求进入火灾处理状态，设备监控系统按照火灾模式运行，并将消防联动控制的执行结果反馈给火灾自动报警系统。

(7)根据控制中心中央级的命令，控制车站内有关消防设备投入灭火运行，进行有效的灭火抢险工作。

(8)在换乘车站预留与其他轨道交通线路火灾自动报警系统的接口。

6.2.3 现场设备

现场设备是构成火灾报警系统的基础，火灾发生的第一时间，通过这些现场设备探测到火灾的发生并发出警报，以便疏散人员、呼叫消防人员，执行相关的联动措施。下面对主要现场设备的设置及功能分别进行介绍。

1)智能化光电式感烟探测器

在车站内各设备与管理用房、站厅及站台和通道等区域，均设置带地址码的智能光电式感烟探测器进行火灾探测。

感烟探测器实现探测火灾和向FAS车站主机发送火灾信息的功能；感烟探测器的内置微处理器能独立运行，如果火灾探测器与火灾自动报警控制机之间的通信故障时间超过预定时间，则自动转为独立运行模式，感烟探测器能继续采集并分析其周围信息，当周围环境达到预定的报警值时，感烟探测器则报警。

2)智能感温探测器

设于大型停车库等场所。如果疏散通道口处设置了防火卷帘门，那么防火卷帘门两边应分别设置一组感烟、感温探测器，用于控制防火卷帘门的降落。其主要功能同上述智能化光电式感烟探测器。

3)红外光束感烟探测器

设于停车场检修库、运用库、检修车间、材料库、主变电站设备房等高大厂房(净空一般超过12m时)。主要用于该区域的火灾探测和向FAS车站主机发送火灾信息。

4)线形感温电缆

设于变电所电缆夹层或站台板下电缆夹层，根据需要也可以设于折返线和停车线。感温电缆按电缆桥架分层，蛇行走向布置，并延长到强电电缆竖井内。主要用于该区域的火灾探测和向FAS车站主机发送火灾信息。

5)输入模块

用于对设备运行状态的检测、感温电缆的报警检测。

6)输出模块

用于控制消防专用排烟风机、正压送风机、消防管路上的电动蝶阀、警铃、防火卷帘以及非消防电源等消防设备的启停。

7)带地址手动报警按钮

在站厅层、站台层、出入口通道和设备区等区域设置带地址码的手动报警按钮。手动报警按钮实现FAS的火灾自动确认。一般情况下，在设置消火栓的地方均设置手动报警按钮。

8)消防对讲电话

FAS在控制中心设专用外线电话用于消防报警；车站级设置一套独立的消防专用电话网络，在消防控制室、车站控制室、消防水泵房、气体保护房间、通风机房等重要的房间门外设置壁挂电话，用于消防报警。

9)消防电话插孔

在公共区、设备管理区走道设置消防电话插孔，消防电话插孔的设置与手动报警按钮并排布置，安装位置与手动报警按钮相同。

10)警铃、警灯

为防止火灾发生时地铁乘客的惊慌，在车站的公共区、出入口不设警铃，在停车场、主变电站等相关地面建筑单独设置警铃。

6.2.4 消防联动控制

消防联动控制是火灾报警系统中的关键部分，是在对火灾确认后向消防设备、非消防设备发出控制信号的处理单元。

(1)当系统探测到本区域发生火灾时，火灾报警系统将火灾信号自动发送给车站自动售检票系统(AFC)，由自动售检票系统控制闸机打开，利于乘客逃生疏散；将火灾信息送给电力监控系统(SCADA)或降压变电所三类负荷开关柜，由电力监控系统或降压变电所开关柜切断三类负荷；将火灾信息发送给门禁系统，由门禁系统控制相关区域门打开；将火灾信息发送给车站本站广播系统，由公共广播系统自动转换到火灾紧急广播状态。

(2)通过车站的数据接口，向设备监控系统(EMCS)发出报警信息和模式指令，设备监控系统将按照火灾自动报警系统的模式指令将其所监控的设备运行模式转换为预定的火灾模式，火灾自动报警系统发出的指令具有最高优先权。

(3)在消防控制室系统设置直接控制盘完成消防泵、喷淋泵的直接启动。同时，火灾报警控制器也可直接控制消防泵、喷淋泵启停，并接收消防泵、喷淋泵的反馈信号，显示工作状态和故障状态。

(4)火灾报警控制器控制专用排烟风机、排烟防火阀、防烟防火阀，接收其反馈状态；显示只监不控防火排烟调节阀状态。

(5)控制设置在疏散通道防火卷帘门，在本防火分区感烟探测器动作后，防火卷帘门降至距楼(地)面1.8m高，本防火分区感温探测器动作后，防火卷帘门降到底，并显示防火卷帘门的状态；用作防火隔断的防火卷帘门，感烟或感温火灾探测器动作后，防火卷帘门降到底。

(6)火灾自动报警系统接收气体灭火系统的二次报警信息、故障信息、气体喷放信息及手动/自动状态信息。气体灭火系统保护房间的防火阀由气体灭火系统直接控制，火灾自动报警系统显示防火阀的状态，火灾自动报警系统需要控制气体灭火系统保护房间的防火阀时，火灾自动报警系统将控制指令发至气体灭火控制盘，由该控制盘控制关闭。

(7)火灾发生时，火灾自动报警系统将控制指令发于直升电梯控制器，将控制直升电梯迫降到首层，并将直升电梯的状态反馈给火灾自动报警系统。

6.2.5 防灾通信

防灾通信方式包括广播、电视监视、电话等。

1)广播

火灾自动报警系统在车站不单独设置紧急广播，而是与车站通信系统设置的公共广播合用，平时为车站公共广播用。火灾确认后，提供给广播系统一个火灾信号，将公共广播自动转换到火灾紧急广播，诱导乘客的安全疏散。在通信系统不设置公共广播的控制中心大楼及车辆段综合楼等区域，由本系统设置消防紧急广播。

2)电视监视

火灾自动报警系统与行车调度共用一套电视监控系统。火灾时，能通过手动切换装置对所设的电视监控系统(CCTV)显示终端进行镜头切换(由通信专业设置)，实现对火灾区域实时监视。

3)电话

控制中心设置了与市消防局、防汛和地震预报中心直连的市内直线电话。各车站、车辆段、停车场由通信专业设置消防直线电话。

控制中心由通信专业设置设环控防灾调度的电话总机，各车站控制室、变电所值班室、车辆段、停车场信号楼控制室设置调度分机。

火灾自动报警系统在消防控制室和重要设备用房等处设固定消防电话，并与消火栓箱旁所设的电话插孔构成通信回路。

6.2.6 网络系统

网络系统一般由中央级和车站级二级系统构成。

1)中央级

不同车站的火灾报警主机需要通过上层网络实现联网通信。上层网络一般可采用电缆、光缆和调制解调器三种信息传输方式。FAS 全线信息传输信道一般由通信传输系统提供。

在火灾报警控制器上配备有网络通信卡，可选用双绞线电缆和单/多模光缆。电缆的通信传授距离一般不大于 1 500m，而采用光缆其传输距离则可达数万米。

2)车站级

车站级的传输线路对整个系统的可靠性影响较大，并随系统的增大而扩大。

目前根据探测器种类的不同对其传输线路分为多线制、总线制、二线制链式连接方式。

多线制传输线路数量很大，成本高，施工难度大，合计故障率高，属淘汰性产品。

总线制传输线路数量剧减，成本较低，合计故障率大为降低。总线制又分为二、三、四总线，其中二总线传输线路又比三、四总线传输线路好，为当前主流传输线路。总线制传输线路大多采用树形接线方式，即通常所说的并联接线方式，优点是接线简单、方便，容易扩容；缺点是一旦总线回路出现短路或开路，则整条回路全部失效。

链式连接方式是二线制方式的一种，主要特点有回路用线量少，可分别识别每只探测器当时的状态(正常、故障或火灾报警等)，回路可连接成环形。因此，回路出现短路或断路故障时，系统可通过双向供电保证回路中其他探测器正常工作，并迅速查找出故障点，即回路具有自我保护能力。

车站采用的传输方式为链式连接方式，传输介质一般选用适合地铁强电磁干扰环境即可，配置简单，维护管理方便。

6.2.7 系统软件功能

火灾自动报警系统软件一般包括图形监视软件、逻辑编程和系统维护软件、防病毒软件等。

1）图形监视软件

图形监视软件的功能一般有以下几点。

(1)软件基于 Windows 界面下运行，64 位窗口式操作平台。图形界面为中文显示，并通过不同的颜色区分车站各防火分区。

(2)火灾报警具有最高级优先级，当火灾及其他故障报警同时存在时，火灾报警优先；当有火警时，能够自动弹出报警设备的所在位置，同时发出声光报警，代表报警设备点的图符自动填充为醒目的颜色并闪烁（一般为红色），并将事件信息记录在报警历史记录中。当火灾消除时，火灾状态下被填充为醒目颜色的图符能自动恢复为正常状态下的颜色（通常为绿色），并将恢复事件的信息记录在历史记录中。

(3)当有故障发生时，能够自动弹出故障信息，代表故障设备点的图符自动填充为区别于正常状态下的颜色（通常为黄色），并将该故障事件信息记录在历史记录中；当故障消除时，故障状态下的图符将恢复为正常状态下的颜色，并将恢复事件的信息记录在历史记录中。

(4)当设备状态改变时，能自动以图形或文字的方式将所监控设备的状态信息显示出来。

(5)支持实时的事件打印工作，当收到火灾报警系统的事件信息后，立即将事件信息传递到相连的打印机进行实时打印。

(6)具备不同权限设置功能，通过对普通操作人员及系统管理员，设置不同级别的管理密码，确保图形监控系统安全、可靠、稳定地运行。

(7)能够对消防报警系统中任何一个带地址的设备进行故障隔离操作，还可以对消防报警系统中任何一个被控制设备进行远程的开启或关闭操作。

(8)图形监视软件含相关的资料库。资料库可按工作人员的需求进行打印。能够按时间及事件类别分类查阅历史记录信息，可自动生成多种文件格式的事件报表，并可以对该事件报表进行独立存盘和打印工作。

2）火灾报警控制器

火灾报警控制器的软件功能一般有以下几点。

(1)具有火灾报警自动确认的功能。火灾报警的确认有自动确认和人工确认两种方式。任何一个报警区域，如果有两个烟感探测器同时报警，则为自动确认报警，火灾报警控制器发出模式控制指令；如果有一个烟感探测器报警，同时有一个手动报警按钮报警也为自动确认报警，火灾报警控制器发出模式控制指令；人工先于火灾报警系统发现火灾则由人工选择控制模式并启动，同时火灾报警控制器按预先制定的程序自动联动火灾自动报警系统监控的消防设备。

(2)火灾报警控制器有关参数的修改应通过中央级远程下载，也可通过手提电脑现场完成。

(3)火灾报警控制器具有各种事件及故障报警功能，具有语音报警功能，并以不同的声音加以区分。

(4)火灾报警控制器具有不同的操作权限功能。

(5)火灾报警控制器具有一定的故障、报警、操作记录等信息的数据存储能力,存储容量一般不少于2 000条。

3)系统编程软件和系统维护软件

通过编程软件对系统进行编程和系统维护,从控制中心中央级主机下载到车站火灾报警控制器及从车站火灾报警控制器上传到控制中心数据库;可使用便携式PC机通过火灾报警控制器的串行接口实行软件编程和修改,消防联动的逻辑关系通过软件编程实现。

6.2.8 系统运作模式

系统运作模式包括监视模式及报警模式。

1)监视模式

在正常状态下,火灾报警控制器及车站现场设备均处于监视状态,车站图形显示终端显示车站各防火分区、防烟分区的平面布置图及车站现场设备状态。

2)报警模式

报警模式包括自动确认模式、人工确认模式及消防联动模式。

(1)自动确认模式

任何一个报警区域,如有一个智能火灾探测器报警,同时有一个手动报警按钮报警,或者两个及以上的智能火灾探测器同时报警(只设一个探测器的设备用房火灾探测器报警)后,则火灾报警系统自动确认报警。火灾确认后,火灾报警控制器发出指令、控制相关消防设备并发送指令至设备监控系统,设备监控系统接受并执行指令,按照预先设置的程序使相应的设备投入火灾工况模式运行,指令执行完成后给火灾自动报警系统一个反馈信号,并传送至控制中心。

(2)人工确认模式

如果报警区域为电视监控系统可监控的区域,可由车站控制室的值班人员将电视监控系统切换到报警区确认,如电视监控系统监视不到报警区域,则值班人员采用通信工具应通知现场值班人员到报警现场确认。经人工确认火灾后,人工启动火灾报警系统进行消防联动,并发出指令至设备监控系统,设备监控系统接受并执行指令,按照预先设置的程序使相应的设备投入火灾工况模式运行,指令执行完成后给火灾自动报警系统一个反馈信号,并传送至控制中心。

(3)消防联动模式

消防联动模式是火灾自动报警系统自动实现火灾探测、火灾报警功能,控制和监视火灾时排烟、防烟防火阀动作状态,控制相关消防设备的联动,接收其状态反馈信号,并将信息上送控制中心。火灾报警系统与设备监控系统设有通信接口,火灾时,火灾报警控制器发出指令,设备监控系统执行指令、启动相应的设备,按预先设置的火灾工况模式运行,火灾自动报警系统指令具有最高优先权。

6.3 FAS系统与其他系统的接口及电源接地要求

6.3.1 FAS系统与其他系统的接口要求

1)与土建系统的接口

FAS中控级设备设置在控制中心的调度大厅内,在控制中心不单独设置FAS机房,调度大厅的面积及工艺要求由控制中心的工艺专业统一考虑。FAS设备具体的摆放位置应符合运营管理的要求。

在沿线各车站设备管理区内设置一间车控室及一间弱电综合机房用于摆放车控级的FAS设备，面积分别为25～30m²和90～130m²，车控室、弱电综合机房为FAS与通信、信号、AFC等弱电系统共用的设备房间。车控室、弱电综合机房应按照电子计算机机房的标准进行设计，铺设防静电地板，并按照FAS系统的要求在地板下预埋相应的管槽，预留电缆引入/出孔。弱电综合机房内应考虑电源设备的荷载要求。

在车站的各设备与管理用房、站厅、站台、通道、主变电所内、停车场检修库等区域需设置FAS探测器、模块箱、模块盒、警灯警铃、消防电话插孔等FAS设备，这些设备的管线需要在建筑装修前铺设完成，无需土建预留条件。

2)与通风空调系统的接口

FAS监视普通(非电动)防火阀动作状态，对消防专用排烟系统的设备进行监控。

3)与动力照明专业的接口

FAS系统由动力照明专业提供电源和接地端子。

4)与电力监控专业的接口

火灾时，FAS系统通知电力监控专业切断其建筑内非消防电源。

5)与给排水及消防专业的接口

FAS系统对车站内消防喷淋泵进行监控，并在车站控制室内设置紧急手动按钮，用于远程手动启动消防水泵。

6)与气体灭火系统的接口

当地下车站使用气体灭火系统保护房间时，气体灭火系统向FAS发出火灾报警信号，FAS得到信号后命令EMCS关掉相关排风机，并且监视气体保护区域防/排烟防火阀开关状态，接收气体释放信号。在灭火结束后，人工手动打开防/排烟防火阀，开启排风机排毒排气。

7)与EMCS系统的接口

发生火灾时，FAS向EMCS提供火灾模式指令，EMCS接收并优先执行火灾模式指令。

8)与通信系统的接口

通信系统负责给FAS系统提供通信通道，负责在车站控制室、消防控制室的FAS/EMCS操作台上提供公务电话、广播、防灾/环调电话、闭路电视及操作盒，负责向FAS系统提供全线统一的时钟信号。

9)与AFC闸机的接口

火灾模式下，FAS通过输出模块控制闸机的开启。

10)与电梯的接口

火灾时，FAS通过控制模块控制电梯降至首层，通过监视模块监视其电梯状态。

6.3.2 电源及接地

1)系统供电要求

FAS系统用电负荷为一级。两路独立电源经末端电源自动切换箱后引至消防控制室的UPS电源。再通过UPS引至FAS系统设备，UPS后备电源时间不低于60min。

2)系统接地要求

采用综合接地网，接地电阻不大于1Ω。

6.4 火灾自动报警系统发展的展望

在我国，由于宏观政策与行业管理的各种原因，在轨道交通中，火灾自动报警系统仍作为独立系统运行，而且各个厂商的控制器和探测器都不能实现互联互通，火灾自动报警系统只能存在线路层面上，而不能上升到整个路网层面。现代通信技术、计算机网络和信息技术的快速发展为研究开发新一代轨道交通火灾自动报警系统产品提供了有力支持。

目前消防报警产品市场上生产和销售的火灾探测报警系统设备多不具备联网通信功能。建立整个路网规模的火灾报警监控联网系统，需要为火灾自动报警系统额外配备传输设备，重新进行安装、布线、调试，程序烦琐复杂。而嵌入式模块化设计的传输设备，可以采用 OEM 方式直接供给火灾探测报警系统的生产厂家，与其系统融为一体，在使用中不影响原有火灾探测报警系统的结构、功能状态和电气性能，并进一步拓宽延伸其系统功能，实现报警联网通信、远程数据维护等功能。

国外轨道交通系统中已有许多线路采用了综合监控系统，不再把火灾自动报警系统作为一个独立的系统考虑，而是建立智能化综合监控平台，将火灾自动报警系统、消防联动控制与设备监控系统进行集成应用，在物理上、逻辑上、功能上连接在一起，实现信息综合、资源共享，形成强大的发展趋势，其未来前景非常广阔。

思　考　题

1. 地铁 FAS 系统的基本构成。
2. 简述 FAS 系统中央级的系统构成及主要功能。
3. 简述 FAS 系统车站级的系统构成及主要功能。
4. 简述 FAS 系统主要包括哪些现场设备？其安装位置及主要功能是怎样的？
5. 简述 FAS 系统对土建专业的总体要求有哪些？

第7章　自动售检票系统

轨道交通自动收费系统是利用计算机技术、网络通信技术、电子付费技术等高新技术，进行计时、计程的自动售票和检票，替代传统的纸票售检票方式，并实现轨道交通运营的信息化。

轨道交通自动收费系统在国外出现已有30年了，其技术有了长足的发展，多种高新技术都在当代轨道交通的自动收费系统中得以应用，其技术和设备在国外已基本成熟。在我国，上海、广州、北京、深圳、南京等地的城市轨道交通中均设置自动售检票AFC系统（automatic fare collection）。

轨道交通自动收费系统的便捷和准确性大大优于传统的纸票售票方式，不仅是城市轨道交通发展的一个趋势，也是城市信息化建设的一个重要体现。

收费系统是以区段和限时的收费结构方式进行运行的。乘客进出站台由车站的出入口来加以控制，形成一个封闭的收费系统。乘客需持票进站，所持车票在出入口处由直线排列的检票机进行检票处理。进口检票机处理并归还单程票，同时也处理储值票(公交一卡通)；出口检票机对单程票进行验票并收回单程票，对储值票进行扣值处理。在静止状态，检票机的两个方向保持锁住，仅当有效车票处理后才开放通道。检票机把相应的信息显示于检票机机箱末端的顶部。

目前，国内外发达城市已经实现或正在实现城市公共交通"一卡通"收费系统，城市轨道交通作为城市公共交通中的一部分，其收费系统除满足城市公交"一卡通"在车站的应用外，还应实现轨道交通网络收费的"一票通"。

7.1　AFC系统结构

轨道交通的AFC系统一般以一条线作为控制对象进行系统设置，针对每一条线路设置一套AFC系统，称为线路AFC系统。通常，线路AFC系统由中央计算机系统、车站计算机系统、车站网络、车站终端设备、车票和IC卡编码设备等构成。车站计算机通过通信系统的主干网与中央计算机相连，车站计算机系统与车站AFC终端设备通过以太网沟通，形成车站局域网。

AFC系统包含IC卡编码设备、线路中央计算机系统及网络、车站计算机系统及车站售检票终端设备、车票。

在轨道交通网络化运营的情况下，AFC系统具有多线路协调运营、多线路一票换乘等特点。要适应网络化运营的特点，AFC系统除了上述的线路AFC系统和设备外，还应包括轨道交通清分中心、维修中心和培训中心等系统。AFC系统构成如图7-1所示。

1)轨道交通清分中心

轨道交通清分中心主要由中央清算系统、发卡系统、密钥系统、线路运营管理系统、数据交换系统、报表管理系统、大屏幕系统、异地容灾系统、不间断电源系统、网络管理系统、系统软件维护与开发系统、系统测试平台等组成。

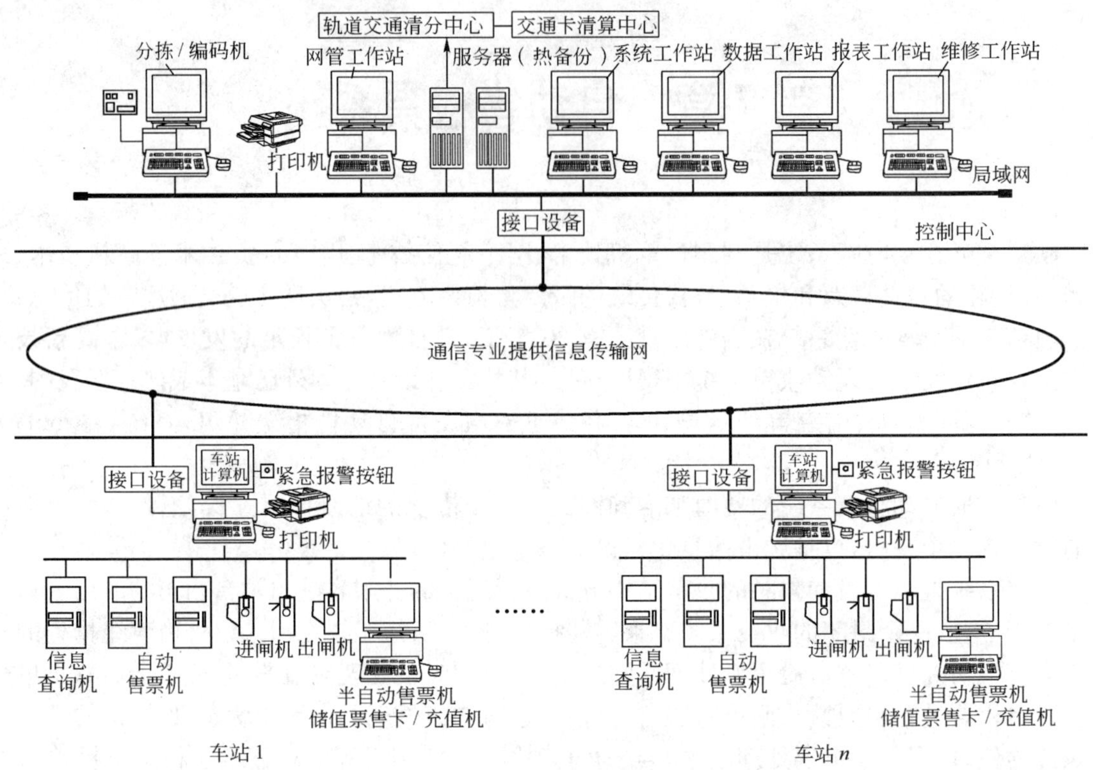

图 7-1 AFC系统构成

清分中心，用以实现轨道交通内部各线路之间的账务清分，实现轨道交通与城市公共交通“一卡通”之间的清分；清分中心对管辖范围内所有线路 AFC 系统的车票、票务、账务、各类基础业务数据进行管理，实现各线路的账务结算，实时监控客流在不同时间断面、路网区域的数据信息等；清分中心还负责换乘业务清分规则的制定和发布等。

2）编码分拣设备

编码分拣设备设在轨道交通清分中心，与清分中心的票务管理服务器直接相连。

3）线路中央计算机系统

线路中央计算机系统由中央计算机、数据存储设备、数据备份设备、网络设备、UPS 电源设备、操作工作站、运营管理工作站和打印机等构成。

软件主要由操作系统软件、网络管理软件、数据库系统软件、中央级应用软件和防病毒软件等构成。

4）车站计算机系统

车站计算机系统由车站计算机、紧急按钮控制盘、网络设备、UPS 电源设备、监控工作站、票务工作站和打印机构成。

软件由操作系统软件、数据库系统软件、车站级应用软件和防病毒软件构成。

5）车站售检票终端设备

车站售检票终端设备由进/出站检票机（双向检票机）、自动售票机、自动加值机、半自动售

/补票机、自动验票机、便携式验票机构成。

6)车票

车票由单程票、储值票两种基本形式的车票构成。

单程票按用途可分为普通单程票、应急票、乘次票、优惠票(老人、学生、儿童及非高峰时段)、纪念票(普通纪念票、旅游纪念票)、出站票、员工票、测试票等。单程票还可以根据需要预留若干票种供轨道交通今后定义和开发使用。

储值票由城市公共交通清算系统统一编码发行,为非接触式集成电路(IC)卡,适用于轨道交通及城市其他公共交通领域。储值票目前在其地铁专属区内定义了如下几种类型:普通成人卡、老人卡、儿童卡、纪念卡、专用地铁员工卡、通用地铁员工卡、测试卡1、测试卡等。储值票还可以预留若干票种如礼品卡、广告卡、学生卡、军人卡、残疾人卡及个性化 VIP 卡,供轨道交通行业需要时定义使用。

7)培训中心

培训系统包括车站计算机系统和车站 AFC 终端设备各1套,包括车站计算机、网络设备、UPS 电源、监控工作站、票务工作站、自动售票机、半自动售票机、进/出站检票机(含双向检票机)、自动验票机、便携式验票机等各一套(台)。

培训中心一般一个地铁公司设立一个,或根据需要设置。

8)维修中心

AFC 维修中心一般设立在车辆基地,由维修管理工作站、维修工作站、网络设备、打印机构成。维修中心承担本线所有自动售检票系统的定期检修及日常维修工作。根据网络规划要求,也可以几条线共建共用一个维修中心。

7.2 线路 AFC 系统

7.2.1 中央计算机系统

中央计算机(center computer,简称 CC)系统是整个 AFC 系统的核心,系统设置于线路的控制中心。系统设备主要包括服务器、存储设备、各管理工作站、初始化编码分拣机、密钥系统、硬件加密机、车票清点打包设备、车票清洁设备、打印设备、UPS 不间断电源等。为确保数据的安全存储,主机设备要求采用双机热备份,数据存储一般采用磁盘阵列,主机不但要有强大的计算能力,还要有良好的输入、输出特性,同时应具有良好的扩展性,具有 24h 不间断工作的能力及很强的容错能力。中央计算机系统应预留与城市“一卡通”的接口能力。

中央计算机系统从运营管理的角度主要包括线路运营中心系统和线路票务中心系统。

中央计算机系统是线路 AFC 系统的中枢心脏,负责对本线所有 AFC 设备进行监控,实现对线路系统运营、票务、收益及维修的集中管理功能。收集、保存从各个车站传来的售检票数据、客流统计、设备维护及设备状态信息,并建立相关数据库,对车站计算机下达系统命令;与公交“一卡通”进行数据交换,实现收益清算功能。

在运营出现异常情况时,中央计算机系统能设置相应的降级或紧急运营模式,并实时下发指令给相关车站计算机系统或终端设备,并对相关交易数据作相应处理。

中央计算机系统具体实现下列功能:监视、控制 AFC 系统设备;收集、保存从各个车站传来的售检票数据、客流统计、设备维护及设备状态信息,并建立相关数据库;建立、维护系统运行参数，并下传到各车站计算机；接收、处理非法进入系统及紧急故障报警信息；完成当天全线运营收入、客流统计等运营报告；向运营、管理部门提供可供运营组织、决策分析的统计信息报告；向各车站计算机下达同步时钟信息；编制、发行系统使用的各种车票。初始化编码机可自动供票、编码、验证车票，能够根据操作员输入的数据对车票进行初始编码，并将编码机的设备号输入车票，对编好的车票数据进行审核记录；具有票面打印功能。

7.2.2 车站计算机系统

在轨道交通的每个车站，设置车站计算机 SC(station computer)系统。车站计算机系统接收来自本站 AFC 终端设备的数据，进行统计、处理、存储并传输到中央计算机。车站计算机系统从运营管理的角度可以分为车站运营系统和车站票务系统；车站计算机系统主要设备包括车站服务器、监控工作站、票务工作站、UPS、紧急按钮和打印设备等。软件由操作系统软件、数据库系统软件、车站级应用软件和防病毒软件构成。其中车站服务器、监控工作站、UPS 电源、紧急按钮控制盘等设备布置于车站的车控室；票务管理工作站和打印设备等设置于 AFC 票务室。车站系统构成图如图 7-2 所示。

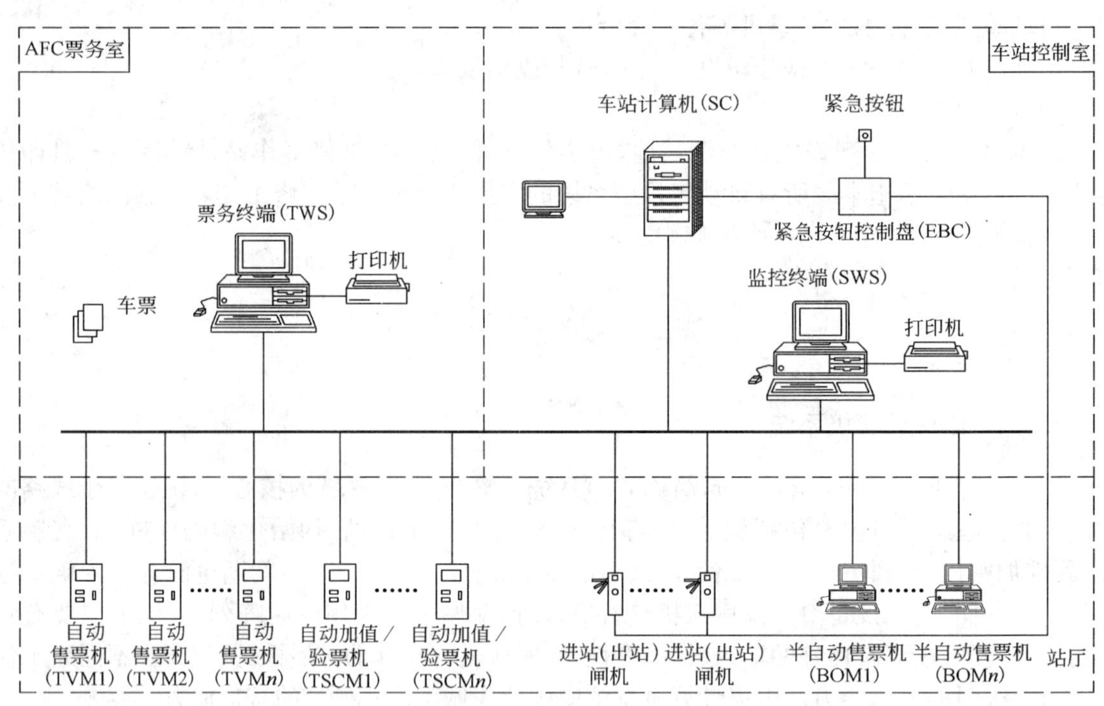

图 7-2 车站系统设备构成

车站计算机是车站 AFC 设备的核心，支持车站自动售检票系统的设备监控、票务管理、财务管理、设备维护等，主要完成下列功能。

实时监控车站 AFC 终端设备的运行状态，并随时接收设备的报警信号；向车站终端设备下达各种运行模式指令，具有自动与手动两种下达方式；实现车站收益管理，实时生成车票处理、客流、现金收益及维护等各种运行报表，在运行结束后生成当日运行报表；实现数据管理，接受车站终端设备上传的各种交易数据及设备状态数据，实时或批量上传到中央计算机系统处理，同时车站计算机系统接受中央计算机系统下达的运行指令、系统参数及软件更新数据，并下达到相应设备执行；在紧急情况下，车站值班人员可按下紧急报警按钮，控制所有进/出站检票机运行紧急运行模式，此时所有检票机全部倒向开通状态（杆式检票机三杆全部落下、门式检票机门打开），以方便乘客快速疏散。

车站计算机系统应能满足下列性能要求：系统可用性达到 99.9%；具备每日处理不少于 20 万客流（50 万笔交易数据）的能力；对于有特殊客流要求的车站，可以另外规定；在通信正常的情况下，车站终端设备的故障信息可在 2s 内主动上传到车站计算机系统；可轮询采集车站终端设备的交易数据和设备状态数据，轮询周期不超过 1min；能实时查询车站终端设备的状态数据，能在 5s 内下达查询命令并返回及显示查询结果；能即时查询 15min 以前的客流及交易统计报表；可在 3min 内将系统运行参数下达到所有车站终端设备；能在 5s 内，将控制命令下达到所有车站终端设备。

7.3 车站设备（终端设备）

车站 AFC 终端设备主要包括自动售票机、半自动售票机、自动检票机、补票机、自动验票机、自动加值机、兑币机等。车站终端设备均可独立控制。

车站 AFC 终端设备均设置在车站的站厅层，其中自动售票机、自动验票机、自动加值机、兑币机设置在车站的出入口处，便于乘客进站购票、验票、自动充值等需求；半自动售票机布置在售票厅或补票厅中；自动验票机布置在付费区与非付费区之间。车站 AFC 终端设备布置如图 7-3 所示。

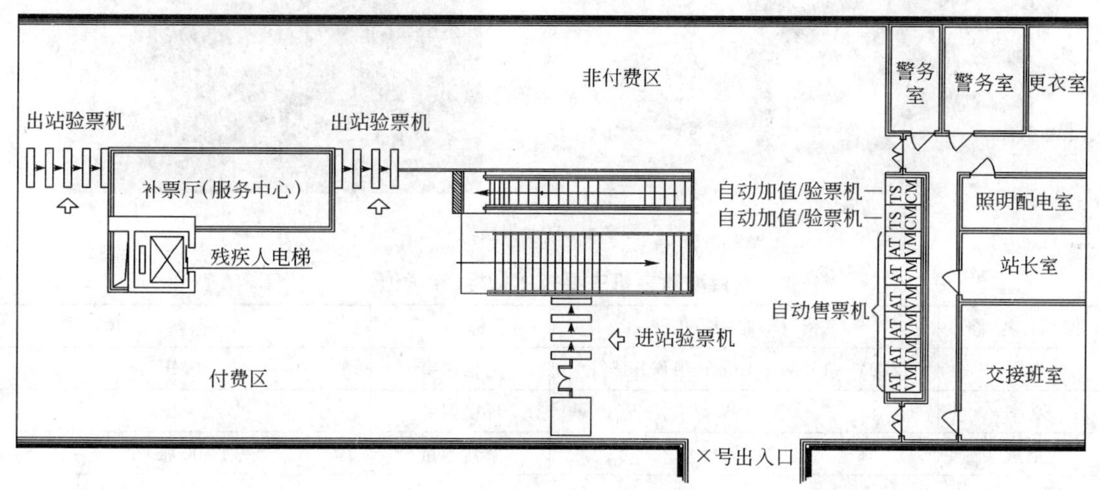

图 7-3 车站 AFC 终端设备布置图

车站终端设备配置规模及数量应根据线路客流分析及本站的客流预测数据确定。按照近期客流配置车站终端设备，按照远期客流规模预留设备的安装条件。

1）自动售票机

自动售票机 ATVM（automatic ticket vending machine）用于乘客自助式购买地铁单程票及对储值票进行充值。自动售票机可接受硬币、纸币、储值票、金融卡（预留）等支付方式，并具备找零功能。自动售票机采用后开门检修方式。

自动售票机安装在车站站厅层的非付费区内。自动售票机如图 7-4 所示。

自动售票机应能满足下列性能要求：自动售票机的硬币接受器能接收中华人民共和国法定流通硬币，至少四个币种，一般具有 0.50 元、1 元找零功能；能出售多个收费等级的车票，可同时出售多张(一般10张以下)单程票;在车票发行开始前,可用取消键中止发行,送入的钱币自动退出;如果车票发行处理已经开始,则取消键失效;在出售每一张车票前,均对车票进行校验,对不符合要求的车票送入回收票盒中,并重新发行一张车票;具有故障报警功能,一旦出现故障,及时向车站计算机报警,并传递故障码;向车站计算机传递设备状态信息,包括设备号、运行记录数据、运行状态等;能接受中央计算机下达的运行参数;在与车站计算机数据传输信道中断的情况下,自动售票机独立运行,并保存7天的运行数据,中断恢复后,及时将保存的信息传送至车站计算机;当票盒里的票出售完或即将出售完时或者钱箱快满时,自动售票机向车站计算机报警,并显示设备号,出售完时自动停止使用,并有停用显示;当对自动售票机的票盒或者钱柜进行调换安装结束后,售票机应能自动恢复服务,并向车站计算机发送相关事件信息;电子钱柜及其他维护操作,均应输入相应操作员ID和PIN后,不管有效与否,售票机均记录该事件,并向车站计算机发送该事件信息;在自动售票机LCD显示器上能调取售票机各种状态,一般要求回溯最近100次的交易信息;当停电时,自动售票机由UPS支持供电完成最后一个处理过程和数据保存;具有自诊断功能,具备乘客招援功能。

自动售票机的主要技术指标如表7-1所示。

图7-4 自动售票机

自动售票机主要技术指标(参考值) 表7-1

指标名称	指标参考值	指标名称	指标参考值
电压	220V+15%、-10%;50Hz±4%;	通信速率	10Mb/s
功率	260W	环境温度	0~45℃
重量	300kg	票盒容量	1 500张/个
外形尺寸	600mm×660mm×1 800(宽×高×厚)	车票发行时间	≤1s/张
可靠性	*MCBF*≥50 000,*MTTR*≤30min		

2)半自动售票机

半自动售票机又称为人工售票机BOM(booking office machine),由人工收钱,并由人工操作半自动售票机赋值出售乘客使用的各种地铁车票及公交"一卡通"车票。并具有车票分析、查询、充值、更新、退款、挂失、替换、补票等功能。半自动售票设备如图7-5及图7-6所示。

半自动售票机一般安装在车站站厅的售票亭和补票亭内,可根据不同的安装位置而设置不同的操作模式。一般操作模式有:非付费区操作模式,付费区操作模式、兼顾付费区及非付费区操作模式。

半自动售票机应能满足下列性能要求:对各种需要查询的车票进行查询并进行数据分析;

对乘客所持的储值票进行加值；在编码发行车票的同时，对将发行的车票进行检查，如果发现车票有问题时，发出车票失效蜂鸣，由售票员及时收回，并向乘客说明问题所在；设有中英文显示器，能够对乘客显示车票的信息，以便乘客对所查车票的情况及时了解；能向车站计算机发送设备号、设备运行状态、票务及财务等记录报告；能接受中央计算机下达的运行参数；具有故障自诊断和显示故障码功能；当与车站计算机数据传输信道中断时，能独立运行，并保存 7 天的运行数据，中断恢复后，能及时将保存的信息传送至车站计算机；当停电时，由 UPS 供电支持半自动售票机完成最后一个处理过程和数据保存。

半自动售票机的主要技术指标如表 7-2 所示。

图 7-5　半自动售票设备

图 7-6　嵌入式的半自动售票设备

半自动售票机主要技术指标(参考值)　　表 7-2

指标名称	指 标 参 考 值	指标名称	指 标 参 考 值
电压	220V+10%，50Hz+4%	通信速率	10Mb/s
功率	400W	外形尺寸(长×宽×高)	1 698mm×860mm×890mm
重量	200kg	环境温度	0～45℃
可靠性	*MCBF*≥50 000，*MTTR*≤30min	环境湿度	5%～95%

3）自动检票机（闸机）

自动检票机分为进站检票机 EnG(entry gate)和出站检票机 ExG(exit gate)，设置在车站付费区与非付费区之间，呈线性布置在车站的出入口处。

自动检票机由主控单元、读写器及天线、转杆闸门装置、票箱、移动维护终端接口、方向指示器、警示灯及蜂鸣器、乘客显示器等单元构成。

自动检票机完成进站时自动验票，出站时扣除与乘距相对应的车费，并回收指定类型的车票的功能。乘客使用单程票时一般采用“照入插出”方式，即进站时将 IC 卡单程票在进站检票机的 IC 卡读写器上照一下，闸机开通，乘客进站；出站时将 IC 卡单程票插入出站检票机，乘客出站，检票机自动回收单程票。乘客使用储值票时采用“照入照出”方式。

根据进、出站方向的不同，检票机有进站检票机、出站检票机及双向检票机，这三种检票机采用一个工控机。其中双向检票机可以根据车站在不同时间段客流的流向特点设置为进站方向和出站方向，具有进站、出站及双向三种不同的工作状态，并作相应显示，其工作状态的改变可由中央计算机系统、车站计算机系统远程遥控或现场检票机就地进行控制。

检票机的阻挡装置有三角转杆式及门式，其中门式又分为垂直开闭门式和水平开闭门式。在紧急状态下可由中央计算机系统、车站计算机系统或紧急报警按钮控制三角转杆自由落下或门打开。在检票机失电时，三角转杆也应自由落下或门打开。自动检票机如图 7-7 所示。

a)

b)

图 7-7　自动检票机

a)三角转杆式自动检票机；b)门式自动检票机

三角转杆式检票机具有设备造价低、不宜逃票等特点，适合流动人口多、乘客素质参差不齐的城市地铁；门式检票机为携带大件行李、乘坐儿童车及残疾人车的乘客提供通行方便，适合客流量大、乘客素质较高、有携带大宗行李物品的场所，如机场、码头、车站等。三角转杆式、垂直开闭门式和水平开闭门式这三种类型检票机的优缺点具体比较如表 7-3 所示。

三种检票机性能比较表　　表 7-3

科　目	三角转杆式	垂直开闭门式	水平开闭门式
驱动力	人工	自动、手动	自动
工作状态	通常锁闭	通常开闭两可	通常开闭两可
乘客通过鉴别器	无	有	有
紧急状态	一般不能自由通过	可自由通过	可自由通过
实际通过能力	17 人/min	25 人/min	40 人/min
使用的站厅规模	大	中	小
设备造价	低	中、高	高
采用地铁	香港、广州、上海地铁，欧洲老地铁，美国地铁	新加坡地铁、巴黎地铁、欧洲新地铁	日本地铁、南京地铁、韩国新地铁

自动检票机应能满足下列性能要求：自动检验车票的有效性，控制门机动作，乘客通过闸机进出站；进站检票机检验车票有效时，释放闸锁，让乘客通行；进站检票机检验车票无效时，

锁闭闸锁，并发出蜂鸣，显示“请到票务处查询”的字样；出站检票机检验车票有效时，释放闸锁，让乘客通行；IC卡单程票清零后回收到票盒中，储值票计程扣值后放行乘客；出站检票机检验车票无效时，锁闭闸锁，并发出蜂鸣，IC卡单程票从退票口退给乘客，并提示乘客“请到补票处查询”；出站检票机回收单程票的票盒快满或装满时，向车站计算机报警，并显示设备号；回收票盒装满时出站检票机自动停止使用，并有禁止通行显示；自动检票机向车站计算机发送设备号、设备运行状态、票务及财务等记录报告；自动检票机接受中央计算机下达的运行参数；正常通电情况下，自动检票机的闸锁处于锁闭状态，失电时转门处于常开状态；当恢复供电时，自动复位至锁闭状态；紧急状态下，控制室的值班员按下紧急按钮，车站所有闸机的闸锁释放，转门处于常开状态，导向牌自动切换为“出”的字样，提示乘客所有闸机均可出站；恢复正常运行时，由值班员复位紧急按钮，使全部闸机恢复正常状态；对闸机进行维护测试时，闸机处于测试状态，只接受测试票，测试过程不作记录，但有信息通知车站计算机；进、出站检票机有通行方向指示和信息显示，显示包括车票的余额、设备故障和停止使用等信息。

自动检票机具有正常模式、降级运行模式、维护模式及关闭模式这四种基本运行模式。

(1)正常模式

检票机在正常运行模式下，方向指示器显示“允许通行”标志，乘客显示器显示正常使用的相关信息，检票机可正常处理检票、放行等操作。

进站检票机检验车票有效时在车票上写入相关进站信息，并对写入的数据进行校验，然后释放闸锁，让乘客通行；当检验车票无效时，锁闭闸锁，并发出蜂鸣声，乘客显示器显示“请查询”信息，乘客可持车票到人工售票处进行车票分析，根据不同情况对车票进行更新或替换处理。

出站检票机检验车票有效时，在车票上写入相关出站信息，扣除相应的车费或乘次，并对写入的数据进行校验，然后释放闸锁，让乘客通行；当检验车票无效时，锁闭闸锁，禁止乘客通行，同时乘客显示器显示“请查询”等信息，乘客可持车票到半自动补票机处进行车票查询，根据不同情况对车票进行更新或替换处理。

(2)降级运行模式

自动检票机在系统降级运行模式下的具体操作要求见7.4.2节中的描述。

(3)维护模式

自动检票机可通过维护键盘进入维护模式，通过维护键盘或移动维护终端可对检票机进行故障检测、寄存器查询、模块动作测试、参数配置等操作。

(4)关闭模式

自动检票机在关闭模式下，禁止检票处理，乘客显示器显示“关闭服务”等信息，通道阻挡装置关闭，方向指示器显示“禁止通行”标志。

检票机对进、出站车票进行处理时，必须对车票的有效性进行检查。中央计算机系统负责设置相应车票的检查内容。

进站检票机主要检查以下内容：密钥安全性检查；黑名单检查；票种合法性检查；状态检查，包括未初始化、已初始化、正常使用、已注销、已列入黑名单等状态；使用地点检查；余值检查；有效期检查；进/出站次序检查及更新信息检查等。

出站检票机主要检查以下内容：密钥安全性检查；黑名单检查；票种合法性检查；状态检查，包括未初始化、已初始化、正常使用、已注销、已列入黑名单等状态；使用地点检查；余值检查；有效期检查；进/出站次序检查；超程检查；超时检查及更新信息检查等。

自动检票机的主要技术性能见表 7-4。

自动检票机的主要技术性能指标(参考值)　　表 7-4

电压	220V+10%,50Hz+4%	通信速率	10Mb/s
功率	进站检票机 360W,出站检票机 420W	外形尺寸(长×宽×高)	1 730mm×260mm×1 050mm
重量	318kg	环境温度	0~45℃
可靠性	*MCBF*≥100 000,*MTTR*≤10min	环境湿度	5%~95%(无结露)

4)便携式验票机

便携式验票机 PAC(portable analysis checking)由车站工作人员随身携带,对乘客所持车票进行核查,为及时解决票务纠纷提供帮助。便携式验票机如图 7-8 所示。

图 7-8　便携式验票机

便携式验票机应能满足下列性能要求:对各种车票进行有效性核查,显示车票内信息,对越站、超时及无效票除有显示外,还具有声音提示;只可读取车票内信息,但无权对车票内数据进行修改;配置 USB 或其他标准通信接口,通过车站计算机系统下载系统软件及参数;设备轻巧,便于携带;采用可充电式电池供电;车票处理时间≤1.5s。

5)自动加值、验票机

自动加值、验票机设在非付费区近出入口处,一般与自动售票机相邻排列设置。该机具有引导乘客加值和验票的操作提示,可以接收 6 种不同面值的纸币,对于无法识别的纸币作退币处理,不设零找。

乘客通过自动加值、验票机对储值票进行验票加值,当乘客插入车票后,显示器即刻显示车票的有效性、车票类别、票内金额及有限期等信息以及最近 10 次的乘车交易记录,并可以按乘客要求进行交易打印;它可接收规定的票面纸币及银行储蓄卡的划账;自动加值、验票机中的纸币识别模块能够准确识别出假钞,并予以拒绝;如果充值机由于用户中途撤卡等原因没能完成,钞票也会自动退给用户;自动加值、验票机应具有与银行网络的接口。

6)车票

目前,应用于轨道交通的车票主要有单程票和储值票两种。

AFC 系统的车票在 20 世纪八九十年代均以磁卡作为信息载体。磁卡 AFC 系统技术成熟,但存在磁卡信息存储容量小、安全保密性差、车票传输机构复杂、造价昂贵、故障率和维修费用高等缺点。

近年来,非接触式 IC 卡技术得到了发展和应用。非接触式 IC 卡不再以磁介质作为信息载体,而是由微型处理集成电路芯片经封装制成。随着微电子技术的发展、芯片成本的降低、制作工艺的成熟、成品率的提高、多应用的需求,非接触式 IC 卡 AFC 系统将逐步取代磁卡 AFC 系统。

目前非接触式 IC 卡的封装形式主要有卡片式封装、筹码式(token)封装和纸质封装。

纸质封装投资成本较低,主要应用于欧洲,但其寿命较短、运营成本较高,不适合我国国情,在我国没有应用。

卡式封装和筹码式封装的 IC 卡在我国都有所应用。国内非接触式 IC 卡 AFC 系统应用的初期,由于卡式封装车票在使用寿命、售检票终端设备价格等方面均不如筹码式封装有优势，因此早期建设的AFC系统大多采用筹码式封装车票。随着技术的发展、市场需求的扩大、传输机构的优化，使得车票寿命有所增加，两种车票售检票终端设备的价格也基本相当，因此卡式封装车票也如同筹码式车票开始在国内大量采用。采用筹码式封装的有广州、深圳、南京、武汉等城市，采用卡式封装的有北京、上海、大连、重庆等城市。

车票使用方式为单程票采用"照进插出"使用方式，储值票则采用"照进照出"的使用方式。

进站时，乘客无论持单程票还是储值票，只需将车票在进站检票机的IC卡读写器上照一下，进行进站检票操作；出站时，对于持单程票的乘客，由于单程票需回收后重复使用，因此乘客必须将单程票插入出站检票机的回收票口即"插出"，对于有效单程票出站检票机将自动回收，对于无效单程票出站检票机将通过检票机的插入口把该类车票返还给乘客。对于持储值票的乘客则只需将车票在IC卡读写器上照一下即可。

对于不需回收的纪念票、计次票等单程票使用方式与进站使用方式相同，采用"照出"方式。

7.4 票务管理及运行模式

7.4.1 票务管理

1)票务管理模式

线路AFC系统的票务管理一般采用线路中心及沿线各车站二级管理模式，中央计算机系统负责全线的票务管理工作，各车站负责本站的票务管理。

所有投入使用的车票均需经中央计算机系统的编码机进行初始编码后方可在系统中使用。单程票必须经自动售票机或半自动售票机赋值后才为有效票，储值票必须经半自动售票机赋值后才为有效票。

在正常运行模式下，乘客使用的车票必须按先进站后出站的进出站次序来使用。进站时，乘客持车票经检票机检验为有效后，才可进站，否则提示乘客车票无效，需到售票处验票；出站时，由出站检票机检验乘客所持车票的有效性，对有效储值票扣除相应车费后，允许乘客通过。若储值票余额不足，则视为无效票，禁止通过并提示乘客到补票处补票。对有效单程票，允许乘客通过并回收单程票，对无效单程票，禁止通过并提示乘客到补票处查询。

单程票由出站检票机回收后可在车站内循环使用，直接补充到自动售票机、半自动售票机内。储值票可永久使用。

所有车票在使用过程中一旦被售检票设备拒绝受理，乘客应根据设备提示去半自动售票机处进行处理。对伪劣车票和列入"黑名单"的车票，检票机能够自动排查并报警。

2)票价表

票价表由轨道交通清分系统统一制定发布，并下发到各线路中央计算机系统及车站计算机系统。

单程票票价表定义了各区域收费和各区域行程时间限制，为每个收费区域设定一个票价。成人储值票、学生储值票、老人储值票以及纪念票等票种的票价表结构与单程票票价表的结构相同。每种车票均具有各自独立的票价表，票价表一般包括正常票价表、高峰期票价表、非高峰期票价表、节假日票价表及周末票价表等。系统还需保留一定数量的预留票价表的设置，以方便系统以后的扩展。

线路中央计算机系统应提供一个系统参数输入程序，接受由轨道交通清分系统下达的系统票价表。

票价表首先由轨道交通清分系统下发到各线的线路中央计算机系统，再由中央计算机系统下发到各车站计算机系统及各相关设备上保存，各设备中的票价表分为当前和将来票价表，可按系统指定的日期与时间进行票价表切换。

7.4.2 运行模式

系统运行模式包括正常运行模式、降级运行模式和紧急运行模式。

1)正常运行模式

通常情况下，自动售检票系统在正常运行模式下自动运行。正常运行模式主要包括正常服务模式、关闭模式、暂停服务模式、设备故障模式、测试模式及离线运行模式等。

2)降级运行模式

降级运行模式包括列车故障模式，进、出站免检模式，时间免检模式及超程免检模式。

当轨道交通列车出现运行故障，使部分车站暂时中止运行服务时，暂停服务的车站需根据相关规定的要求设置列车故障模式。

由于突发事件等导致进、出站乘客拥挤的情况出现或车站全部进、出站检票机故障的情况时，可根据运行工作的需要及相关规定的要求设置进、出免检模式，允许乘客不通过检票机进、出站验票，直接进、出车站。

由于发生事故或车辆故障等引起列车延误或因时钟错误等原因导致大量持票乘客超时无法出站的情况出现时，可根据相关规定的要求设置时间免检模式。

如果由于某个轨道交通车站因为事故或者故障而关闭，导致列车越过该站后才停车，可根据相关规定的要求设置超程免检模式。

降级模式还包括以上几种模式的各种组合。

3)紧急运行模式

当车站发生紧急情况时，可通过中央计算机系统、车站计算机系统及手动控制紧急按钮启动紧急运行模式。

7.4.3 系统安全管理

系统安全管理包括系统授权管理及设备收益安全。

系统授权管理是指由中央计算机系统对每个操作员设置操作员编号和登录密码，设置操作员的操作等级和权限。操作员在对设备进行操作前，必须先输入编号和密码登录，车站设备须验证操作员的权限是否有效。操作员编号和登录密码相对应于每个操作员是唯一的。

设备的收益安全主要体现在对自动售票机的控制上，自动售检票设备从设备的构造软件系统上都具备了安全性，主要从以下几个方面的安全措施，来保证设备的收益安全：操作员在自动售票机更换钱箱时必须按照程序进行更换；操作员进入自动售票机必须登录个人操作码及密码；自动售票机所使用的钱箱都应具有唯一的设备标志，必须按照程序在钱箱进行更换时输入新的钱箱设备标志号；设备内部结构紧密、合理，操作人员不可能直接接触现金；硬币必须在设定的路径或管道内顺畅流动，正确找零及退币；设备在发售或回收车票过程中，能正确进入出票口或者回收箱中；系统的数据应有安全防护机制，保证系统数据不会因为操作失误或者恶意破坏而被删改。

7.5 设备布置、设备用房设置原则

1)设备布置原则

设备布置有以下几项要求:车站计算机设于 AFC 机房(车控室),AFC 机房设于站厅层,尽量靠近站厅及通信机械室,并应尽量远离可能产生电磁干扰的房间;自动售票机设置于站厅靠近出入口处,离墙 800mm 距离布置,一般按组布置,一组 2~3 台,每组间距 800mm;自动加值/验票机的布置原则与自动售票机相同;半自动售票机设于售票厅或补票厅,售票室可采用铝合金小房;进出站检票机设于付费区与非付费区的交界处,检票机间通道宽度为 600mm,并应尽量加大非付费区的面积。

单程票与储值票在轨道交通初、近、远期不同的运营阶段配置不同的比例,综合国内轨道交通建设的经验,一般按照表 7-5 的数据配置。

票卡配置比例 表 7-5

运营阶段	单程票配置比例	储值票配置比例
初期	单程票 40%(左右)	储值票 60%(左右)
近期	单程票 30%(左右)	储值票 70%(左右)
远期	单程票 15%(左右)	储值票 85%(左右)

终端设备数量计算参数如下:自动售票机 5 人/(min·台);出站检票机 25~32 人/(min·通道);门式出站检票机 30~40 人/(min·通道);三杆进站检票机 25~30 人/(min·通道);门式进站检票机 30~40 人/(min·通道)。

设备配置如下:客流高峰小时系数取值 1.25~1.30;自动售票机数量按单程票的 100%配置,半自动售票机的配置需要根据车站的规模、形式而定;自动加值/验票机每车站的两端至少各一台配置,规模较大、客流量大的车站应增加配置数量;便携式验票机一般车站配置 2 台,控制中心也需要配备一定数量的便携式验票机;出站检票机的配置满足 90s 内出清下车客流,每组进站检票机、出站检票机构成的通道数量不少于 3 个;每个车站进、出站通道一般不少于 6 个;出站检票机数量除考虑客流因素外,还应与列车行车密度、车站扶梯的运能和布置相协调。每个付费区至少应设置 1 个大件行李通道;终端设备配置还应考虑不少于 10%的能力储备。

2)设备用房设置原则

控制中心需设置 AFC 中央计算机设备用房及管理用房,包括主机房、控制室、数据库室、编码室、车票发行室、票务管理等房间,总面积 300m^2 左右。设备用房应按照电子计算机机房的标准进行设计,架设防静电地板(一般为 300mm 高),并根据 AFC 系统的要求在地板下预埋相应的管槽。

AFC 系统在沿线各车站需要设置一间票务室,位置在设备管理区内,面积为 15m^2 左右,每隔 3~4 个站需要设置一间 AFC 维修室,位置在 AFC 设备室附近,面积为 15m^2 左右。另外,AFC 系统在车站与通信系统、信号系统、火灾报警系统、设备监控系统等合用车控室和弱电综合机房,在每站的设备管理区内设置一间车控室,面积为 25~30m^2,设置一间弱电综合机房,面积为 90~130m^2。车控室、弱电综合机房应按照电子计算机机房的标准进行设计,铺设防静电地板,并按照 AFC 系统的要求在地板下预埋相应的管槽,预留电缆引入/出孔。弱电综合机房内应考虑电源设备的荷载要求。

在车站站厅层应设置售票厅/补票厅，面积为 6m² 左右，售票厅/补票厅一般设置在非付费区，也可以根据需要设置在非付费区与付费区之间，土建需要考虑预留管线的引入条件。

7.6 接口及技术要求

轨道交通是个多专业的系统工程，各专业（系统）之间存在着大量的接口关系，相互关联、相互制约，AFC 系统与车站建筑结构、轨道交通网络清分中心、通信系统、动力照明、防灾报警系统、信号系统等均存在接口关系。

1）AFC 与车站建筑专业的接口

车站建筑专业根据 AFC 系统的要求布置 AFC 设备用房和终端设备。

按近期客流合理布置售票机、补票机及进、出站检票机的位置，并按远期客流的需要预留自动 AFC 终端设备的安装条件。建筑专业应根据 AFC 系统的要求在车站装修之前预埋相应的管槽，管槽的数量应满足 AFC 系统远期客流的设备需求。

2）AFC 与清分中心的接口

各线路 AFC 中央计算机系统与清分中心接口，实现轨道交通内部各线路之间的账务清分以及轨道交通与城市公共交通“一卡通”之间的清分。在每条轨道交通线路实施时，线路的中央计算机系统都应预留与清分中心的接口。

3）AFC 与供电系统的接口

AFC 系统的用电负荷等级为一级，由供电系统按一级负荷、以三相五线制向各车站 AFC 配电室提供两路电源。

设备电源适应范围为 220V±10%，50Hz±4%。

AFC 系统接地采用保护接地与工作接地合一的联合接地方式，接地电阻≤1Ω，接入各车站统一设置的接地系统中。

4）AFC 与通信系统的接口

AFC 中央计算机系统与车站计算机系统之间的数据传输是通过通信传输系统提供的传输通道连接的，一般情况下，需由通信的传输系统向 AFC 中央计算机系统及各车站计算机系统分别提供 10/100M 以太网接口。

为实现线路 AFC 系统与整个城市轨道交通路网的时间同步，需由通信的时钟系统提供本线的标准时间信号至线路 AFC 的中央计算机系统，并由中央计算机系统将标准时间信号送至各车站的车站计算机系统。

5）AFC 与防灾报警系统的接口

在火灾等紧急情况下，由防灾报警系统通过触点方式将信息传送给自动售检票系统，由自动售检票根据不同的运营模式做出相应的紧急处理。

防灾报警系统向 AFC 系统紧急按钮控制盒提供常开无源触点，并通过车站环控值班人员人工确认，按下车站紧急按钮控制自动售检票系统的终端设备，作消防联动。紧急按钮可以通过开关控制选用自动与手动两种方式。

6）AFC 与环控系统的接口

AFC 系统对环控专业提出计算机系统、AFC 终端设备、非接触式 IC 卡等对环境条件（温度、湿度等）的要求，由环控专业完成条件设置。

7)AFC与信号系统的接口

自动售检票可以从轨道交通的信号系统获得列车的运行状态和列车运行时刻表，对于突发事件，自动售检票系统可以根据列车运行状态和列车运行时刻表，作出相应运营模式，以达到疏散乘客的目的。

7.7 AFC系统的发展趋势

随着轨道交通线网的逐步形成以及城市公共交通“一卡通”的迅速普及，清分体系的建设已经刻不容缓。然而，由于城市轨道交通系统线网在不断发展，经营管理需求也随之变化，所以，建立一个全面、安全、可扩展和前后兼容的清分系统势在必行，统一、标准化、跨平台、跨系统的自动售检票系统应用平台是未来自动售检票系统发展的必然方向。

思 考 题

1. AFC系统是由哪几部分组成的？线路AFC系统有哪几部分组成？
2. AFC系统各部分的主要功能是什么？
3. AFC系统车站计算机系统由哪些主要设备构成？
4. AFC系统车站终端设备有哪些？其布置位置在哪里？
5. 简单叙述AFC系统是如何进行票务管理的，其运行模式是怎样的？
6. AFC系统与轨道交通的哪些系统(专业)存在接口，其主要接口内容是什么？

第8章　通风空调系统

1863年1月10日，伦敦，世界上第一条地铁线路开通运营，“大都会”号由于采用蒸汽机车驱动运行，机车排放出的烟气造成地下车站环境湿热难挡；“大都会”号以后的伦敦地铁引入了电力机车，其间又遇到了新的问题，由于电力机车的功率很大，放出的热量也更多，伴随着客运量的增大，伦敦地铁车站内部环境进一步恶化。

1905年10月，纽约第一条地铁开通运行，设计人员在设计过程中对于隧道和车站的强迫通风没有多加考虑，他们认为人行道上的通风口就能为地铁系统提供足够的新鲜空气。次年夏天由于地面通气口不畅而引起的地铁内温度过高问题变得严重起来，后来为了增加通气量，车站的屋顶上不得不设置了更多的通气口，并在站内及站间加装了风机和通风管道。

吸取了纽约地铁的设计教训，在1909年5月修建波士顿地铁时，设计人员已充分地认识到为乘客们提供一个舒适环境的必要性，首次采用隧道顶部的风管进行通风并加大了车站出入口面积，提出“采用机械通风方式获得纯净空气”，总结出“温度问题与通风有关，加大通风换气次数，将减少隧道内外温差”，通过工程实践，使得地铁的内部环境大为改善。

1943年芝加哥的第一条地铁建成，在设计芝加哥地铁的一开始，设计师就关注到了车站环境控制的问题。Edcson Brock为这条地铁通风系统的建立作出了巨大贡献，Brock在“芝加哥地铁通风计算的进展”中建立了计算列车活塞效应的方法和计算式，为了在地铁中实现热量平衡，Brock不仅考虑了为保持舒适的地铁环境所需的空气变化量，同时也考虑了隧道壁、土壤温度日变化和年变化影响以及热量的累积作用，并测定了多种温度及循环下的累积效应，在设计芝加哥地铁时充分利用了这些数据，创造了在未使用空调情况下，地下车站内部几乎全年都能提供充分通风和宜人环境温度的车站环控系统。

芝加哥地铁内环境问题的成功解决，使得其他许多计划修建地铁的城市，在设计的早期阶段开始寻找解决环境问题的方案。1954年开通的多伦多地铁基本上是以芝加哥地铁设计为蓝本的。为了降低工程造价，设计人员将通风竖井之间的间距增大了近3倍。列车的阻塞比则提高了15%，隧道中高速行驶的列车所形成的活塞风对站台乘客的生理、心理带来了很多负面的影响。随后，多伦多地铁为了克服上述不良影响，采用了一些结构上的改变以及利用隧道周围岩土层的蓄热(冷)性能，采用夜间通风，达到较好的环境要求。

从1863年伦敦建成第一条地下铁道以来，至今世界上已有近100座大城市拥有地铁。随着我国城镇化规模的不断扩大，城市人口流通量急剧增加，交通拥堵现象日益严重，传统的公共交通工具已经无法满足城市人群日常出行需求。地铁快捷、便利、环保、大客流量运输的特点，使它成为解决现代化城市交通紧张的有效运具。我国的第一条地铁线路于1965年7月在北京开工兴建，1971年1月开始试运营，随后相继建设开通了上海地铁、广州地铁、深圳地铁、南京地铁，目前正在修建的还有杭州地铁、沈阳地铁、西安地铁等。随着已开通地铁的运营，地铁通风空调系统(简称环控系统)已成为满足和保证人员及设备运行所需内部空气环境的关键工艺系统，是地铁中不可或缺的一个重要组成部分。

城市轨道交通环控系统的目的就是在正常运行期间为地铁乘客提供舒适的环境，以及在紧急情况下迅速帮助乘客离开危险地并尽可能减少损失，一条城市轨道交通线路的环控系统都必须满足以下三个基本要求。

(1)列车正常运行时，环控系统能根据季节气候，合理有效地控制城市轨道交通系统内空气温度、湿度、流速和洁净度、气压变化和噪声，以提供舒适、卫生的空调环境。

(2)列车阻塞运行时，环控系统能确保隧道内空气流通，列车空调器正常运行，乘客们感到舒适。

(3)紧急情况时，环控系统能控制烟、热、气扩散方向，为乘客撤离和救援人员进入提供安全保障。

8.1 通风空调系统的制式

根据城市轨道交通隧道通风换气的形式以及隧道与车站站台层的分隔关系，城市轨道交通通风空调系统一般划分为三种制式：开式系统、闭式系统和屏蔽门系统。

图 8-1 开式系统

1)开式系统

隧道内部与外界大气相通，仅考虑活塞通风或机械通风，它是利用活塞风井、车站出入口及两端峒口与室外空气相通，进行通风换气的方式，如图 8-1 所示。主要用于北方，我国采用该系统的有北京地铁 1 号线和环线。

2)闭式系统

闭式系统是一种地下车站内空气与室外空气基本不相连通的方式，即城市轨道交通车站内所有与室外连通的通风井及风门均关闭，夏季车站内采用空调，仅通过风机从室外向车站提供所需空调最小新风量或空调全新风。区间隧道则借助于列车行驶时的活塞效应将车站空调风携带入区间，由此冷却区间隧道内温度，并在车站两端部设置迂回风通道，以满足闭式运行活塞风泄压要求，线路露出地面的峒口则采用空气幕隔离，防止峒口空气热湿交换。闭式系统通过风阀控制，可进行开、闭式运行。我国采用该种形式的有广州地铁 1 号线、上海地铁 2 号线、南京地铁 1 号线和哈尔滨地铁 1 号线等。

还有另一种闭式系统即大表冷器闭式系统，在其空气处理模式方面同上述闭式系统基本一致，只是将隧道事故风机多功能化以取代组合空调机组的离心风机和回、排风机，采用结构式空调设备，空气过滤装置和翅片式换热装置设置于土建结构的风道内。我国采用该系统的有南京地铁 2 号线，北京地铁 4 号线、5 号线、10 号线、复八线。

在闭式系统的城市轨道交通线中，为了增加旅客的安全性，许多车站在站台边缘设置了安全门，但其并没有将隧道和车站的空气隔离开来。

3)屏蔽门系统

屏蔽门安装在站台边缘，是一道修建在站台边沿的带门的透明屏障，将站台公共区与隧道轨行区完全屏蔽，屏蔽门上各扇门上活动门之间的间隔距离与列车上的车门距相对应，看上去就像是一排电梯的门，如图 8-2 所示。列车到站时，列车车门正好对着屏蔽门上的活动门，乘客可自由上下列车，关上屏蔽门后，所形成的一道隔墙可有效阻止隧道内热流、气压波动和灰尘等进入车站，有效地减少了空调负荷，为车站创造了较为舒适的环境。另外屏蔽门系统的设置可以有效防止乘客有意或无意跌入轨道，减小噪声及活塞风对站台候车乘客的影响，改善了乘客候车环境的舒适度，为轨道交通实现无人驾驶奠定了技术基础，但屏蔽门的初投资费用较高，对列车停靠位置的可靠性要求很高，若客流密度较大，车门口可能出现拥挤，且对长期运行隧道内温度超标难以解决。采用该系统的有香港新机场线、深圳各地下线、广州地铁2号线及以后所有地下线、广佛地铁、上海地铁除2号线外的各地下线、杭州地铁1号线、苏州地铁1号线、重庆地铁1号线、成都地铁1号线、长沙地铁1号线等。

图 8-2　屏蔽门系统

新加坡、马来西亚、日本、法国、英国、美国和丹麦等国家的轨道交通系统早已采用了屏蔽门技术，这些国家和地区的应用情况大致分为两类：一类为气候炎热的热带和亚热带地区，采用屏蔽门系统主要是为了简化车站空调通风系统，以节能和减少工程投资为主要目的，这类屏蔽门在站台为全封闭式，如新加坡NEL线，香港新机场线、将军坳线等；另一类为在非炎热地区，采用屏蔽门的主要目的是考虑乘客候车时的安全，主要采用在无人驾驭的城市轨道交通系统或有高速列车通过的车站，如法国吐鲁斯轻轨系统、巴黎14号线为无人驾驭系统。

4)各系统应用的效果评价

屏蔽门系统优点是由于屏蔽门的存在创造了一道安全屏障，可防止乘客无意或有意跌入轨道；屏蔽门可隔断列车噪声对站台的影响；此外同等规模的车站加装屏蔽门系统的冷量约为未加装屏蔽门系统冷量2/5左右，相应的环控机房面积可减少1/3左右，这样年运行费用仅是闭式系统的一半。但是安装屏蔽门需要较大投资，并随之增加了屏蔽门的维修保养工作量和费用，且屏蔽门的存在将影响站台层车行道壁面广告效应，站台有狭窄感，对于侧式站台这种感觉尤甚。

闭式系统的优点是车站和区间隧道内设计温度和气流速度在不同工况条件下符合设计要求，环控工况转换简明，站台视野开阔，广告效应良好，但其相对屏蔽门系统带来冷量大、所需环控机房面积大、耗能高，此外站台层环境受到列车噪声影响。

只采用通风的开式系统主要应用在我国的北方，在我国夏热冬冷和夏热冬暖地区是不适合采用的。闭式系统和屏蔽门系统在夏热冬冷和夏热冬暖地区应用较多，偶尔也有大表冷器闭式系统的出现。

屏蔽门系统在我国从无到有，它的发展也正经历着一个逐步研究、消化、吸收的过程。我国在1998年以前修建的城市轨道交通中只有上海地铁1号线对屏蔽门方案进行研究，由于认识不统一，最终方案没有得到完整的实现，只进行了条件预留，其他城市的城市轨道交通均未进行实质性的研究。随后的广州地铁2号线，在可行性分析中就对屏蔽门系统进行了方案比较，并对2号线屏蔽门系统进行专题研究。通过总结1号线的设计和运营经验，发现1号线空调通风系统设备用房面积大、系统运营费用高，为了简化2号线地下车站空调通风系统设计，降低车站空调冷负荷、节省地下空间、减少运营费用，同时提高乘客在车站候车环境的舒适度和安全性，广州地铁2号线确定采用屏蔽门系统方案，成为国内首例成功使用屏蔽门技术的城市轨道交通系统。相继地进行广州地铁1号线加装屏蔽门系统的改造；上海地铁对2号线没有设屏蔽门也作了相应的思考和总结，对新建线均采用屏蔽门系统；北京对客流量集中的奥运支线和机场轨道交通线也安装了屏蔽门。

城市轨道交通通风空调系统制式优缺点对比如表8-1所示。

城市轨道交通空调形态优缺点对比 表8-1

制式	描述	优点	缺点	应用范围
开式系统	活塞作用或机械通风，通过风亭使地下空间与外界通风换气	系统简单，设备少，控制简单，运行能耗低	标准低，无法有效控制站内环境、组织防排烟	欧美北部地区的老线，我国北京1号线、2号线
闭式系统	设隧道通风设施，隧道通风系统的运行方式根据室外气候的变化，通过风阀控制可采用开式和闭式运行；车站空气与隧道相通	活塞效应将车站的空气引入区间隧道内降低温度作用；区间隧道内的空气温度较同样运行条件下的屏蔽门系统低；站台视野开阔，广告效应好	车站的温度场、速度场无法维持稳定，车站空气品质难控制；当乘客因意外或特殊情况跌入轨道时将对正常运营带来严重影响；空调季节空调系统投资和运行费用高；通风空调系统机房大；土建投资大	国内长江以北城市
屏蔽门系统	在闭式系统的基础上，用屏蔽门将车站与隧道区域隔离开	提高安全性；降低活塞效应对车站的影响，减少车站与隧道的空气对流，减少车站冷负荷的损失，提高车站空气洁净度、降低列车进站带来的噪声；节省通风空调系统的初投资、运行费用和土建初投资	增加初投资和运营费用；增加与有关专业的接口关系；活塞效应将区间隧道的热空气排至外界，引入室外的新风冷却隧道；高温季节很难控制隧道内的温度	国内长江流域及以南城市

不同的城市因其气候条件、室外温湿度差异很大，在选用何种环控方案或制式时，应根据客观条件、工程造价、运行效果等方面综合分析。

8.2 通风空调系统的技术要求

城市轨道交通线路是一座狭长的地下建筑，除各站出入口和通风口与大气沟通以外，可以认为城市轨道交通基本上是与大气隔绝的。由于列车运行、设备运转和乘客等会散发出大量的热量，若不及时排除，城市轨道交通内部的空气温度就会升高，同时，城市轨道交通周围土壤通过围护结构的渗透量也较大，若不加以排除，城市轨道交通内部的空气湿度会增大，这些都会使得乘客无法忍受。城市轨道交通内部的环境问题正越来越受到人们的关注。

我国2003年颁布的《地铁设计规范》(GB 50157—2003)中要求："地铁的通风与空调系统应保证其内部空气环境的空气质量、温度、湿度、气流组织、气流速度和噪声等均能满足人员的生理及心理条件要求和设备正常运转的需要"。

城市轨道交通车站空调属舒适性空调。一般情况下，乘客从进站、候车到上车在车站仅3～5min，下车出站约需3min，其余约3/4的时间在车厢内。因此车站的空调有别于一般的舒适性空调。既然乘客在站厅和站台的时间特别短，只是通过和短暂停留，为了节约能源，只考虑乘客由地面进入地下车站有较凉快的感觉，满足于"暂时舒适"就可以了，而人们对温度变化有明显感觉的温差为2℃以上，因此站厅的计算温度比室外计算温度一般低2℃，就能满足"暂时舒适"的要求。

在城市轨道交通设计中，确定夏季空气调节新风的室外计算干球温度时，采用"近20年夏季地下铁道晚高峰负荷时平均每年不保证30h的干球温度"，而不采用《采暖通风与空气调节设计规范》(GB 50019—2003)(以下简称"暖通规范")规定的"采用历年平均不保证50h的平均温度"，因为暖通规范是主要针对地面建筑工程的，与地下铁道的情况不同。暖通规范的每年不保证50h的干球温度一般出现在每天的12～14时，而据城市轨道交通运营资料统计，此时城市轨道交通客运负荷较低，仅为晚高峰负荷的50%～70%，若按此计算空调负荷，则不能满足城市轨道交通晚高峰负荷要求；若同时采用夏季不保证50h干球温度与城市轨道交通晚高峰负荷来计算空调冷负荷，则形成两个峰值叠加，使空调负荷偏大。因此采用地下铁道晚高峰负荷出现的时间相对应的室外温度较为合理。

以南京地区为例，根据气象资料统计得出南京城市轨道交通夏季晚高峰时室外空气计算干球温度为32.4℃，比暖通规范中规定的35℃低约1.6℃。因此南京地铁1号线站厅夏季的空调计算温度取30℃；站台比站厅低1℃，取29℃；而车站管理用房等，由于工作人员长时间在里面工作，取27℃；列车车厢中取27℃。

区间隧道正常工况最热月日最高平均温度为$t\leqslant35$℃。

列车阻塞工况温度标准为$t\leqslant40$℃。主要考虑到列车阻塞在区间隧道工况为使列车空调冷凝器继续正常运转，须由列车后方站TVF(tunnel ventilation fan)风机向区间隧道送入新风，由前方站区间隧道TVF风机将区间隧道内空气排至地面，区间隧道内气流方向与列车前进方向一致。由于阻塞在区间隧道内的列车其冷凝器产热连续释放到周围空气中去，而这时列车活塞风已停止，从而使列车周围气温迅速升高，当列车空调冷凝器进风温度>46℃，则部分压缩机将卸载，当进风温度>56℃，压缩机就停止转动，那么列车内温湿度环境将会使乘客无法忍受。由于列车顶部空调冷凝器周围空气温度又比列车周围空气温度高出5～6℃，为使冷凝器周围空气温度低于46℃，就要求列车周围空气温度低于40℃。

车站相对湿度控制在45%～65%之间。

人员最小新风量：城市轨道交通工程为地下工程，站内空气质量较室外差，因此人员的新风量标准就显得尤为重要，按规定，并考虑到各地的具体情况，站厅站台空调季节采用每个乘客按不小于12.6m^3/(h·人)，且新风量不小于系统总风量的10%；非空调季节每个乘客按不小于30m^3/(h·人)，且换气次数大于5次/h；设备管理用房人员新风量按不小于30m^3/(h·人)，且不小于系统总风量的10%。

空气质量标准为CO_2浓度小于1.5‰。

各种噪声控制标准为正常运行时，站厅、站台公共区不大于70 dB(A)；地面风亭白天≤70dB(A)，夜间≤55dB(A)；环控机房≤90dB(A)；管理用房(工作室及休息室)≤60dB(A)。

在站厅、站台层公共区气流组织方面，由于城市轨道交通车站是一个长方形的有限空间，具有较大的发热量，要求沿车站长度方向均匀送风，回风口亦宜设置在上部，因此典型的岛式车站采用两侧由上往下送风，中间上部回风的两送一回或两送两回形式，送风管分设在站厅和站台上方两侧，风口朝下均匀送风，回风管设在车站中间上部，如图8-3所示，也可采用在车站两端集中回风的形式。侧式站台则分别采用一送一回形式。站台排风由列车顶排风和站台下排风组成：列车顶排风道布置在列车轨道上方，列车顶排风口与列车空调冷凝器的位置对应；站台下送排风道为土建风道，站台下排风口与列车下发热位置对应。列车顶排风道兼做排烟风道。

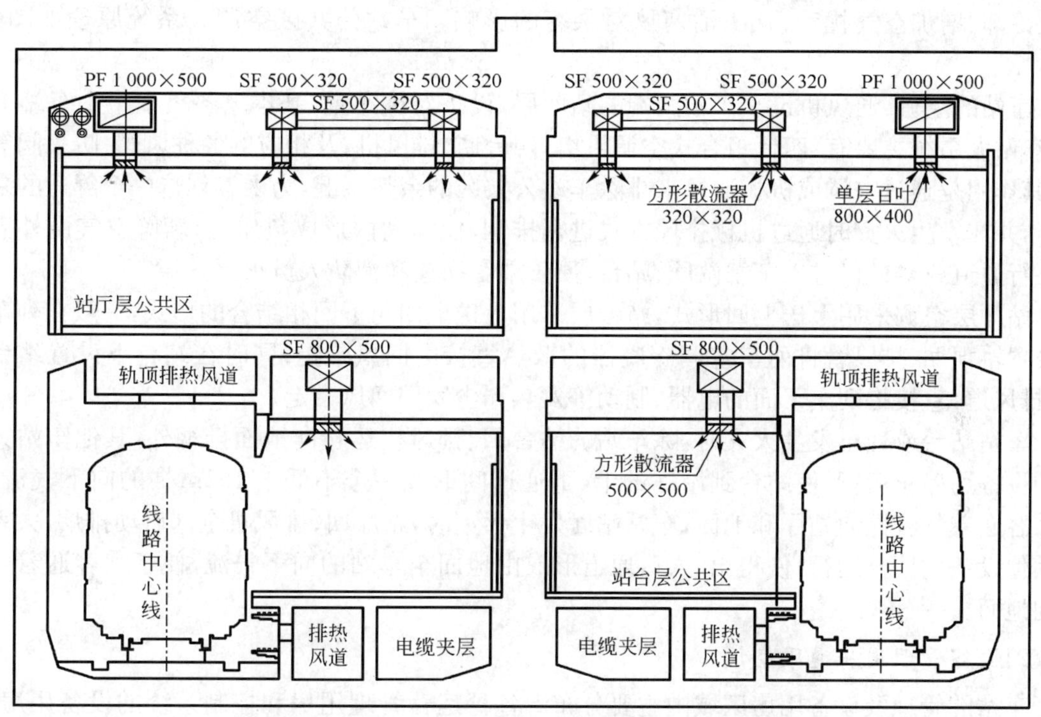

图 8-3　岛式车站横断面送风、回风形式(尺寸单位：mm)

风速设计标准按正常运营情况与事故通风与排烟两种情况设定。

正常运营情况下，结构风道、风井风速不大于 6m/s；风口风速为 2～3m/s；主风管风速不大于 10m/s；无送、回风口的支风管风速为 5～7m/s，有送、回风口时风速为 3～5m/s；风亭格栅风速不大于 4m/s；消声器片间风速小于 10m/s。

事故通风与排烟情况下，区间隧道风速控制在 2～11m/s 之间；排烟干管风速小于 20m/s（采用金属管道）；排烟干管风速小于 15m/s（采用非金属管道）；排烟口的风速小于 10m/s。

防灾主要设计标准包括：城市轨道交通火灾只考虑一处发生；站厅火灾按 $1m^3/(min \cdot m^2)$ 计算排烟量；站台火灾按站厅至站台的楼梯通道处向下气流速度不小于 1.5m/s 计算排烟量；区间隧道火灾按单洞区间隧道过风断面风速 2～2.5m/s 计算排烟量。

8.3　通风空调系统的组成

城市轨道交通通风空调系统的组成实际上与各地下车站功能区的划分密切相关的，其中还必须兼顾到安全性考虑如防排烟系统的设置问题。不管是站台加装了屏蔽门的屏蔽门系统还是通常所说的闭式系统，车站内部的通风空调系统均可简化为四个子系统：公共区通风空调兼排烟系统；设备管理用房通风空调兼排烟系统；隧道通风兼排烟系统；空调制冷循环水系统。

1)公共区通风空调

城市轨道交通车站的站厅、站台层公共区是乘客活动的主要场所，也是环控系统空调、通风的主要控制区。公共区的通风空调简称为大系统。设计中除在站厅、站台长度范围内设有通风管道均匀送、排风外，还在站台层列车顶部设有车顶回、排风管(OTE)，站台层下部设有站台下回、排风道(UPE)，并在列车进站端的车站端部设有集中送风口，其作用是使进站热风尽快冷却、增加空气扰动、减少活塞风对乘客的影响。车站公共区空调大系统原理如图 8-4 所示。

车站的空调、通风机设于车站两端的站厅层，设备对称布置，基本上各负担半个车站的负荷，车站大系统主要有：四台组合式空调机组，四台回、排风机，及相应的各种风阀、防火阀等设备，其作用是通过空调或机械通风来排除车站公共区的余热余湿，为乘客创造一个舒适的乘车环境，并在发生火灾时通过机械排风方式进行排烟，使车站内形成负压区，新鲜空气由外界通过人行通道或楼梯口进入车站站厅、站台，便于乘客撤离和消防人员灭火。

站厅层空调采用上送上回形式，站台层采用上送上回与下回相结合的形式，一般在列车顶部设置轨顶回、排风管将列车空调冷凝器的散热直接由回风带走；同时在站台下设置站台下回、排风道，直接将列车下面的电器、制动等发热和尘埃用回风带走。

车站站台或列车发生火灾时，除车站的站台回、排风机运转向地面排烟外，其他车站大系统的设备均停止运行，使站台到站厅的上、下通道间形成一个不低于 1.5m/s 的向下气流，便于乘客迎着气流撤向站厅和地面；车站站厅发生火灾时，站厅回、排风机全部启动排烟，大系统的其他设备均停止运行，使得出、入口通道形成由地面至车站的向下气流，便于乘客迎着气流撤向地面。

2)设备管理用房通风空调

车站的管理及设备用房区域内主要分布着各种运营管理用房和控制系统的设备用房，它的工作环境好坏将直接影响城市轨道交通能否安全、正点的运营，实际上它是城市轨道交通车站管理系统的核心地带，也是环控系统设计的重点地区，这类用房根据各站不同的需要而设置。车站设备用房通风空调系统又简称小系统。机房一般布置在车站两端的站厅、站台层，站厅层主要集中了通信、信号、环控电控室、低压供电、环控机房以及车站的管理用房，站台层主要布置的是高、中压供电用房。车站设备管理用房通风空调系统原理如图 8-5 所示。

由于各种用房的设备环境要求不同，温湿度要求也不同，根据各种用房的不同要求，小系统的空调、通风基本上根据以下 4 种形式分别设置独立的送风和(或)排风系统：

(1)需空调、通风的用房，例如通信、信号、车站控制、环控电控、会议等用房；

(2)只需通风的用房，例如高、低压，照明配电，环控机房等用房；

(3)只需排风的用房，例如洗手间、储藏间等；

(4)需气体灭火保护的用房，例如通信、信号设备室，环控电控室，高低压室等。

车站小系统的设备组成主要包括为车站的设备及管理用房服务的轴流风机，柜式、吊挂式空调机组及各种风阀，其作用是通过对各用房的温湿度等环境条件的控制，为管理、工作人员提供一个舒适的工作环境，为各种设备提供正常运行的环境。在火灾发生时，通过机械排风方式进行排烟，有利于工作人员撤离和消防人员灭火。在气体灭火的用房内关闭送、排风管进行密闭灭火。

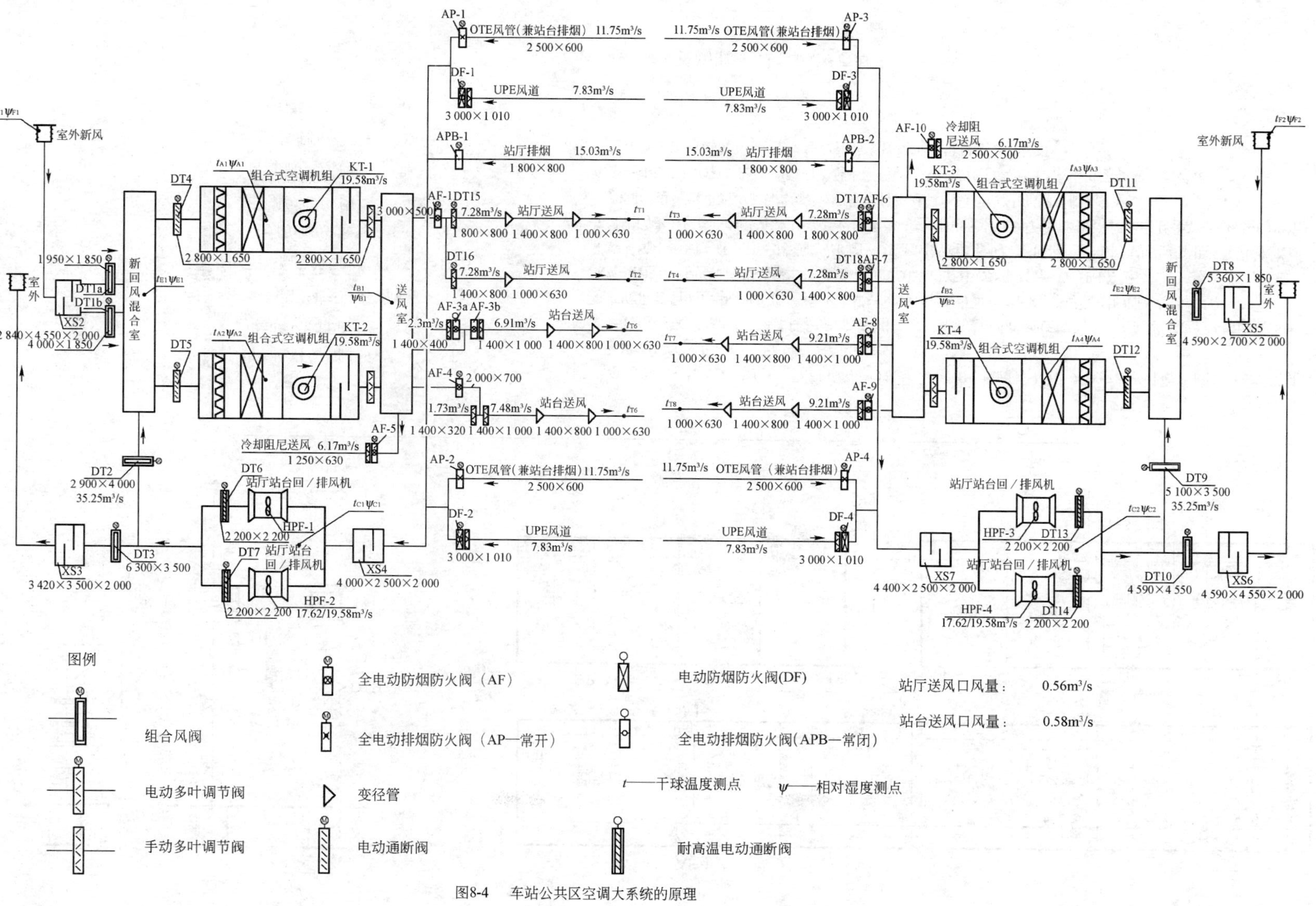

图8-4　车站公共区空调大系统的原理

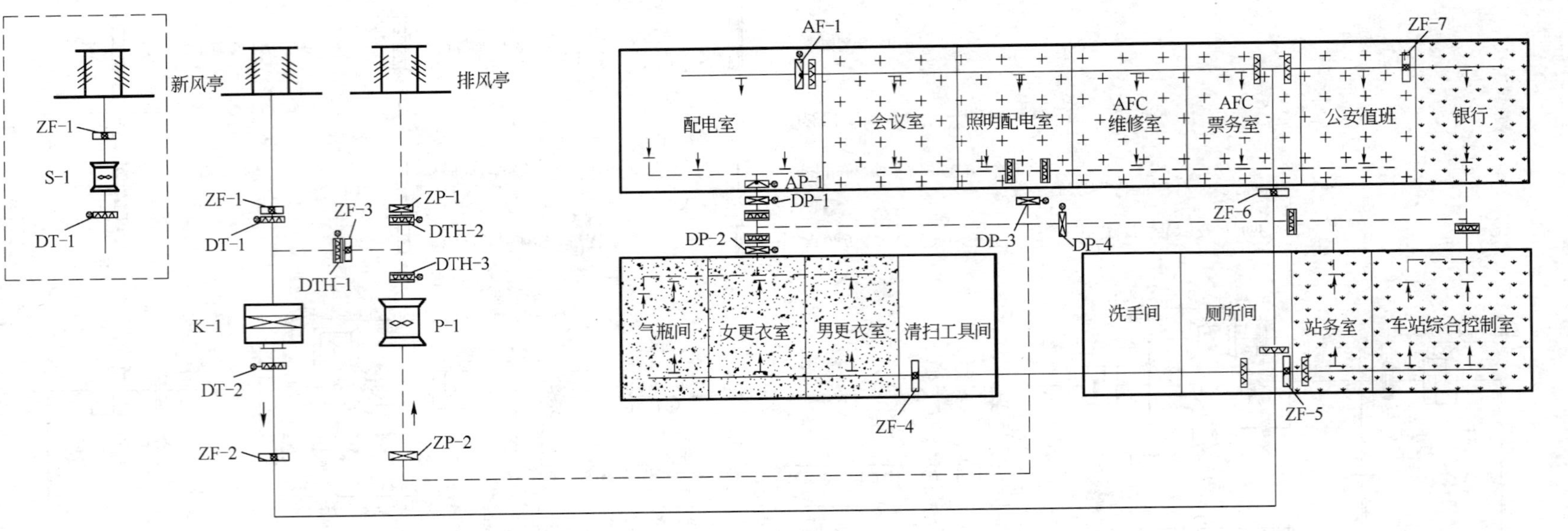

注：1.电动多叶调节阀DT-2与机组K-1连锁，风机开、风阀开，风阀关、风机关；电动多叶调节阀DTH-3与风机P-1联锁，风阀开、风机开，风机关、风阀关；

2.环控电控室、气瓶间等气体保护房间如发生火灾，风机、风阀的动作按气体灭火的要求进行；如该气体保护房间设置的全电动阀门需参与火灾模式动作，则应设置独立的电动防烟/排烟防火阀；

3.如果在小新风空调季发生火灾，必须将风阀DT-1、DTH-2全部打开，DTH-1关闭；

4.当系统中排烟主管上任一排烟防火阀在火灾工况熔断关闭时，空调柜机、回排风机及其相连锁的风阀关闭；

5.同一防火分区内的地下车站设备及管理用房的总面积超过200m²，或面积超过50m²且经常有人停留的单个房间应设机械防烟、排烟措施，故应根据各车站具体房间情况确定防排烟措施；

6.系统中DT-1、DTH-1、DTH-2为满足小新风、全新风以及通风工况，采用可连续调节的风阀；

7.为保证系统新风量调节要求，建议在有条件情况下可设独立新风机。

图8-5　车站设备用房通风空调系统原理

3)隧道通风兼排烟系统

隧道通风系统的设备主要由分别设置在车站两端站厅、站台层的四台隧道通风机,以及与其相应配套的消声器、组合风阀、风道、风井、风亭等组件构成,其作用是通过机械送、排风或列车活塞风作用排除区间隧道内余热余湿,保证列车和隧道内设备的正常运行。典型区间段通风兼排烟系统如图8-6所示。另外在每天清晨运营前半小时打开隧道风机,进行冷却通风,既可以利用早晨外界清新的冷空气对城市轨道交通进行换气和冷却,又能检查设备及时维修,确保事故时能投入使用;在列车由于各种原因停留在区间隧道内,而乘客不下列车时,顺列车运行方向进行送—排机械通风,冷却列车空调冷凝器等,使车内乘客仍有舒适的旅行环境;当列车发生火灾时,应尽一切努力使列车运行到车站站台范围内,以利于人员疏散和灭火排烟。当发生火灾的列车无法行驶到车站而被迫停在隧道内时,应立即启动风机进行排烟降温:隧道一端的隧道风机向火灾地点输送新鲜空气,另一端的隧道通风机从隧道排烟,以引导乘客迎着气流方向撤离事故现场,消防人员顺着气流方向进行灭火和抢救工作。

另外隧道通风系统中还包括闭式系统隧道洞口处的设备及过渡段折返线处的局部通风设施。隧道洞口和车站出入口通道是外界大气与城市轨道交通地下空间直接相通的地方,为了减少外界高温空气对城市轨道交通空调系统的影响,在地面至隧道洞口处设有空气幕隔离系统,该系统是由两台风机和空气幕喷嘴组成,机房设置在地下隧道洞口处;折返线两端均设道岔与正线相连接,折返线一般在正线的中部,断面积较大,原车站内的隧道通风机很难满足正线和折返线的同时通风,另设风机将增大机房面积,也较难实施。通过各种方案比较,较常采用的是射流风机通风的方案,由射流风机和车站隧道通风机共同组织气流,此设计主要是解决地下空间紧张及折返线(过渡段)气流组织困难的问题。

4)空调制冷循环水系统

车站空调制冷循环水系统的作用是为车站内空调系统制造冷源并将其供给车站空调大、小系统中的空气处理设备(组合式空调箱、柜式风机盘管),同时通过冷却水系统将热量送出车站。

目前,城市轨道交通通风空调系统根据冷源与车站的配置关系分为独立供冷与集中供冷两种形式。

(1)独立供冷

一般每个地下车站中均设置独立冷冻站,通常采用两台制冷能力相同的较大(制冷量≥1 000kW)的螺杆式机组和一台较小的(制冷量≤500kW)螺杆式冷水机组(或活塞式冷水机组及其他形式)组合运行的模式。两台制冷量大的螺杆式机组按大系统空调冷负荷选型;一台制冷量小的螺杆式冷水机组按小系统(负责设备管理用房)空调冷负荷选型,它既可单独运行,也可并入大系统,与大容量的螺杆式机组联合运行。空调水系统还包括冷冻、冷却水泵、冷却塔、空调箱等末端设备。空调水系统原理如图8-7所示。

系统图中冷冻水泵、冷却水泵与冷水机组台数一一对应,小系统分集水器与公共区冷源分集水器间通过管道连通,连通管上设有阀门,正常运行时关闭,需要互为备用时手动开启。冷冻站集中设置在车站一端制冷机房内,位置尽可能靠近负荷中心,力求缩短冷冻水供/回水管长度。

空调冷冻水温度:供水7℃,回水12℃。冷却水温度:供水32℃,回水37℃。冷冻水系统采用一次泵系统,小系统空调机组的回水管上设置电动二通阀,小系统集水器和分水器间设置压差式旁通阀,大系统集水器和分水器不连通。

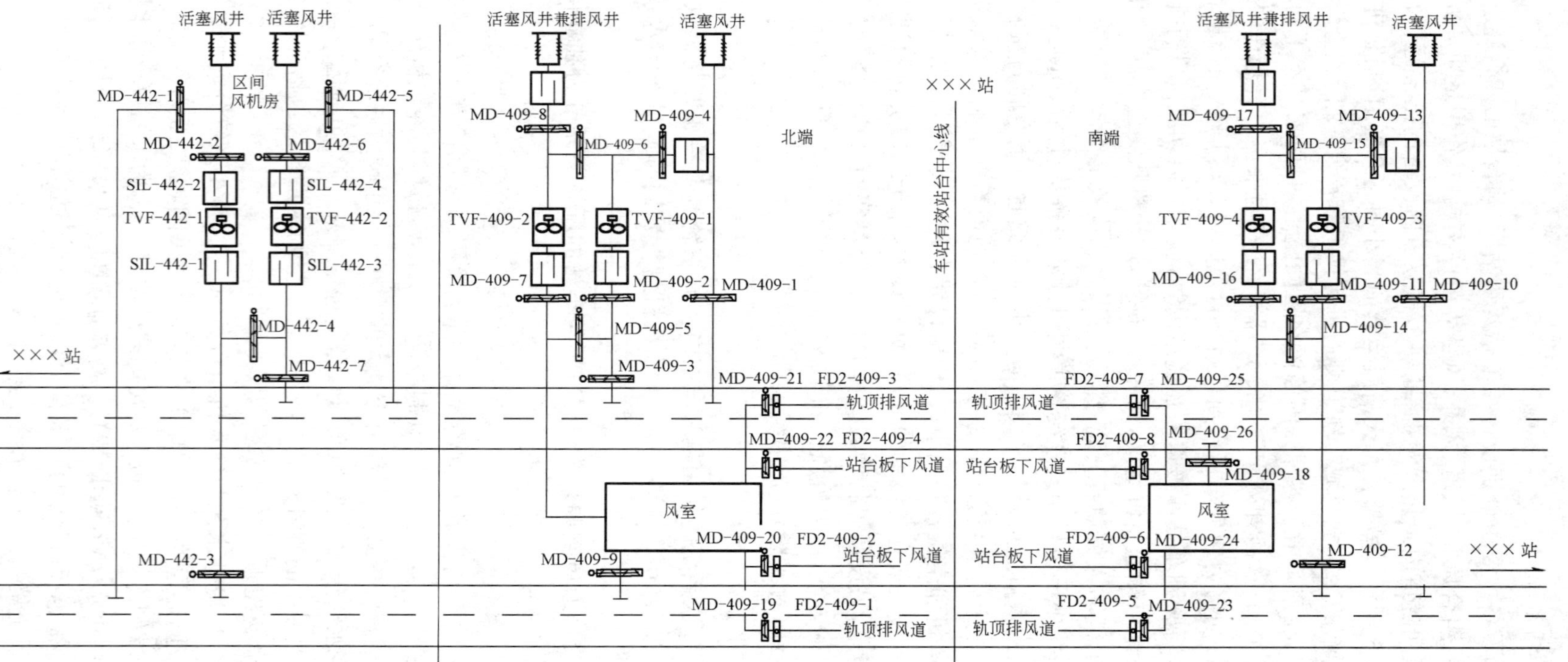

图 8-6　典型区间段系统原理图

图 例 及 名 称
止回阀
电动二通调节阀
电动蝶阀
闸阀
蝶阀
压差旁通阀
冷冻水供水管
冷冻水回水管
凝结水管
膨胀管
上水管
透气管
溢排水管
水过滤器
挠性接管
电子除垢仪
温度计
弹簧压力表
流量开关
自动放气阀
浮球阀
水封
流量传感器
温度传感器
压力传感器
组合式空调机组
空气处理机组
至机房内明沟
至机房内地漏
此阀正常运行时关闭，系统冲洗时打开
膨胀水箱
接上水管
DN40排至下水管
地面
φ600集水器
φ300集水器
φ300分水器
φ600分水器
接至机房内地漏
蒸发器
冷凝器
接冷却水系统

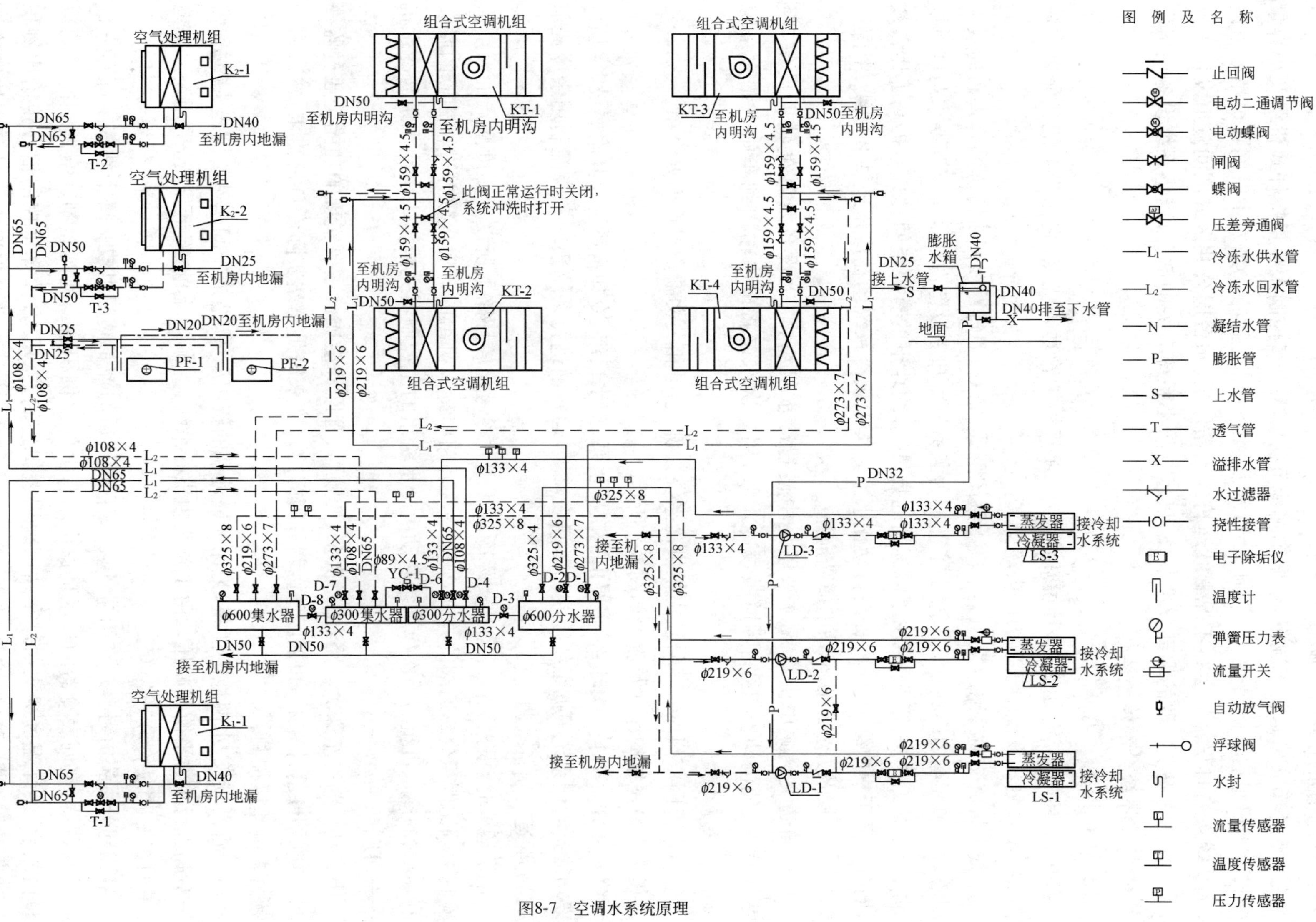

图8-7 空调水系统原理

冷冻水系统的定压采用膨胀水箱。

在空调季节正常运行工况下，根据车站冷负荷的大小来控制大容量螺杆式机组及小容量螺杆式冷水机组启停的台数；非空调季节，水系统全部停止运行。当发生区间隧道堵塞事故时，水系统按当时正常的运行工况继续运行。当站厅层、站台层公共区或区间隧道发生火灾时，关闭作为大系统冷源的那部分水系统，只运行与小系统有关的部分；当小系统设备用房发生火灾时，水系统全部停止运行。

(2)集中供冷

集中供冷系统具有能效高、环境热污染小、便于维护管理等优点，它作为节能环保重要途径在城市的规划和发展中正成为一大趋势。

在城市轨道交通线路中采用集中供冷系统形式：第一，通过对线网中冷冻站合理布局减少冷却塔对周围环境的影响；第二，减少了前期为了室外冷却塔设备占地及美观等要求与城市规划部门的协调工作量；第三，减少了冷冻站的数量，节约地下的有限空间；第四，提高了运营效率，同时也便于集中维护管理，提高自动化水平。集中供冷系统已在广州地铁 2 号线、中国香港地铁车站、埃及开罗地铁车站中成功应用。

城市轨道交通集中供冷系统采用集中设置冷水机组、联动设备及其他辅助设备，经过室外管廊、地沟架空、区间隧道敷设冷水管，用二次水泵将冷水输送到车站空调大系统末端。

下面以我国广州地铁 2 号线集中供冷系统为例，参考相关文献资料作简要介绍。

集中供冷系统的原理及流程如图 8-8 所示。

第一部分为冷水一次环路，主要由一次冷水泵、冷水机组、冷却水系统及其附属设备组成，主要功能是空调系统根据系统控制的时间表，早晨运营前进行系统预冷和晚间利用余冷提前关机，正常运营制备空调冷水。

正常运营时，根据二次环路的实际冷负荷同时参考比较环路上所设置温度测点的温度值及检测末端比例积分二通阀的开度，确定一次环路中冷水机组的开启台数并进行相应的联锁控制，冷站的冷水机组与一次冷水泵联动由冷水机组的主控制器完成。一次冷水泵与冷水机组一一对应。

第二部分为冷水二次环路，由二次泵、变频器、管网等组成。主要实现的功能是通过监视末端的阀门开度，计算末端的负荷量，调节阀门的开度来满足车站实际冷负荷需求，二次泵的变频由末端差压控制。

由于管网较长，水网稳定性差，为保证最远端的资用压头，造成中间车站资用压头超标，需用平衡阀进行水力平衡和减压。由于是集中供冷系统，为减少流量，降低投资，采用大温差系统，供回水温度为 7.5/16.5℃。

第三部分主要由组合式空调器、风机盘管及前后的控制阀门组成。每个站基本都有一台组合式空调器，空调表冷器的过水量由出水管上的比例积分二通阀控制。空调表冷器的冷水量由站台、站厅温度探头通过车站可编程逻辑控制器(PLC)计算将控制信号传给比例积分二通阀控制阀门开度来控制，车站 PLC 可将站台、站厅及进出水温度通过网络传给冷站控制室。

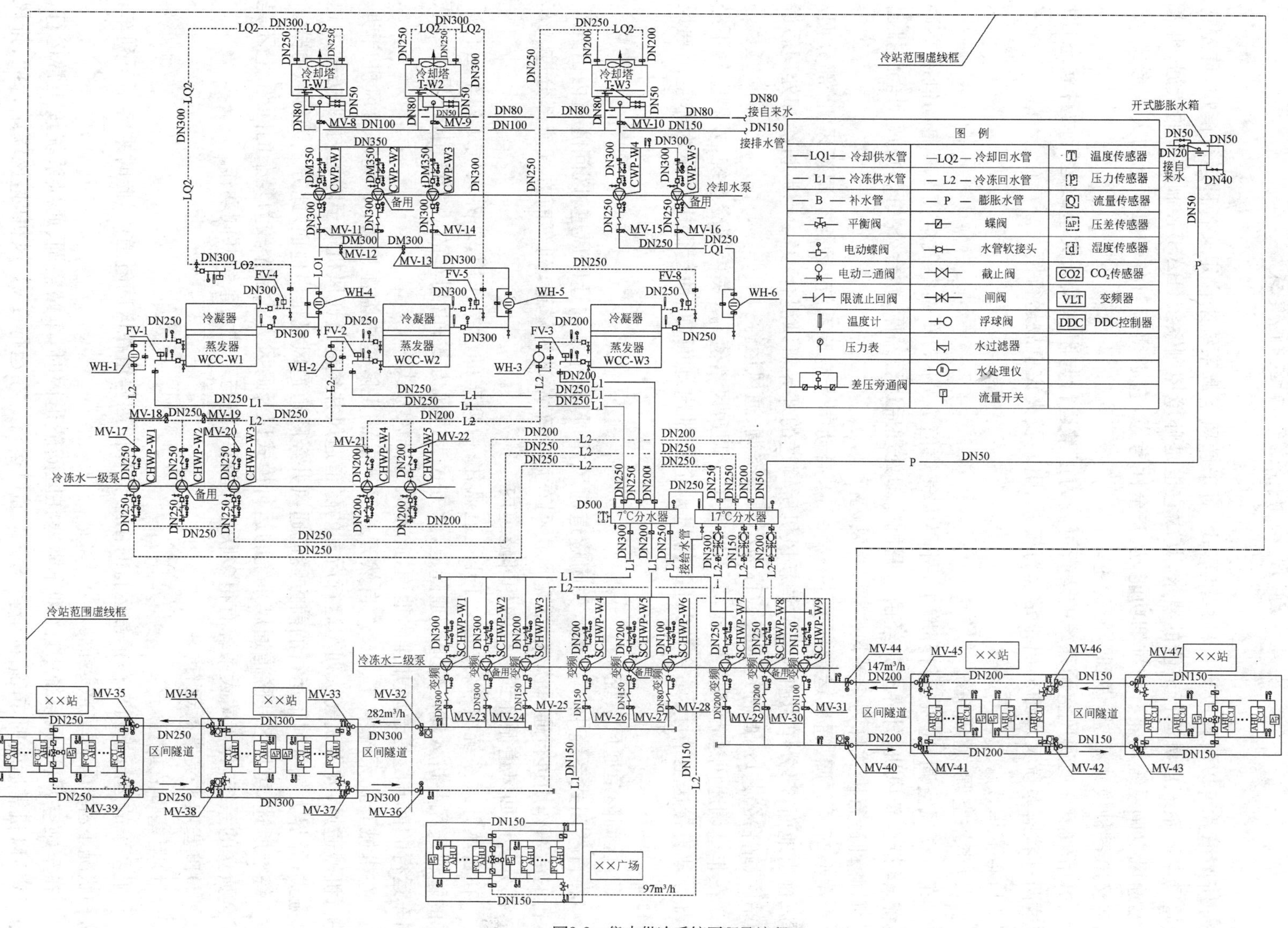

图8-8 集中供冷系统原理及流程

8.4 通风空调系统的运行模式

所谓模式可以解释成为一种标准形式，对于通风空调系统来说定义各种运行模式，首先它是通风空调系统自身运行节能的要求，其次它也是环境控制系统(BAS)控制接口的依据，再者车站通风空调系统均兼有防排烟功能，从安全性考虑，它必须应对各种可预见的灾害形式，事先定义出各种模式状况，做到预防为主。

城市轨道交通通风空调系统的运行可分为正常运行与阻塞及火灾事故运行两种状态，对应这两种状态系统又可细分出正常运行模式、阻塞及火灾事故运行模式。

1)正常运行

(1)车站空调、通风系统

在全新风空调、通风运行环境下，外界大气焓值 $i_{外}$ 小于车站空气焓值 $i_{站}$，启动制冷空调系统，运行全新风机，外界空气经由空调机冷却处理后送至站厅、站台公共区，排风则全部排出地面，此种运行模式称为全新风空调、通风运行。

在小新风空调、通风运行环境下，$i_{外} \geqslant i_{站}$，启动制冷空调系统，运行空调新风机，部分回/排风排出地面，部分作为回风与空调新风机所输送的外界新风混合，经由空调机冷却处理后送至站厅、站台公共区，此种运行模式称为小新风空调、通风运行。

在非空调通风运行环境下，$i_{外}$ 小于或等于空调送风焓值 $i_{送}$，关停制冷系统，外界空气不经冷却处理直接送至站厅、站台公共区，排风则全部排出地面，此种运行模式称为非空调通风运行。

(2)区间隧道通风系统

在自然闭式系统中，$i_{外} \geqslant i_{站}$，关闭隧道通风井，打开车站内迂回风道，区间隧道内由列车运行的活塞作用进行通风换气，活塞风由列车后方车站进入隧道，列车前方气流部分进入车站，部分从迂回风道循环到平行的相邻隧道内。

在自然开式系统中，$i_{外} < i_{站}$，打开隧道风井；由列车的活塞作用，外界大气从列车运行后方的隧道通风井进入城市轨道交通隧道，此方式为进风方式；由列车的活塞作用，外界大气从列车运行的前方隧道通风井排出地面，此方式为排风方式。

在机械开式系统中，$i_{外} < i_{站}$，自然开式又不能满足隧道内温湿度要求，隧道通风机启动，进行机械通风；外界大气从列车运行后方的隧道通风井经隧道通风机送至隧道内，此方式为送风方式；外界大气从列车运行的前方隧道通风井经隧道通风机排出地面，此方式为排风方式。

综上所述，可见区间隧道通风系统的运行模式以及通风方式是个较为复杂的问题，它不是完全独立的系统，与车站大系统有很多联系，运行中将与车站大系统共同动作。

2)阻塞及火灾事故运行

(1)阻塞事故运行

阻塞事故运行指列车在正常运行时由于各种原因停留在区间隧道内，此时乘客不下列车，这种状况下称为阻塞事故运行。

在车站空调、通风系统中，当列车阻塞在区间隧道内时，车站空调、通风系统按正常运行，当 TVF 风机需运转时，车站按全新风空调通风运行。在运行 TVF 风机时，该端站台回、排风机停止运行，使车站的冷风经 TVF 风机送至列车阻塞的隧道内。

在区间隧道通风系统中，在闭式机械运行环境下，当车站自然闭式运行时，若发生列车在区间隧道内阻塞，TVF 风机运转，将车站冷风送至隧道内；在开式机械运行环境下，当车站开式运行时，若发生列车在区间隧道内阻塞，TVF 风机按机械开式的模式运行。

(2)火灾事故运行

地下铁道空间狭小，一旦发生火灾，乘客疏散和消防条件较地面更为恶劣，因此，设计中应作为重点解决的问题。火灾时一切运行管理都应绝对服从乘客疏散及抢救工作的需要。火灾事故包括区间隧道火灾及车站火灾，其中车站火灾又包括车站内列车、站台、站厅火灾。

列车在区间隧道内发生火灾时，应首先考虑将列车驶入车站，如停在区间时，应判断列车着火的部位、列车的停车位置，按火灾运行模式向火灾地点输送新鲜空气和排除烟气，让乘客迎着新风方向撤离事故现场，同时让消防人员进入现场灭火抢救。

列车火灾及站台火灾时，应使站台到站厅的上、下通道间形成一个不低于 1.5m/s 的向下气流，使乘客从站台迎着气流撤向站厅和地面，因此，除车站的站台回、排风机运转向地面排烟外，其他车站大系统的设备均停止运行。

站厅发生火灾时，站厅回、排风机全部启动排烟，大系统其他设备均停止运行，使得出入口通道形成由地面至车站的向下气流，乘客迎着气流方向撤向地面。

这里需要指出的是，上述模式的功能转换与实现必须借助设备监控系统和防灾报警监控系统来自动完成，根据在车站的风亭，风道，送、排风室，站厅，站台，区间隧道以及各管理设备用房内安装的温湿度、CO_2 浓度和火灾报警探测器所探测的数据，经设备监控系统和防灾报警监控系统的协同工作，得出不同的结果，以确定出不同的运行模式，同时控制各种设备按运行模式投入运行。

8.5 负 荷 计 算

建筑物空调负荷量的大小与建筑布置和围护结构的热工性能有很大关系。按照传统理论的负荷分析计算方法，构成建筑物的空调负荷主要包括冷负荷、湿负荷两个方面。

冷负荷指需要供冷量消除的室内负荷，它是由空调房间的热量经房间蓄热后转化而成，这些热量包括：透过外窗日射的热量，通过围护结构（窗、墙、楼板、屋盖、地板等）传入室内的热量，渗透空气带入室内的热量，设备、器具、管道其他室内热源散入室内的热量，人体散热量及照明散热量。

湿负荷是指需要消除的室内产湿量，它是由几种散湿量组成，包括渗透空气带入室内的湿量，人体散湿量，设备、器具的散湿量，及各种潮湿表面、液面的散湿量。在计算系统负荷时，计算负荷还要考虑风机、风管的温升，新风的冷负荷和湿负荷，冷水泵、冷水管和冷水箱等温升的附加冷负荷及混合损失等其他冷损失。

城市轨道交通地下车站建筑负荷的理论分析方法基本与上述的相同，但具体到数值计算上，尚需考虑到地下车站建筑物与地面民用建筑设施不同的热环境特征，具体表现在以下几个方面。

(1)受外界气象条件（阳光，雨雪等）的影响较小。

(2)列车牵引、制动系统散热，列车空调散热是影响隧道及站台热环境的主要因素，是主要的内热源。城市轨道交通列车运行时消耗的能源最终都将以热的形式散布到城市轨道交通环境中，因此它成为影响城市轨道交通环境的动态负荷。

(3)客流量有相当大的波动性，给负荷较为准确的量化计算带来困难。

(4)由于被厚土层覆盖，围护结构的蓄热量很大，热惰性明显。因此热环境要经历一个长期的变化过程才能达到稳定。从建成运行起，一般要经历 1～2 年“结露防湿”，5～15 年“升温”两阶段后，才能达到“温度稳定”的阶段。

(5)列车在隧道内的高速运动会引起“活塞风”。活塞风的风量很大，是隧道内通风换气的主要动力，对无屏蔽门系统，也是车站通风换气的主要动力之一。但活塞风带来的负面影响也是明显的。对于无屏蔽门的城市轨道交通系统，由于活塞风将大量隧道空气及室外空气带入车站，车站空调负荷比有屏幕门的系统成倍增加。根据粗略估算，设有屏蔽门的地下车站，其空调负荷只有无屏蔽门地下车站空调负荷的 2/5 左右。

(6)通风空调系统的设计是关系到近期、远期以及将来城市轨道交通环境状况的大事。地下结构不同于地面结构，对它进行扩建改建是非常麻烦的。它关系到既有结构的凿除、新老结构的连接、对周围环境的影响以及对地下水的防水处理等一系列问题。因此，系统设计必须以发展的角度作考虑，将其地下空间充分预留并考虑到各种有关因素。

前面的章节中已提及，城市轨道交通空调系统的制式常规地包括屏蔽门系统和非屏蔽门系统即闭式系统。下面就这两种制式分别进行分析。

1)屏蔽门系统负荷计算

采用屏蔽门系统，屏蔽门将隧道分隔在车站站台之外，车站空调负荷受隧道的影响相对较小，车站内公共区散热量已不含列车驱动设备发热量、列车空调设备及机械设备发热量，仅有站内人员散热量、照明及设备散热量、站台内外温差传热量、渗透风带入的热量。与闭式系统相比，少了列车和隧道活塞风对车站的影响，冷负荷大为减少，系统的复杂程度也随之下降，负荷计算相对简单。

(1)人体热负荷

车站人员分为固定人员(包括车站工作人员、商业服务业人员等)与流动人员(主要为城市轨道交通乘客)。固定人员的数量全天逐时基本保持稳定，发热量计算参考静坐(或站立)售货状态下人体新陈代谢率，平均停留时间按工作时间计算；流动人员的数量全天逐时变化，高峰时段数量较大，发热量计算参考行走(或站立)状态下人体新陈代谢率。

因此人体热负荷的确定，关键在客流量的确定上，这一数据一般源自当地交通规划部门的客流预测报告，计算中尚需考虑车站所处地区的高峰小时客流量。根据资料及一些数据，上车客流在车站停留时间为 4min，其中乘客从地面进入城市轨道交通站厅停留约 1.5min，站台候车约 2.5min。下车客流车站停留时间约需 3min，这一过程的平均时间与列车行车间隔相关。当上下车乘客在车站滞留的时间确定之后，考虑适当的群集系数，车站的人体散热负荷就确定了。

(2)机电负荷

照明设备、广告灯箱、自动扶梯、垂直电梯、导向牌指示牌以及售(检)票机等的散热量可通过各种用电设施的实际功率很方便地计算得出。

(3)屏蔽门传热负荷

屏蔽门隔离了两个不同的温度环境，站内环境与隧道之间的传热可以按一维稳态导热计算。在确定了车站屏蔽门的面积和材质之后，屏蔽门传热负荷就确定了。

(4)渗透风带入的热量

此部分热量最大，对车站总冷负荷的影响亦最大。此部分分为出入口渗透风和屏蔽门开启时的渗透风，其中以屏蔽门开启时的渗透风最大。根据以往的设计经验，车站出入口的渗透风按 200W/m²(断面面积计算),屏蔽门每站按 5～10m³/s 估算其漏风量。

(5)湿负荷

分为人员散湿量、结构壁面散湿量和渗透风带入的散湿量。按照相关资料的经验推算,车站侧墙、顶板、底板散湿量 1～2g/(m²·h);人员散湿量取 27℃时轻劳动时的散湿量 193g/h;渗透风的湿负荷按下式计算:

$$W_s = 1/1\,000 \cdot (d_w - d_n)\rho L\,(\text{g/kg})$$

式中:d_w——室外空气的含湿量,g/kg;

d_n——室内空气的含湿量,g/kg;

L——风量,m³/h;

ρ——空气密度,kg/m³。

2)闭式系统负荷计算

当站厅层未设置屏蔽门时,影响车站空调系统能耗系统的因素较为复杂,除上述已列举的一些参量外,尚需考虑车辆行驶(诸如:发车密度、运行对数、停靠时间、牵引曲线等)的影响,此时列车运行散热带来的负荷,成为站台空调负荷的主要来源。另外,由于未设置屏蔽门,空调负荷计算难以将车站与隧道区别对待。

对于闭式系统空调负荷的计算方法有很多种,但目前只是停留在估算水平上,并且各种计算方法的准确度差异性也较大,以下引自《浅谈地铁环控通风》一文中的一种简单估算法供参考。

(1)列车产热量

列车产热量是城市轨道交通余热的主要构成部分。

设 Q_1 为列车产热量(kW),则

$$Q_1 = 2 \times N_o n_g n_j (G_t + n_p g_p) L \quad (\text{kW}) \tag{8-1}$$

式中:L——列车行驶计算区段的长度,km;

g_p——每人平均体重,t/人;

n_p——每节车上的计算人数,人/节;

G_t——每节车重,t/节;

n_j——每列车的编组,节/列;

n_g——列车运行密度(每小时计算列车对数),对/h;

N_o——列车每 t·km 电能消耗量,kWh/(t·km)。

在计算产热量时,可取最大密度的 70%,此值在一般情况下比平均值大一些,N_o 一般按运行吨公里平均耗电量来计算[日本按 0.05～0.07kWh/(t·km),前苏联按 0.052kWh/(t·km)]。如果列车上有空气调节设备时,除以上的产热量外,尚应附加空调设备产热量。

(2)照明产热量

电力照明产热量 Q_2,其计算如下:

$$Q_2 = N_a A + N_1 l \quad (\text{kW}) \tag{8-2}$$

式中:N_a——站厅站台单位面积照明负荷,kW/m²;

A——站厅站台面积,m²;

N_1——区间隧道每延长米照明负荷,kW/m;

l——区间隧道区段长度,m。

如果采用荧光灯具时,N_a 与 N_1 值还应包括镇流器消耗的电量。

(3)人员产热量

人员产热量为Q_3,它包括车站上人员及列车上人员两部分。

$$Q_3=q_p(\sum b+2n_g n_j n_p)\frac{L}{v} \tag{8-3}$$

式中:v——列车行车速度,km/h;

L——区间隧道计算区段长度,km;

$\sum b$——计算区间相邻两个车站上人数总和之半,人;

q_p——人体产热量,kW/人。

人体产热量由显热和潜热两部分组成,计算余热时按全热计算。

当列车带空调时,冷凝器产热量代替了列车上人员产热量,一般为列车上人员产热量的1.5倍。

(4)动力设备产热量

动力设备产热量为Q_4,其计算式为:

$$Q_4 = N_w \quad (kW) \tag{8-4}$$

式中:N_w——散发热量的动力设备的千瓦数,它包括电机及城市轨道交通系统中的其他动力设备。

在决定N_w时还要注意以下几个问题:在通风系统中,只考虑送风设备电机产热量,而排风设备电机产热量不予计入;排水泵散热量由于被水排除,因此也计入;生产用房及设备用房内的设备产热量,均由局部通风系统考虑,Q_4中不予计入。

(5)洞壁吸放热量

城市轨道交通系统内洞壁的吸热与放热取决于隧道周围地层的温度。当城市轨道交通系统内空气温度比洞壁表面温度高时,其洞壁吸热。当城市轨道交通系统内空气温度比洞壁温度低时,其洞壁放热。这些热量为Q_5,其计算由下式来确定。

$$Q_5 = K\cdot F\cdot \Delta t \quad (kW) \tag{8-5}$$

式中:K——传热系数,kW/(m^2·℃);

F——衬砌结构与周围地层的接触面积,m^2;

Δt——区间隧道平均气温t_1与周围地层计算温度t_2之差,即$\Delta t=t_1-t_2$,℃。

导热系数K与许多因素有关,如衬砌材料及厚度、周围地层的性质、地下水的状态等,一般可按下式决定:

$$K=\frac{1}{\frac{1}{\alpha}+\frac{l_c}{\lambda_c}+\frac{l_e}{\lambda_e}} \tag{8-6}$$

式中:α——壁面空气至隧道衬砌表面的对流换热系数,kW/(m^2·℃),其值为5~7kW/(m^2·℃);

λ_c,λ_e——衬砌和周围地层的导热系数,其值与材料性质有关,kW/(m·℃);

l_c——混凝土衬砌的平均厚度,m;

l_e——周围温度变化部分介质的厚度,m。

l_e是从衬砌外表到土中温度不再变化的距离。因城市轨道交通是地下建筑物,所以周围地层的温度没有剧烈的变化,运营初期区间隧道内放出的热量传至地层中,而在地层中就产生热量消散的现象。经过一定时间之后,在距隧道内表面的地层若干距离处,温度就固定不变了。而这个距离(l_e)与地下水、土质情况有关,一般在近似计算中按0.5m左右考虑。周围地

层的计算温度 t_2，按地层年平均温度计算，对于含水地层一般都采用地下水温度。

以上所述为城市轨道交通内的各种产热量及壁面的吸放热，因此城市轨道交通系统内的余热 Q 为：

$$Q = Q_1 + Q_2 + Q_3 + Q_4 - Q_5 \tag{8-7}$$

由于城市轨道交通系统内不同位置的热源热量各不相同，而且随着运营年段的不同，即使同一位置处的发热量也随之改变。因此，详细的计算需要编制计算机程序进行模拟计算。

8.6 城市轨道交通环境模拟计算软件简介

由于城市轨道交通热环境的重要性及特殊性，国内外很早就开始了对城市轨道交通热环境的研究，并在大量理论分析、模型实验、现场实验的基础上，开发出了多种用于城市轨道交通长期热环境仿真模拟计算的软件工具。

下面简要介绍一些城市轨道交通环境模拟计算软件，包括 SES 软件、STESS 软件及 CHMES 软件。

1)SES 软件

SES 程序全称为“The Subway Environment Simulation (SES) Computer Program”，即“城市轨道交通环境模拟计算机程序”。此程序最初是为了研究城市轨道交通环境控制，在美国交通部城市客运署 (United States Department of Transportation, Urban Mass Transportation Administration)的支持下，经过四年的努力，第一版于 1975 年问世。为适应迅速发展的城市轨道交通建设事业的需求，第二版和第三版相继于 1976 年和 1982 年完成。随着计算机技术的不断升级，能在个人电脑(PC)上进行运算和操作的第四版于 1997 年 9 月推出。它以基于 Windows 的输入管理程序(input manager)代替原来烦琐和要求严格的数据输入格式，受到广大用户特别是初学者的欢迎。至今，SES 程序已被用来分析分布于五大洲的大约 26 条地下铁路运输系统，其中也包括上海市地铁 1 号线与 2 号线的环控计算。

SES 程序可以对已经投入使用或正在筹建的城市轨道交通作空气的流量、温度、湿度，还有空调负荷的模拟计算。应当说 SES 程序的功能是比较全面的：它允许用户来模拟一定数量列车的动车与制动系统，不同的环境控制系统(包括强制通风，车站空调与车轨排风)，设定的地下隧道与车站和通道连接所形成的空间内的空气流动，所希望的列车运行次序(包括由不同运行特性和发车间隔的列车的混合编组)，各种稳定与不稳定状态的热源，列车停在区间紧急状况时机械通风与热浮力共同作用下所形成的空气运动，特别是能够模拟系统投入运行多年后热库对隧道的影响。

对一个有大量列车在运行中的多线城市轨道交通，SES 计算机模型提供动态的模拟过程，它允许对通过任何车站、区间、通风井和风机的空气速度、温度、湿度的连续读值，或在设定的时间获得空气参数的最大值、最小值、平均值。

SES 程序主要由四个既独立又互相关联的子程序组成：列车运动子程序，空气动力学子程序，温度/湿度子程序、热库/环境控制子程序。另外，SES 程序中设有一个火灾模式，可以模拟火灾时空气动力学和热力学的影响。

列车运动子程序在一个连续的基础上决定列车的速度、加速、位置及系统中所有列车的发热；空气动力学子程序依靠这些列车参数再加上系统的几何组成与通风状况数据，计算所有车站、区间、通风井中的气流速度；接着，温度/湿度子程序使用这些空气参数与列车运动子程序

使用这些空气参数与列车运动子程序计算出的列车发热数据来计算系统中的显热与潜热，这样一来，就可以得到各处连续的温、湿度。最后，列车运动子程序按气流速度推算列车附近活塞风作用。这些子程序计算出的城市轨道交通通风与热负荷数据同室外每日与年度气象条件参数一起，被热库/环境控制子程序用来计算城市轨道交通内空气与隧道结构、周围土壤之间长期的热传导作用，同时也可以得到为使某些区间温度达到设计条件而所需的冷量。

通过这种整体的计算过程，使在一个城市轨道交通系统中进行动态现象之间复杂的相互作用的连续模拟成为可能。

随着科技的不断进步，各种先进的技术手段迅速成为人们改造客观世界的有力武器。对城市轨道交通环控设计人员来说，SES 程序无疑是个好工具。当然，SES 程序并不能够包办一切。它正常运行的时间可能只需要 1～2 天（视系统复杂程度而定），但前期输入数据的收集与整理，隧道模型的建立以及操作上的调试亦是非常繁重的工作，需要极大的耐心与细心。从这点上说，SES 程序不断地进行更新和改进也是必然趋势。

2)STESS 软件

从 20 世纪 80 年代初开始，清华大学建筑学院建筑环境与设备研究所（原热能系空调教研组）就对城市轨道交通热环境作了长期的理论和实验研究，完成的研究项目"城市轨道交通热环境控制"和"城市轨道交通热环境研究"分别获得了 1988 年建设部科技进步二等奖和 1999 年科技进步二等奖，注册并发表了作为该项目主要成果的城市轨道交通热环境模拟分析软件 STESS 2.0 版。与 SES 相比，STESS 软件在多方面进行了改进，采用了新的水力网络不稳定过程算法，使计算速度及稳定性大为提高。改进了传热计算模型，使之能够适应较为复杂的隧道及车站断面形状及地质状况。采取了长短时间步长相结合的方法，不仅提高了计算效率，而且保证了长期模拟的精度。另外，STESS 还采用了图形化的输入输出界面，更加直观方便。

在给定系统形式和运行方式后，STESS 软件可以计算出城市轨道交通内各种散热散湿量，比较准确地模拟预测城市轨道交通隧道及车站在近期、初期、远期不同客流及车流情况下的实际通风量及温湿度变化过程，校验系统设计及运行方式能否达到要求，确定合理的结构形式和运行方案。利用 STESS 软件，已经对目前城市轨道交通环控系统的各种系统形式（包括屏蔽门与非屏蔽门系统，区间风井与风机的多种布置形式）及运行控制方式进行了比较研究。目前，已在北京、天津、南京、德黑兰等国内外城市的十几项城市轨道交通工程中应用，取得了较好的效果。

3)CHMES 软件

CHMES 城市轨道交通环境模拟计算程序是中国上海—荷兰鹿特丹友好城市技术协议的课题成果之一。利用 CHMES 程序可以估算出与任何城市轨道交通系统情况相适应的产热量、气流量和温度参数值，并能提供列车阻塞工况和火灾工况仿真模拟，即可以模拟阻塞工况和火灾工况下通风系统的响应情况。由此计算出通风系统的装机容量和烟雾控制能力。

CHMES 城市轨道交通环境模拟计算程序由几个相互依赖的子程序构成，包括列车运行子程序、空气动力学子程序、产热量计算和温度计算子程序及热库子程序。

这些子程序相互共享一整套系统输入参数，从而共同提供城市轨道交通环境的连续动态模拟结果。

城市轨道交通空调负荷受到多方面的综合影响，计算难度很大。无法用传统的手工计算方法进行，而必须采用计算机进行数值计算。通过模拟仿真，对各种方案的运行结果进行充分比较，再从中确定合理的系统形式及运行控制方案。

8.7 地下车站的防排烟

1903年8月10日，法国巴黎地铁发生一场大火。一组满载乘客的列车在运行中着火，由于扑救不力，疏导不畅，有84名乘客不幸在地铁中丧生。当时巴黎地铁车厢是用木质材料进行装修的，着火后，燃烧迅猛，持续时间较长，这也是造成众多人员伤亡的重要因素之一。

1969年11月11日，北京地铁万寿路站至五棵松站之间，由于电动机车短路引起火灾，死亡6人，中毒200多人。当时，在消防救援中，火场照明设备不足，防烟滤毒设备缺乏，大大影响了救援活动。火灾造成地铁站内和列车内电源中断，当时烟雾浓、毒气大，伸手不见五指，消防部门调来京西矿山救护队协助，历经8h，才完成救援任务。

1983年8月16日，日本名古屋地铁站变电所起火，在地铁3 000m^2范围内，浓烟滚滚，消防队调动了37辆消防车和3辆排烟车，在救火过程中，3名消防队员死亡，3名救援队员受伤。大火燃烧了3个多小时。

1987年11月8日，英国伦敦皇十字街地铁站因自动扶梯下面的机房内产生电火花，引燃自动扶梯的润滑油，浓烟沿着楼梯通道四处蔓延，由于行驶列车带动的气流以及圆筒状自动扶梯的通风作用，致使火越烧越烈，人们争先恐后地冲向出口，许多人被烧、压、窒息而死。这次火灾使32人丧生(包括一名消防员)，100多人受伤，地下二层的两座自动扶梯和地下一层的售票厅被烧毁。

1995年3月20日，日本东京地铁被奥姆真理教投放沙林毒气引起一场灾难。沙林是一种磷化物质，是毒气中最强的致命神经化学剂之一。遇空气后能迅速生成烟雾毒气，地铁车站内充满烟雾毒气，致使12人死亡，5 512人受伤。这一事件震惊世界，也迫使日本消防界强化整体防灾能力，进一步改善化学防毒防灾救援装备。

2003年2月18日，韩国大邱市地铁中央路站发生火灾，死亡135人，受伤137人，失踪318人，起因是精神病患者金大焕放火所致。可能是对自己多病无业的现状感到悲观绝望，金大焕选择在公共场所引火自焚，希望很多人陪他死。具体作案动机因为他已被严重烧伤住院无法回答警方的提问。目击者说他手拿一个装满液体燃料的奶瓶，试图用打火机将这个瓶子里的燃料点燃时，一些乘客想去阻止他但未成功，他将装满液体燃料的瓶子抛在车厢内、地板上，最后还是点燃了，很快就引燃了坐椅上的塑料物质和地板革。

大邱地铁大火表明：地铁的防灾系统是十分薄弱的。由于地铁是人员密集的地下建筑，而且相对来说地下车站直接出入地面的出口较少且距地面较远；另据国内外的资料分析，发生火灾时造成的人员伤亡，绝大多数是被烟气熏倒、中毒、窒息所致。因此排烟设计在城市轨道交通中显得尤为重要。

城市轨道交通发生火灾的可能形态有：站厅公共区火灾、站台公共区火灾、站厅两端设备房区火灾、站台两端设备房区火灾、列车火灾及车站外部区域火灾。

1)防排烟系统的主要功能和设计标准

按照地铁设计规范的规定地铁防排烟系统的功能和设计标准应满足以下要求：

(1)城市轨道交通内发生火灾时，应为乘客和消防人员提供新鲜空气，并迅速排除烟气，为乘客撤离事故现场创造条件；

(2)无论何处发生火灾，在设计中仅考虑一处火灾；

(3)火灾时，应根据火灾发生地点进行就地处理，避免火灾影响其他系统；

(4)车站站厅火灾，按 $1m^3/(m^2 \cdot min)$ 计算排烟量；

(5)车站站台火灾，按站厅至站台的楼梯通道处向下气流速度不小于 1.5m/s 计算排烟量；

(6)区间隧道火灾，按单洞区间隧道断面风速 2～2.5m/s 计算排烟量。

2)防排烟系统划分

(1)车站站厅和站台公共区空调通风系统兼排烟系统；

(2)车站设备管理用房空调通风系统兼排烟系统；

(3)车站轨行区(或屏蔽门外)排热系统兼排烟系统；

(4)区间隧道活塞通风系统和机械通风系统兼排烟系统；

(5)对于最远点到地下车站公共区的直线距离大于 20m 的内走道、连续长度大于 60m 时的地下通道和出入口通道均要求设机械防烟、排烟设施。

3)防排烟系统的构成

城市轨道交通线路主要由车站和区间隧道组成，按同一时间内发生一次火灾考虑，城市轨道交通火灾事故运行通风系统可分为车站火灾通风系统及区间隧道事故火灾通风系统。

车站主要由站厅层及站台层组成，站厅(台)层由站厅(台)层公共区及两端设备管理用房组成。站厅(台)层公共区与两端设备管理用房之间采用防火墙(门)分割，划分不同的防火分区。防烟分区可采用挡烟垂壁或从顶棚下不小于 500mm 宽的梁体实现。

城市轨道交通车站空间小，综合管线繁多，可提供给通风与空调系统利用的空间很有限，而且排风系统的排风量很大，造成正常通风与空调系统的管道断面尺寸一般也较大，所以难以单独设置排烟系统。工程实践中，往往将防烟、排烟系统与事故通风和正常的通风与空调系统合用。利用正常排风系统排烟，站台层排风量通常已能满足排烟的风量要求，站厅层排风量仅为排烟量的 2/3 左右。由于站台部分与上、下行区间隧道相连接，不考虑加压送风防烟，仅考虑排烟措施。因此，只要合理地控制排风系统的各个分支回路在火灾情况下的启闭，总排风量不需要达到所需总排烟量也能保证火灾区局部排风量要求。针对双工况(排风与排烟)，在工程中一般选用双速风机，正常通风低速运行，排烟时高速运行。

当站厅层发生火灾，则关闭站厅(台)层送风系统和站台层回/排风系统，由布置在车站站厅两端的 2 台回/排风机正常运行，迅速转为 4 台风机排烟运行，相对应分支管路上的风阀同时转为排烟模式，此时车站环控系统的其他设备均停止运行。站厅烟雾经风井排到地面，新风经车站出入口从室外进入站厅，便于人员从出入口疏散至地面。

当站台层发生火灾(包括站内列车火灾)，则关闭站厅(台)层送风系统和站厅层回/排风系统，由布置在两端 2 台回/排风机的正常运行转为排烟运行，与其对应的风阀同时转为火灾排烟模式，此时车站环控系统的其他设备均停止运行。站台烟雾经风井排至地面，同时使站台层的楼梯口形成负压和向下气流，便于人员安全疏散至站厅层。要使疏散的楼梯、出入口通道形成迎面新鲜气流，需控制向下气流速度不低于 1.5m/s，以防止烟气因热压作用逆气流流向站厅层。

城市轨道交通车站的设备管理用房是车站安全运营的心脏部位，其防排烟系统的设置是非常重要和必要的。设备管理用房内布置着各种运营管理系统、控制系统和供电系统的设备，这些对于城市轨道交通的正常运营起着重要的作用。

一般设备管理用房的防排烟系统与正常排风系统合设，即在正常排风系统设计时适当考虑各房间的排烟要求，减少系统的复杂性和难度。风机一般选用双速风机，正常通风低速运行，排烟时高速运行。

在设备管理用房区的公共走道内尽可能设置排烟风口，以增加整个用房区的安全度。

对于比较重要的电气设备房间，如通信、信号设备室，牵引变电所等，一般需要设置气体灭火装置。

当车站发生火灾时，首先通过站内消防系统中在各点的探测器报警给火灾报警系统（FAS）。该系统下达控制模式指令给车站设备监控系统（BAS），BAS 系统按火灾运行模式进行运作。排烟设备进行排烟，无关设备均停止运行。站台层发生火灾时，除站台回/排风机排烟外，根据具体模式隧道通风机也将参与机械排烟。

区间隧道防排烟系统一般在站厅（台）层的两端设有隧道通风设备，用于正常运营时间的区间隧道通风，也可用于阻塞运行和区间隧道火灾时的相邻隧道的通风。系统中包括隧道风机、电动组合式风阀。通过隧道风机的正反转及电动风阀的协调开关来实现隧道送风或排风。当列车在区间隧道发生火灾时，中央控制室根据火灾列车的位置及火源距安全通道的距离决定通风方向。隧道两端车站的隧道通风系统协调运作，一端向隧道内送风，一端由隧道排风，共同形成一股流过隧道断面的气流。排烟空气流动方向与乘客疏散的方向相反，以使乘客疏散区处于新鲜空气范围。区间隧道断面空气流动速度最低为 2m/s，但不得大于 11m/s，否则将造成乘客不能行走，撤离困难。隧道风机要求可反转，耐温 150℃，持续运转 1h 以上。

当列车在区间隧道发生火灾时，除通过通信和消防报警系统运作外，尚须信号系统提供列车停车位置，中央控制室防灾报警系统下达指令给火灾两端的车站，两端车站设备监控系统根据运行模式指令启、闭有关设备进入隧道火灾事故运行模式。

城市轨道交通所使用的材料基本为不燃烧材料，因此城市轨道交通火灾的特点是基本上无熊熊烈火，而产生的烟雾特别多，因此城市轨道交通的防排烟系统设计需要根据对城市轨道交通火灾特点、乘客疏散方案和不断试验研究，才能制定较为完善的规范和有针对性的防排烟系统设计，同时城市轨道交通人流密集，疏散条件有限，若一旦出现火灾事故要求相关专业系统必须密切配合，协调动作。

8.8 通风空调设备选型

通风空调设备包括冷水机组、风阀类设备、风机及消声设备及空气处理设备。

1）冷水机组的选型

冷水机组有螺杆式、活塞式及离心式三种。

（1）螺杆式冷水机组

螺杆式冷水机组是迄今为止国内城市轨道交通空调系统中采用最为广泛一种制冷装置，它是由螺杆式压缩机、冷凝器、蒸发器、干燥过滤器、吸气过滤器、油分离器、油冷却器、油滤器和自动控制、自动保护装置组成。

螺杆式压缩机是一种容积式回转压缩机，按其转子数量的不同，有单螺杆和双螺杆机组之分，它具有以下特点：结构简单、紧凑、体积小、重量轻，运转部件少，只有阴转子、阳转子和滑阀这三个部件，因此机器易损件少，运行周期长，维修工作量小；运行平稳安全可靠，操作方便，可以在较高的压缩比工况下运行；容积效率高，由于采用冷媒冷却，压缩机排气温度较低，工作腔没有余隙容积；制冷量调节范围大，通过滑阀与两转子平行滑动，用以调节制冷机的制冷负荷，可以进行 10％～100％范围内的无级能量调节。

近年来随着螺杆新齿形的开发、加工精度的提高、高精度滚动轴承的应用、合成冷冻油的使用、经济器系统和内容积比自动调节技术的应用，都使得螺杆式制冷机组在能耗持续下降的同时，运行效率大大提高，机组的COP值已经接近离心式制冷机组的水平。再加上其原有的结构简单、零部件少、抗液击能力强、运行平稳、能量可以无级调节、部分负荷时的能量损失比离心式少等优势，使得螺杆机组的应用范围逐渐扩大。

螺杆式属于中等冷量制冷机组（单机容量一般在350k～1 400kW），现在正以中等冷量为基础，向大、小冷量两个方向同时延伸，并大有取代活塞式制冷机组的趋势。

（2）活塞式冷水机组

活塞式属于中小冷量制冷机组，它造价低廉、体积小、效率也较高，所以仍被广泛用于家用冷藏、住宅空调、汽车空调以及小型商用空调等领域。但随着其他新机种（特别是螺杆式）的不断开发及效率的提高，活塞式固有的缺陷比如冷量小、结构复杂、易损件多、对湿行程敏感、负荷调节性能差（只能依靠增减缸数进行有限级数调节）等，都使得其使用范围日益缩小，目前活塞式制冷机组的单机容量使用范围在100k～300kW之间。

城市轨道交通空调系统中负责设备用房负荷的小系统，考虑节能的需要，在空调季节城市轨道交通停运后，小系统仍需独立运行满足设备降温需要，一般它的冷负荷量较小，所以在有些城市轨道交通工程中小系统仍需选用活塞式冷水机组。

（3）离心式制冷机组

离心式属于中大冷量制冷机组，它制冷量大、机械磨损小、易损件少、运行平稳、容易实现多级压缩和多种蒸发温度、制冷量可以进行无级调节，特别是在变频技术发展起来后，再结合进口导叶调节等手段，可以使机组的调节范围变宽，并在部分负荷运行时仍可保持高效率。离心式机组的主要缺点就是工况不能有大的变化，且适应范围狭小；在低负荷率时容易发生喘振，因此离心式机组一般只在30%～100%负荷之间进行无级调节（严格地说负荷下限的确定与电机转数有关）。

目前离心式制冷机组压缩比在2～30之间，城市轨道交通工程中主要用在设有集中冷站的场合。

城市轨道交通空调系统运行的绝大部分时间里，冷水机组都工作在部分负荷状态下，因此确定机组部分负荷运行性能是非常重要的工作，而这实际上是一个综合考虑的过程。比如对于螺杆机来说，是选择普通的单机头滑阀调节，还是选择部分负荷效率出色但满负荷效率较低的多机头柱塞调节，这就需要综合机组的COP值、IPLV值、运行的安全可靠程度、使用寿命、易操作性等诸方面统筹考虑。同样是用滑阀调节的螺杆机，不同的品牌之间在一些方面（例如价格、噪声等）肯定会有差别，这就需要仔细地进行品质比较，选择最能满足自身要求的品牌机组。

2）空气处理设备

空气处理设备用于对房间空调送风进行冷却、加热、减湿以及空气净化等处理，常见的有风机盘管、柜式风机盘管机组和组合式空调机组等。

风机盘管是空调工程中广泛应用的空气处理设备，也常被称为空调末端装置。风机盘管根据安装形式分为卧式暗装、卧式明装、立式暗装、立式明装等几种基本形式，根据送风压力可分为普通型和高静压型。

柜式风机盘管机组的构造和原理基本与风机盘管相同。柜式风机盘管处理空气的能力和机外余压都比风机盘管要大，可以接风管进行区域性空调。柜式风机盘管按结构形式可分为卧式和立式两类，按处理工况可分为空调机组和新风机组，空调机组的设计进风工况为室内回风工况，新风机组的设计进风工况为室外新风工况。

城市轨道交通工程中选用柜式风机盘管机组一般用于设备用房区域的空调小系统中，在选购时应考虑日后维护的需要，其结构宜采用框架模数复合结构形式，机组壁板在内部风机、电机检修维护时可灵活拆卸，复位方便。

组合式空调机组是由各种不同的功能段组合而成的空气处理设备，组合式空调机组由进风段、粗效过滤段、表冷挡水段、中间段、风机段、中间段、片式消声段和送风段共 8 个功能段组成，功能段排列示意图如图 8-9 所示。

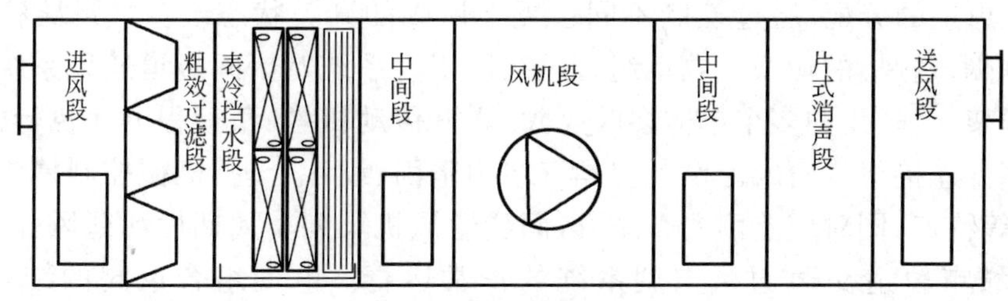

图 8-9 组合式空调机功能段排列示意图

组合式空调机组的外壳通常采用双层钢板（彩钢板），中间用聚氨酯发泡作保温层，也有的采用钢板夹保温层的做法。进风段设有回风和新风接口，作为新风和回风在此混合之用，表冷段中通过 7/12℃的冷冻水实现冷却功能；过滤段是对空气进行净化处理，根据对洁净度的要求和空气的质量，可选用粗中效过滤器；中间段是用于检修和运行维护，如表冷器的维修、过滤器的清洗和滤料的更换等，中间段应根据组合情况的需要设置。

3)风机及消声设备

目前城市轨道交通中风机形式常见的有三种：贯流风机、离心风机和轴流风机。贯流风机仅用于某些风机盘管、进出站口小型风幕机上；离心式风机可以用于低压或高压送风系统，特别用于要求低噪声和高风压的系统，如组合式空调机组内。上述两种风机一般由空调设备厂家整机配套。

轴流风机的特点是占地面积小、结构简单（由机壳、叶轮、静叶支撑、整流罩、电机、电源接线盒等组成）、便于维修、风压较低、噪声较高、风量大、效率较高且接管方便，正好符合地下工程通风空调系统的特点。一般车站站厅层、站台层公共区用的回/排风机和区间隧道用的 TVF 风机（兼容排烟功能）均属此类，其他还有一些小型的轴流风机，如在城市轨道交通设备管理用房小系统中采用的送/排风机均采用轴流风机（含混流风机）。

城市轨道交通轴流风机在选型采购时要注意，大部分风机均为双工况运行，并且需具有耐高温性能（一般采用内置式耐高温电机）。TVF 风机还需具有可逆转性能和双机并联、四机串并运作功能，必须设置喘振报警装置等。

车站内的消声器设计有以下要求：传至站厅、站台公共区的最大噪声小于 70dB；传至设备与管理用房的工作和休息室的最大噪声小于 60dB；各空调通风设备机房内的噪声小于 90dB；传至风亭外的最大噪声，昼间小于 70dB，夜间小于 55dB；区间通风系统设备早晚正常通风运转时，传到区间隧道内噪声应不大于 85dB，传至风亭外的最大噪声，昼间小于 70dB，夜间小于 55dB。火灾排烟和阻塞工况时，应仅可能降低传至风亭外的噪声。

地铁工程中使用的消声器一般有两种：一种为土建风道金属外壳片式消声器（采用现场组

装结构形式)，一种为通风空调小系统管道式消声器(一般为整体式)。吸声材料大多采用离心玻璃棉板或毡。

4)风阀类设备

城市轨道交通工程由于内部空间狭小，层高有限，因此在设计与布置空调及通风管路时相对较难，很多风道不得不采用建筑风道，另外在设备用房小系统中排风、回风、排烟等管路存在复用的形式，运行模式的转换通过风阀来进行。造成城市轨道交通工程中车站内使用了大量的风阀，其主要类型分为：组合风阀、单体风阀(防火阀、排烟防火阀等)两类。

电动组合风阀是组织城市轨道交通通风空调系统各种模式运行的主要部件，承担着不同模式下系统风量的分配，通过控制不同位置上风阀的开关状态改变气流路径、实现系统功能(排风、排烟、送风)的切换。电动组合风阀用于大系统及区间隧道通风系统，主要由井字形槽钢底框架、模式化的多个单体多叶风阀、联杆传动机构、角行程电动执行机构等部件采用标准紧固件连接组装而成。设备应具有结构坚固、设计合理、机械控制精度高，泄流量低、运转灵活等特点，同时应能耐受车站、区间隧道风机及列车周期性活塞风脉动风压的冲击，从而确保城市轨道交通通风空调系统的正常运行。电动组合风阀的结构如图 8-10 所示。

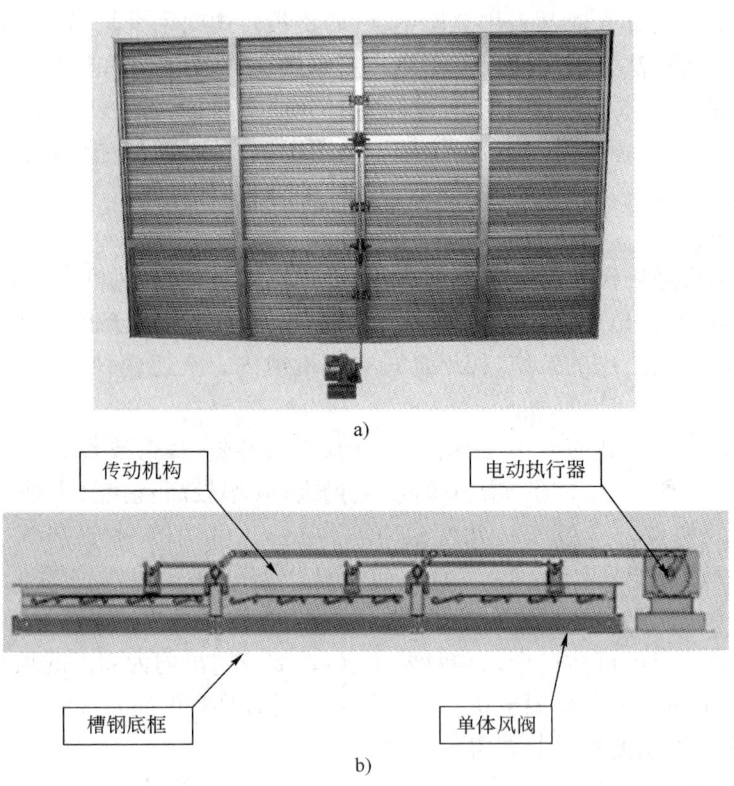

图 8-10　电动组合风阀的结构示意图

根据使用的不同位置：与区间送排风、排烟风道相接的风阀需耐高温 150℃、连续运行 1h，仍可正常启闭；与车站排烟/热风道相接的组合式风阀需耐高温 250℃、连续运行 1h，仍可正常启闭，其调节方式分为连续调节型与通断调节型两种。

防火阀、排烟防火阀是城市轨道交通环控系统中通风空调管路及排烟管路上所使用的部件，为消防专用设施。为了保证火灾时，防、排烟系统能安全、可靠地运行，防火阀、排烟防火阀必须已经过消防检测部门的型式试验鉴定（温感器动作性能试验；关闭可靠性能试验；盐雾试验；漏风量试验；耐火试验）才可选用。

每个风阀的选型必须考虑到它在消防分区（防火分区、防烟分区）中起的作用与所处安装位置，并结合它在本系统中与其他设备的连锁关系等诸方面产生明确的功能定义，否则会造成不必要的混乱。

按照地铁设计规范并结合相关消防规范规定，防火阀、排烟防火阀设置的一般原则为：

(1)在下列情况之一的通风、空调系统的风管应设置防火阀：管道穿越防火分区的隔墙处；管道穿越通风、空气调节机房及重要的或火灾危险性大的房间隔墙和楼板处；垂直风管与每层水平风管交接处的水平管段；管道穿越变形缝的两侧。

上述部位的防火阀，当火灾中管道中气体的温度达到70℃时，则自动关闭。

(2)排烟系统的分隔：在排烟机房的入口处，设置当烟气温度超过280℃时能自动关闭的排烟防火阀。排烟机应保证在280℃时能连续工作30min；在排烟支管上设置当烟气温度超过280℃时能自行关闭的排烟防火阀。

城市轨道交通车站设备管理用房小系统，不同于一般民用建筑的要求，存在着大量风阀参与不同的灾害模式并反馈、连锁不同的排烟设备。因此风阀的选型显得尤为重要，选择不好不仅会影响到环控系统自身功能的发挥，也会影响BAS(building automatic system)系统和FAS(fire alarm system)系统的设计、施工安装及软件编程。

表8-2列出了某一地下车站常用的一些单体风阀种类划分及功能定义。

地下车站常用单体风阀　　表8-2

序　号	名　　称	功能和动作要求
1	电动风量调节阀（可调、耐高温）	AC220V电源；耐温280℃，半小时；开关的全行程工作时间90～120s；配控制箱，具有开度0～100%连续调节功能
2	电动风量调节阀（可调）	AC220V电源；开关的全行程工作时间90～120s；配控制箱，具有开度0～100%连续调节功能
3	电动风量调节阀（耐高温）	AC220V电源；耐温280℃，半小时；开关的全行程工作时间90～120s；配控制箱，控制风阀开、关
4	电动风量调节阀	AC220V电源；开关的全行程工作时间90～120s；配控制箱，控制风阀开、关
5	防烟防火阀	常开；70℃熔断关闭；手动复位；可输出信号；关闭的全行程工作时间小于30s
6	排烟防火阀	常开；280℃熔断关闭；手动复位；可输出信号；关闭的全行程工作时间小于30s
7	电动防烟防火阀	DC24V电源；常开；电动关，70℃熔断关闭；电动复位；可输出信号；关闭的全行程工作时间小于30s
8	电动排烟防火阀	DC24V电源；常开，电动关，280℃熔断关闭，电动复位，可输出信号；关闭的全行程工作时间小于30s
9	电动排烟口	DC24V电源；常闭；电动开，电动复位；可输出信号；远动控制；开启时间小于30s；多叶型
10	电动风口	DC24V电源；常开；电动关，电动复位；可输出信号；远动控制；关闭的全行程工作时间小于30s；多叶型

8.9 城市轨道交通通风空调系统的自动控制

空调设备运行的自动控制对于合理的使用能量具有重要的作用。从全年来看，空调负荷是随着季节的变化而变化，室外的气象参数随时在变化着，室外空气参数真正等于设计计算参数的时间非常少，因此对空调设备的运行应进行相应的调节。空调设备调节的控制方法分手动控制和自动控制两类，自动控制方式能提高通风空调系统的自动化管理水平、减轻劳动强度、减少运营管理人员、提升内部环境的空气质量、创造舒适的环境、合理地使用能源并节约能源。通风空调系统的自动控制在空调工程中已得到广泛的应用。

城市轨道交通工程中完成通风空调系统的控制功能主要由环境监控系统(BAS)来完成，城市轨道交通 BAS 系统在城市轨道交通环控中的主要作用是协调控制全线车站及区间的环控及其他机电设备安全、高效、协调的运行，保证城市轨道交通车站及区间环境的良好舒适，产生最佳的节能效果，并在突发事件(如火灾)时指挥环控设备转向特定模式，为城市轨道交通乘车环境提供安全保证。

城市轨道交通通风空调系统控制由中央控制(OCC)、车站控制和就地控制三级组成。

中央控制(OCC)在控制中心，是以中央监控网络和车站设备监控网络为基础的网络系统，对全线的通风及空调系统进行监控，向车站下达各种运行模式指令或执行预定运行模式。

车站控制设置在各站点的车站控制室内，对车站和所管辖区的各种通风空调设备进行监视，向中央控制系统传送信息，并执行中央控制室下达的各项命令。车站火灾发生时，车站控制室作为车站指挥中心，与火灾报警系统，协调工作，根据实际情况将有关通风空调系统转入灾害模式运行。

环控系统的各种设备，如风机、空调机、冷水机组、水泵等在其近处设有电源控制开关(部分设备设在环控电控室)，便于设备调试、检修时现场使用。就地控制在三级控制中具有绝对优先权，即就地控制时，车站控制室和中央控制室仅接受其操作信号，对其控制失效。

车站环控系统分为车站大系统通风空调系统，车站小系统通风空调系统，区间隧道通风系统，冷冻、冷却水循环系统等子系统。

车站大系统空调通风环控系统又称公共区空调通风环控系统，城市轨道交通车站大系统空调通风系统包括站厅层、站台层公共区的所有环控设备。正常运行时，车站环控大系统按全新风空调运行、正常空调运行、通风运行三种工况的控制模式，整个控制过程全是由设备监控系统根据环控工艺自动控制。该系统根据布置在车站风亭、风室、公共区等处的温度、湿度传感器所探测的数据进行自动分析、处理后得出车站大系统的运行模式，同时根据负荷大或小的自动控制与调节空调机组回水管调节阀的开度，控制风阀开度和风机的启停。

车站小系统空调通风环控系统主要为站内的设备及管理用房提供空调和通风服务。车站空调通风小系统是一套独立的系统，其运行方式比较简单。在正常运行时，送、排风机的送、排风量是固定的，不随季节的变化而变化。当出现火情时，系统按照预定的灾害程序运行。

区间隧道通风环控系统主要用做隧道的通风换气，在隧道中发生火灾时，此系统也兼有防灾功能。

1)正常运行状态

在这种运行状态下，打开所有的区间隧道排热风机，隧道的换气主要靠列车运行时产生的活塞风进行空气交换。早、晚间城市轨道交通停止运行时，打开区间隧道通风机和隧道排热风机对隧道进行空气交换。

2)列车故障情况

列车阻塞在站内:此时只需打开此站的部分隧道通风机及相应的电动组合风阀来增加排气量,依靠空气的自然流动来进行空气交换。

列车阻塞在区间隧道内:此时打开区间两端隧道通风机及相应的电动组合风阀对隧道区间强制进行空气交换。

3)发生火灾时列车运行状态

当列车在运行过程中发生火灾时,此时区间隧道通风系统各设备运行的原则是:必须保证隧道中的风向与旅客疏散的方向相反,以保证旅客的生命安全。有四种可能的火灾模式,即隧道列车尾部发生火灾、隧道列车头部发生火灾、隧道列车中部发生火灾和站台列车发生火灾。

冷冻、冷却循环水环控系统的主要任务为空调系统提供足够的冷源,系统由冷冻水泵、冷却水泵、冷却塔、冷水机组、膨胀水箱、集水器、分水器、设备之间的连接管线和一些阀门组成。其主要的任务是完成设备连锁控制,冷水供、回水压差控制,冷却水温度的控制及冷量调节。

1)设备连锁控制

制冷机房的主要设备为冷水机组、冷水泵、冷却水泵及冷却塔,进行连锁启动和连锁停机是为了保证冷水机组安全运行。机器在启动前,冷水泵和冷却水泵、冷却塔应运行正常,然后再启动冷水机组,在这一原则下,不同工程的设计方法略有不同,下面举例说明各设备的连锁顺序。

当冷水机组接到运行指令后,首先开启冷水泵,当冷水水流量开关得到确认的流量信号后便开启冷却水泵和冷却塔,当冷却水水流量开关得到确认的流量信号后,再开启冷水机组,也就是说当冷水和冷却水系统没有正常运行时,冷水机组不能启动,一般工程设计中是按时间顺序启动和停机。

2)冷水供、回水压差控制

冷水系统由于管网运行特性的改变,水泵的工作点也随着改变,供、回水的压差也会改变,因此在供、回水干管之间设电动压差控制阀的旁同管,以稳定供、回水压差,同时也满足了冷水机组定流量运行。

3)冷却水温度的控制

冷却塔配用风机为变风量时,利用冷却塔出水温度控制风机转速改变风量来控制冷却水供水水温,当冷却水供水水温高于冷水机组要求时,提高风机转速加大风量来降低供水温度,反之则减少风量提高供水温度,以便风机节能。如果是利用供水温度控制时,则要求冷却水量恒定,否则,当水量减少时,回水温度将升高,同样会降低冷却效果。

4)冷量调节

冷冻机房内通过在冷水供、回水干管上均设温度传感器,在主供水干管上设置流量计便可以测出供冷量,从而可以根据冷负荷来调整冷水机组的运行情况。

对每台空调机组,环控系统通过调节每台空调机冷冻水出水二通调节阀开度调节空调机送风温度,同时该二通阀兼做水系统工况转换水阀,根据空调机开启情况和水系统运行模式来输出相应控制开度或者关闭二通阀,保障风系统和水系统的协调动作。

正常工况下,BAS系统将通过室内外温湿度值实时计算空气焓值,并自动确定空调工况,控制空调系统运行工况转换,如盛夏季节,控制空调运行于最小新风工况,最大限度防止冷量的散失,同时维持车站内的最小新风需求,从而达到节能的目的。当计算出当前季节为过渡季时，则控制空调系统进入全新风工况，尽量利用室外低含湿量空气，同样达到节能的目的。当空调系统送风温度小于室外温度时，BAS 系统则控制空调系统进入通风工况，此时将停止冷机的运行。

为防止一天之内空调工况的频繁转换，减少设备损耗，BAS 系统将对空气参数的运算采用定时处理方式，时间用户可设定。

空调系统自动化控制，可以使系统进行集中管理和最佳控制，使空调运行效果最佳而且能合理利用能量。随着计算机应用技术的发展，以计算机为基础的控制系统日臻完善，提高空调自动化控制水平是使空调系统节能运行的可靠手段。

8.10 通风机房布置

在一座城市轨道交通车站中，环控系统的设备繁多且体积庞大，它占据了附属用房面积中的绝大多数，这里不仅含有单独设置的区间隧道风机 TVF 机房、大系统回/排风机机房、环控大小系统空调机房、冷冻站机房等，还应包括专门服务于环控系统且必不可少的各类专用的建筑风道，例如站台层列车顶部车顶回、排风道(OTE)，站台层下部站台下回、排风道(UPE)，迂回风道，与室外相同的各类新风道、排风道、活塞风道等。对于一个标准的地下两层岛式车站，其站台有效长约 140m，宽约 12m，车站面积合计约 8 000～10 000m^2，其间环控机房面积约占 2 000m^2，也就是说环控机房面积至少占了车站总面积的 1/5 以上。据测算，地下车站的土建建设费用每平方米的造价高达 1 万元左右，因此通过合理的布置通风机房、土建风道，能有效地缩短车站长度，减少环控机房占用面积，从而降低建设成本。

地下车站中采用不同的通风空调制式对机房占用面积的大小影响很大，也就是说通风机房占用面积的大小与车站通风空调系统的制式密切相关。

选用了屏蔽门系统，由于在车站站台上设置的屏蔽门将车站公共区和隧道完全分隔开来，仅有少部分的列车及其辅助设施产热量通过屏蔽门围护结构传热以及通过屏蔽缝隙渗透到站台或将站台冷量带走，这样车站公共区的负荷将大为减小，无形中减小了冷水机组、空调机组的装机台数和容量，上述设备的机房占用面积相对地缩小。此外，屏蔽门系统的区间隧道多为开式通风，取消了闭式系统中车站两端设置的迂回风道和线路由地面转入地下时为减少隧道冷量损失而在洞口附近设置的空气幕系统。

在满足同样功能和效果的前提下屏蔽门系统均按照车站两端只设置单台组合式空调器和回/排风机考虑，并在车站的一端设置冷冻站，供应整个车站大小系统的冷量。屏蔽门系统车站公共区空调通风系统原理如图 8-11 所示。

由于屏蔽门设置后，停站列车的产热不能像闭式系统一样由车站空调系统承担，为有效地将车站列车停车段(站台屏蔽门外)的列车顶部和底部的大量产热及时排走，需设置排热系统。通常是在通过轨顶和站台板下的风口及风道将列车发热量排到室外，常称之为车站隧道通风，其通风原理图如图 8-12 所示。

区间隧道通风系统的设备一般也都设在车站的两端，通常与车站隧道通风设备、车站公共区的通风空调设备相邻放置。隧道通风系统同样设有机械(事故)、活塞风道，隧道风机可以放置在车站主体结构范围内，也可以放在风道内。其中隧道通风系统根据活塞风口和风道的设置也可分为单活塞风道和双活塞风道两种形式。两种不同方式的设备用房布置如图 8-13 所示。

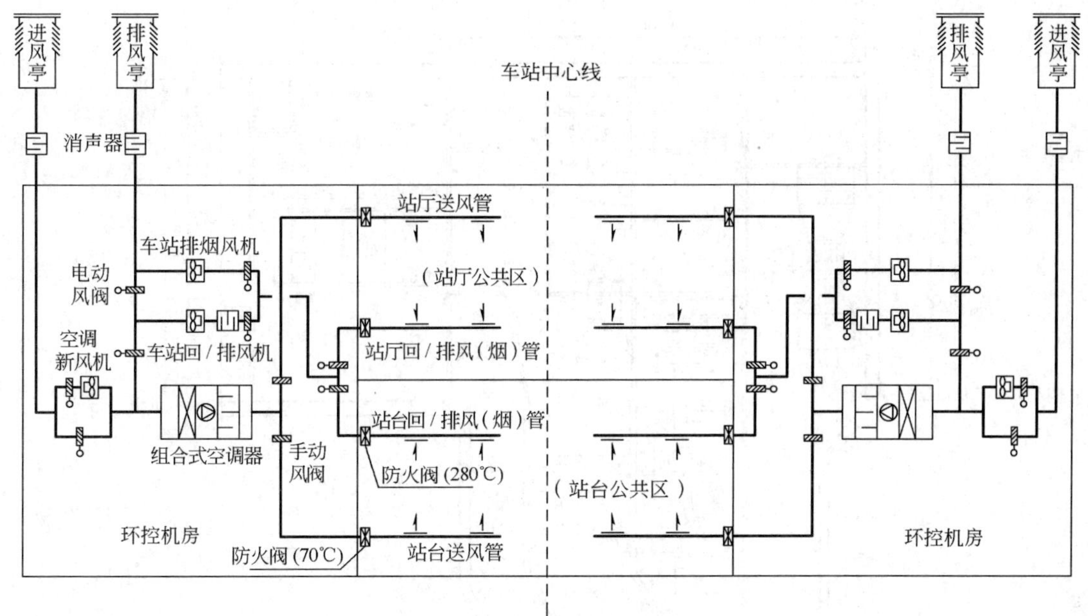

图 8-11　屏蔽门系统车站公共区空调通风系统原理

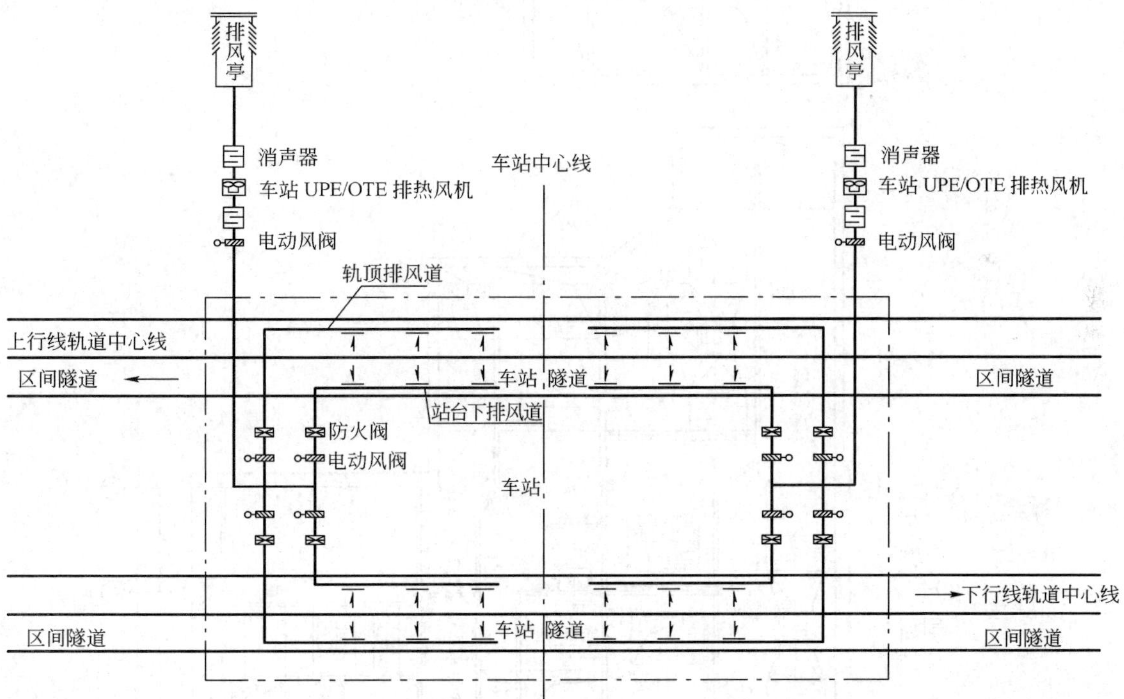

图 8-12　车站隧道通风原理

闭式系统的特点是车站与隧道之间没有阻隔，二者空气是相通的，所以车站空调要负担车辆负荷。进站列车带给车站热空气，出站列车带走车站冷空气，因此车站空调除负担车站本身负荷外，还要负担区间隧道的部分负荷，闭式系统通常采用双风机全空气系统。在车站站厅层两端的空调机房内，每端设置两台组合式空调器和两台回排风机，并在车站的一端设置冷冻站，供应整个车站大小系统的冷量。车站公共区空调通风系统如图 8-14 所示。

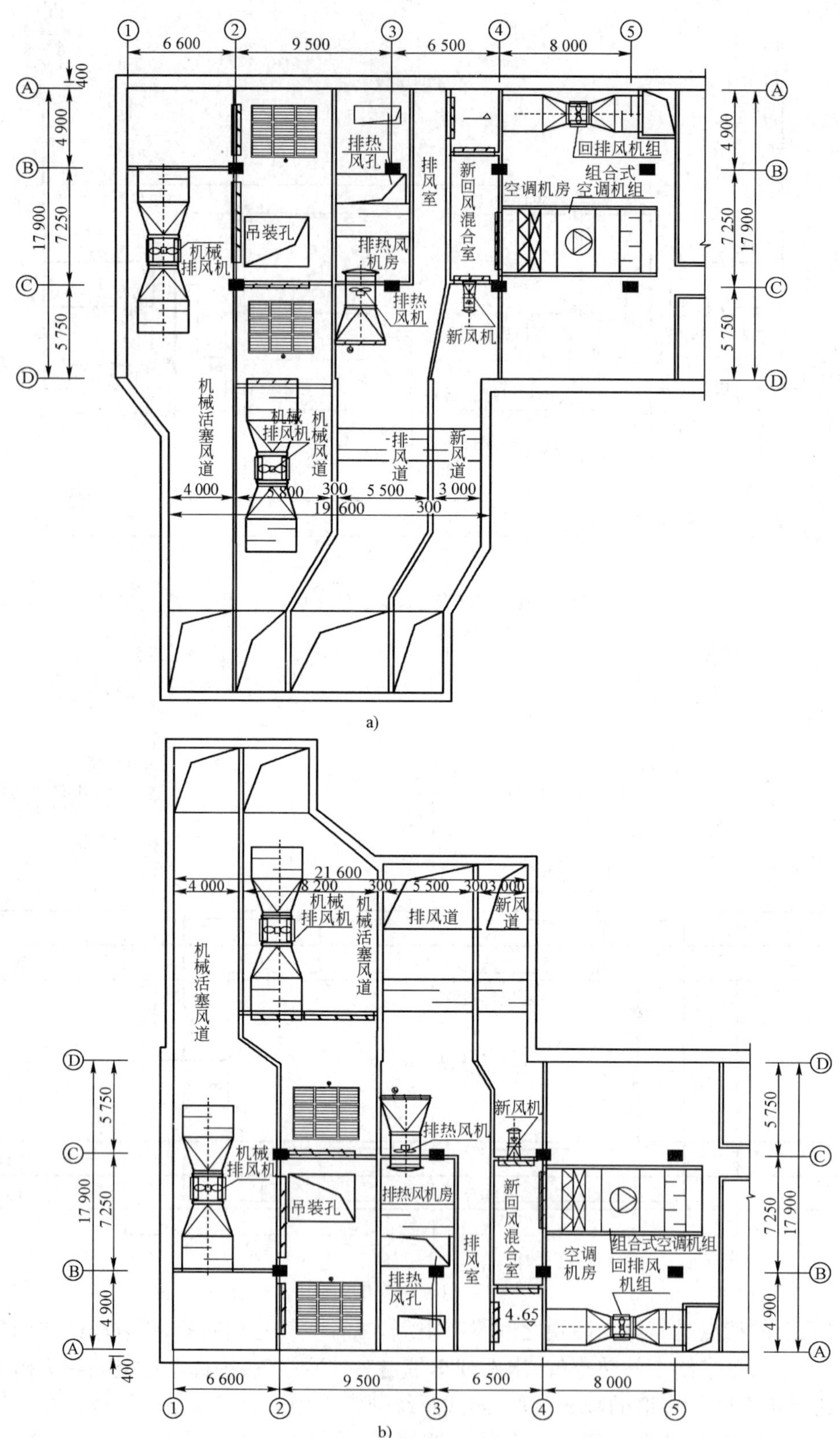

图 8-13　隧道通风系统设备用房布置(尺寸单位:mm)
a)单活塞风道;b)双活塞风道

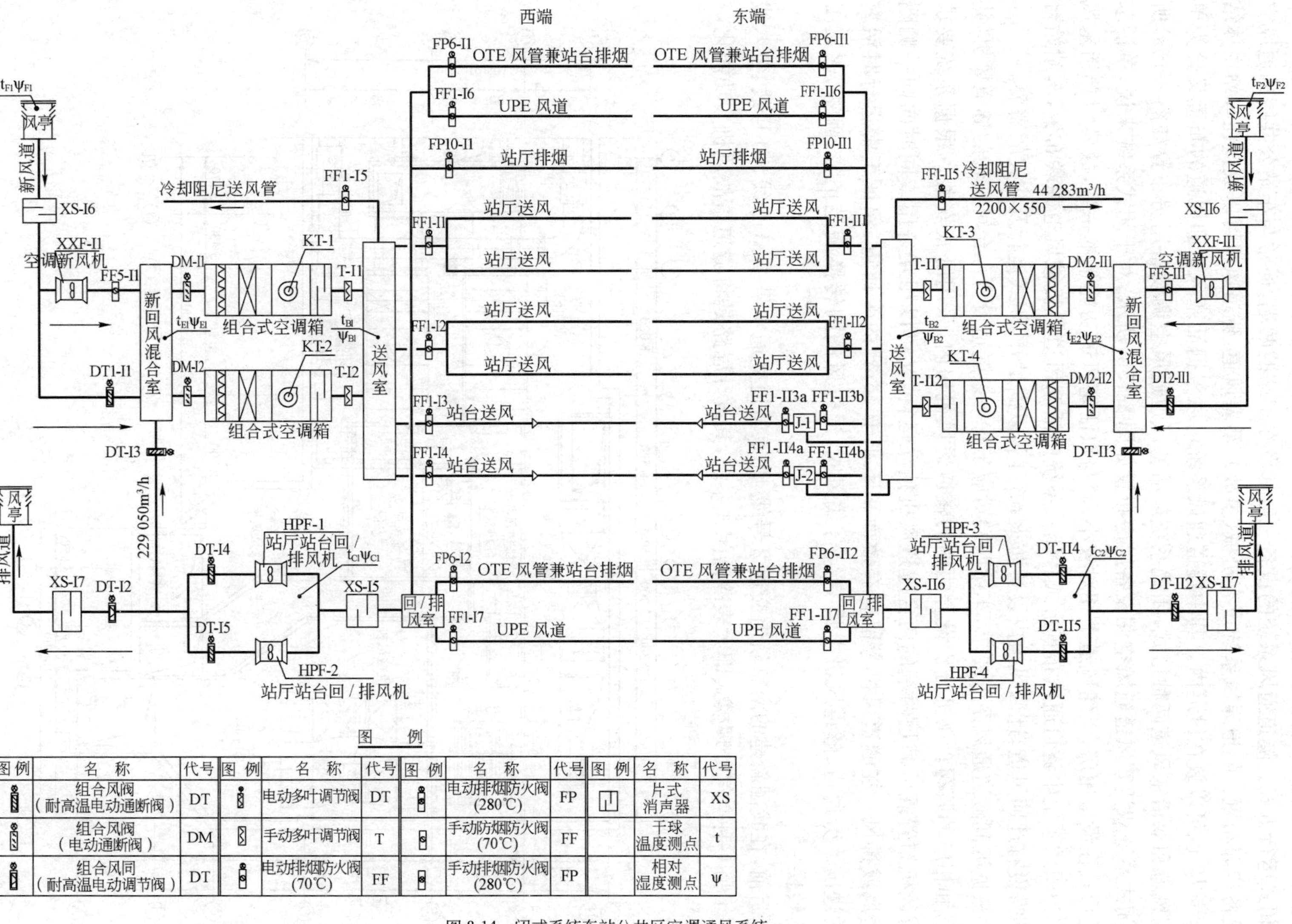

图　例

图例	名　称	代号	图例	名　称	代号	图例	名　称	代号	图例	名　称	代号
	组合风阀（耐高温电动通断阀）	DT		电动多叶调节阀	DT		电动排烟防火阀（280℃）	FP		片式消声器	XS
	组合风阀（电动通断阀）	DM		手动多叶调节阀	T		手动防烟防火阀（70℃）	FF		干球温度测点	t
	组合风同（耐高温电动调节阀）	DT		电动排烟防火阀（70℃）	FF		手动排烟防火阀（280℃）	FP		相对湿度测点	ψ

图 8-14　闭式系统车站公共区空调通风系统

当采用闭式系统时，其区间隧道通风系统的运行方式通常是根据室外气温的变化，采用开、闭式运行方式。隧道通风系统的设备一般都设在车站的两端，通常与车站公共区的通风空调设备相邻布置。隧道通风系统设有机械(事故)/活塞风道，隧道风机可以放置在车站主体结构范围内，也可以放在风道内。其中隧道通风系统可以根据活塞风口和风道的布置又分为单活塞风道和双活塞风道两种形式，闭式系统单活塞风道通风空调设备用房布置如图 8-15a)所示，闭式系统双活塞风道通风空调设备用房布置如图 8-15b)所示，对于闭式系统来说，单活塞风道形式在设备用房，土建风道上相对较小，而与双活塞风道功能基本一致，故常以单活塞风道作为闭式系统中隧道通风布置形式。闭式系统中活塞风道与机械风道并联布置，车站站台两端需设有迂回风道，迂回风道内设置防火卷帘门，以满足开、闭式运行及防灾的需要。

根据区间隧道通风系统要求，车站两端对应于每一条隧道设置一台可逆转的隧道风机(共 4 台)和相应的风阀。风机分别设置两侧的隧道通风机房内，采用卧式安装。根据系统要求隧道风机布置既可满足两端的两台隧道风机独立运行，又可以相互备用或同时向同一侧隧道送风或排风。在隧道风机旁留有有效面积不小于 16m^2 的旁通道，保证正常运行时活塞风的进出。旁通道、隧道风机上设有组合式风阀，通过风阀的转换满足正常、阻塞、火灾工况的转换。

目前，在我国新建的南京轨道交通 2 号线，北京轨道交通 4 号线、5 号线、10 号线、复八线采用了另一种空气处理模式即大表冷器闭式系统，其设计思路是将隧道事故风机多功能化，

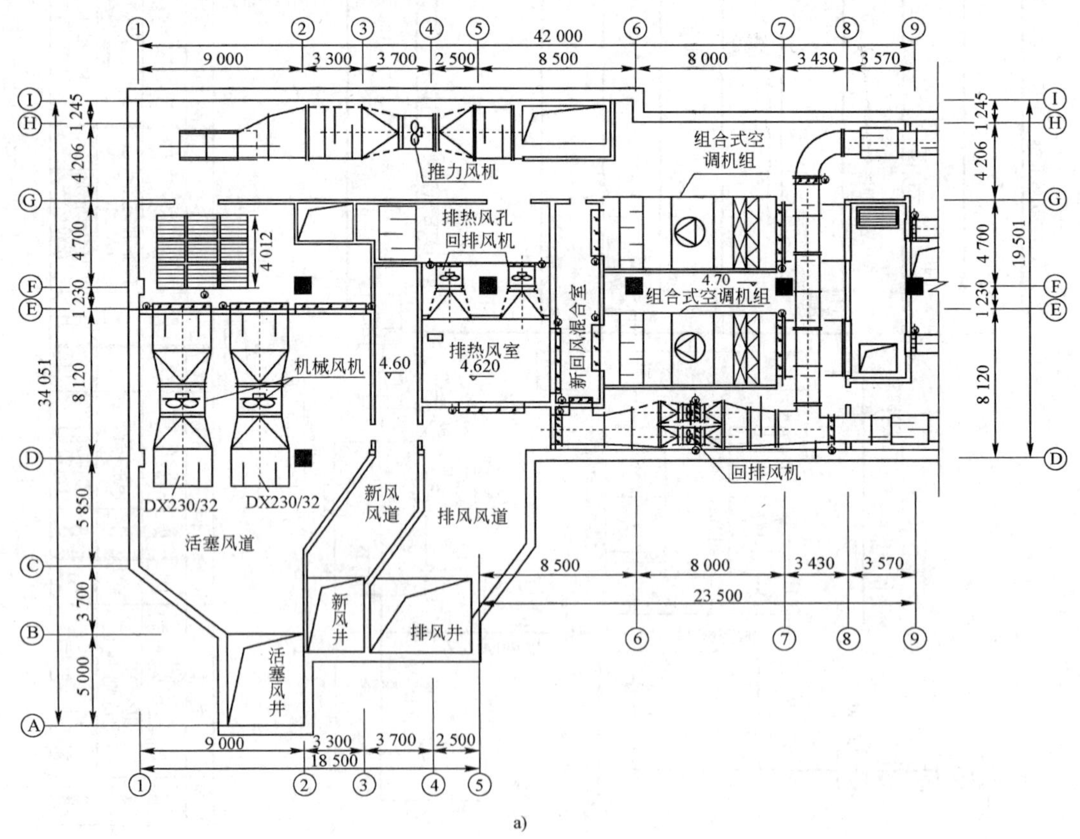

a)

图 8-15

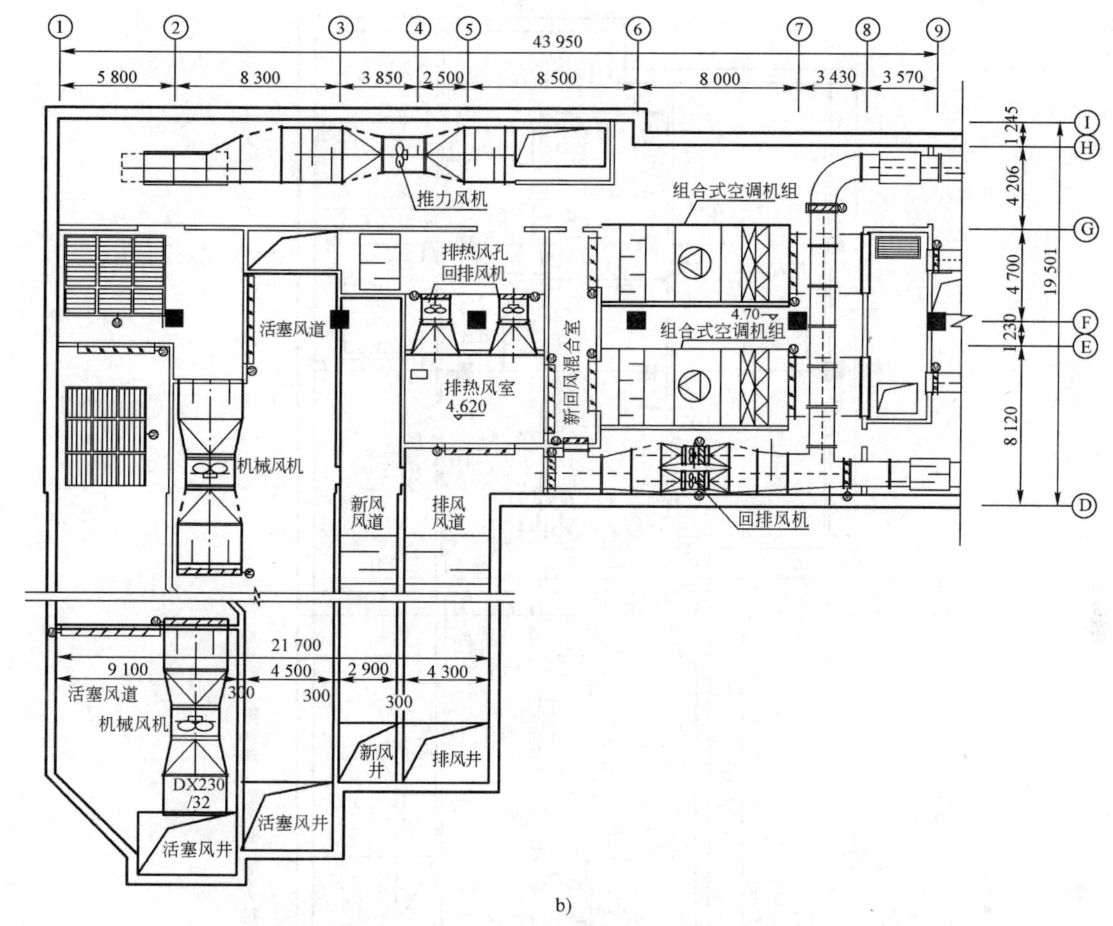

图 8-15　闭式系统通风空调设备用房布置(尺寸单位:mm)

a)单活塞风道;b)双活塞风道

以取代传统闭式系统中的组合空调机组的离心风机和回、排风机,采用结构式空调设备,空气过滤装置和翅片式换热装置设置于土建结构的风道内。这样减少了设备数量。

大表冷器闭式系统机房布置是在车站两端分别设置一条送风道和一条排风道(兼做区间事故通风道)。每端的送风道内设置固定式或开启式大型表冷器(含挡水板及过滤器)、消声器、电动组合风阀和送风机(兼做区间事故风机);每端排风道内设置消声器、电动组合风阀和排风机(兼做区间事故风机)。送、排风道均通过风阀与两条隧道连通。送风道内,在大型表冷器旁边设置旁通风阀(开启式不需要),用于区间事故通风时增大送风道的流通面积。大表冷器布置如图 8-16 所示。

环控系统设计时,必须以发展的角度来考虑,将其地下空间充分预留并考虑到各种有关因素。通风空调机房面积小了满足不了其功能要求和日常维修管理的需要,这是绝不允许的;因为地下结构不同于地面结构,对它进行扩建、改建是非常麻烦的,它关系到既有结构的凿除、新老结构的连接、对周围环境的影响以及对地下水的防水处理等一系列问题。面积大了又会造成浪费。环控机房要达到设备布置、系统安装、气流组织的合理优化须由暖通、建筑、结构、工艺等各专业综合协调及互相配合。

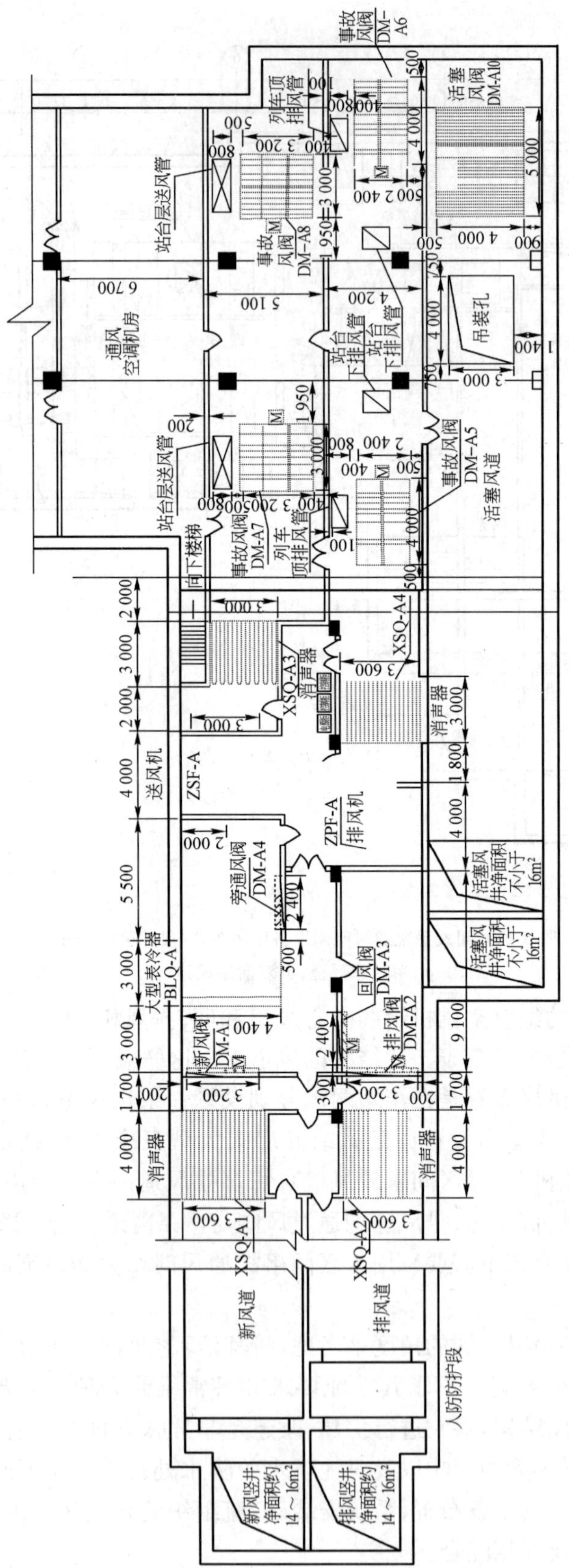

图 8-16 大表冷器布置图（尺寸单位：mm）

思 考 题

1. 简述目前地铁通风空调系统中常见的主要制式及其优缺点。
2. 地铁地下车站通风空调系统由哪几个主要子系统组成？各子系统的作用是什么？
3. 简述地铁通风空调系统的主要运行模式。
4. 简述地铁屏蔽门系统与闭式系统负荷计算的异同点。
5. 图示地铁区间隧道通风兼排烟系统的构成，并描述其运行机理。

第9章 给排水及消防系统

城市轨道交通工程给水系统的主要任务是满足工程生产、生活用水。生产用水包括车站公区域地坪等冲洗用水，车站设备用房洗涤盆用水，空调冷冻机的循环水，冷却循环系统补充水。生活用水主要指车站工作人员使用的卫生间、茶水间等用水。排水系统是及时排除生产废水、生活污水、隧道结构渗水、事故消防废水及敞开式出入口部分的雨水等。消防系统包括消火栓系统、自动喷水灭火系统、气体灭火系统和灭火器设施，可以迅速有效地扑灭各类火灾，以满足轨道交通工程的安全运营。

9.1 城市轨道交通给排水及消防系统的设计原则

城市轨道交通工程给排水设计主要遵循下列设计原则。

(1)遵循节约用水和综合利用的原则。

(2)给水系统设计须满足车站生活与生产对水量、水质和水压的要求。

(3)排水采用污、废(雨)分流制。

(4)水泵等给水排水设备的选型，本着尽可能采用国产设备，采用技术先进、安全可靠、经济合理和高质量的产品的精神。

(5)生活饮用水水质须符合国家现行生活饮用水卫生标准；排入市政下水道的污、废水，其主要水质指标必须符合有关市政接管水质标准。

(6)水泵按照常规设计，设置可曲挠橡胶接头、阀门、止回阀等。水泵基础设置减振装置。

(7)管道从出入口、风道或专用通道进出车站，不能随意穿侧墙(连续墙)。

(8)给排水管道应采用防止杂散电流腐蚀的措施。

(9)给排水设备的选型，采用技术先进、安全可靠、经济合理并经过实践运营检验的国产化产品，规格尽可能统一。

城市轨道交通工程消防设计主要遵循下列设计原则。

(1)轨道交通工程消防设计贯彻“预防为主，防消结合”的原则。

(2)消防用水量按照全线同一时间内发生一次火灾考虑。

(3)给水系统水源采用城市自来水，每座车站一般由两条不同的城市自来水管引入给水管，并在消防引入管上设防污隔断阀。消防时一般直接从城市管网抽水，不设消防水池；个别市政供水量不能满足消防用水量要求的车站，设消防水池。

(4)消火栓布置，按照任何位置失火，同时要有两股水柱到达的原则。

(5)消防与车站内的生产、生活给水系统分开设置，形成独立的安全可靠的消防供水系统。

(6)除气体灭火采用进口产品外，其余均尽可能采用国产设备。

(7)地下车站设置自动喷水灭火系统；区间隧道内，仅设消火栓给水系统。

9.2 给 水 系 统

城市轨道交通工程地下车站的生产、生活给水管网是独立的内部供水系统，从两根接自市政管网的消防进水管中的任一根接出生产、生活给水管，一般采用DN70管径，单独设置水表后，进入车站，成枝状布置。保证车站生产、生活用水的水质、水量和水压。车站还设开水间，内设电加热开水器，以满足车站职工的饮水需要。在站厅和站台层公共区的两端各设一个DN25的冲洗给水栓，污、废水泵房内均应设置冲洗水斗。

工作人员生活用水量50L/(人·班)，时变化系数采用2.5～3.0；冷却水系统补充水按循环水量(环控专业提供)的2%～3%计，一般取2%；车站内站厅及站台层公共区清扫用水量按2m³/天计；生产用水量和水压根据生产工艺确定；各附属建筑物及站内公共厕所用水量和水压按《建筑给水排水设计规范》(GB 50015—2003)确定。由于受客流量、乘客停留时间等诸多因素的影响，站内公共厕所使用人数变化幅度较大难以确定，公共厕所用水量标准根据经验值通常取20m³/(天·处)。

车站生产和生活用水量按照上述的用水量标准计算。如表9-1所示为重庆市轨道交通3号线一个车站的生产、生活用水量计算，数据仅作参考。

生产、生活用水量计算表　　　　表9-1

序号	用水名称	用水量标准	计算单位及数量	最高日用水量(m³)	备　注
1	职工生活用水	50L/(人·班)	50人	2.5	
2	冷却塔补水	120m³/h	18h	43.2	按循环水量的2%计算
3	冲洗用水	2m³/天		2	
4	公用厕所	20m³/(天·处)	1处	20	
小计				67.7	
5	未预见用水	15%	67.7	10.16	
合计				77.86	

生活水管管径按照设计秒流量确定。

轨道交通车站绝大多数是地下建筑，城市管网地面自由水压力一般不低于0.1～0.2MPa，可以满足车站生活和生产用水要求。因此，凡地下车站，一般均无需设置生活和生产用水加压泵。地面及高架车站需核算市政供水压力，不能满足用水要求的车站设增压设施，一般采用变频泵供水。

地下车站需设置冷却循环给水系统。冷却循环系统主要由冷却塔、循环水泵、补充水和管道及配件组成。冷却循环水泵布置在车站的冷水机房内，冷却塔一般设置在车站主体结构的地面上。根据环控专业提供的冷冻机组所需循环水量和冷却塔规格数据要求选择节能、低噪声(不大于68dB)高效率冷却塔。冷却塔选择规格数据表如表9-2所示。目前大部分选用逆流开式玻璃钢冷却塔，一般规模的车站冷却塔(水量约120m³/h)，每台占地约为2.5m×5m，高度约4.5m，机器质量约1～2t。冷却塔基础设计时应考虑其运转重量，一般为自重的2.5倍左右。基础制作应做好水平，以免影响运转性能。冷却塔台数与冷却循环泵台数对应，一般至少两台，不考虑备用。从生产、生活给水管上引出一根支管作为冷却循环补充用水，接至冷却塔。

冷却塔选择规格数据表 表 9-2

大气压力(Pa)	进塔水温(℃)	出塔水温(℃)	湿球温度(℃)
1.004×10^5	35	30	28.8

9.3 排 水 系 统

城市轨道交通工程排水系统采用分流制，分为污水、废水、雨水系统。原则上采用分类集中，经泵提升经压力窨井后，就近排入市政下水道。污水须设置污水检测井。排水水质必须符合有关排放标准。

生产、生活和消防的排水量分别按照以下标准和基本原则进行计算：工作人员生活排水量50L/(人·班)，时变化系数采用2.5～3.0；生活及清扫排水量按用水量的95%计算，结构渗水量按1L/(m²·天)计。消防废水量与消防用水量相同。

隧道出入口雨水量按重现期为30年一遇的暴雨强度计算，高架及地面站雨水量按暴雨重现期为4年计算。

9.3.1 车站排水

1)污水系统

污水仅为车站工作人员和乘客厕所所有卫生器具排水。站内厕所污水通过管道排入污水泵房内的污水集水池，其有效容积不大于6h污水量，集水池底面设0.1的坡度坡向集水坑，集水池顶板上设有透气管并要求环控专业在泵房内设置排风口。污水集水池设在厕所附近且在污水泵房内，污水泵应带有反冲洗装置。污水经潜水排污泵抽至室外压力窨井后，经污水检测井后排入城市污水管道。一般设置2台潜污泵，一备一用。

2)车站废水系统

车站废水种类：隧道结构渗水，站厅、站台地面冲洗水，环控机房和各类排水泵房洗涤盆排水以及消防废水。

车站主排水泵房设置在车站内线路最低点，一般结合车站端头井布置。泵房尺寸以不宜小于3m×4m，集水池有效容积不小于10min的隧道结构渗水量和消防废水量之和，且不小于30m³。废水泵房一般设置两台泵，一备一用。例如，上海市轨道交通2号线采用CP3152型潜废水水泵，$Q=100\text{m}^3/\text{h}$，$H=22\text{m}$，$N=15\text{kW}$。但当地铁靠近河浜时，废水泵房中设置3台泵，以防水灾事故。如上海市轨道交通1号线的新闸路站和黄河路站，分别位于苏州河两旁，两站废水泵房内均设3台泵，按两用一备设计。潜水泵应带有反冲洗装置。

污、废水泵房内分别设置冲洗龙头。站厅和站台的地面冲洗废水、消防废水由设在站厅的地漏汇集，站厅层两侧每隔50m左右及在一些有排水要求的设备用房布置地漏，并通过De110排水立管接入线路道床排水沟。站台层可以不设地漏，直接从站台溢入两边线路道床明沟，站台板下的地坪应有2%的坡度坡向道床明沟及废水泵房。茶水间废水通过排水管道排入线路道床明沟。出入口通道和站厅连接处设置横截沟，沟内设置De110地漏，其排水立管接至道床明沟。隧道结构渗水经侧墙泄水孔排入线路道床明沟，汇集至废水集水池(池内设吸水坑，池底以不小于1%的坡度坡向吸水坑)。由废水泵房的潜水废水泵提升至室外压力窨井，然后排入城市下水道。

3)车站雨水系统

车站敞开式出入口的设计雨水量按照30年一遇的暴雨重现期计算,高架区间雨水设计重现期采用4年。敞开式出入口的自动扶梯下面设集水坑和雨水排出潜水泵,一备一用。泵提升雨水经压力窨井后,再排入市政雨水管道系统。

9.3.2 区间排水

1)区间主排水泵房

区间主排水泵房主要排除结构渗漏水、事故漏水、凝结水和冲洗及消防废水,设在线路纵坡最低点。每座泵站所担负的区间长度,单线不宜大于3km,双线不宜大于1.5km,当主排水泵房所担负的区间长度超过规定,而排水量又较大时,宜设辅助排水泵房。

地下区间一般采用两个单圆盾构的结构形式,区间主废水泵房通常结合联络通道设置。

单圆盾构施工较容易,已建成的轨道交通线路大都采用单圆盾构。但是由于结构的要求,两个单圆盾构之间要拉开至少5~6m的距离,线路占地较多。受空间所限,有时需要采用双圆盾构的结构形式。

主排水泵房集水池有效容积不宜小于30m^3,当用盾构法施工的区间排水泵房集水池有效容积不能符合上述规定时,则必需满足水泵安装要求,并确保每小时开泵次数不得超过6次。

废水自潜污泵提升排至地面压力井后,再排入地面雨水管网系统。每座泵房设2台及以上潜水排污泵,平时互为备用,消防时可同时运行。

2)洞口雨水泵房

隧道敞开引道段的设计雨水量按照30年一遇的暴雨重现期计算,宜设3台泵,集水池有效容积不小于最大一台泵5~10min的出水量。

9.3.3 局部排水泵房

局部排水泵房设在局部低洼不能自流排水的地方,如地铁折返线车辆检修槽的端部、自动扶梯机房等处。集水池有效容积按不小于10min渗水量与平时冲洗废水量之和确定。

9.3.4 控制方式与要求

1)排水水位控制

控制原则:主废水泵及雨水泵采用现场水位自动控制、泵房内手动控制;车站控制室集中控制,并在控制室内显示排水泵工作状态和水位信号。

车站主废水泵集水池水位控制:停泵水位、第一台泵启动水位、第二台泵启动水位及最高警戒水位。

污水泵及局部排水泵由现场水位自动控制、泵房内手动控制;车站控制室显示排水泵工作状态和水位信号。

车站污水池水位控制:停泵水位、开泵水位、最高警戒水位。

区间内排水泵房及洞口雨水泵房除控制系统外,一般设置最高警戒水位的自动报警装置,以便在自动启动失灵时及时报警到附近车站的防灾控制室。

2)冷却循环系统控制

冷却循环系统控制方式与环控冷冻机同步,由环控电控室就地控制和车站控制室集中控制,并能在控制室显示设备的工作状态。

9.4 人防给水排水

9.4.1 人防设计的有利条件

无论平时和战时，城市轨道交通都应充分发挥其交通作用，是兼顾人民防空的交通工程，因此，要同步设计。一是沿线人民防空工程规划应与轨道交通相连通，使轨道交通更能充分发挥战时的疏散干道和连通道的作用；二是战时防护和平时使用相结合；三是战时的内部设备充分利用平时已有的设备。轨道交通工程有许多有利条件，例如埋深较深，有较高的结构强度等，充分利用这些条件，可以降低兼顾人民防空设计所增加的费用。

兼顾人民防空设计范围应包括地下车站、地下区间、地下车辆存放库、地下主变电所等相关地下设施。但地下车站形式较复杂，有些车站一半在地面，一半在地下，还有些车站中间做敞开式的天窗，此时，可视各条线路的地理位置及具体情况，确定设防与不设防。

9.4.2 人防给排水设计

(1)给水系统的设计应优先利用城市给水管网和地铁工程平时给水系统供水，战时各防护单元应自成独立系统。

(2)每个车站加一个区间隧道作为一个防护单元。车站作为战时人员临时掩蔽部，掩蔽人数按 1 000 人设计。战时水箱容量按每人每天 3L，保障给水天数为 5 天。每个防护单元水箱有效容积 $15m^3$(如 3.5m×2m×2.5m)。水箱采用食品级玻璃钢水箱，每个水箱设 4 个水龙头。水箱水源从车站内的给水管上接入，水箱排水管排至水箱附近的地漏，地漏排向废水泵房，由废水泵房内的泵提升至室外排水管网排出。

(3)人员饮用水也可储存桶装纯净水或矿泉水，并按每 50～100 人配置一台饮水机。

(4)设计施工时要预留、预埋好进水管、排水地漏及排水管等各种预埋件，进水管管径 DN50，废水经水箱附近的地漏排向平时使用的废水泵房，由废水泵房内的泵提升至室外排水检查井。

(5)进出地铁(含车站及区间隧道段)的给水管、消防水管、循环冷却水管、压力排水管等均应在人防工事内侧设防护阀门，防护阀门工作压力不小于 1.0MPa。防护阀门应设在便于操作处，并应用色漆明显标志。在穿越人防密闭墙、密闭门框框墙、临空墙、防护单元隔墙等处必须预埋密闭套管。平时，可不安装防爆波闸阀，在相应位置设置同直径同长度短管，临战前换装防爆波闸阀。

(6)进、出地铁的消防管、循环水管均可在人防工事防护密闭门内侧安装一段法兰短管及可曲挠橡胶接头，临战时拆下法兰短管，用堵头封堵。

(7)人防口部需设洗消污水集水井，集水井可与平时排水井(如自动扶楼集水井)相结合，人防出入口的密闭通道地面上应设洗消排水口，收集洗消污水排向洗消污水集水井。洗消污水的排放可利用地铁集水井中的废水泵排出。若平时不设废水泵，洗消污水的排放可由人防专业队伍解决。

(8)地铁每个战时出入口内设一个供墙及地面冲洗用的冲洗龙头，冲洗水管可从给水管或消火栓给水管上接入，管径可采用 DN25，冲洗水管在穿越密闭墙处设密闭套管，并在人防工事内侧(指密闭门后的人防清洁区)设工作压力不小于 1.0MPa 阀门，冲洗水管在染毒区平时接堵头，战时接冲洗龙头。

(9)人防范围内的给水管、洗消排水管采用镀锌钢管，丝扣连接。给水管、消防水管、循环冷却水管、冷冻水管等穿过地铁外墙时应采取防震、防水措施。

(10)区间排水泵房的排水管排出方向，应在车站不设防护隔断门一端的端头井内引出排至地面。

(11)人防内污、废水系统采用压力排水方式排出人防，但在隔绝防护时，车站人防内不得向外排水。

(12)对于穿越人防的膨胀水管，在人防内侧应加装工作压力不小于 1.0MPa 的闸阀，并在穿越处设密闭套管。

9.5 消防系统

地下车站一般布置成上下两层(上层为站厅层，下层为站台层)，与地下隧道构成地下的半封闭建筑工程。车站投入运转后，站内各种电器设备密集，乘客熙熙攘攘。一旦发生火灾，长长的线路隧道内的温度升高，浓烟滚滚，乘客难以疏散，消防队员不易进入扑救，对人民生命财产会造成严重损失。据国内外有关资料介绍，造成地铁损失最大的是火灾。因此，应将轨道交通工程消防设计作为重要的地下工程对待，设计中考虑设置完整的消防系统。

1)消防水源

城市轨道交通工程消防设计中一般不设消防水池，直接从城市自来水干管引入二路进水。因设置消防水池必然增加车站内消防泵房面积，进而造成整个车站用房面积的增加，不利于节省土建工程造价。一般设水池泵房面积比不设水池泵房面积至少增加 $30m^2$ 左右，车站土建造价相应增加，再加上消防水池本身的造价，投资要增加较大。为了达到消防水压要求，如果采用车站内的消防泵直接从市政管网上吸水的方式，就省去了消防水池的占地，而且可以充分利用市政管网的压力，减少了设备，符合并节省投资。且轨道交通工程全线只按同一时间内发生一次火灾考虑，消防设备使用几率很低，对市政自来水管网不会有大的影响。有些地区的轨道交通工程，是否设消防水池需遵照当地有关部门的规定。

2)消火栓系统

消火栓给水贯穿整个线路，每个车站的服务范围为车站本身及其两端 1/2 的区间，并考虑到前后两站增压泵事故情况下向邻站增压送水。因此，消防泵的服务范围为本站至两相邻区间。为保证供水安全，消防管在车站内连通成环状，区间的消防管由车站环状管网上接出，并在区间中部连通，连通管处设手动电动阀门。由于区间的埋设深度往往较深，在出口压力大于 0.5MPa 的消火栓处需采取减压措施。

消火栓用水量：地下站 20L/s，地下区间 10L/s，高架站及停车场根据建筑规模按《建筑设计防火规范》(GB 50016—2006)的要求确定。火灾延续时间为 2h。每股水枪流量为 5L/s，最不利点充实水柱大于等于 10m。

地下站站厅层和站台层均设消火栓箱；车站内消火栓采用单阀单出口型，布置间距为不大于 30m；在岛式站台层、设备区的尽端及长度大于 25m 的出入口等处可设两个单阀单出口消火栓，布置间距不大于 50m；并保证车站范围内任意点均有不少于两股充实水柱可同时到达。区间隧道每 50m 设一个单口消火栓，不设消火栓箱、水龙带及水枪，将水龙带放在邻近车站端部的专用消防箱内。

消火栓管网在每个车站外设消防水泵接合器，水泵接合器一般靠近车站出入口或风道，距每个消防水泵接合器40m范围内设相应数量的室外消火栓，如有条件可利用附近其他建筑的室外消火栓。

同时，消火栓干管布置成环状，站厅层水平成环，站台层纵向成环。站厅层管道基本上布置在站厅两侧的离壁式隔水墙上方。干管管径为DN150，每隔5个消火栓箱置一只阀门。地下车站及区间隧道的给水干管变坡点的最高点设排气阀，最低点设泄水阀。在车站两端与区间的连通管上必须设阀门。

消防水泵控制设计为泵房内手动启闭；消防箱内按钮启动(只能开，不能关)；车站控制室遥控；防火中心监测遥信显示。

每条行车隧道设置一根消防干管，平行的两条区间隧道的消防干管均与车站的消防管连接并在车站设连通管，使车站和区间形成环状管网。

在车站地面设置两只DN100地上式(或墙壁式)水泵接合器。在距水泵接合器15～40m范围内设置与水泵接合器配套供水的地上式市政消火栓。

所有进出车站主体的消防管道都同时考虑人防要求。如图9-1所示为岛式站台车站消火栓系统示意图。

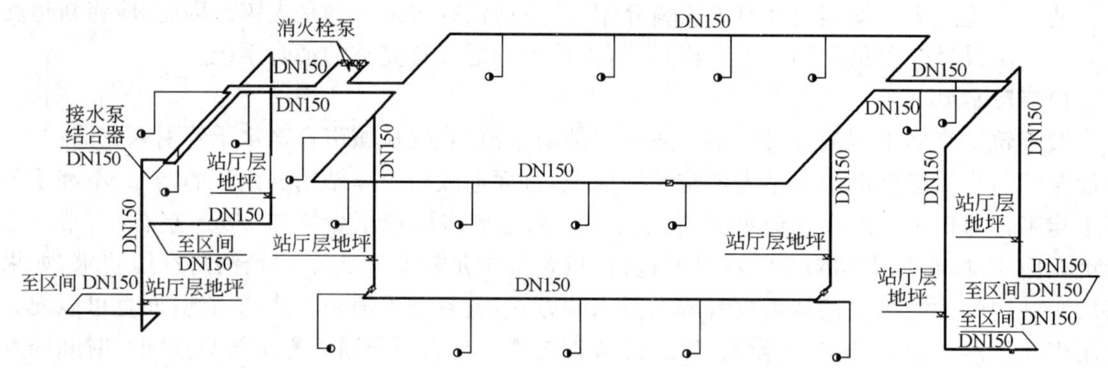

图9-1 岛式站台车站消火栓系统示意图

3)自动喷水灭火系统

自动喷水灭火系统一般设在地下车站的站厅、站台层公共区、长距离出入口通道、结合车站的商业开发等部位。在《地铁设计规范》(GB 50157—2003)中，并没有规定地铁工程必须使用自动喷水灭火系统。而在上海市《城市轨道交通设计规范》(DGJ 08-109—2004)中，明确规定“地下车站的站厅层、站台层的公共区及长度超过100m的出入口通道应设置自动喷水灭火系统设施。”

由于地铁工程处于地下，只有室内空间且空间连续性强，防火分隔困难；地铁内人员密集，空间相对狭小，氧气供应量不足，火灾时发生不完全燃烧产生浓烟，并致使一氧化碳、二氧化碳、二氧化硫等有毒气体的浓度迅速升高，高温烟气的扩散流动，使地铁内环境迅速恶化，能见度降低，给人员逃生和消防人员扑救造成更大障碍。2003年韩国大邱发生的重大地铁火灾，使世界各国更加重视地铁消防设施的建设和管理。考虑诸方面的因素，上海市在其2004年颁布的《城市轨道交通设计规范》(DGJ 08-109—2004)中，规定了自动喷水灭火系统的使用范围。

自动喷水灭火系统具有很高的灭火、控火率，能够及时扑灭初期火灾，降低火场温度，并具有报警功能，而且不污染环境。

地铁车站的自动喷水灭火系统按中危险Ⅱ级考虑。喷淋消防专用泵与消火栓泵采用合建式消防泵房。合建式消防泵房长度约8～10m，宽度4～5m。系统总管由车站消防泵房引出，经过湿式报警阀、信号蝶阀、水流指示器接至保护区域。

设置喷淋消防泵两台，一备一用，喷淋泵设稳压装置。喷淋系统中设有控制阀、ZSS型湿式报警阀、延时器、压力开关、水力警铃、系统试验装置和压力表、系统放水阀门和管道。控制阀设有启闭指示装置，还设有水流指示器，在喷淋干管顶部设自动放气阀，喷头布置间距为3.6m，楼梯口喷头加密布置；采用闭式喷头，耐受温度为68℃（显红色）。喷头安装在风管的下部，具体位置与车站装修工种配合。

水喷淋泵的启动控制可由报警系统驱动或机械手动控制、泵房内手动控制或中央控制室遥控。

在车站地面上设置两只DN100地上式喷淋水泵接合器，并且在15～40m距离范围内设有配套市政消火栓（含本来就有的市政消火栓）。自动喷水灭火系统示意图如图9-2所示。

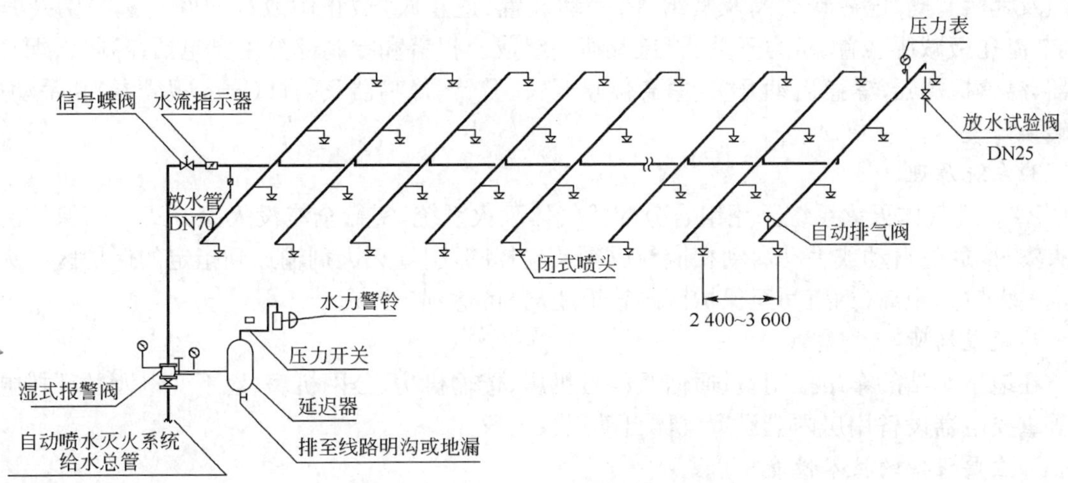

图9-2 自动喷水灭火系统示意图（尺寸单位：mm）

4）灭火器设施

灭火器的设置按现行《建筑灭火器配置设计规范》（GB 50140—2005）的规定执行。地下车站火灾危险等级为严重危险级。

9.6 气体灭火系统

轨道交通工程大多处于地下，不仅包括地下站厅、站台、区间隧道，还包括车站控制室、通信及信号机房、车站变电所、环控电控室等电气设备用房。对于这些电气设备用房，传统的水灭火系统不适用，目前多用气体灭火系统来保护。

1301固定灭火系统是目前国际上使用效果最好的气体自动灭火系统，上海地铁1号线就是采用1301卤代烷。但因1301对臭氧层的破坏，国际《蒙特利尔公约》已明确在近期内分期禁止使用。对于1301的气体永久替代物，目前尚未确认，一般认为有FM-200、惰性气体IG-541及传统的CO_2等。目前上海市轨道交通工程气体消防普遍采用IG-541气体灭火系统，它规范完备，技术成熟，在城市轨道交通工程中被广泛应用。

9.6.1 IG-541 气体灭火系统设计

IG-541 气体灭火系统是美国安素公司已在全球许多国家申报专利的新一代气体灭火药剂,气体灭火及控制部分产品均需由国外进口,其配套的中低压管道系统可以采用国内产品,故其国产化率为50%～60%。应提供24h的AC电源:220VAC,50Hz,0.6A。接地方式为消防专用接地。

1)设计条件

假定所有保护区域内可能出现的最低温度约为16℃,极端最高温度约为32℃,而在通常情况下系统设计计算的环境温度为21℃。灭火时间限于1min内,各保护区的气体最小设计灭火浓度为37.5%(16℃时),最大设计灭火浓度为42.8%(32℃时);钢瓶储存压力为15.0MPa。

2)系统组成

IG-541 气体灭火系统由气体灭火部分和报警控制部分组成。其中气体灭火部分主要由钢瓶及其瓶头阀、电磁释放阀及其组件、手动装置、逆止阀(截止阀或单向阀)、选择阀及其组件、节流孔板减压装置、压力开关、管道及喷头组成。报警和控制部分主要包括控制盘、烟感探测器、温感探测器、紧急启动开关、紧急停止开关、警铃、蜂鸣器及闪灯(声光报警器)和手动/自动转换开关等。

3)系统原理

IG-541 气体灭火系统采用组合分配式气体灭火系统,实行全淹没灭火方式。当保护区发生火灾时,通过自动或手动启动相应释放阀及选择阀,引导灭火剂输送到指定的保护区。灭火药剂最大输送距离(钢瓶间至保护区的管道距离)可达到150m。

4)设置场所

在地下车站的车站控制室、通信及信号机房、传输机房、公网机房、地下变电所及环控电控室等重要电器设备用房内应设置气体自动灭火装置。

5)主要设备的技术性能

(1)钢瓶及其瓶头阀:钢瓶及其瓶头阀满足充装灭火气体的压力要求并不允许有气体泄漏。钢瓶材质具有较高的抗振动冲击、升温过压的强度,并有一定的抗腐蚀性,附有压力检测表的瓶头阀具有优良的密封性。

(2)钢瓶释放组件:电磁释放阀平时应能封存气体,火灾时迅速打开。钢瓶释放组件应包括自动电磁释放阀及手动启动装置,以实施自动或手动启动的应急操作功能。

(3)逆止阀(截止阀或单向阀):能控制集流管上灭火剂的启动流向,实施经济灵活的组合分配。

(4)选择阀:在组合分配系统中能可靠地选择(控制)灭火剂的流向,送到指定的保护区。

(5)节流孔板减压装置:将集流管口的压力减压至可满足喷头流量及喷放时间的工作压力。

(6)压力开关:气体喷放时,向消防自动报警系统(FAS 系统)发送一个气体已释放的信号。

(7)管道及喷头:控制灭火气体的流向及喷射时间。

(8)控制盘:控制盘放置在每个保护区的门外,对每一个保护区应能进行独立控制,控制盘应监视各个保护区内烟感、温感探头的工作状态,火灾时及时送出信号给相应保护区的警铃、声光报警器等报警设施,关闭保护区的防火阀,启动钢瓶启动电磁阀及相应保护区的选择阀,同时输出火灾信号给 FAS 系统，完成火灾判断、灭火及信号输出的功能。故障时控制盘应输出机械故障信号给 FAS 系统，以满足车控室对其监视功能状态下的监视。

IG-541 气体灭火原理如图 9-3 所示。

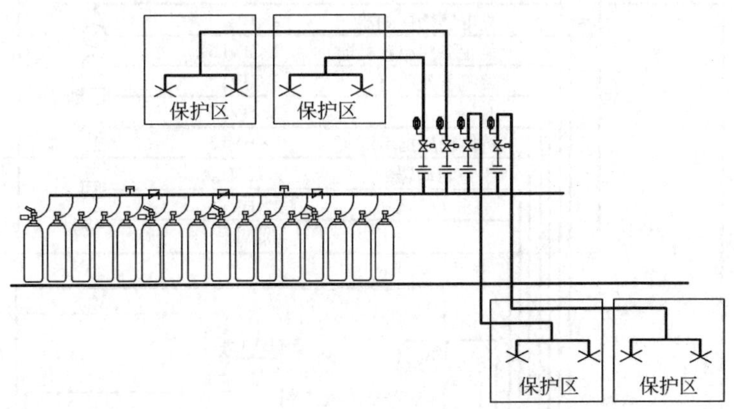

图 9-3　IG-541 气体灭火原理图

9.6.2　系统控制及与其他系统接口

IG-541 气体灭火系统要求同时具有自动控制、手动控制和应急操作三种控制方式。三种控制方式的动作程序如下。

1)自动控制

控制系统处于自动工作状态，系统自动完成火灾探测、报警、联动控制及灭火整个过程。

联动步骤如下。

第一步：防护区内的一组探测回路探测到火灾信号后，控制盘启动被防护区内的警铃，同时向 FAS 系统提供火灾预报警信号。

第二步：同一防护区内的另一组探测回路探测到火灾信号后，控制盘启动被防护区外的蜂鸣器及闪灯和防护区内的疏散指示灯(闪灯)，同时向 FAS 系统提供火灾确认信号并进入延时状态(延时时间 30s)。在延时过程中，控制盘输出有源信号关闭防火阀，打开管道的选择阀。

第三步：延时结束时，控制盘输出有源信号启动电磁阀，气体通过管道进入防护区。压力开关将信号传至 FAS 系统和控制盘，由控制盘启动防护区外的释放指示灯。

2)手动控制

手动控制是指控制盘处在手动工作模式下，在接到紧急释放按钮指令后，控制盘自动实施联动控制并释放灭火剂。

3)应急操作

应急操作是指自动控制和手动控制均失灵或有必要时采用的一种应急操作。该功能的实现是通过在瓶头阀上加装一个机械启动器，用人为的拉力开启瓶头阀释放灭火气体。

气体灭火系统报警及控制原理如图 9-4 所示。

9.6.3　与其他系统接口

1)与低压配电系统的接口

低压配电系统应提供 AC220V/50Hz(一级负荷)的消防专用电源，接口位置设在各保护区气体控制盘进线开关上桩头，辅助联动电源由本系统自行从气体控制盘引出。设备金属外壳和金属支架等应作接地保护，接地方式应使用消防报警系统专用接地。

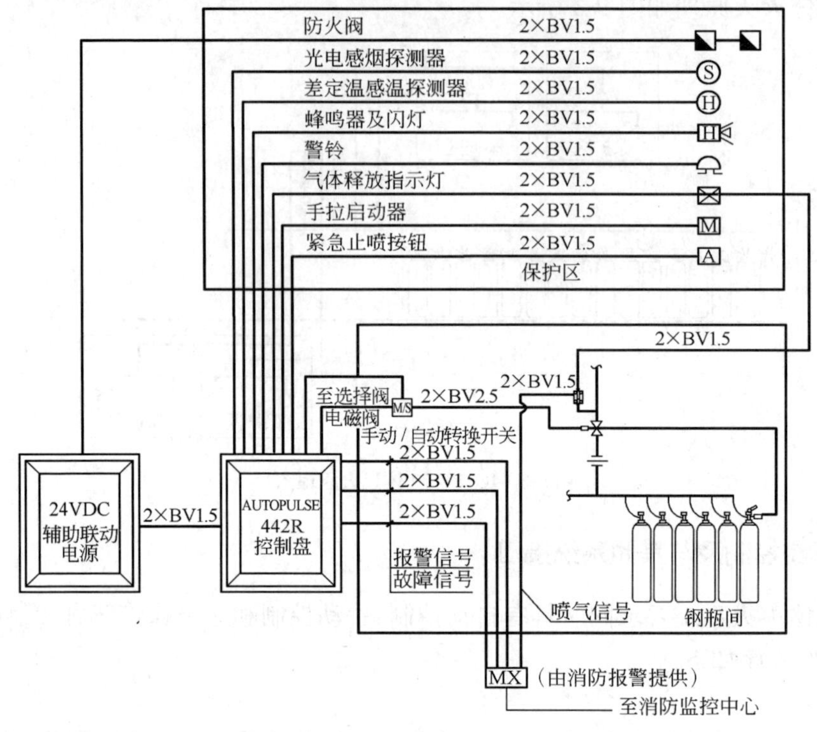

图 9-4　IG-541 气体灭火系统报警及控制原理图

2)与火灾报警(FAS)系统的接口

每个防护区向 FAS 系统发送火灾预报警信号、火灾确认信号、系统故障信号、气体释放信号、自动/手动状态信号及防火阀反馈信号，接口位置在气体控制盘内。气体灭火控制盘与 FAS 系统的接口为硬接点接口。

3)与通风和空调系统的接口

当火灾被一路探测回路确认后，控制盘向防护区内的防火阀输出 DC24V 有源接点信号，将防护区内的防火阀关闭。

4)与土建的接口

防护区应该是一个封闭性良好的防火空间，门应朝外开启并能自行关闭；防护区隔墙耐火极限不小于 3h，楼板不小于 2h，构件(门窗)不小于 0.5h，吊顶不小于 0.25h；防护区围护结构承受内压的允许压强不低于 1.2kPa。

钢瓶间承重不小于 1 341kg/m^2，钢瓶组的房间(钢瓶室)应该是一个独立的房间，设置在各保护区以外，并且有直接通向疏散走道的出口，出口设有可关闭的门和应急照明灯。钢瓶间隔墙的耐火极限不小于 3h，楼板不小于 2h；隔墙上的门采用甲级防火门，门向外开启，耐火极限为 1.2h。

9.6.4　钢瓶间配置

各车站及沿线配套设施需要气体保护的房间附近均要设置气瓶间，由于 IG-541 系统管道在工作时为高压管道，尽可能不穿越公共区，建筑设计尽可能将气瓶间布置靠近保护区。每个气瓶间控制不多于 8 个保护区，如保护区数量过多，则需考虑增设一个气瓶间。

9.7 管　　材

车站外的给水引入管，水表井后管径不小于 DN100，应采用球墨给水铸铁管，小于 DN100 时，可采用给水塑料管或其他符合生活饮用水卫生标准的管材。

敷设在地下区间隧道内的消防管、废水泵房出水管及高架车站站台板下的消防管宜采用球墨给水铸铁管；自动喷水灭火系统水管应采用内外壁热镀锌钢管；设在站厅层、站台层吊顶内的消防管及冷却循环管应采用热镀锌钢管；设在车站内除冷却循环系统之外的其他生产、生活管可采用钢塑复合管、PP-R 管、铜管或其他符合生活饮用水卫生标准的管材。

车站内的排水重力流管道宜采用排水塑料管，排水泵房压力管道宜采用镀锌钢管，车站外的排水管宜采用塑料排水管。车辆设施与综合基地的排水管宜采用塑料排水管。

室外明露的给水管道包括冷却塔循环水、补充水管道须保温。室内公共区吊顶层和管理用房吊顶层的给水管，为了防止管道结露导致滴水，须保温。

思 考 题

1. 地下车站消火栓泵的参数如何确定？
2. IG-541 气体灭火系统有何优缺点？
3. 给排水管道如何进出地下车站？
4. 给排水设备的控制要求是什么？
5. 排水泵房和污水泵房集水池容积应如何确定？

第10章 控制中心

现代化的城市轨道交通系统的控制中心是对城市轨道交通实行集中管理的所在地，其功能是对轨道交通全线进行统一管理、指挥，是轨道交通运营管理的中枢，是对列车运行、电力供应、车站设备、防灾报警、票务管理等方面实行统一调度指挥的监控中心，指挥轨道交通安全有序地运行，在非常情况下，也是对突发事件进行统一处理的指挥中心，同时又是实现全线所有信息交换的枢纽、集散地以及对外联络的窗口。

10.1 控制中心的功能

在城市轨道交通领域内，通常把单条轨道交通线路的控制中心称为OCC(operating control center)，即一线一中心的管理模式。这是最基本的轨道交通控制中心，也是最常见的一种轨道交通运营管理模式。随着轨道交通事业的发展，近些年来还出现了对全市轨道交通所有线路进行管理的TCC(traffic control center)，即轨道交通指挥中心，全市一中心的管理模式。

10.1.1 OCC的功能

控制中心OCC的位置应符合该城市总体规划及轨道交通线网规划，位置一般选择在靠近城市干线、靠近轨道交通线车站、接近监控管理对象的中心地带，方便与其他轨道交通线网连接，并考虑与其他轨道交通线的资源共享。通常每条轨道交通线路配备一个控制中心，负责全线的运营管理和设备监控功能；在某些轨道交通线路的设计当中，还配备了一个备用控制中心，以备在主用控制中心失效后，能够维持线路的正常运行。

OCC控制中心的主要功能和任务是：由控制中心调度指挥人员，通过各类相关的集中监控系统设备，指挥全线列车运行和故障状况乃至灾害状况下列车运行的调整。具体如下。

1)负责本轨道交通线路日常运营的调度指挥工作

OCC控制中心的调度指挥功能通常可分为行车调度、电力调度、环境调度三种功能，在部分新轨道交通线路的建设中，也有将电力调度和环境调度合为综合监控调度的方式。

行车调度主要是基于信号系统，国内通常采用数字音频无绝缘轨道电路或基于无线通信系统的列车自动控制系统(ATC)。调度人员通过操作台的列车自动监控系统计算机(ATS)，即可完成列车进入控制区、运行、进出站、停站、折返、返段、列车进路安排等一系列有关行车的调度指挥行为。

控制中心调度人员主要是通过电力监控系统(SCADA)对全线变电所的运行进行监视与控制，处理供电系统的各种事故及警报事件，实现供电设备控制现代化和电力调度管理自动化，提高列车牵引供电和车站动力照明用电的可靠性和安全性。

环境监控系统(BAS)是利用现代计算机自动控制技术实现对车站的空调通风、给排水、照明、电梯、扶梯和安全门等设备进行全面系统的自动化监控和管理,确保其发挥最佳作用,维持地下车站和区间隧道适宜的温度、湿度,保证给排水、照明、电梯、扶梯和安全门等设备自动、安全运行。在发生火灾、列车阻塞等事故情况下,能够迅速及时协同火灾报警系统(FAS)、列车自动控制系统转入灾害运行模式,保护乘客安全,将灾害损失减到最小。此外,BAS系统能根据一年四季不同的气象条件与列车运营状况自动按照设定的模式运行,在满足环境标准要求的前提下,尽可能降低车站设备的运行能耗。

此外调度人员还可通过综合显示屏、专用调度电话、无线调度电话、闭路电视监控系统等多种方式实现对车站、车辆、驾驶员的监控和联络,确保万无一失。实现列车按运行图行车,达到"安全、准时、高效、快捷"的目标。

2)实现对本线路所属的各机电设备系统的运行监控及维修调度

OCC控制中心是线路各机电设备系统的监控管理中心,各设备系统中心负责收集所管辖的车站设备的各种数据,提供各专业系统设备的运行状态、故障信息和运营基础数据信息,已备运营单位的设备管理人员及时掌握该设备系统的工作状态,随时根据运营状况对设备系统进行监视和控制,保障本专业系统设备的正常运营。

一般来讲,具备控制中心的专业设备系统的有信号系统、通信系统、供电系统、自动售检票系统、环境控制系统、火灾报警系统、乘客信息系统、综合监控系统等,电/扶梯系统、通风空调系统、安全门系统等车站独立设备系统没有自已的控制中心,设备的运行状态、故障信息是通过环境控制系统或综合监控系统来完成接入的,从而实现在OCC控制中心实现机电设备远程监控管理的功能。

在掌握了全线的机电设备运行情况后,由控制中心的维修调度员负责正线运营各机电设备的维护保养许可,及时调动各专业维修人员进行维护保养和故障处理工作。

3)负责本线路运营的组织协调,完成突发事件时的指挥和恢复工作

OCC控制中心是整条线路的运营管理中心,负责轨道交通运营管理具体执行单位,对于行车运营相关的各部门进行协调。当有突发事件或灾害事件发生后,控制中心也就是紧急情况的处理和指挥中心,通过大屏幕显示系统和各机电设备控制系统及时掌握行车状况和紧急事件的发展态势,从而使各级领导和管理人员迅速、准确地处置事件,完成各种指令的下达,确保人员和财产的安全。

4)实现与上级管理部门、外部单位之间的数据交换和资源引入功能

OCC控制中心还是本轨道交通线路与上级管理部门和外单位进行信息交互的窗口。轨道交通系统也需要外界的资源和支持才能正常运作,主要是供电系统、通信系统和火灾报警系统。电力供应来自城市电网,作为整个城市电力调度的一部分,轨道交通的供电系统也需要将本系统的主要状态参数反馈给城市电力调度中心;同样还有火灾报警系统,也需要将火警信息及时传至城市消防控制中心;来自城市电信部门的语音、数据资源则是整个轨道交通与外界保持通信和资源互享的基础。这三大功能也是包含在控制中心基本功能中的。

在国内现代轨道交通建设中,资源开发工作往往是建设的重要组成部分,其收益也是轨道交通建设和运营资金的重要来源之一,其中通信资源和乘客信息资源也是依赖于OCC控制中心接入的。

5)实现运营部门与乘客之间的信息交流和存储

轨道交通的服务对象是广大人民群众,时刻保持与乘客之间的信息交流成为提高轨道交通运营服务质量水平的重要手段。这一功能主要是通过乘客信息系统和服务热线系统来实现

的，将乘客所需要的列车运营、新闻时事、天气预报等信息通过多种方式传达给乘客。

6)OCC 的扩展功能

近些年来的 OCC 建设方式中，为充分利用建筑物的使用空间，以及运营管理资源的共享，工程造价的降低和统一调度指挥的方便，在一家建设运营单位的前提下，往往是几条线路的控制中心在一起建设，如广州市公园前站控制中心(轨道交通 1、2 号线控制中心)，南京市珠江路站控制中心(轨道交通 1、2 号线控制中心)。多线一中心的方式为建立整个城市的轨道交通指挥中心奠定了良好基础，在现有的技术条件下，初步实现了信息共享，实现了多线的协调统一指挥；在城市近期的轨道交通建设中还可承担城市的轨道交通管理中心功能，远期可成为区域轨道交通管理中心。

这样的多线合一的控制中心也往往和物业开发结合在一起，附属的建筑空间可以为轨道交通建设/运营管理公司提供办公场所，更可以作为物业开发，为轨道交通建设和运营资金提供补充来源。

10.1.2 TCC 的功能

随着国内社会经济发展，城市规模的扩大及轨道交通线路的增多，对整个城市的轨道交通协调管理提出了新的要求。一些新的轨道交通投资建设模式的出现，使整个城市轨道交通的建设、运营方各不相同，如何共享资源、协调发展也提出了新课题。

在这样一种情况下，为保证城市轨道交通路网的安全、集约、高效运营，为乘客提供优质服务，必须对城市轨道交通路网运营进行统一调度指挥，实现调度指挥中心建设、运营组织协调和突发事件应急处置的统筹规划、集约建设和统一管理。TCC 就应运而生，TCC 是整个城市的轨道交通管理中心，是适应多线路、多运营商状况下的网络运输协调、突发事件处置等需要。TCC 作为公共交通管理的一部分，应由该城市政府统一建设、统一运营管理，协调城市交通管制。TCC 的具体功能包括：组织研究制定线网运力配置计划，并监督执行；组织研究制定线网调度规则；负责审查各运营商突发事件应急处置预案，组织制定线网各运营商间突发事件应急处置配合预案；协调指挥线网突发事件应急处置；向市政府应急指挥中心及政府相关部门报送突发事件应急处置工作信息；根据网络化运营管理的需要，参与轨道交通建设；组织制定指挥中心与各线控制中心的通信接口、设备要求、配置方案，审核线路控制中心的工程建设方案及系统招标文件；组织线网各运营商提出线网票制、票价调整建议方案；组织制定自动售检票系统的技术、业务规则及其相关技术标准，审核各线 AFC 系统工程建设方案及系统招标文件；负责轨道交通线网单程票的发行、管理，负责轨道交通线网单程票、一卡通储值票的清算业务；负责线网自动售检票系统运行监管，应急处置的协调指挥；负责线网运营情况的信息汇总、统计分析及向市政府相关部门报送工作；组织制定轨道交通线网乘客信息的发布规则；完成市政府主管部门交办的其他工作。

10.1.3 OCC 与 TCC 的关系

OCC、TCC 都是城市轨道交通不可或缺的重要组成部分。由前文所述，两者的功能定位和分工是不同的，OCC 侧重具体线路的管理和控制，直接监控所管辖线路各设备系统的运行；TCC 侧重于整个城市的轨道交通协调，对各线路的设备系统只监不控，通过对采集自 OCC 的信息进行分析和处理，达到统一协调管理城市轨道交通的目的。

OCC 是 TCC 的基础，而 TCC 是 OCC 的提高，两者在现代城市轨道交通建设中密不可分。在我国目前的轨道交通建设中，当处于建设初期，投资单一，可以采用一线一中心的 OCC 方式，或多线一中心的方式。这时的多线一中心的 OCC 可以兼顾 TCC 的功能。在国内新线建设中，综合监控系统或综合信息系统等综合设备系统的建设也为这种建设模式提供了技术基础。在建设的中后期，则可建设综合性的 TCC，统一管理城市的轨道交通，原有的 OCC 则可作为具体执行命令的基础。若已有多线一中心的 OCC，则可成为区域性的管理中心，承担城市的分区域轨道交通管理功能。如图 10-1 所示。

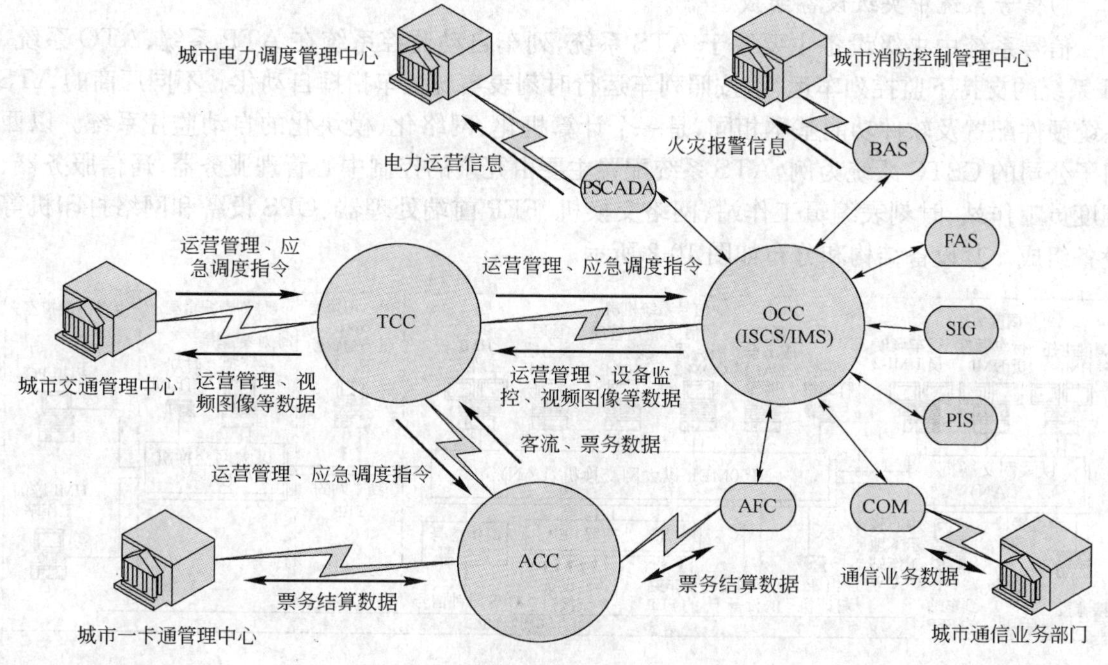

图 10-1　OCC 与 TCC 的结构关系图

10.2　控制中心的技术设备

控制中心功能的实现依赖于各设备系统的组成，在轨道交通各机电设备系统中，信号系统、通信系统、供电系统、自动售检票系统、环境控制系统、火灾报警系统、乘客信息系统、综合监控系统等具备自己的中央级控制设备，电/扶梯系统、通风空调系统、安全门系统等车站独立设备系统没有自己的中央级控制设备，车站级设备的运行状态、故障信息是通过环境控制系统或综合监控系统来完成接入的，从而实现在 OCC 控制中心实现机电设备远程监控管理的功能。在近期的新线建设中，车辆系统的监控也纳入了控制中心的管理范围，下面就各设备系统控制中心部分的组成和功能作以下介绍。

10.2.1　信号系统

信号系统中的列车自动控制系统（automatic train control，ATC）是城市轨道交通系统中保证行车安全、缩短列车运行间隔、提高列车运行质量的先进控制设备。ATC 系统由列车自动监控系统 ATS（automatic train supervision）、列车自动防护系统 ATP（automatic train protection）、列车自动运行系统 ATO（automatic train operation）和计算机连锁系统 CI（computer interlocking)组成。其中ATS系统根据列车运营时刻表,自动监控列车运行,并实现列车运行的调整。ATP系统是保证列车运行的重要安全设备,自动控制列车运行间隔和超速防护。ATO系统在ATP系统的基础上,实现列车自动驾驶,优化列车运行曲线,并在车站站台准确停车。CI系统是保证列车进路上的道岔位置正确和运行安全。位于控制中心的信号系统设备主要承担的是ATS功能和系统管理维护功能,所以主要以中央级ATS设备为主,管理维护设备为辅。

1)信号系统中央级设备组成

信号系统中央级设备主要属于ATS系统,列车自动监控系统在ATP系统、ATO系统、CI系统的支持下监控列车运行,按照列车运行时刻表实现行车指挥自动化。不同厂商的ATS系统硬件配置及软件功能基本相同,是一个计算机化、网络化、模块化的自动监控系统。以西门子公司的CBTC系统为例,ATS系统配置主要由冗余的控制中心管理服务器、通信服务器、调度员工作站、时刻表编辑工作站、网络交换机、FEP前端处理器、UPS设备和网络打印机等设备组成。其设备结构和分布如图10-2所示。

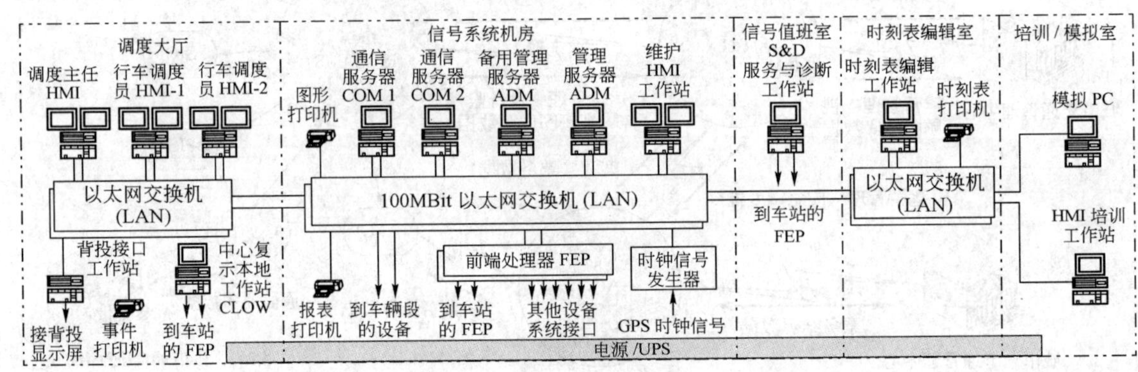

图10-2 控制中心信号系统结构图

OCC信号系统的主要自动化功能(ATS系统)、自动进路排列(ARS)功能和列车自动调整(ATR)功能都位于通信服务器上。通信服务器接收来自ATP系统、ATO系统和CI系统的实际状态信息,并向这些系统发送控制命令。ATS和车站设备之间通过冗余的以太局域网通信,冗余热备配置的COM服务器确保在出现故障时来自/送往COM的现场信息的即时转移,无数据丢失且不影响运行。通信服务器还与时刻表编辑工作站交换列车运行时刻表数据。

管理服务器包含有主数据,并为ATS功能提供报告功能、综合数据管理和存档,一个备用ADM服务器提供冷备冗余。

调度员工作站各自配备2台显示器。一台工作站由总调度主任使用,另两台由线路调度员使用。这些工作站的配置完全一样,并且是可互换的,因为各工作站具有同样的硬件和软件结构及相同的控制功能。

时刻表编辑工作站包括一台时刻表编辑计算机和打印机,用于时刻表的生成、编辑、修改和保存。

前端处理器在OCC和每个联锁站信号设备室的前端处理器(FEP)均采用冗余配置,并提供ATS系统和外部接口之间的连接。

服务与诊断工作站通过光纤远程直接连接到车站局域网络中,获取ATP等系统设备的运行状态和故障信息，及时进行诊断工作，保证系统正常运行。

HMI培训工作站可以装载时刻表，控制由模拟PC模拟的列车和各种信号系统设备，保证了操作员可以在逼真的常规运行环境下得到培训。

2)信号系统中央级设备功能

信号系统中央级设备主要由ATS设备构成，因此实现的功能也主要是ATS功能，主要有自动进路排列、列车自动调整、时刻表管理、列车识别号跟踪、监督和报警、系统数据管理、统计和报告等功能。

自动进路排列是指ATS系统有不同的控制等级，有控制中心自动或人工控制模式，车站自动或人工控制模式，其中在自动模式下，列车可根据当天运行时刻表确定列车进路命令，当列车占用进路的出发点后，车站远程终端将进路控制命令传给计算机连锁系统，完成自动进路排列。

列车自动调整是指ATS系统自动监督列车运行位置和运行，以确定列车是否按当天时刻表运行。列车运行调整软件按当天运行时刻表自动调整，当列车早点或晚点到达车站时，用改变列车停站时间方式；当列车延误或提前发车时，用改变站间行车时间方式。当列车运行偏离运行图已经很大时，调度员可通过策略选择程序做出最佳判断，并由计算机显示出可用方案。策略选择程序以固定的时间量偏移时刻表，使时刻表滞后、取消/增加列车、取消/增加列车之间的间隔、列车跳站、单独追踪等方式进行列车运行调整。

时刻表管理是指时刻表定义了一整天的运行计划，不同运营时间如工作日、节假日等使用不同的列车时刻表。列车时刻表按照用途可分为基本时刻表、实施时刻表和实际时刻表三种。计划人员使用专用时刻表工具软件管理在线或离线基本列车时刻表，可根据不同的运行要素编制基本时刻表，由计算机自动生成列车时刻表，并自动生成运行图。每天运行开始前，调度员从系统内调出一个基本时刻表，经确认或修改，即成为当日实施时刻表。ATS系统根据列车实际运行情况，绘制成实际时刻表(运行图)，由系统记录保存，需要时可打印输出。

车识别号跟踪、传递和显示是指每列车开始运营前，采用列车识别号来标志。列车识别号由列车表号、车次号、车组号、目的地号组成。列车识别号可由调度员人工输入或计算机按照实施运行图自动生成，经调度员确认生效。系统提供允许人工输入、删除、替换和移动列车识别号的操作功能。ATS系统可以自动完成控制区内和车辆段的列车识别号实施跟踪。识别号随着列车的走行，从一个车次窗向下一个车次窗移位、显示。

监督及报警是指当列车运行或信号设备发生异常时，中心计算机自动将有关信息在调度员工作站报警窗中显示报警，对重要的报警有声光报警，以引起调度员的注意。

系统数据管理是指系统数据管理可实现系统模拟、回放和模拟显示管理等功能，系统模拟功能在培训工作站上模拟运营操作，利用备用计算机离线进行练习或培训，回放功能提供在工程师工作站上再现运营某个事件，进行数据收集和收集数据的回放，以便事后分析。模拟显示管理功能显示正线、停车线、车辆段等现场信号设备状态，列车运行及车次号信息，并通过网络不停地传送到背投大屏幕显示控制计算机，将信息在背投大屏幕上显示出来。

统计和报告是指系统对所有操作命令都加以收集和存储。系统收集的所有数据应用于统计报告，以评价和分析信号设备的动作过程，有助于决定是否需要预防性维护。系统自动生成的报告包括：日常运行报告，记录所有列车每日的运行结果、计划报告，记录基本运行时刻表和实际运行时刻表的信息、人工控制命令报告，列车早晚点报告，准点率统计报告，兑现率报告，基础信号设备状态报告和与运营有关的统计报告。

10.2.2 通信系统

通信系统COM(communication)由传输、无线、公务电话、专用电话、闭路电视、广播、时钟、电源及接地、集中维护告警系统、公共通信、公安通信等子系统组成，构成传送语言、文字、数据和图像等各种信息的综合业务通信网。通常除了公安通信子系统外，其余子系统均在OCC设置有自己的中央控制设备。

1)传输系统

目前可选的轨道交通传输网构建技术主要有：SDH(同步光数字传输网)、ATM(异步传输模式)、OTN(开放式传输网络)、MSTP(基于SDH的多业务传输平台)以及RPR(弹性分组环)技术。国内轨道交通多采用OTN、MSTP技术组网。传输系统的网络构成可有两种拓扑结构：一种是双环结构，以控制中心(或某一个车站)为相切点，构成两个相切的小环；另一种是大环结构，将所有节点连接组成一个大环。通常在线路不是很长且无支路，车站不是很多的情况下，多采用大环结构，且为避免出现长距离光传输，采用隔站相联组网成跨接环，形成双纤自愈环保护工作方式。

控制中心也是其中的一个节点，为保证轨道交通各设备系统的数据和语音业务的传输，控制中心传输节点箱的设备最多和最全的，除基本的控制板、电源板、交换办、连接节点箱的光纤通道板外，通常还配置了E1接口板、低速数据板、以太网接口板和视频解码板等业务接口板，同时还配属相应的光纤配线架和综合配线架。传输系统在控制中心设置一套网络管理系统，它可对所辖传输平台内的节点设备实施集中的网络管理和监控。为方便网络管理，网管终端设置在控制中心的通信网管室。该网管系统可以完成：故障管理、性能管理、配置管理、安全管理、日志管理。控制中心通信系统结构如图10-3所示。

控制中心传输系统实现的功能有：满足各设备系统的信息内容及其传输容量的要求，提供中央设备所需的业务接口；光传输系统从逻辑上提供保护通道，并利用两条隧道中的光缆，从物理上构成自愈环，确保传输系统的可靠性；通信网的各节点，可为各设备系统提供点对点直通式、一点对多点共用式及总线式等信道形式；系统具有自诊断功能，可进行故障管理、性能监视、系统管理、配置管理，并具有集中告警维护、统一管理的网络管理功能；系统具有扩展性，并能平滑升级；留有对城市其他轨道线路以及上级管理中心的通信接口等。

2)无线通信系统

轨道交通无线通信系统主要用于解决调度员、车站值班员等固定人员与驾驶员、车站及车辆段勤务人员、防灾人员、维修人员等流动人员之间，以及流动人员与流动人员之间的通话及数据传输问题。它对行车安全、提高运输效率和管理水平、改善服务质量提供了重要保证。同时，在轨道交通运营出现异常情况和有线通信出现故障时，亦能迅速提供防灾救援和事故处理等指挥所需要的通信手段。覆盖区域包括：轨道交通运营线路、轨道交通沿线车站和车辆段。

国内轨道交通无线通信系统多采用TETRA数字集群移动通信制式，组网方式为单交换机＋多基站＋多直放站方式，系统由控制中心集群交换机、网络维护管理设备、车站TETRA基站、车站固定台、光纤直放站、列车车载台、移动人员便携台、漏泄同轴电缆及天线组成。各个基站设备通过光传输系统提供的E1接口与控制中心集群交换机星型相连。以南京地铁为例，在珠江路控制中心设置集群系统网管和直放站网管，完成系统参数和用户参数的设置，以及系统设备故障告警、事件存档记录的功能，对南京轨道交通无线通信系统进行管理。设置调度台5台，分别为：行车调度1、行车调度2、维修调度、环控调度及车辆段调度。除车辆段调度

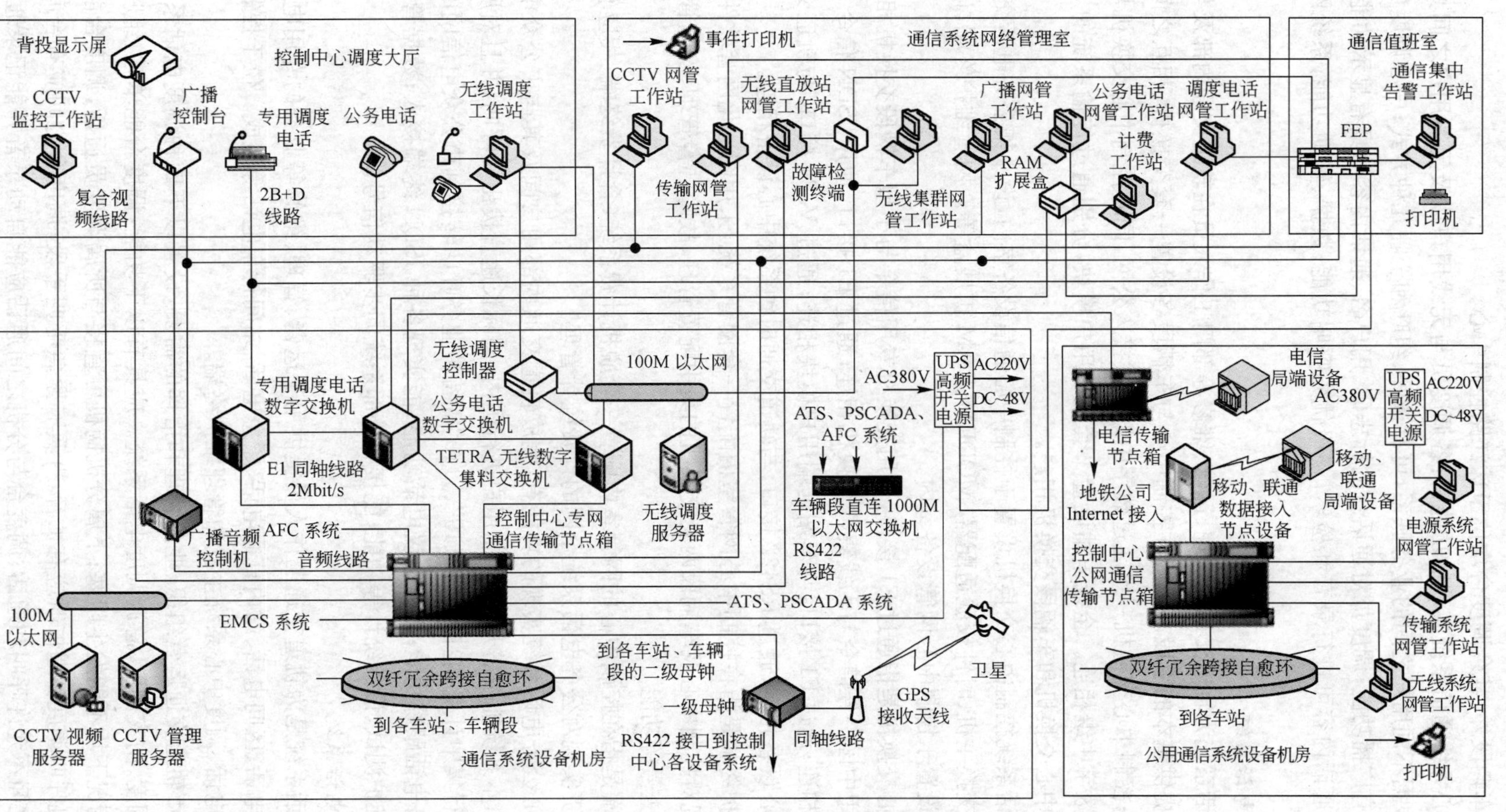

图 10-3 控制中心通信系统结构图

台位于小行车辆段外，其余调度台均位于珠江路控制中心。

控制中心无线通信系统实现的功能有：各调度员与无线用户以及无线用户之间具有通话呼叫功能，根据不同用户之间的业务联系，可有选呼、组呼和全呼几种方式；中心调度员对运行中的列车具有广播功能；调度员对通话台的标志码、用户名、通话内容等具有显示功能；调度员对通话台的通话内容可进行录音和检索；多级优先呼叫功能；数据、辅助功能；系统网络管理功能。

3)公务电话系统

公务电话系统为轨道交通的管理、运营、维修等部门工作人员在轨道交通内部及与外部进行公务联系提供基本的手段。一般在控制中心与车辆段各设置一套交换机，相互之间采用数字中继相连；控制中心交换机一点通过数字中继方式接入公网，同时控制中心交换机与无线系统之间采用数字中继相连。全线车站设置1套远端用户模块，分别通过传输系统的2M数字通道与控制中心交换机和车辆段交换机相连。

公务电话系统控制中心交换机设置于控制中心通信设备室内，设1架公务电话交换机柜，机柜内放置交换主机、时钟校验适配器、MODEM、RAM扩展盒等。网管维护终端、计费终端及话务台均设置于控制中心网管设备室内。

控制中心交换机是指通过E1接口，使用交换机专用信令与小型车辆段交换机相连；通过E1接口，使用中国一号信令与无线集群交换机相连；通过E1接口，使用ISDN信令DSS1与公网交换机相连；通过E1接口，与车站远端用户模块相连；通过V.24接口，与轨道交通集中告警系统中心设备相连；通过RS422接口，与轨道交通时钟系统中心设备相连。

网管维护终端是指在控制中心网管室内配置一套网管系统，采用图形化网管软件，提供中文界面，实现对控制中心及车辆段两套交换机的集中配置管理、故障告警管理、安全管理、计费管理和集中查号等功能。

计费终端是指在控制中心的网管室内配置一套脱机计费系统（含计费终端、相应软件及打印机等），负责实现对公务电话系统全网的计费统计管理。

控制中心公务电话系统实现的功能有：完成轨道交通内部用户间及其与市公众电信网间的通话呼叫；本系统能按需开放，限制用户进行国内、国际长途直拨出局呼叫，并且对所有出局呼叫应能进行集中计费；能自动将“119”、“110”等特种业务呼叫转接到市公众电信网的相应特服号，并具备电话跟踪功能；多方会议电话功能；能实现各种ISDN终端接入；数据管理、故障管理、线路维护测试、话务统计等功能；能接收外部系统同步驱动信号。

4)专用电话系统

专用电话系统是为轨道交通工作人员提供用于运营、管理、维修等业务的专用电话系统，主要由调度电话、区间电话、站内直通电话、紧急电话、站间行车电话等组成。位于控制中心的主要是调度电话、调度中心系统主机和管理维护终端。

根据城市轨道交通运营组织、业务管理和指挥的需要，设置以下四种调度电话系统：列车调度、电力调度、防灾调度、总调调度电话系统。应具有以下功能：调度台能单呼、组呼和全呼分机，任何情况下均不能发生阻塞；下属分机摘机可直接与所属调度员通话，调度台能显示主叫号码；分机呼叫调度台遇忙时应有忙音，并具有紧急呼叫手段；调度台之间应有台间联系功能，但分机之间不允许呼叫和通话；调度台与分机之间通话应能自动录音并能记录通话日期、起止时间等。

5)闭路电视监视系统

闭路电视监视系统是轨道交通维护和保证运输安全的重要手段。闭路电视监视应为控制中心的调度员、各车站值班员、列车驾驶员以及轨道交通公安分局等提供有关列车运行、防灾救灾、旅客疏导以及社会治安等方面的视觉信息。此外OA网内具有授权权限的部室、领导,城市政务平台和应急指挥平台在需要时也能够调看和检索相关图像。

目前国内轨道交通建设中,闭路电视系统多采用模拟/数字视频编解码传输方式和MPEG-2数字视频编解码技术,随着电子技术、计算机网络技术、视频编解码技术的发展,全数字化的闭路电视监控系统已经在部分国内轨道交通新线路建设中采用,可以预见到全数字化的闭路电视监控系统将很快取代现有的系统。由于视频信息数据量大,所以视频图像的记录一般是在本车站完成的,控制中心的设备和功能相对简单,主要是管理和显示。通常闭路电视监控系统的控制中心设备主要由视频管理服务器、录像管理服务器、调度员显示工作站、维护管理工作站、网络交换机和视频编解码器组成。实现的功能有:监视功能,中心调度员监视全线各车站情况,包括站台、站厅、设备机房及自动扶梯、出入口情况;图像选择功能,控制中心各调度员可选择全线摄像机的图像在任一监视器和大屏幕显示墙上显示,既可用各种时序自动循环切换,也可由操作人员手动切换;录像功能,中心调度员可对所辖范围内的任何一路图像信号进行录像、调看;摄像范围控制功能,控制中心各调度员能够在远程控制摄像机的云台和镜头焦距,用以调整摄像机摄像范围和视场大小,可设定为最高优先级;系统网络管理功能,在控制中心的中心网管室设置一套网管设备。该设备主要负责对闭路电视监视系统中包含的视频前端设备、控制设备和编解码设备的运行状态进行综合的监视与管理,在必要时对系统数据及配置作及时的修改。

6)广播系统

广播系统由正线广播系统、列车广播系统协调工作组合而成。正线广播系统主要用于控制中心调度员、各车站值班员和副值班员播送列车进出站信息、对乘客进行安全提示和向导、对车站工作人员播发通知;在发生紧急情况时,对列车内和车站内的乘客进行疏散向导广播。

广播系统控制中心设备主要由音频控制盒、行车调度广播控制台、防灾调度广播控制台、网管工作站等组成。实现的功能有:控制中心调度员可对全线车站的广播设备进行遥控开关机,选站、选区广播或全线统一广播,可观察各站状态回示信息,并具备同步录音功能。网管设备应能对中心、车站和车辆段/停车场广播设备的运行状态实施监测。

7)时钟系统

时钟系统可为控制中心调度员、车站值班员、与行车相关的各部门工作人员、乘客以及各系统设备提供统一的标准时间。为故障分析、保证列车的安全准点运行提供统一的时间平台。时钟系统的设置对保证轨道交通运行计时准确、提高运营效率起到了非常重要的作用。

时钟系统由母钟、分路输出接口、子钟驱动器及显示子钟等设备组成。其中母钟、分路输出接口设备设于控制中心内,母钟能自动跟踪GPS接收单元来校准时钟,并分路输出,连接各车站、车辆段、停车场等各子钟驱动器及各系统设备的外时钟输入口。从而为乘客和控制中心、车站、车辆段、停车场等各部门工作人员提供统一的标准日期、时间信息,使全线时间标志完全一致。

8)电源系统及接地、防雷

轨道交通通信系统设备的电源供给是十分重要的,一旦电源发生故障而停止供电,必将造成系统的中断,从而影响行车。因此,不但要求外供交流电十分可靠,而且要求电源供给系统也必须稳定可靠。当外供交流停电时，能够自动启动备用蓄电池为系统设备提供不间断电源。

电源系统采用高频开关电源＋UPS方案。主要包括：UPS(含蓄电池)、高频开关电源(含蓄电池)、交流切换屏、交流配电屏、直流配电屏等。高频开关电源负责传输、无线、公务、专用等通信设备的直流供电。UPS负责通信其他系统的设备供电。

在控制中心设置综合接地，防止外界电压危害人身安全和通信设备、抑制各种电气干扰、保证通信设备的正常工作。

防雷分两部分：对电源的防雷和对信号的防雷。通信电源前端分级安装不同通流容量及电压保护级别的过电压保护装置(SPD)，从而抑制由电源线感应或其他原因产生的过电压值，将雷电感应能量通过有效地接地泄放入地，避免过电压能量对通信系统设备造成损害。

9)通信集中告警系统

集中告警系统是利用计算机网络技术和计算机本身的数据处理能力，对通信系统中的各子系统进行集中管理，将各子系统的告警信息集中在告警终端上进行显示，使通信维护人员能及时、准确了解整个通信系统设备的运行状况和故障信息，能够对子系统的告警进行汇总、显示、确认及报告，能进行故障定位。

集中告警是通过与各系统网元管理系统的接口，得到告警信息，通过告警分析、处理来定位网络故障，与之相关地输出受影响的业务列表，并激活相应功能通知运维部门。具体应包括：

拓扑显示，是指系统以图形方式显示线路及站点设备情况，站点及设备的图标颜色标志出相关设备的运行状态。

告警采集，实时采集告警信息，告警信息包括：网元告警、性能门限告警、网管系统自身告警。

告警过滤，提供告警过滤功能，对一些不重要或不关心的告警信息进行过滤，使运维人员能够集中精力对网络中重要的告警信息进行监视和处理，提高工作效率。

告警显示，网管系统提供告警显示功能，系统除了提供告警列表显示外，还提供系统拓扑图显示，即当告警产生时，网络拓扑中的相关站点、设备的图标颜色发生变化，图表的颜色根据告警级别而不同。

告警提示，当产生告警时，可以通过声音告警器发出声音，引起管理员注意，同时也可以将告警信息以邮件或短信的方式，发送给管理员。

告警处理，网管系统提供告警查询与统计，告警确认与清除，告警信息同步，告警存储、备份，告警打印输出等功能。

故障相关性分析，有些网络故障是相互关联的，例如传输系统出现故障会使利用其传输的所有通信系统产生告警，同时产生大量的严重告警，使管理人员不易发现故障的根本原因，贻误故障定位和处理的时间。故障相关性分析功能通过对采集到的告警信息按规则进行相应的告警相关性分析，推测出一组告警中的决定性告警，定位故障的真正原因和产生点，使管理人员可以进行及时的故障定位和处理，并获知故障所影响的业务情况和设备、链路信息，并形成故障信息记录。

系统安全管理，系统安全管理包括系统用户管理、用户组管理、用户权限分配、用户行为检测和系统日志管理等功能。

10)公用通信系统

公用通信系统主要是将移动电信运营商的地面信号引入地下空间，满足乘客在地下空间内享受与地面同等的移动通信需求。除满足目前各移动电话运营商及无线市话的各种移动电话制式的需求外，还应考虑将来新增移动电话运营商和移动电话制式的需要。同时可以为轨道交通外部用户提供光纤通道及有线用户接入网的传输端口等业务。系统无线信号覆盖范围包括全线各车站的站厅、站台、出入通道等公共区域和全部地下隧道。

控制中心设立公用通信系统设备机房，主要设备由传输节点设备、运营商信号引入设备、电源设备、光纤配线架、数字配线架和网管设备组成。

10.2.3 自动售检票系统

自动售检票系统 AFC(automatic fare collection)，每条轨道交通线路在控制中心都建有一整套的线路中心 AFC，主要设备包括线路中心服务器、文档服务器、各种管理工作站、网络存储器、编码/分拣机和网络打印机等。线路中心负责对本条线路全线的运营管理、票务管理以及设备监控。线路中心计算机系统与车站计算机系统之间的通信采用轨道交通专用通信传输网，为点对点方式，传输速率一般为 10/100Mb/s。如图 10-4 所示。

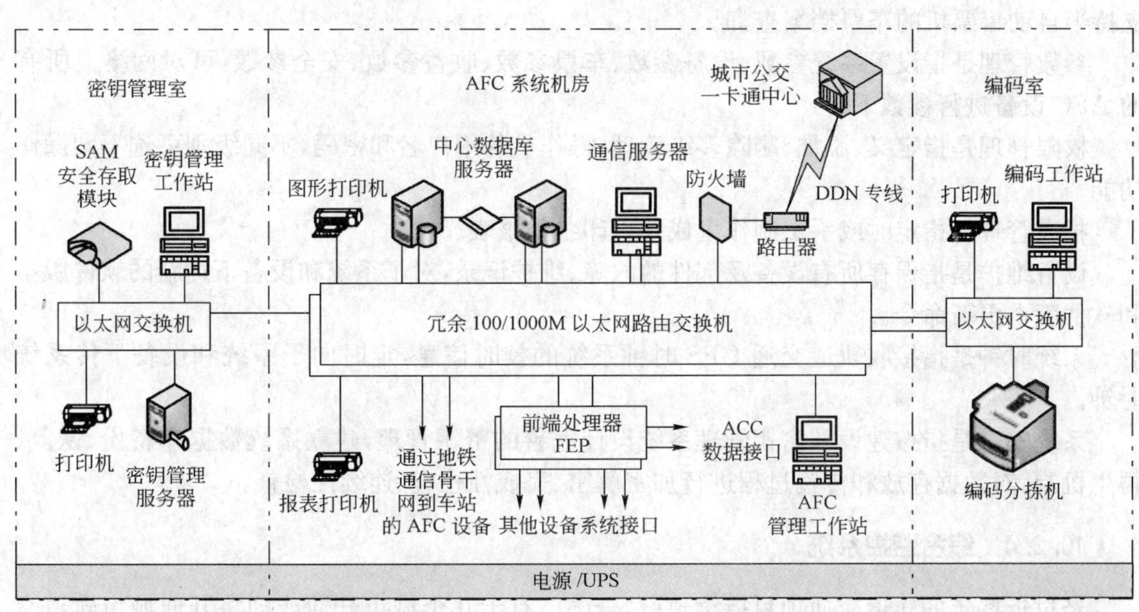

图 10-4 控制中心自动售检票系统结构图

中央计算机系统设于控制中心机房，主要包括：主服务器、通信服务器、接口前置机、AFC 管理工作站、打印设备、网络数据通信设备、布线设备、存储设备、电源设备等。主要负责处理来自车站的交易信息，生成必要的管理参数表，并发送到各车站计算机，其中包括车票价目表、黑名单信息、维修报表等。在每天运营结束后，中央计算机系统分析处理各个车站全天收集的数据，并生成各管理部门要求的所有管理和财务报表。AFC 管理人员可以通过工作站监控整个系统的运作、各个设备的状态、客流情况，设置并下载各种参数，查询收益和车票管理情况，打印各类报表。

编码系统设于控制中心编码室，实现对本系统所有车票的初始化、预赋值、再编码、注销、回收、分拣等功能，主要包括编码/分拣机、工作站、打印设备、电源设备、车票封装设备等。

密钥管理系统设于控制中心密钥室，对包括系统系列主密钥和各级子密钥实现生成、发散、移植、修改、销毁等功能。主要包括密钥管理工作站和密钥写入设备和各级安全密钥载体SAM等。

AFC自动售检票系统的控制中心主要功能有数据采集、系统运行管理、财务管理、票务管理、参数管理、权限管理、系统安全、设备维护、系统时钟及报表管理。

数据采集是指收集计算机、车站设备上传的数据，经过处理生成报告和报表存储在数据库中；接收一卡通传送的数据，并把当日与一卡通相关的交易数据传送到一卡通管理中心。

系统运行管理是指监视子系统运行情况、设备状态、网络信息，控制子系统的运行方式、设备运行方式，监视客流量。

财务管理是指查询年、月、日、时段任意区间的全线及各站财务收入情况；统计当日各站、各类设备的收益情况；记录自动售票机钱箱变更和半自动售票机的收益记录；记录退票、补票等情况下发生的交易信息；单独统计一卡通票卡的交易情况，生成相应的报告报表；以运营线为中心统计财务情况，为将来增加运营线路预留清算对账功能。

票务管理是指新增车票的初始化，实现车票库存管理，详细的车票数据档案，黑名单管理，支持半自动售票机的车票档案查询。

参数管理是指设置系统参数、设备参数、车票参数、收益参数、安全参数，可对网络上所有的AFC设备进行参数下传。

权限管理是指定义、添加、删除多级管理、操作员的用户名和密码，不同级别可选不同操作功能。

报表管理是指定时或手工制作生成并打印各种报表。

设备维护是指保存所有设备及部件的故障、维护记录，对子系统和设备下达新的软件版本和软件版本更新命令。

系统时钟是指接收轨道交通GPS时钟系统的校时信息，定时向子系统和设备下传系统时钟。

系统安全是指按建设部密钥管理系统设计完善的密钥管理，建立系统数据库备份、恢复、再生机制，对数据存放和传输过程进行加密解密、完成性检查、连续性检查。

10.2.4 综合监控系统

经过近些年的轨道交通项目持续建设，全国已有十几个城市开通或即将开通城市轨道交通运营线路。其中大部分项目建设中，轨道交通环境监控系统（EMCS）、火灾自动报警系统（FAS）、电力监控系统（PSCADA）、自动售检票系统（AFC）、信号系统、通信系统（有线通信系统、无线通信系统、CCTV系统、广播系统）、乘客信息系统等十余个监控系统都是独立设置、运行的。这就造成了系统复杂、投资规模大，资源配置重复且利用率低，运行与维护成本高，运行中产生的大量信息无法得到共享和综合利用，运营管理复杂、效率低下、可扩展性差。

在这样一种情况下，为改善上述不利因素，综合监控系统ISCS（integrated supervisory control system）应运而生，该系统通过先进的计算机集成和网络互联技术，为轨道交通各个自动化监控子系统构建一个统一的硬件平台与软件平台，实现轨道交通各机电设备自动化系统的资源共享、信息互通，从而实现对所有机电设备、车辆运营状况以及客运组织情况进行全方位监控，使数据处理方式一致，用户界面统一的综合信息处理系统。从已投入使用的国内轨道交通ISCS系统来看，该系统能够提高轨道交通自动化水平，有利于提高轨道交通的综合管理水平，逐渐成为轨道交通自动化的发展趋势。

1)ISCS 系统中央级设备和结构

ISCS 系统与原轨道交通独立的监控子系统之间的关系按结合程度分为集成、互连和独立三种。

集成是指集成的系统在车站就实现了信息和功能的融合，集成的各个子系统不再有各自独立的通道传到中央，所需的监控软、硬件设备由 ISCS 系统提供。目前国内的 ISCS 系统建设一般是将环境监控系统(EMCS)和电力监控系统(PSCADA)集成在一起。而与两者联动关系紧密的火灾自动报警系统(FAS)，因多受到消防规范的制约，多是采用半集成或互连方式接入 ISCS 系统。

互连是指仅与 ISCS 系统之间有特定数据交换，子系统本身拥有独立的服务器和传输通道。以上系统考虑的原则是接口较难开放(国外企业较多)，联动关系不紧密，如信号系统、自动售检票系统(AFC)、无线通信系统、时钟系统等。

独立是指与 MCS 系统无任何关系，如公务电话系统、专用调度电话系统等。

ISCS 系统的包含范围，以及与原有的各机电自动化设备系统的关系、定位，不同城市、不同线路都不尽然相同，这里根据一般的情况加以说明，其中环境监控系统(EMCS)和电力监控系统(PSCADA)为深度集成，所有数据通过以太网直接从车站获取；其余系统在控制中心通过 FEP 互连接入，包括火灾自动报警系统(FAS)。由 ISCS 系统还发展了综合信息管理系统(IMS)，主要区别在于对各机电设备系统只监不控，技术和实施难度要小很多，但承担的功能和任务近似。ISCS 系统采用两级管理(控制中心、车站)，三级控制模式(控制中心、车站、现场)。控制中心的主要设备包括冗余热备的服务器、交换机、通信前置机 FEP、磁盘阵列、数据备份磁带机、调度工作站、管理工作站、打印机、模拟/培训设备和 UPS 设备组成，结构和布局如图 10-5 所示。

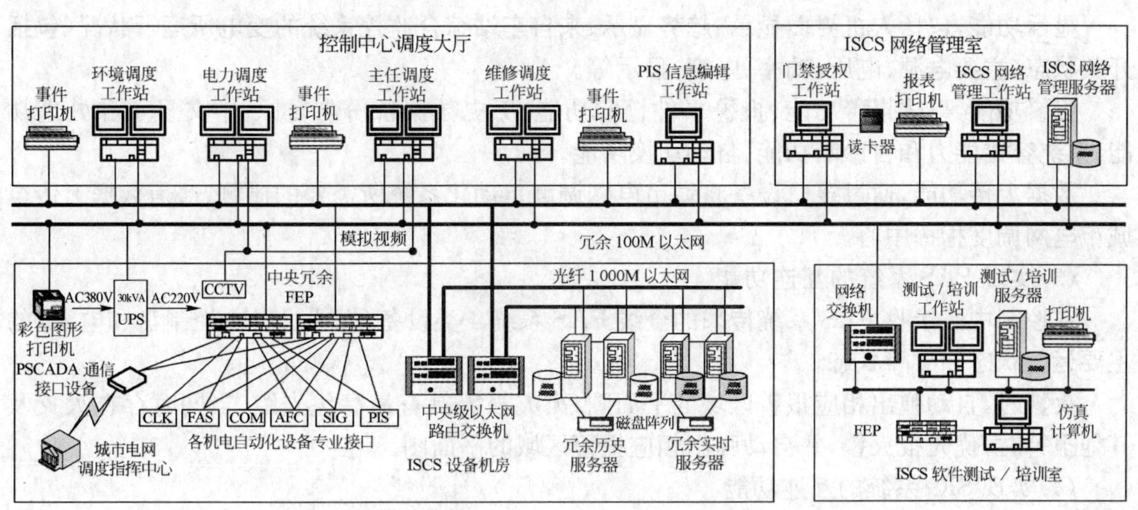

图 10-5　控制中心综合监控系统结构

2)ISCS 系统中央级设备功能

ISCS 系统中央级设备及软件用于实时数据处理、历史数据存储、逻辑运算、接口数据处理，是综合监控系统的核心，这里以环境监控系统(EMCS)和电力监控系统(PSCADA)为深度集成的建设方式，即本系统负责在控制中心采集各设备系统 COM、SIG、AFC、FAS、CLK、CCTV 等系统数据；通过冗余以太环网从车站 ISCS 系统获得 PSCADA、EMCS、PSD、电/扶梯、通风空调、门禁、导向、照明配电等设备子系统的现场数据。对 ISCS 系统控制中心主要功能作如下说明。

(1)实现原 EMCS 系统的功能

实现日常环境调度、维修调度和防灾指挥功能,实现全局性的各机电设备的监控和管理,实现用于调度和运营管理的数据设备、关键设备(隧道风机等)的遥控、组控及模式控制等功能。

监视全线各车站的 EMCS 系统设备和各机电设备系统(包括 PSD、电/扶梯、通风空调、门禁、导向、照明配电)的工作状态,并以图形方式显示,对工作故障进行报警,各类报警具有声光报警,报警画面弹出、确认功能。

根据机电设备监控系统提供的环控工艺模式要求,对车站和区间隧道通风系统设备进行中央级的正常模式控制及灾害模式控制。对照明配电、电/扶梯、空调、导向等机电设备系统进行日常模式和时间表控制。

实现对数据进行存储、环控模式的修正和参数调整功能。

通过门禁授权工作站对全线车站门禁系统进行授权和控制。

(2)实现原 PSCADA 系统的功能

通过调度端(控制中心)、通道、执行端,对整个轨道交通供电系统的主要设备进行控制、监视、测量。

控制及操作功能,实现遥控、断路器故障跳闸远方复归、保护定值组管理、保护投退、供电系统控制闭锁、系统设置、通道测试功能。

数据采集与处理功能,实现遥信、遥测、数据处理及打印、SOE(事件顺序)事件记录、故障录波数据读取、统计报表功能。

显示功能,包括人机界面显示、趋势显示、来自车站综合监控系统的变电所运行状况(包括开关状态、主要电源、电压、功率、电度)显示等。

报警功能,事故报警功能、报警事件打印功能、历史数据备份与复原、中文显示和处理功能、系统容错能力和自诊断功能、自动切换功能。

数据上传功能,通过接口设备将城市电网调度自动化系统所需要的遥测、遥信数据上传至城市电网调度指挥中心。

(3)实现 FAS 系统的互连功能

在控制中心接收 FAS 系统传来的全线 FAS 系统 4 类设备(探头、模块、控制盘和电源)的主要运行状态和故障状态。

火警时,自动弹出相应报警区域的平面图,火灾报警具有最高优先级,当同时存在火灾及其他报警时,优先报火警,并自动弹出相应报警区域的平面图。

(4)实现 SIG 系统的互连功能

实现对主要信号系统设备(包括道岔、信号机)的运行状态、故障信息,列车的位置、阻塞信息的获取和显示。

在确认列车阻塞或火灾后,转入阻塞或火灾联动处理模式,控制相应车站和区间各机电设备应急工作。

(5)实现 AFC 系统的互连功能

实现对 AFC 系统主要设备的运行状态、故障、报警信息显示,获得全线车站客流统计数据(以车站为单位)。

(6)实现 COM 系统的互连功能

通过与通信系统的集中告警子系统的接口获得全线通信系统主要设备的运行状态、故障、报警信息并显示。

通过与时钟子系统的接口获得 GPS 时钟信号，实现全线 ISCS 系统的校时。

通过与 CCTV 子系统的接口，在调度员工作站上实现 CCTV 图像的选择和切换(可对任意一个车站内的任一上传图像进行监视)。

(7)实现 PIS 系统的互连功能

实现对 PIS 系统主要设备的运行状态、故障、报警信息显示。

通过控制中心的 PIS 信息编辑工作站对全线车站和列车 PIS 系统发布轨道交通运营信息和紧急信息。

(8)实现控制中心调度大厅的整合功能

通过对调度大厅内的综合操作台和背投大屏幕显示系统的设计，实现对调度大厅内各设备系统的设备、调度员位置进行统一整合。典型的背投大屏幕显示系统结构如图 10-6。

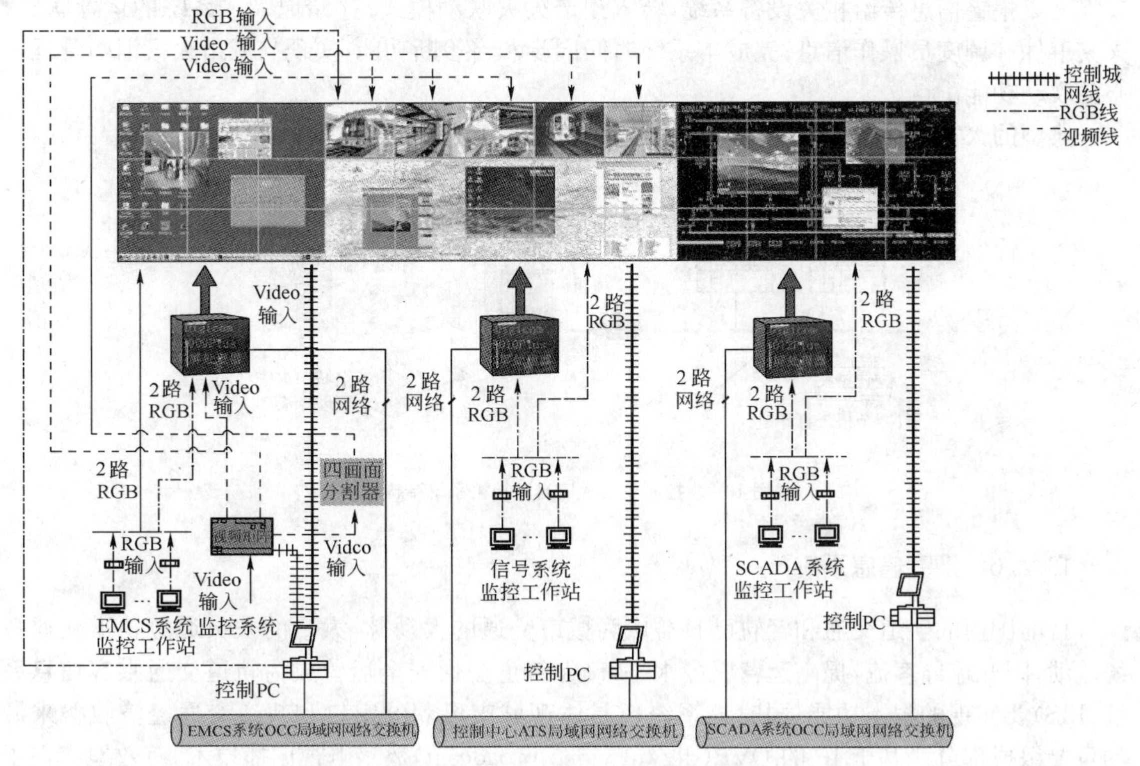

图 10-6　典型的大屏幕背投显示屏结构

10.2.5　火灾自动报警系统

火灾自动报警系统 FAS(fire alarm system)在所有轨道交通设备系统中处于特殊地位：一方面，它是轨道交通运营防灾、救灾体系最关键的一环；另一方面，该系统的构建必须遵从国家和地方的消防规范，对于 FAS 系统的集成必须受到这些规范的强力制约。轨道交通火灾自动报警系统主要由设置在各轨道交通车站、区间隧道、控制中心大楼、车辆段、停车场、主变电站等与轨道交通运营有关建筑与设施的火灾报警系统设备以及相关的网络设备和通信接口组成。系统分为三个级别：设置在OCC的中央监控管理级、车站与车辆段监控管理级和现场控制级。

其中中央监控管理级设置在控制中心，作为轨道交通消防的指挥和控制中心，用于监视轨道交通全线各车站、区间隧道、控制中心大楼、车辆段、停车场、主变电站等下属所有区域的火灾报警、消防联动和故障情况，在火灾发生时承担全线防灾指挥中心功能。中央监控管理级在OCC配备防灾报警主机，FAS主机由两套消防通信机（火灾报警控制器）和OCC两台互为热备的FAS监控计算机，即操作员工作站组成。FAS主机一般通过专用网卡与整个系统FAS专用跨接光纤环网相连，并作为网络的一个节点与各车站的防灾报警分机直接保持通信，不受其他系统网络负荷和设备故障的影响，所以此网络通信方式响应速度较快，安全可靠。中央监控管理级工作站需要设置打印机等外围设备。一般在OCC的背投大屏幕上，以图形的方式直观地显示全线各区域的火灾报警及故障信息，支持全线的防灾、救灾指挥。

轨道交通火灾自动报警系统控制中心实现的功能有：通过火灾报警专用网络获得全线消防设备运行状态信息并显示；接受全线的火灾报警信息并显示、声光报警；通过控制中心的接口将火灾报警信息传给相关设备系统，转入预定火灾联动模式；存储记录本系统的运营状态、火灾事件和调度员操作信息；完成本系统时间同步和自诊断功能；实现与城市火灾消防管理中心的联动功能。

典型的火灾自动报警系统中央级设备结构如图10-7所示。

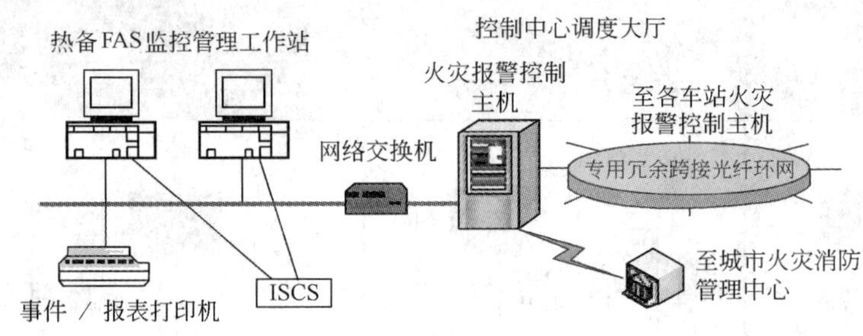

图10-7　控制中心火灾自动报警系统结构图

10.2.6　乘客信息系统

目前国内的轨道交通和轻轨已日益成为城市交通的大动脉，大量的人员通过轨道交通系统流动，因此疏导客流，提高运营服务水平，确保轨道交通安全运营成为轨道交通乘客信息系统（PIS）要实现的根本功能；同时该系统也是体现城市风貌的窗口和轨道交通经济收益来源的重要组成部分。基于IP的DVB(digital video broadcast)数字电视广播技术，有效地实现了该系统的既定功能，成为国内轨道交通乘客信息系统的主要标准制式。

控制中心设立有节目播控中心，负责对整个PIS系统设备工作状态进行监控以及网络系统的集中管理，还包括外部信息流的采集、播出版式的编辑、视频流的转换、播出控制、系统监控、系统信息的存储等功能，是PIS系统集中管理和控制的中心。

控制中心子系统主要由数字视频服务器、编码器、素材服务器以及视音频分配器等设备组成。这里数字视频服务器为整个系统的核心设备，负责对存储在本机硬盘内的视音频节目处理，转换成MPEG-2TS流传输标准的流媒体格式，并按预置节目播表顺序播出。编码器负责将由数字视频服务器传来的DVB-ASI接口的MPEG-2TS流转换成标准的IP数据包，以组播的方式通过轨道交通千兆骨干以太网传递给各个车站的播出控制计算机。而来自外部设备(录像机、DVD等)的模拟视音频信号可通过模数转换器转为符合DVB标准的数字信号,并由数字视频服务器或素材服务器接收存储。控制中心还设立操作员工作站,用来对节目播出作控制,可以完成视频节目的切换、插播,播出版式、滚动字幕更改,系统全体设备的监控等多种功能。

典型的乘客信息系统中央级设备结构如图10-8所示。

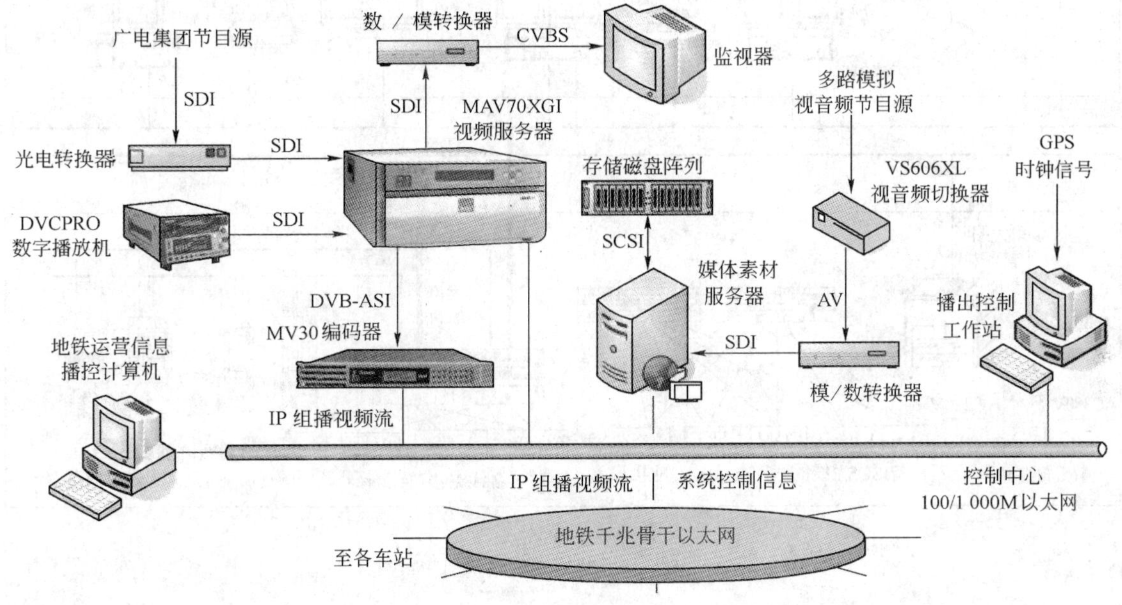

图10-8 控制中心乘客信息系统结构

10.2.7 TCC主要设备

TCC系统负责收集、统计、分析轨道交通路网内各线的相关信息,以实现对各线列车运行状态和沿线相关系统设备运行状态的监视,为政府主管部门、业主、运营商、乘客提供相关信息。

TCC系统由指挥中心系统专用通信平台构成。通过专用通信网络平台与OCC和轨道交通外部单位接口,实现各系统间互联互通。一般情况下TCC系统通过OCC的综合监控系统(ISCS)获得所需轨道交通运营线路的设备工作状态、故障信息和列车运营信息;通过自动售检票清算中心系统(ACC)获得客流量、运营收入信息。但在不具备综合监控系统的轨道交通运营线路中,TCC间分别从火灾自动报警系统(FAS)、环境与设备监控系统(BAS)、电力监控系统(PSCADA)、信号系统(SIG)、闭路电视系统(CCTV)、乘客信息系统(PIS)、公务电话系统(PABX)、时钟系统(CLK)等分离系统采集TCC所需信息。

TCC系统需要采集的相关运营数据,监视线路与安全/服务质量密切相关设备的运行状态信息至少包括:列车时刻表、列车位置、运行方向、车次号、车体号、列车到达和出发时间等;35kV进线开关设备的断路器分合位置、电压、电流及用电量,直流1 500V牵引电开关设备的断路器分合位置及断路器输入端电压、接触网带电情况等;车站综合火灾报警、分区报警以及区间感温电光缆报警信息等;车站站台站厅平均温度、车站站台站厅平均湿度,车站区间排烟风机的运行状态,电梯/扶梯的运行状态等;客流量、售票机、充值机、闸机运行状态等及车站运营模式;线路视频信息。

TCC 的主要设备系统由冗余的服务器、磁盘阵列、线路调度员工作站、维护管理工作站、综合操作台、背投大屏幕显示屏、网络交换机、接口设备和 UPS 设备组成。结构如图 10-9 所示。

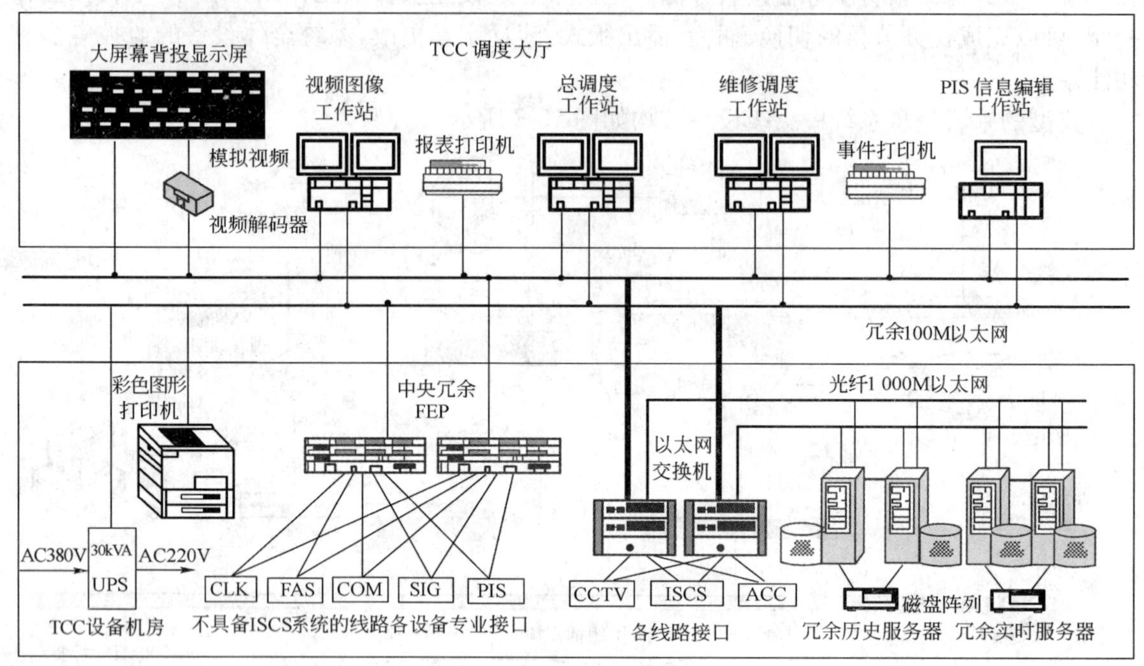

图 10-9　TCC 系统结构图

10.2.8　ACC 主要设备

根据国家颁布的《城市轨道交通自动售检票系统工程质量验收规范》(GB 50381—2006)，把 AFC 系统最新定义为路网清算管理中心(ACC)、线路运营管理中心、车站、车站终端设备、车票五层架构模式；同时将 AFC 系统的管理也明确为 ACC 管理、LC 管理、SC 管理三层管理模式。因此在今后的城市轨道交通建设中，将由 ACC 统一各条线 AFC 系统建设标准，并负责各线路与“一卡通”以及各线路之间的清分、对账，实现“一票通”、“一卡通”和互联互通。各线路通过线路中心接入 ACC。各线路之间在系统构成上独立，它们通过 ACC 的管理和协调解决相互之间的清分和互联互通等问题。城市轨道交通 ACC 将作为城市轨道交通 AFC 系统最上层的管理中心存在，在整个线网自动售检票系统中扮演非常重要的角色。

ACC 系统一般与城市的某条线路或几条线路的控制中心合建，也可以单独建设，主要设备包括冗余的主数据库服务器、历史数据服务器、运营数据服务器、综合应用服务器、报表查询服务器、网管服务器、数据加密机、磁盘阵列、票卡编码分拣机、票卡清洗机、密钥管理机、票务管理工作站、维护管理工作站、网络交换机、防火墙、接口设备和 UPS 设备组成。ACC 系统结构如图 10-10 所示。

ACC 系统设计将满足以下功能要求：非轨道交通接入系统接入，如轨道交通与公交一卡通的对接；软件设计容量在逻辑功能上运营商，即票款收益运营商，数目不少于 256 个，售票机构数目不少于 256 个，车站数目不少于 512 个车站的接入，线路数目不少于 64 条线路的接入；在硬件的设计上，满足城市近期轨道交通建设的规模，3～6 条线路的容量，日客流量 250 万人次,考虑其他交易,达到日交易量1 000万笔的处理能力。

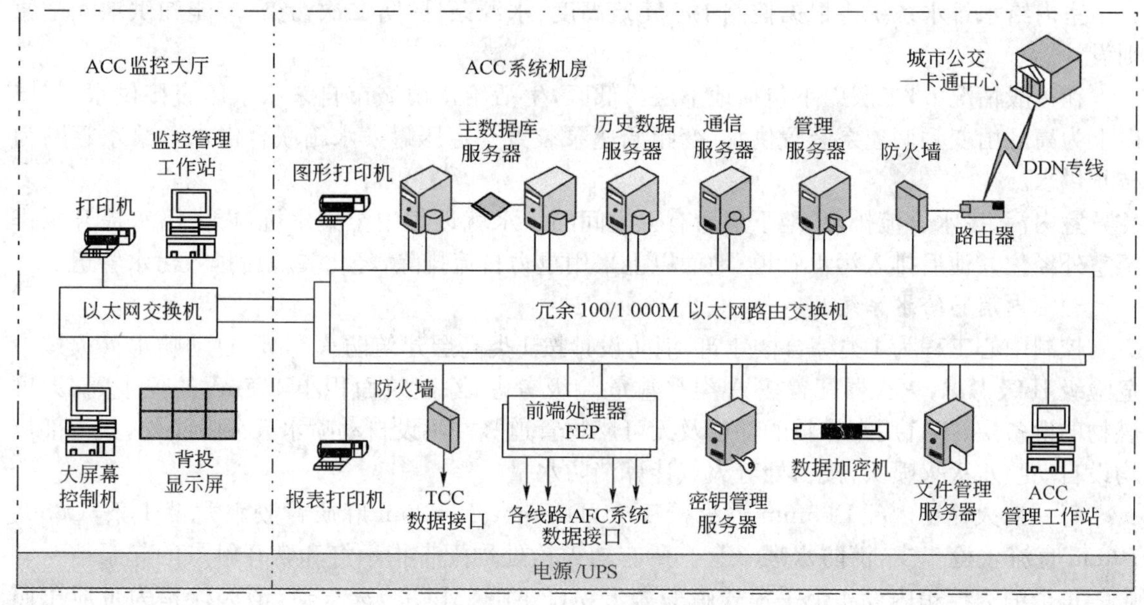

图10-10 ACC系统结构图

10.3 控制中心的辅助设备

控制中心OCC容纳了所管辖线路的行车调度、电力调度、环控调度、防灾监控、票务中心、应急中心等核心控制指挥系统,以及与之配套的办公、商务服务、停车服务等设施。为了保证控制中心重要建筑的高效可靠运转,OCC必须是成为一个高度智能化的建筑。而支持这一智能化建筑还需要若干辅助机电设备系统,包括给排水及消防系统、动力与照明系统、通风与空调系统、建筑智能化系统(包括楼宇控制系统BAS、火灾自动报警及消防联动控制系统FAS、公共广播系统PA、有线电视系统CATV、综合布线系统)、安全防范系统(电视监控系统、防盗报警系统、门禁系统、巡更系统、周界防范系统、停车场管理系统、安防管理系统)。

10.3.1 给排水及消防系统

给排水及消防系统包括:室外给排水系统、室内给水排水系统、水消防系统、气体灭火系统。

1)室外给水排水系统

室外给水系统来自城市自来水,一般采用生产、生活用水与消防用水合用管道系统,如控制中心与物业开发合建,部分建筑物将出租使用,则需根据内部使用功能不同,其水费标准不一样,故在控制中心建筑物外根据不同功能分别设水表井进行计量。

室外消防给水系统设室外地下式消火栓,采用低压制给水系统,由城市自来水直供。发生火灾时,由城市消防车从现场室外消火栓取水经加压进行灭火,或经室外消防水泵接合器供室内消防灭火用水。

建筑物采用生活污水和雨水分流制排水的管道系统,生活污水汇集后经化粪池处理后,排入城市污水管道;雨水直接排入城市雨水管道。

2)室内给水排水系统

室内给水排水系统将根据控制中心建筑高度、水源条件、防二次污染、节能和供水安全原则设计。

在一般情况下,二层以下包括地下层为低区,生活给水由城市自来水水压直接供水,三层以上为高区由变频调速泵装置供水(变频调速泵装置—定压罐—水箱联合供水),给水管网为枝状供水。

室内污、废水合流排出,地下层所有卫生间的污水就近集中至集水坑,再由污水提升泵排至室外经化粪池后排入污水管道;地面以上采用重力自流排除,经化粪池后排入污水管道。

3)室内消防给水系统

控制中心工程为I类综合楼建筑,消防设计按I类高层建筑防火等级,自动喷水灭火按中危险级II级考虑,灭火器配置按A类严重危险级考虑,除建筑面积小于5m^{2}的卫生间、无可燃物的设备层、不宜用水扑救的部位及无可燃物管道竖井不设自动喷水灭火喷头外,其他部位均设自动喷水灭火喷头,按一处着火点计算消防水量。

每一消火栓箱内配D65mm消火栓1个,D65mm、$L=25$m麻质衬胶水龙带1条,D65×19mm直流水枪1支,消防水喉一套。所有消火栓处均配带指示灯和常开触点的起泵按钮一个。每个消火栓箱内设4个手提式磷酸盐干粉(2-MF/ABC-3)灭火器,消火栓箱为带应急照明及灭火器箱组合式消防柜。消火栓的布置使任一处着火点均有2股充实水柱到达,各消防电梯前室均设消火栓。

自动喷洒系统,办公楼层按中危险I级要求设计,设计喷水强度6L/(min·m^2);轨道交通控制中心部分系统按中危险II级要求设计,设计喷水强度8L/(min·m^2);地下车库中危险II级,设计喷水强度8L/(min·m^2)。地下车库采用易熔合金直立喷头。其余采用玻璃球喷头,吊顶下为吊顶型喷头,吊顶内喷头为直立型。地下车库72℃级,其余均为68℃级。

4)气体灭火系统

轨道交通控制中心是汇集大量、重要、精密电子设备的区域,无人值守的重要设备用房必须设气体灭火系统保护,目前国内轨道交通建设中气体灭火系统均采用惰性气体IG-541烟烙尽、七氟丙烷HFC-227ea、三氟甲烷HFC-23等洁净气体灭火剂作为灭火介质。气体灭火设计采用组合分配式,全淹没灭火系统。

气体灭火系统的保护范围:控制中心通信设备机房、信号设备机房、AFC系统设备机房、综合监控系统设备机房、PIS系统设备机房、TCC设备机房、ACC设备机房、轨道交通信息中心设备机房、降压及跟随变电所和UPS蓄电池室等重要设备房等。

气体灭火系统由控制系统和灭火管网系统两部分组成。灭火管网系统由气体钢瓶及瓶头阀、就地手动启动器、电磁阀启动器、高压软管、集流管、安全阀、单向阀(逆止阀)、减压装置、选择阀、压力开关、喷头和气体输送管道等组成。控制系统由灭火控制器(控制盘)、继电器模块、备用电池(畜电池)、警铃、声光报警器(蜂鸣器及闪灯)、气体释放指示灯、手拉启动器、紧急止喷按钮、紧急释放按钮、手动或自动转换开关、24VDC辅助联动电源,以及感烟、感温探测器等部分组成。

10.3.2 通风与空调系统

为保障控制中心各系统设备的正常运行,同时给相关人员提供舒适的工作环境,控制中心应设置通风与空调系统,以满足调度大厅和管理用房、各系统设备机房、办公室、会议室等房间的室内环境要求。

1)通风系统

控制中心工程的地下层汽车库设有机械送排风系统,为使汽车库内的废气得到充分的排除及减少库内送排风管道,使车库空间得到有效的利用,在车库顶板下沿气流排出方向设置了诱导风机。

控制中心大楼的卫生间、水泵房、冷冻机房、热交换站、电梯机房、变电所均设置机械排风,其补风由相邻空调区域自然补入。

采用气体灭火系统的设备机房和UPS电源室、气瓶间设机械排风,房间下部设排风口,排风支管上设电动密闭风阀,灭火时关闭,灭火后电控开启排风。

厨房操作间预留灶具排风系统电源,厨房内还设有平时用机械全面通风换气系统,供灶具排风机不开时使用。

2)空调系统

需全年供冷的OCC、TCC、ACC系统设备机房及UPS电源室,采用循环风加新风系统,循环风系统为保证机房温湿度要求设置,设恒温恒湿机房专用空调机组(大楼集中制冷冷水机组可为其备用冷源),室内机设置在机房内,采用架空地板下空间自下向上送风。对冷冻水管、加湿水管及冷凝水管做防水物理隔离处理。新风系统为保证机房正压设置(相对室外正压值10Pa),采用新风处理机组,新风系统采用初、中、亚高效三级过滤器。

调度大厅采用一次回风全空气系统,采用电动旋流风口上送风,大厅上部回风。设置组合式空调机组。同时设排风机,当过渡季加大新风量时,开启排风机排风保证大厅正压要求。

轨道交通公司办公区和不重要的一般设备机房采用风机盘管加新风的空调系统。

3)防排烟系统

控制中心工程根据国家防火规范的要求设置了机械防烟及排烟系统。

机械防烟是指消防电梯前室设置加压送风系统;无自然排烟条件的疏散楼梯间设加压送风系统,其前室不加压;采用自然排烟疏散楼梯间的无外窗前室设加压送风系统;发生火灾时由消防控制中心开启火灾区常闭加压送风口及加压送风机,常闭加压送风口设就地手动控制按钮;加压送风机采用混流式风机,加压送风机设在屋面(地面)上,加压风机未设于机房内时采用防火材料进行防火保护隔断。

机械排烟是指地下超过50m^{2}的办公室、库房,长度超过20m的内走道,以及地上无外窗且面积超过100m^{2}的办公室,均按防火分区设置排烟系统,每个防烟分区按不大于500m^{2}划分,当负担一个防烟分区时,排烟量按不小于60m^3/(m^2·h)进行计算,当负担两个或两个以上防烟分区时按最大防烟分区面积不小于120m^3/(m^2·h)进行计算。对于面积大于500m^{2}的房间设有机械补风,补风量按不小于排烟量的50%计算。

地下汽车库设有机械排烟系统及排烟补风系统,并与平时送排风系统兼用,系统按防火分区设置,每个防火分区内划分防烟分区,其面积不大于2 000m^2,排烟量按最大排烟分区体积换气次数不小于6次/h计算,排烟补风量按不小于排烟量的50%计算。

变配电室、冷冻热力站、水泵房等机电用房及非可燃物库房不设排烟系统。

每个防烟分区内均设置有排烟口,排烟口为常闭型(当不划分防烟分区时与排风口兼用,为常开型),火灾时通过消防控制室进行开启。常闭排烟口设就地手动控制按钮。

排烟风机采用专用的高温消防轴流风机,排烟风机未设于风机房内时,风机采用防火板进行防火保护隔断。

排烟风管穿防火分区时在防火墙处设有280℃时熔断关闭的防火阀，排烟补风管穿防火分区时在防火墙处设70℃时熔断关闭的防火阀。

所有防排烟设备的启停运行均通过消防控制中心实施。排烟系统、加压风系统均为双电源配置，当某一防火分区火灾时该区除排烟系统、加压送风系统投入运行外，其余通风、空调系统全部停止运行。

10.3.3 动力与照明系统

1)供电电源和负荷等级

供电电压为AC 380/220V。

轨道交通各机电设备系统、调度大厅照明、调度大厅用电、变电所用电、防火卷帘门、喷洒泵、消防泵、消防电梯、排烟及正压风机、网络中心、门禁系统、气体灭火、应急照明、安全防范系统、障碍标志灯、机房专用空调等为一级负荷。控制中心一般照明、厨房动力、潜水泵、生活泵、一般风机、一般动力等为二级负荷。一般空调(机房专用空调除外)、广告照明、电热设备等为三级负荷。

2)动力供电设计

对于一级负荷，采用专用两路电源供电，用电缆由变电所电缆桥架敷设至配电点，并在末端自动互投；动力配电干线采用电缆桥架敷设，消防用电设备选用耐火型低烟无卤电缆，支线选用耐火型低烟无卤导线穿钢管敷设，非消防用电设备干线选用低烟无卤电缆桥架敷设，支线选用低烟无卤导线穿钢管敷设。

30kW及以下的电动机采用直接启动方式启动，30kW以上的电动机采用降压启动方式启动。潜水泵的启停为手动及液位计自动控制。

一般动力设备的保护设断路器及热继电器，消防动力设备的保护设断路器及热继电器(热继电器只作故障时报警用，不跳闸)。一般动力设备的控制为手动就地控制及楼宇自控；消防动力设备的控制为手动就地控制，消防信号自动控制及消防控制中心手动直接控制。

3)照明系统

一般场所为荧光灯或节能型光源，有装修要求的场所视装修要求商定。

按规范要求设应急照明的部位，其照度标准为不低于正常照明的10%，疏散指示照明照度不低于0.5lx。配电室、消防控制室等重要房间应急照明保持正常照明的照度水平。

变配电所、调度大厅、通信设备机房、信号设备机房、综合监控设备机房、AFC设备机房、ACC设备机房、TCC设备机房、消防控制室、楼梯间等场所设置应急照明，采用区域集中式EPS供电应急照明系统，其连续供电时间不小于60min采用AC 220V电源供电，应急时能迅速点亮的光源，采用火灾时由消防控制室强行点亮及现场控制开关。

在大空间用房、走廊、安全出口、楼梯间及其前室、重要房间及主要出入口等场所设置疏散指示，采用区域集中式供电应急照明系统，其连续供电时间不小于60min采用AC220V电源供电，疏散应急灯具采用LED型光源。

一般照明由变电所经强电竖井沿电缆桥架敷设以树干方式配电；应急照明、疏散指示照明等采用两路专用电源配电，穿钢管敷，并在末端自动互投。照明、插座分别由不同的支路供电，照明支路设断路器保护，插座支路设漏电保护断路器30mA，0.1s，办公及走廊的正常照明为就地控制，调度大厅的正常照明为智能控制；照明灯具(超低压安全照明除外)均设PE线，PE线与N线同截面；在建筑物周围预留泛光照明灯电源，作为建筑物的立面照明。

4)防雷和接地系统

控制中心按第二类防雷措施设防;在楼座屋顶设避雷针及避雷带,利用建筑物结构柱子内的主筋作引下线,利用结构基础内钢筋网作接地体;为防雷电波侵入,电缆进出线在进出端将电缆的金属外皮、钢管等与电气设备接地相连。

控制中心低压配电系统接地形式采用 TN-S 系统;其中性线和保护地线(PE)在接地点后要严格分开,凡正常不带电而当绝缘破坏有可能呈现电压的一切电气设备金属外壳均应可靠接地;防雷接地、变压器中性点接地及电气设备保护接地等共用统一的接地装置;在调度大厅、轨道交通各机电设备系统设备机房、消防控制室、水泵房、卫生间等处设局部等电位联结;采用总等电位联结,将建筑物内保护干线、设备进线总管、建筑物金属进线管进行联结;有线电视引入端、电信引入端设过电压保护装置。

要求接地电阻应≤1Ω;调度大厅、各轨道交通系统设备用房做弱电总接地装置,由弱电总等电位箱再与各设备用房的局部等电位箱联结,要求弱电接地电阻应≤1Ω。

10.3.4 建筑智能化系统

1)楼宇自动控制系统 BAS

楼宇自动控制系统主要是对建筑物的环境温湿度、通风与空气质量等进行控制,对建筑物内的给排水和照明进行监控,并在 BAS 系统的综合监控平台下对大楼内的所有机电设备进行实时监视和控制,实现对大楼内所有机电设备的自动化管理,确保大楼内的所有机电设备可靠、高效地运行,并根据 OCC 大楼不同的功能分区对其空调/新风机组、冷热源系统、变配电系统、照明系统、给排水系统、电梯系统、变风量系统进行自动化管理和控制,以保证整个建筑运行能源成本的最低化。

一般考虑到与整个轨道交通线路 ISCS 综合监控系统或 EMCS 环境和设备监控系统相一致的原则,以减少备品备件和接口,并保持相同的技术水平,推荐选用与轨道交通线路相同的 PLC 控制系统进行设计。同轨道交通的 ISCS 系统或 EMCS 系统相同,控制中心楼宇自动控制系统的设备组成也是由服务器、交换机、PLC 控制器、末端执行器和传感器等设备组成。

BAS 系统在上述构架的基础上,通过其管理控制软件能够实现以下功能:以现场被控机电设备的可靠运行和联动优化控制为中心,实现对综合楼内所有机电设备的过程控制自动化;以运行状态监视和计算机控制为中心,实现设备管理自动化;以安全监视为中心,实现防灾自动化;兼顾节能运行,实现控制中心大楼内机电设备能耗管理自动化;在控制中心配中文界面的图形化系统监控平台,操作直观、简单,降低对运行维护人员的技术素质要求;具备与大楼内其他子系统统一组网监控的条件,同时可以和车站环境控制系统联网,为实现整个轨道交通环境监控和机电设备优化控制的综合自动化提供条件。

2)火灾自动报警及消防联动控制系统 FAS

火灾自动报警及消防联动控制系统采用集中和区域联网的报警系统结构。根据 OCC 建筑功能划分,整个 OCC 项目内设置一个消防控制中心和多个消防区域控制点。消防控制中心负责监控建筑体内所有消防设备报警和联动控制;各区域控制点负责监测其所辖区域的火灾探测报警信号,并可对相关的消防设备进行联动控制。

消防控制中心设有集中火灾报警控制器、集中联动控制设备、消防专用电话总机、火灾报警系统彩色图形显示装置、火灾应急广播控制盘等设备,负责所有建筑物内火灾报警信号的集中监测、消防设备的集中控制。

为了保证整个系统的可靠性，消防控制中心集中报警控制器与区域报警控制器间应采用环行联网方式，在网络中某一点断开时不影响系统的正常通信。

消防控制中心通过集中火灾报警控制器、集中消防联动控制设备监控整个建筑内所有的火灾探测器和消火栓手动火灾报警按钮的报警信号，以及所有消防设备的运行及故障状态。控制中心可以通过闭路电视系统切换装置和显示终端确认火灾灾情，或通过有线火警电话，由值班人员现场确认火灾灾情。根据火灾发生的实际情况，可以自动或手动选择预定的解决方案，发出消防救灾指令和安全疏散命令，指挥救灾工作的开展。

通过区域火灾报警控制器、区域消防联动控制设备监控所辖区域内的火灾探测器和有关消防设备的状态，并可对监控区域内及相关的消防设备进行联动控制。

消防报警系统通过设置于消防控制中心的火灾应急广播系统控制设备连接到公共广播系统，当火警得到确认时，强制公共广播系统转入火灾应急广播状态，按防火分区发布应急广播。

在消防控制中心设置消防专用电话总机，在值班室、消防水泵房、气体灭火系统装置处及其他与消防联动控制有关的且经常有人值班的机房均安装消防专用电话分机。在设有手动火灾报警按钮处设有消防电话塞孔。消防中心设 119 直拨火警电话并预留与 119 通信指挥系统上传信息的接口。

消防报警系统还包括系统自身的联动控制功能，包括火灾应急广播的消防联动控制、气体灭火系统的监测、停止空调送风的消防联动控制、正压送风系统的消防联动控制、排烟系统的消防联动控制、防火卷帘门的消防联动控制、切除非消防电源的消防联动控制、门禁系统的消防联动控制、火灾声/光警报器的消防联动控制、水灭火系统的消防联动控制、电梯的消防联动控制等。

3)公共广播系统 PA

公共广播系统是把基本广播、背景音乐广播和消防紧急广播的功能集合在一起，共用一套控制系统、功率放大设备和扬声器系统，完成多种广播通用性极强的广播系统。

根据 OCC 项目的建筑整体方案，引入先进的数字网络广播技术，构建一个数字网络公共广播系统。系统主要由以下各部分构成：网络广播控制中心、广播控制器、音频矩阵；广播处理设备等中心控制设备：网络远程呼叫站、电话输入呼叫器、远程呼叫控制器、音频处理器、信号选择分配器、信号转换器、频道选择器、电源管理器；音源设备：网络广播 CD 器、广播调谐器、广播 MP3 播放器；消防智能接口、报警强切模块、语音报警播放器等报警设备；功放设备，如解码终端；网络线路中继放大器、线路分支器等信号设备；根据不同场景需求的各类扬声器等声场设备；音量控制器、设备机柜等附属设备。

PA 系统的主要功能有：对本区广播的独立广播功能，即网络广播系统任意解码终端均可连接现场麦克风或音源独立地对本终端分区进行广播而不干扰其他解码终端分区广播；多音源同时传输，即系统内能同时传输 5 套音源，可手动选择解码终端播放任意音源，也可通过网络主机强制解码终端播放某一音源；广播寻呼功能，即系统能够实现对点寻呼、分组寻呼和全呼，并支持寻呼优先，解码器终端无论处于何种状态，只要有寻呼广播信号输入，便可自动插入广播，并自动调整音量，其他区域节目不受干扰；报警强插广播，即如火警等外线报警信号一旦告警，可自动触发整个广播系统启动，并进入紧急广播状态，无需人为操作，系统根据预先设置可实现($N\pm1$)～($N\pm4$)邻层或区的紧急广播；定时广播(无人值守自动广播)，即将每天不同时段需要播出的音源和区域通过系统编程设置，即可实现全天候自动广播；双向对讲功能，即通过远程呼叫站实现主机房与分区之间的双向对讲，达到适时沟通的目的。

4)有线电视系统 CATV

根据 OCC 建筑项目对有线电视的需求只是收看节目，近期不需要自办节目的情况，大楼 CATV 的系统模式采用简化独立前端的模式。也就是本地不设节目源及播出设备(预留自办节目条件)，只是根据用户点的分布设置信号传输分配系统，系统采用 750MHz 高带宽邻频双向传输方式，应能支持数字电视。电视节目信号源由省、市有线电视网提供。系统由前端、干线、支线及用户分配网组成。

5)综合布线系统

综合布线是一种模块化的、灵活性极高的建筑物内或建筑群之间的信息传输通道。它既能使语音、数据、图像设备和交换设备与其他信息管理系统彼此相连，也能使这些设备与外部通信网络相连接。它还包括建筑物外部网络或电信线路的连接点与应用系统设备之间的所有线缆及相关的连接部件。

针对 OCC 建筑应当建成一个高度智能化的要求，整个建筑内按甲级标准每 $10m^2$1 个工作区进行综合布线的设置。综合布线系统应是开放式星型拓扑结构，支持语音、数据、数字图像等多媒体业务的传输。布线系统干线应能支持 10G 传输带宽，水平支线应支持千兆传输带宽。工作区系统终端应采用标准八芯模块插座，水平布线按六类非屏蔽 4 对 8 芯双绞线考虑。

综合布线由不同种类和规格的部件组成，其中包括：传输介质，配线架、连接器、插座、插头、适配器等相关连接硬件，以及电气保护设备等。这些部件可用来构建各种子系统，它们都有各自的具体用途，不仅易于实施安装，而且能随需求的变化而平稳升级。

10.3.5 安全防范系统

安全防范系统由以下几个子系统组成：电视监控系统、防盗报警系统、门禁系统、巡更系统、周界防范系统、停车场管理系统、安防管理系统。

前六个子系统应在安防管理系统的计算机操作下，集成为一个完整的安防体系，并且有灵活性。各子系统既可独立运行，又可实现跨系统联动，利用可视化图形软件，点击电子地图的目标就能完成各种复杂的联动控制，该操作系统应是基于网络环境下的开放式系统，应具有分层结构化设计，为不同品牌设备的接入提供便利，为多平台整合创造条件。

1)闭路电视监控系统

闭路电视监控系统是在需要监视的场所安装摄像机，为保安人员提供利用眼睛直接监视建筑内情况，使保安人员在控制中心便可以监视整个大楼内的情况，从而大大加强了保安的效果。电视监控系统在接到防盗报警系统和门禁系统、消防系统、楼宇管理系统、巡更系统等的报警信号后，可以自动将报警现场的情况切换到主监视器上供控制中心工作人员准确地掌握现场的情况，及时有效地调动保安人员到现场处理警情，并启动录像机进行实时录像，以供事后重放分析。

系统由前端设备、传输线路、控制系统、显示与记录设备四部分构成。

系统功能主要有：监视公共区域的人员活动，监视或记录进入重要区域的人员行踪和行为；对所监视区域内发生的非正常事件产生报警，同时能监视并记录报警事件的过程；具有良好的内外通信、报警能力；一旦触发报警，系统可根据设定的程式，在监视器上切换显示报警区域的视频图像，启动录像机自动录像；画面显示能任意编程，能自动或手动切换，在画面上有摄像机的编号、部位、地址和时间、日期显示；自成网络，可单独运行，并能与防盗报警系统、门禁控制系统互相联动，当报警发生时，能自动对报警现场的图像进行图像复核，能将现场图像自动切换到指定的监视器上进行显示并自动录像;具有较强的扩容能力。

2)防盗报警系统

轨道交通控制中心楼层高、面积大、功能多样,需要加强安全防范措施。建筑物内的主要通道、重要设施和要害部门,装设专门的防盗报警装置,以防坏人破坏和盗窃。防盗报警系统能实现当设定的防范功能范围内出现非法侵入时,实时可靠地产生报警信号。

本系统主要由前端报警探测器、防区扩展器、报警控制通信主机及管理计算机组成。前端报警探测器主要为红外探测器、双鉴探测器、紧急呼叫按钮、门磁开关;防区扩展器用于把前端报警探测器的报警输入;报警主机用于控制系统中其他模块的运作并负责系统向外通信,可对系统中的各种状态进行监控;管理计算机,配备防盗报警软件,可对系统进行可视化的人机界面管理。

系统功能主要有:采用适合于控制中心管理模式的总线制联网报警系统;能按时间、区域部位任意布防或撤防;控制中心设有彩色图形工作站,可以绘制多个防区平面图,当发生报警时,该防区的平面图立即弹出,报警点探测器目标闪烁指示,并发出声、光报警;防盗报警系统采用总线制结构,系统安装、维修简单、方便、可靠;24h可靠工作,为防止意外停电,系统采用UPS集中供电;中心控制主机具有报警通信功能,中心控制主机能自动接收各报警探测器发来的所有报警信息,也可自动向当地公安机关发送报警信息;具有防拆、防破坏功能;中心计算机通过报警主机对前端设备的状态进行巡检,能对终端设备进行监控编程。

3)门禁系统

门禁控制系统通过智能卡对出入设防区域人员身份、进出及停留时间进行记录,对电动门锁进行控制,既能防止外盗,又能防止内部作案,能实时反映、记录各点工作状态。

另外,作为轨道交通控制中心的门禁系统,还需要和轨道交通员工卡结合起来,以城市"一卡通"为设计基础,保证系统扩充成"一卡通"系统的需要。

本系统由管理主机(电脑)、主控模块、读卡模块、读卡器、门磁、开门按钮、电锁等硬件和管理软件组成。读卡模块安装在弱电井间或门上方的吊顶内,读卡模块之间采用RS485通信方式,通过RS485与主控模块及管理主机连接。门禁读卡器、门磁和电锁等输入输出设备连接到控制器内相应的接线端子上。

系统功能主要有:基于电脑的编程,用户可以通过界面上的图标,清晰地掌握菜单中的功能,这样可以非常容易地对用户进行个人资料登记、授权、增加、删除、修改和查询操作,以及个人照片的编程,同时也可以分组分部门进行登记,同时支持电子地图功能;卡片使用模式,本系统采用非接触IC感应卡,每张卡具有唯一性,不可复制,保密性极高;出入等级控制,系统可任意对卡片的使用时间、使用地点进行设定,非属于此等级之持卡者被禁止访问,对非法进入行为系统会报警;有多种时间表可供选择;实时监控功能,门户的状态和行为都可实时反映于控制室的电脑中,如门打开或关闭,哪个人、什么时间、什么地点等,门开时间超过设定值时,系统会报警;记录存储功能,所有读卡资料均有电脑记录,便于在发生事故后及时查询(在脱机情况下,门禁控制器仍能保持数据);顺序处理功能,任何警报信号发生或指定状态改变时,自动执行一连串之顺序控制指令;高度自检功能,系统具有自检功能,典型故障可反馈主机,便于维修人员及时排除;在控制器数据与主机数据不一致的情况下,系统会提示是否进行修整,下载以主机数据为准,上载以控制器数据为准;多级操作权限密码设定,系统软件针对不同级别的操作人员分配多种级别的操作权限,输入不同的密码可进入不同的控制界面;远程监控,系统通过MODEM在电话线上可实现远程控制,可自动拨号至预先指定的电话,或者在远程基站点有刷卡或者其他信息产生时自动向中心拨号，把数据实时向中心传送；联动控制，系统可通过硬件触点联结消防报警，实行系统间协调联动，如接到某些信号自动打开某些门或关闭某些门（当出现火灾时，门禁系统自动开门），还可以通过内部的输入/输出点来联动其他的输入输出点。

4)巡更系统

巡更系统主要是在电梯前室、走廊、楼梯前室等重要通道上以及室外设置巡更点，巡更人员手持巡更棒按预定的路线在指定的时间内必须到达指定巡更点，轻触信息钮，巡更完后就返回保安中心，将巡更棒插入下载器，将巡更信息传入电脑，电脑可以查询（打印）出保安值班人员巡更的情况（包括保安值班人员的姓名、巡更路线以及是否按时巡更），巡更值班人员必须按预定路线和时间巡更，否则就会在电脑中出现错误巡更信息。巡更软件可以根据具体要求设置巡更路线、巡更时间。

5)周界防范系统

在OCC大楼周围，主要是在绿化带及花园不能硬隔离的区域设置地埋感应式周界防范安全系统，以保证非正常进入和接近OCC的无关人员及时被发现和阻止。

6)停车场管理系统

OCC建筑地下层拥有地下停车场，一般在200个车位以上。对于这样一个大型地下停车场的车位管理及收费，必须要有一套先进的停车场管理系统才能完成。这套系统的主要组成部分有：入口站配置，如验卡机、自动出卡机（地面停车场）、电动闸门、地感线圈、控制器、车辆满字灯牌等；出入站配置，如验卡机、电动闸门、地感线圈等。

停车场管理系统的主要功能有：人工图像对比，车辆进出自动抓拍图像；可管理临时车辆和固定车辆；多种收费方式可供选择，可按车型、类别、时间时段进行，灵活收费管理；车位显示，提示停车场已有车辆数量和空位数量；可实现临时车自动发卡，节约人工成本；强大的查询和报表功能；收费窗口语音提示和LED提示；提供反潜回功能和防尾随功能。

10.3.6 其他辅助设备系统

1)数字视频会议系统

视频会议系统是基于计算机网络传输的数字式视频会议系统，采用全数字技术，用简单的网络系统处理和传送数字信号不仅改进了音质，也简化了安装和操作，具有多功能，高音质，数据传送保密可靠等特点。它可以对会议的过程实行全面的控制。

2)LED电子大屏公告系统

在控制中心一层大厅设置一套LED全彩色或双基色电子显示屏，其功能除满足一般图文信息外，可选择定格、换幅、展开、流动、转换、文字叠加以及影视播放等功能。

10.4 控制中心案例

轨道交通是一种独立的有轨交通系统，它不受地面道路情况的影响，能够快速、安全、舒适地运送乘客；其效率高，无污染，能够实现大运量的要求，具有良好的社会效益。随着南京城市的发展，必须建设城市轨道交通系统，以缓和城市交通日益紧张的状况，满足人民群众出行需要，促进城市经济发展。

南京轨道交通建设目标是现代化、智能化轨道交通，采用了以电子计算机处理技术为核心的各种自动化设备，从而代替人工的、机械的、电气的行车组织、设备运行和安全保证系统。如ATC(列车自动控制)系统可以实现列车自动驾驶、自动跟踪、自动调度；SCADA(供电系统管理自动化)系统可以实现主变电所、牵引变电所、降压变电所设备系统的遥控、遥信、遥测；EMCS(环境监控系统)和FAS(火灾报警系统)可以实现车站环境控制的自动化和消防、报警系统的自动化；AFC(自动售检票系统)可以实现自动售票、检票、分类等功能。这些系统全线各自形成网络，均在OCC(控制中心)设中心控制计算机和数据存储服务器，实行统一指挥，分级控制。

南京轨道交通珠江路控制中心周围环境清洁，光线充足，通风良好，避开了高温、潮湿、烟气、有毒、腐蚀、易燃、易爆、噪声、振动及电磁干扰等。该中心位于珠江路车站旁的轨道交通大厦内，靠近城市主干道中山路，接近监控管理对象的中心地带。

10.4.1 控制中心的功能定位

南京轨道交通大厦，既是未来南京轨道交通运营、控制和管理的"心脏"，同时也是轨道交通1号、2号及其延伸线指挥中心的"神经中枢"。其主要功能用房为轨道交通控制指挥中心机房及办公管理用房两大部分。总建筑面积约4万m^2，地上26层，地下3层，建筑高度100m，是江苏省第一栋全钢结构的高层建筑。其中3～6层是轨道交通中央控制设备层，调度大厅在5层，其余楼层为轨道交通总公司办公或对外出租使用；楼顶还具备直升机起降平台。位于五层的调度大厅长38.1m，宽21.71m，总面积约为800(827.151)多平方米。在这里通过现代化的计算机、专用电子设备以及先进的综合控制显示屏，对南京轨道交通1号线的运营情况进行全方位监控。

珠江路控制中心完成1号线、2号线及延伸线的控制中心后，将实现对南京市轨道交通线网的"十字"骨架线路正常运营管理和应急指挥、综合监视，协调指挥各线路之间的运营问题。具体有以下职能。

1)协调管理

南京市轨道交通线网"十字"骨架线路的控制系统集中于珠江路指挥控制中心，可以通过系统之间的直接连接、大屏幕画面显示等各种手段，实现各线路、各系统之间的信息资源共享，使各条线路之间能够彼此协调、密切配合，并负责监视、控制运行，汇集各条线路的重要运营信息，完成线路之间的协调管理，优化轨道交通线路的运营管理。

2)与南京南站控制中心进行连接，实现协调管理、信息共享

根据南京市城市快速轨道交通建设规划，将在南京南站另设一座轨道交通控制中心，珠江路控制中心将与南京南站控制中心实现连接，通过南京南站控制中心实现与其他新建线路的信息共享、协调管理，提高处理突发事件的应变能力。

3)处理紧急、突发事件

随着轨道交通客运量的不断增长，轨道交通线上任何一处(尤其是换乘车站)紧急事件和突发事件的发生，都会对南京市的轨道交通甚至全市的交通系统造成或多或少的破坏，影响南京市交通系统的正常运转。珠江路控制中心能够及时掌握多条线路(包括本身所管辖线路和其他新建线路)的信息、全面周到地处理各种复杂的紧急/突发事件，使轨道交通交通秩序尽快地恢复正常。

10.4.2 设计原则

控制中心(三～六层)是轨道交通大厦的一部分，土建工程一次性建成，系统生产用房在满

足1号线设备配置要求的同时，应预留足够面积，满足2号线和两条线路延伸线的设备安装条件。辅助机电设备用房也应满足远期配置设计。工艺布置应遵循经济实用、配置合理的原则，并根据设备的配置情况，系统地组织定员，对控制中心的规模进行控制。

为了实现对南京轨道交通1号线的统一指挥监控功能，在控制中心应设置包括调度大厅及行车、乘客服务相关的系统(通信、信号、综合监控、自动售检票、乘客信息等)设备房，辅助机电设备用房(给排水及消防、通风空调、低压配电、弱电等)，以及必要的行政办公及生活用房。控制中心的总体工艺布置及调度大厅内的设备布置，均以行车为主的原则进行，充分体现为运营服务的主导思想。

控制中心用房应按照“分线布置、部分整合”的原则进行设计。

由于各线建设时序不同，为避免相互干扰，将各线设备用房按线相对集中布置。

根据各系统之间的相互关系，将各线部分系统用房进行整合，并按照“大开间的集中布置方式”进行设备布置，以节省机房使用面积。

各系统主要设备用房的布置，应便于统一设置楼层间的电缆通道和各系统技术设备机房与中央调度大厅间的电气联系。

进行整合的房间工艺布置由相关系统协商解决，各系统单设设备用房的内部按各自系统的工艺要求布置。

为便于集中统一指挥和各系统间的相互协调，高效地组织列车运行，完成输送乘客的任务，将行调台、电调台、环调台、总调度台(兼维调台)等各系统调度台均集中设于中央调度大厅的方式。

控制中心的建筑、结构、供电、给排水、防灾报警、消防、通风空调等的设计均应满足控制中心内各系统的工艺要求，并符合有关规范。

控制中心建筑除应根据各系统设备要求及建筑功能、造型需要合理确定建设标准，达到适用、经济、美观外，还应满足防火等现行规范、规定的要求。

考虑到控制中心是轨道交通线路的枢纽，保证其安全意义重大，通过设置灭火器、消防广播、门禁等安防系统设备，同时加强日常巡视，防止非法人员进入控制中心，来有效地保证控制中心的正常运作。

10.4.3 功能分区及总体布局

控制中心按功能划分为运营操作区、设备区、运营管理区和维修区。运营操作区主要集中在大厦五层，区内设有调度大厅、调度主任办公室、运行分析室、通信值班室、信号值班室、信号运行图室，以及独立的男、女卫生间，开水间等，从而有效地减少了调度人员中间离岗时间。

毗邻大厦五层运营操作区的是系统设备区，区内设有1号线的电调机房、电调电源室、通信设备室、通信电源室、信号设备室、信号电源室、FAS/BAS机房、FAS/BAS电源室、网管设备室、市话设备室等，从房间布局上就缩短了设备管线敷设距离。

大厦六层也设有系统设备区并通过电缆竖井与大厦五层的设备区连通，六层的系统设备区设有2号线的信号设备室、通信设备室、IMS机房、PIS机房等。

大厦四层全部为AFC和ACC设备用房。AFC和ACC的运营管理区主要集中在大厦三层，区内设有用于完成轨道交通中央级运营技术管理和生产管理任务的用房。

各层的建筑布局如图10-11～图10-14所示。

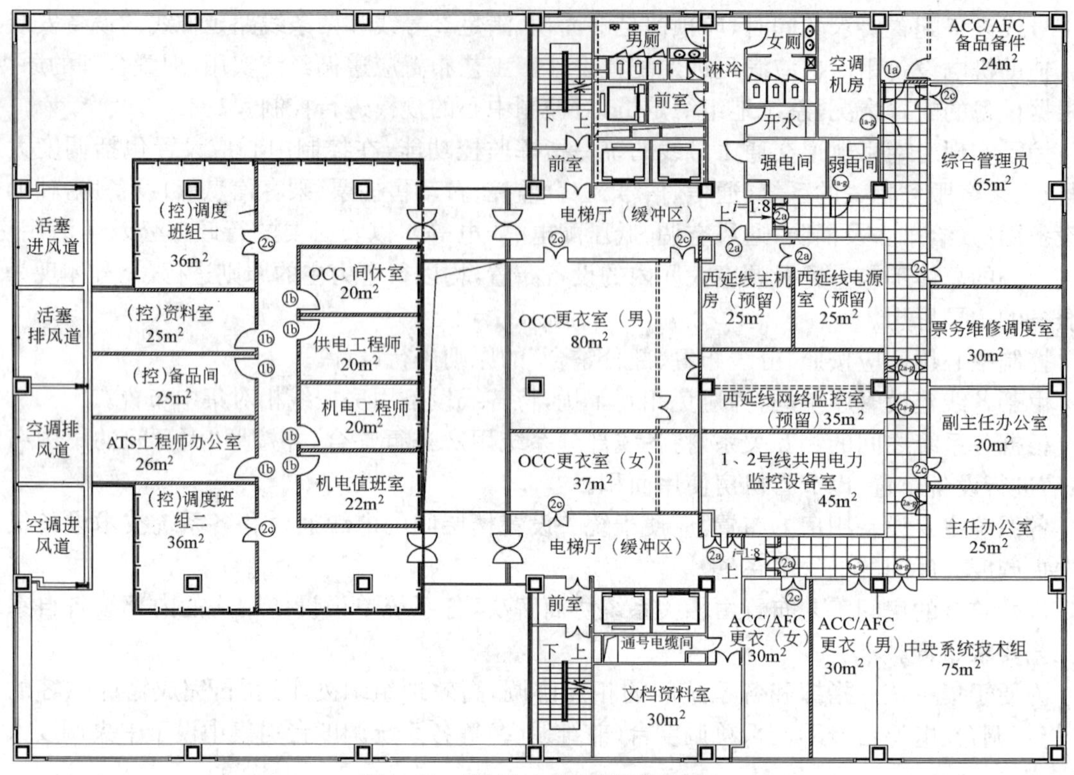

图 10-11 控制中心三层建筑平面布局

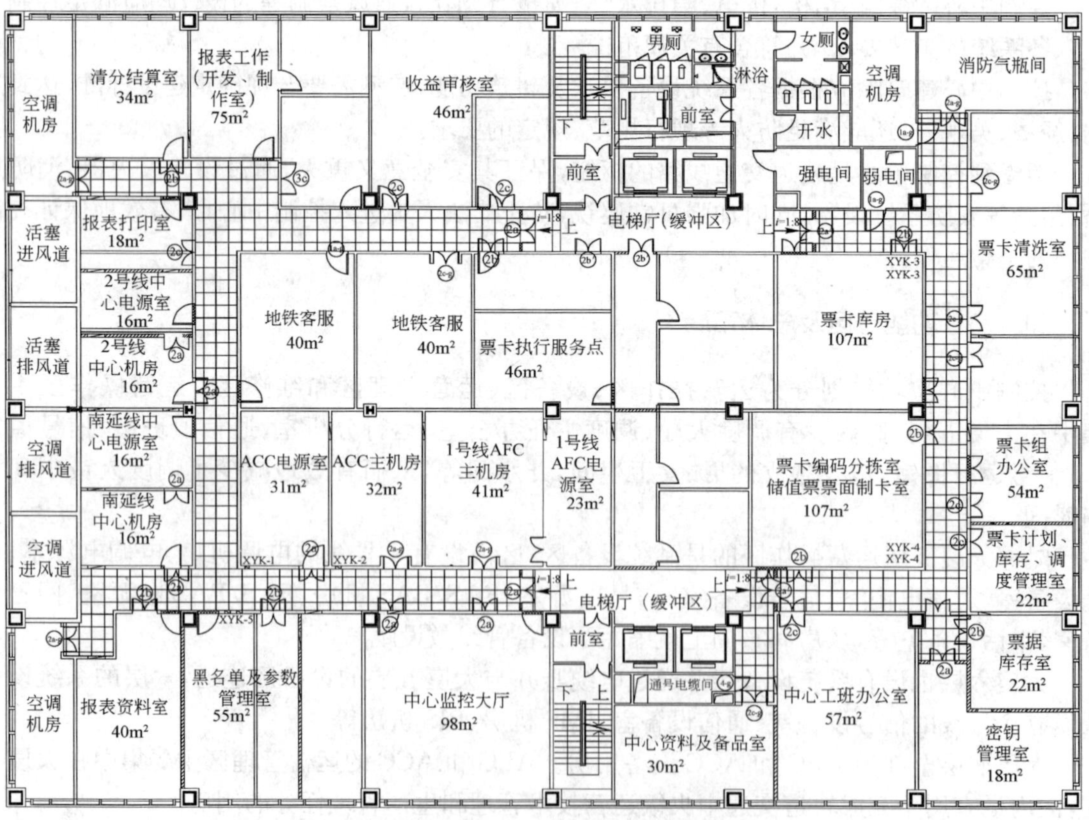

图 10-12 控制中心四层建筑平面布局

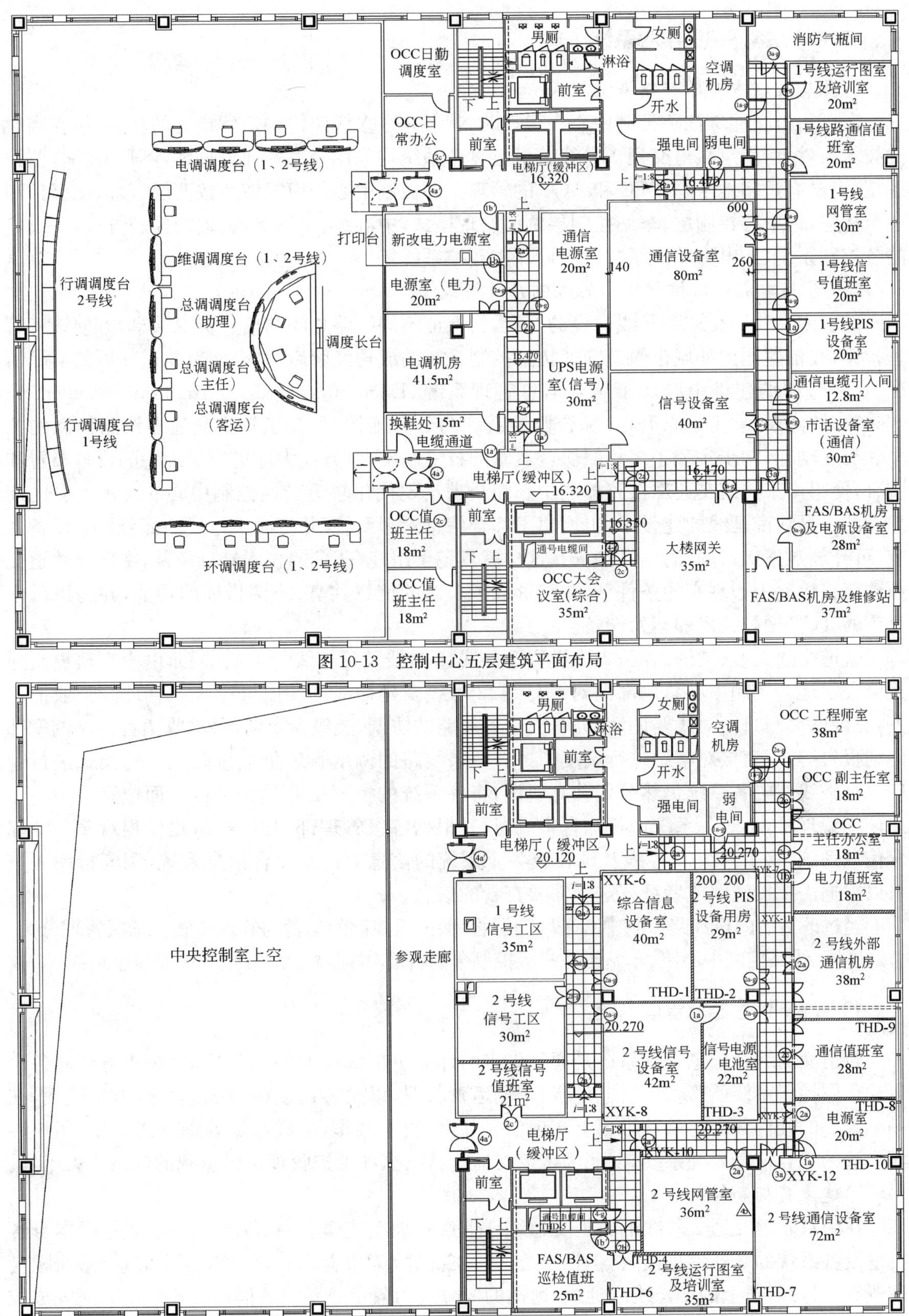

图 10-14　控制中心六层建筑平面布局

10.4.4 指挥控制中心系统模式

1)现有控制中心的控制系统模式

南京轨道交通珠江路控制中心在建设时,就考虑了多线路协调运营指挥的功能,但在当时的技术条件下,南京轨道交通1号线各机电设备系统均采用分立式建设方案,不具备综合监控系统,也没有过多地考虑TCC和ACC的管理。即控制中心的模式按照按两层管理、三级控制进行构建,即中心控制层、车站控制层调度管理模式,中心级、车站级、就地级控制方式,各线路的各控制系统(如电力监控系统、信号系统、环控系统等)独立设置。

2)2号线建成以后控制中心的控制系统模式

随着南京轨道交通2号线建设的开展,为保证不同线路之间的信息资源共享,方便统一管理指挥,在借鉴国内外城市轨道交通指挥控制系统的成功经验后,结合南京轨道交通的实际情况,在2号线的建设中增加了综合信息管理系统(IMS,integrated information management system)的建设,承担了原ISCS综合监控系统的部分工作,具备了轨道交通多线路信息的共享和交互功能,初步实现了多线路协调运营的技术基础,对调度大厅进行了统一的设备布置和整合,使得南京轨道交通珠江路控制中心完全满足现代化轨道交通控制中心的要求。在同期建设的1号线南延线的建设中,也增建了综合信息管理系统,并将原1号线的部分机电设备系统(可开放数据接口的)的信息接入。这样就具备了组建TCC的技术基础条件,在南京轨道交通珠江路控制中心现有的条件下,初步形成了多线的信息共享,协调指挥的功能,并为以后南京市的TCC做好技术和运营储备。

轨道交通大厦(三～六层)集中设置1号线、2号线及延长线的控制中心,由南京轨道交通运营公司运营控制中心总调部门对1号线、2号线及延伸线的调度进行统一管理。一般情况下,总调度部门只面对线路调度部门,负责各线路的协调、上级命令的下发、收集各线路调度部门的报告等,不直接对车站进行调度指挥。每条线路的调度管理仍然按照现有的模式进行管理。每条线路的各系统仍然分别独立建设,将各系统的控制中心设备进行平面位置集中。在总调度管理层,不对各系统进行综合集成,只是根据各级管理部门的需要,建设相对简单的综合信息系统,将1号线、2号线及延长线各个系统的信息上传给综合信息系统,调度指挥人员可以根据需要按线路或者系统选择需要查看的信息。

经过改造后的珠江路控制中心采取三层管理、三级控制的运营与管理体制。三层管理分为:总调度层、线路控制中心层、车站层。三级控制分为:控制中心级、车站级、系统设备就地级。

10.4.5 综合信息管理系统

轨道交通综合信息管理系统是通过先进的计算机集成和网络互联技术,对轨道交通各个自动化监控子系统所管辖的机电设备、车辆运营状况,以及客运组织情况进行全方位监视,在一个统一的硬件平台与软件平台上实现信息互通、资源共享,形成数据处理方式一致、用户界面一致的综合信息处理系统,从而为轨道交通运营组织和维护管理提供直观的辅助决策工具。

1)建设目标和原则

在南京轨道交通2号线的轨道交通综合信息管理系统建设中,IMS立足于2号线本身各机电设备系统的数据信息接入,包括系统运行工况、故障报警、列车位置、客流信息等;兼顾考虑既有1号线,新上的1号线南延线,远期的3号线的各专业系统的信息接入。IMS还完成控制中心和车站控制室各系统设备综合布置,方便操作员对轨道交通运营信息的掌握和控制。

同时IMS将接入的部分必要信息以安全可靠的方式传递给轨道交通总公司高层管理人员和运营维护人员，为南京轨道交通运营组织和机电设备维修管理提供直观便捷的人机界面。

根据IMS系统的建设目标，我们确定了以下的设计原则。

原则一：各机电系统保持独立，IMS只监不控。

南京轨道交通原有各机电设备监控系统维持各自体系架构不变，并独立实现本系统的功能，同时将所辖主要机电设备及系统本身的工作状态信息、故障信息传送给IMS。IMS只监视而不自动控制各机电系统设备。在紧急情况下可通过车站IBP上的手动紧急按钮完成部分专业系统的紧急后备操作。IMS收集各线各机电系统的重要信息和资料，实现对轨道交通整体的监视功能，并对收集的数据信息进行综合处理，向运营调度人员、各专业相关维护检修人员发布。

原则二：相关系统共享硬件平台。

IMS建设控制中心、各线各车站、各车辆段/停车场的信息公用传输网络，为IMS、乘客信息系统(PIS)、办公自动化系统(OA)和车载CCTV系统提供数据传输通道。IMS负责提供控制中心和车站控制室综合操作台(包含IBP盘)，统一设置显示器等通用设备；统一设置UPS设备，为控制中心和车站控制室的各专业设备(信号系统除外)提供UPS电源。

原则三：IMS综合管理，统筹各方设备布置。

IMS系统承担控制中心和车站控制室综合操作台的设计工作，对各专业设备的布置进行综合考虑，使之符合轨道交通运营人员的使用习惯，更加科学合理，美观大方。

2)IMS系统中央级设备和结构

控制中心综合信息管理系统(CIMS)主要由中央数据库/应用服务器、磁盘阵列、冗余配置网络交换机、防火墙、前置机、综合操作台、UPS设备、信息工作站和CIMS软件系统(包括操作系统、数据库、接口软件等)组成。如图10-15所示。

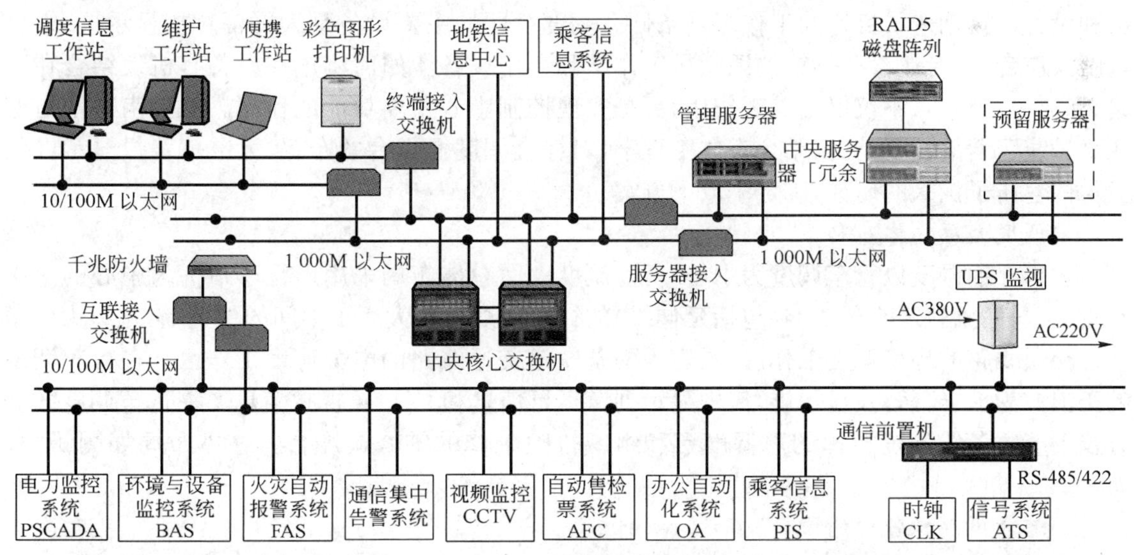

图10-15　控制中心综合信息管理系统结构

根据只监不控的设计原则，IMS从各机电设备系统的中央监控设备的数据接口获得所需信息，对于无中央监控设备的电扶梯等系统，则从BAS系统接入。数据接口协议原则上采用TCP/IP协议，RJ-45接口，通过防火墙和接入交换机接入；对于部分只能采用串行数据接口的系统，则可设立通信前置机接入。CIMS软件系统负责对这些信息(包括CCTV图像信息)进行综合处理、存储，以图形化的方式显示在各信息工作站上。中央的信息工作站分为调度(行调、电调、环调、维调、总调)、各专业、管理三种，各种工作站具有统一的登录界面，可以通过不同的用户权限，选择不同的信息界面，如可显示各专业设备的运转情况和命令执行结果等。

IMS 对控制中心调度大厅的综合操作台和大屏幕显示系统进行综合布置，并对大厅内设备提供 UPS 电源，信号系统的设备除外。IMS 配置冗余的千兆星/树形以太网络，为本身和 PIS 系统、OA 系统、车载 CCTV 系统提供数据传输通道。

3)IMS 系统应用前景

综合信息管理系统建设贯彻了南京轨道交通简捷实用的建设理念，既解决了传统的分立自动化系统的互联互通问题，又避免了综合监控系统的高造价、高难度、高风险，是一种较好的折中方案。对已建成了各分立的自动化系统，又迫切需要实现系统互联的轨道交通老线技术改造，也是一种很好的选择。

目前，我国正处于城市轨道交通建设的高峰时期，但各城市的建设条件有很大差异，管理水平、技术水平也不尽相同，综合监控系统或者综合信息管理系统的优劣不能简单的一概而论，技术方案也不能一刀切。因此研究适合本地情况的自动化实现方案是非常必要的，综合信息管理系统的探索具有很强的现实意义。

10.4.6 调度大厅的综合设计

珠江路控制中心是对南京轨道交通 1 号线、2 号线及延伸线所有轨道交通列车、车站和区间进行总的监视、控制、协调、指挥、调度和管理的中心，对保证行车安全，提高服务质量具有重大作用。调度大厅是控制中心的核心操作区，整个轨道交通线路的列车调度指挥、运营状况监控都在此完成，是轨道交通运营的“大脑”。

调度大厅内建筑造型及设备布置整齐、紧凑、美观、大方，便于观察、操作和维修，为操作人员和设备运行创造了良好的工作环境条件。调度大厅的主要设备是大屏幕背投显示屏、综合调度操作台、各专业设备系统的调度员工作站和专用设备。如何将这些设备有机地结合在一起，形成一个整体，不仅仅是美观作用，更是实现控制中心主要功能的作用。根据南京轨道交通 1 号线运营的实际情况，结合人体工程学，对综合调度操作台的布置、大屏幕背投显示屏的显示内容作了深入的研究，确定了以下方案。

1)调度大厅总体布局

轨道交通调度以行车调度为中心，所以调度大厅总体布局采用以行车指挥为中心的集中布置方式，两条轨道交通线路(包括延伸线)的行车调度位于大厅正中间的位置上，左边为两条轨道交通线路的环境调度工作区，右边为两条轨道交通线路的电力调度工作区。在行车调度的正前方为大屏幕背投显示屏，集中显示列车运行信息和 CCTV 视频信息。在行车调度的后方设置统一各线调度指挥的总调度台和组织抢险维修的维修调度台。整体布局如图 10-16 所示。

2)综合调度操作台的设计

轨道交通综合调度操作台与一般的电脑桌、办公台有本质的区别，在设计方面有独特之处。它的高度、长度、宽度所有的尺寸结构都是依据人体工学原理及轨道交通调度工作的特殊性要求设计的，在台内安放各种设备仪器都有足够的空间和良好的排风、散热及串线系统，各类设备的电线都能随意自如地排放串插。

综合调度台设计原则：配合整个大厅环境做出功能性、人体工程学、美学相结合的完美造型及布局方案；考虑调度员的工作需要，调度台每席位设有明显分隔，独立席位的同时，又便于调度员之间的工作交接更方便；因调度台一天 24h 运作，需要高效可靠的通风散热，而这些通风措施又不能对大厅产生噪声干扰，同时保证设备良好运行；采用模块化的设计，使各种组合排布、扩充变化成为一件简单的事；具有良好的设备安装、调试空间，便于设备的维护和检修。

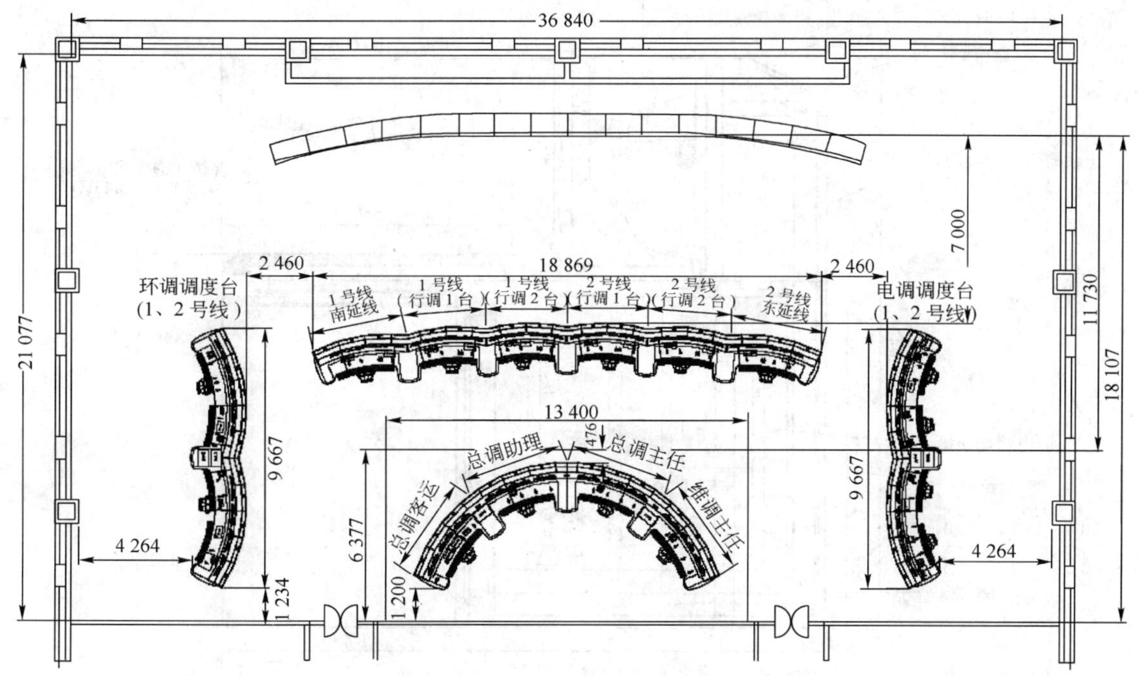

图 10-16　控制中心调度大厅平面布局(尺寸单位：mm)

根据以上设计原则，经过分析，决定综合调度台整体采用弧形设计，设备布置排列根据实际使用状态，播音控制盒避开台面下键盘的开孔嵌入安装。调度台的台面上方为半封闭式的结构，设有 LCD 支架拉铝槽，使显示器可根据拉铝槽作调整，同时方便以后设备的增加和变化。19 寸液晶显示器采用吊挂，安装在操作台上，配专用的吊挂机构确保安装稳固。标准键盘放在台面下的抽屉里，计算机主机、电源等设备放置在操作台内，并设立 UPS 电源插座、网络插座、扎线槽。台内设强、弱电水平线槽和垂直线槽，保证走线空间和美观，并减少电磁干扰影响。为保证设备尺寸的兼容性和良好的安装维护性，综合调度台为前后可开的底柜式结构，前后面板均为可脱卸式，并冲条式通风散热孔；在操作台背顶部还设置 4 寸风扇，在过渡季节环境温度较高时，可工作以保证台内设备良好的通风散热。如图 10-17 所示。

3）背投显示屏及视觉效果分析

南京轨道交通控制中心采用了 48 块(3×16)67 寸 DLP(数字光处理)背投显示屏，单屏尺寸为 1 370mm×1 027.5mm，整屏全长为 21.92m，全高为 3.082 5m，屏幕总面积为 67.568 4m^2，用于显示行车调度和闭路电视监控系统实施运行情况，在紧急情况下可以显示电力调度、环境调度的运行情况，是目前江苏已建成最大的显示屏。

显示屏左边为南京轨道交通 1 号线及延伸线显示区域，最左边 2 列(3×2)为 CCTV 视屏显示区域，然后是(3×6)信号系统行车调度显示区域；右边对称排列，为 2 号线及延伸线显示区域。显示屏平时不显示环境调度和电力调度的信息，但在紧急情况下可以显示二者的信息。如图 10-18 所示。

为保证每个调度员的视觉效果，显示屏中间 6 列为平直布放，两边的 5 列以 3°的角度向内弯曲排列；同时总调台位置上的抗静电地板高程也比大厅内的抗静电地板高程高 200mm，以保证调度员的视觉效果。如图 10-19 所示。

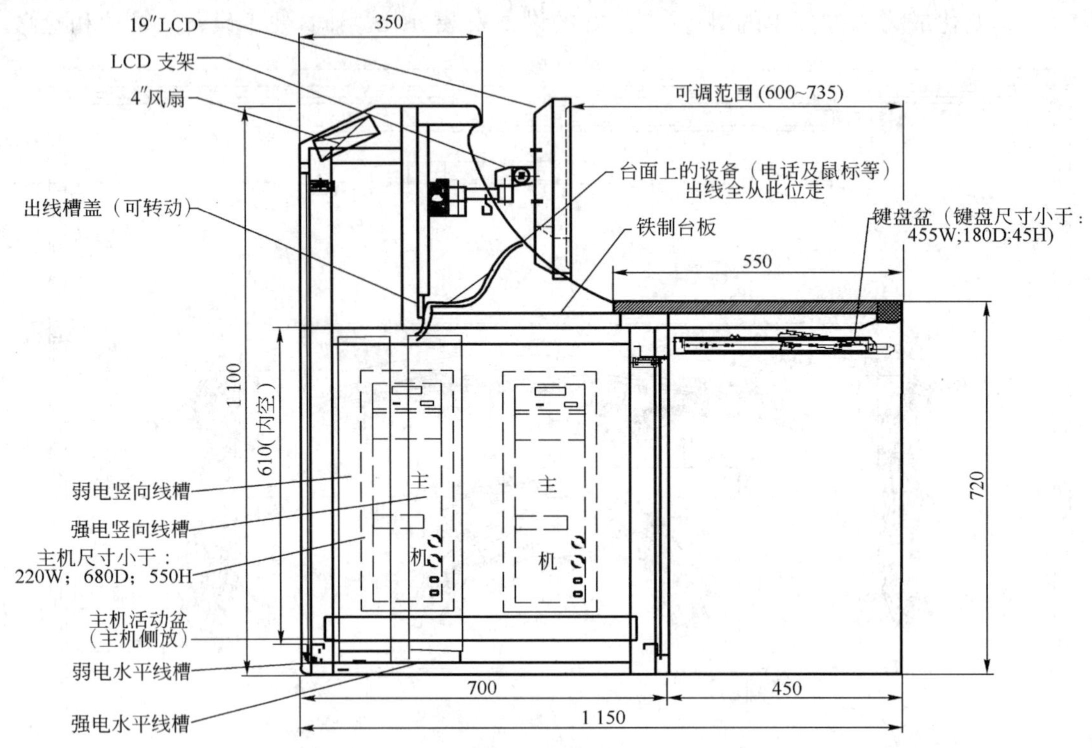

图 10-17　综合调度台内部结构(尺寸单位：mm)

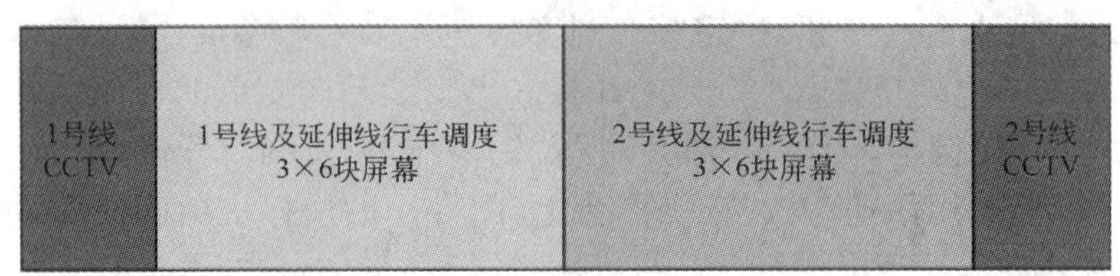

图 10-18　背投显示屏显示区域划分

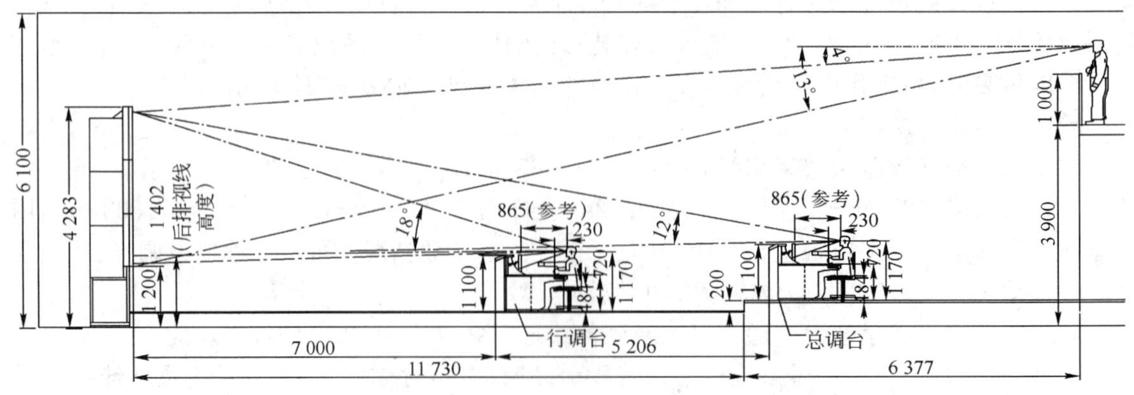

图 10-19　调度员视觉效果分析(尺寸单位：mm)

思 考 题

1. 城市轨道交通中OCC和TCC的功能和定位是怎样的？讨论我国城市轨道交通建设的不同阶段，这两者建设时序之间的关系。
2. 城市轨道交通控制中心的技术设备系统都有哪些？分析各设备系统之间的接口关系，结合目前专业技术的发展趋势，谈谈你对近期国内轨道交通设备系统发展的认识。
3. 请分析ISCS系统和IMS系统的差别和各自的优劣，阐述自己的看法。
4. 请简述ACC在城市一卡通和各轨道线路中的作用和地位。
5. 城市轨道交通控制中心的辅助设备系统有哪些？说明他们的作用以及与轨道交通技术设备系统的关系。
6. 请根据本章所介绍的各城市轨道交通设备系统的关系，以及控制中心的实例，结合自己对轨道交通的认识，设计一个合理的控制中心设备用房分配方案。

第11章　车辆段与综合基地

车辆段与综合基地(简称“车辆基地”)作为城市轨道交通配套系统,它主要包括车辆段、综合维修中心、物资总库和培训中心四大基本部分,并辅以必要的办公、生活设施。国内有些地铁城市,还将行车调度指挥中心、地铁公安分局或运营公司部分职能处室整合在车辆基地内。

本章主要阐述车辆段与综合基地的基本功能定位、设计原则、平面布置、车辆段任务和检修体系,以及基地内主要设施和设备。

11.1　车辆基地的基本功能和设计原则

11.1.1　车辆基地的基本功能

车辆段与综合基地作为地铁系统的运用、检修、材料/后勤保障和培训基地,其功能应体现为整个地铁系统服务,因此,车辆段与综合基地应具备以下基本功能。

(1)车辆停放及日常保养功能——地铁车辆的停放和管理;车辆的外部洗刷、内部清扫及定期消毒;驾乘人员每日出、退勤前的技术交接;对运用车辆的日常保养(包括列检和双周检、三月检)及一般性临时故障的处理等。

(2)车辆检修功能——依据地铁车辆的检修周期,定期完成对地铁车辆的计划性修理(包括定修、架修和大修)。

(3)列车救援功能——列车发生事故(如脱轨、颠覆)或接触网中断供电时,能迅速出动救援设备起复车辆,或将列车牵引至邻近车站或地铁车辆段,并排除线路故障,恢复行车秩序。

(4)系统设备/设施的维护、保养和检修功能——对地铁各系统,包括供电、环控、通信、信号、防灾报警、综合监控、自动售检票、给排水、自动扶梯等机电设备和房屋建筑、轨道、隧道、桥涵、车站等建筑设施进行维护、保养和检修等。

(5)材料物资供应功能——负责地铁系统在运营和检修过程中,所需各种材料、设备器材、备品备件、劳保用品以及其他物资的采购、储存、保管和供应工作。

(6)技术培训功能——负责对地铁各系统的工人、技术和管理人员进行培训。

11.1.2　车辆基地设计原则

车辆段与综合基地的设计应根据线路和车辆的技术特征,在充分利用所选段址地形地貌和周围环境的基础上,以确保修车质量和生产安全,满足工艺要求为前提,以努力提高作业效率、改善劳动条件、节省基建投资、降低生产成本、获取最佳综合效益为目的,确定主要设计原则如下。

1)功能定位设计

车辆段与综合基地应包括车辆段、综合维修中心、物资总库、培训中心和必要的办公生活设施。车辆的厂、架修功能应从线网的角度分析确定。车辆段定修宜1条线仅设1个定修段。培训中心原则上一个城市仅设一个。综合维修中心和物资总库等也应充分考虑线网资源共享,以节约投资,提高效率。

2)车辆段段型设计

根据城市规划用地的地理条件和与正线的接轨条件,确定车辆段段型是采用贯通式布置还是尽端式布置。贯通式车辆段段型的停车库线两头各接一个车站,方便车辆进出段,段内运用与检修作业顺畅,调车作业与出入段车辆可平行进行,车辆走行距离较短,缺点是占地较多,如图11-1所示。贯通式车辆段范例是广州地铁1号线芳村车辆段。尽端式车辆段段型的停车库线与检修库线采用横列布置或纵列式反向布置,运用于检修作业之间需"之"字形折返调车,车辆走行距离长,作业不便,调车作业与出入段作业有干扰,但优点是充分利用规划用地,占地少,工程量小,能节省规划用地,如图11-2所示。

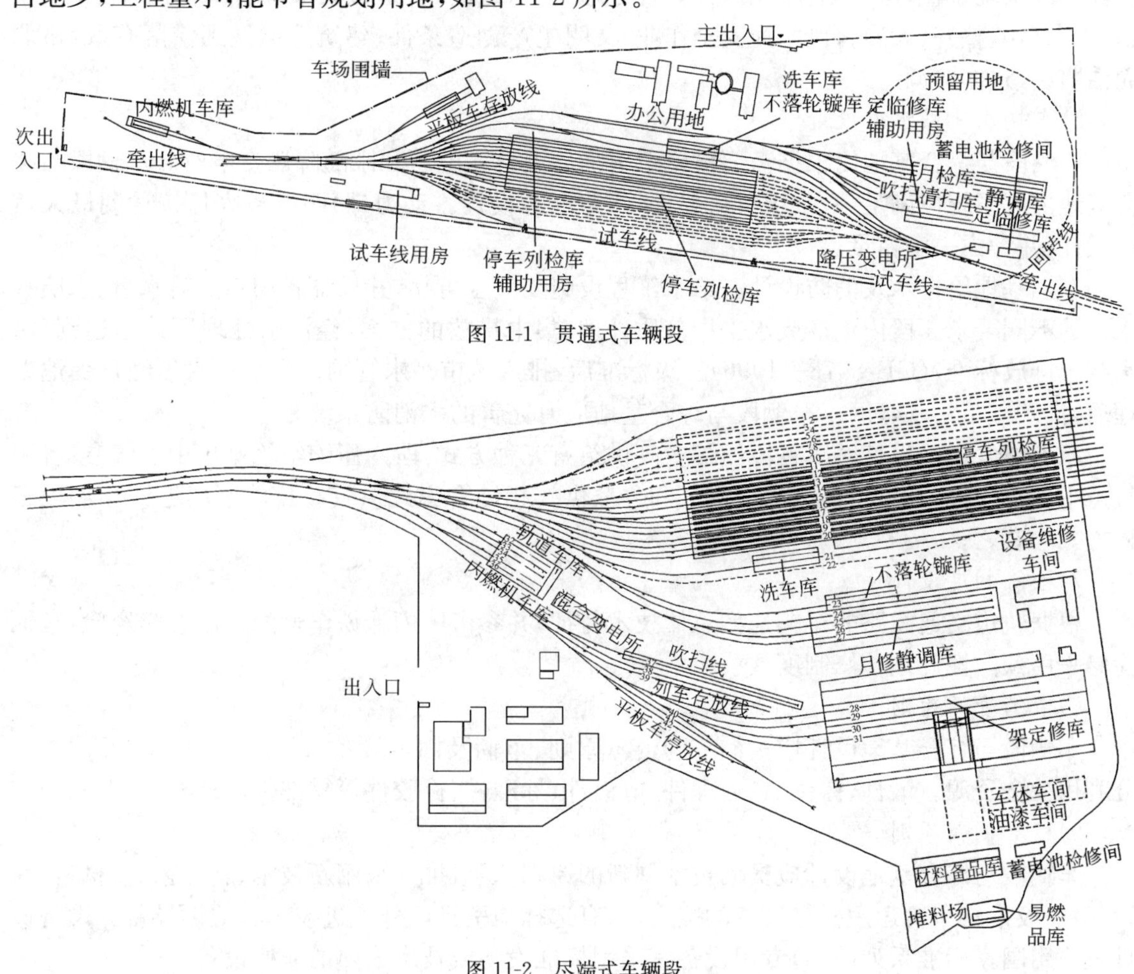

图11-1 贯通式车辆段

图11-2 尽端式车辆段

3)预留物业开发条件

应符合城市规划要求,并在满足功能要求的前提下综合考虑物业开发的条件。妥善处理基地建设与物业开发之间的关系,充分考虑建筑消防、结构预留、给排水、通风等诸多因素,在条件许可的情况下合理进行物业开发,增加土地利用价值。

4)线路设计

线路的配置应满足各种生产功能的要求，力求布置顺畅，避免车辆在段内迂回运行或互相干扰，尽量缩短车辆在段内的空走距离。有条件时，车辆段内设置回转线(俗称“灯泡线”)，以实现列车调头，改善车轮偏磨。车辆段与地铁车站(或正线)间设置出/入段线，出/入段线不宜少于两条线，确保车辆进出段互不干扰。车辆段与国铁轨道间有条件时应设置专用联络线。

5)总平面功能区域设计

总平面布置应以车辆段为主体，统筹考虑其他设施的工作性质和功能要求，按照有利于生产、确保安全、方便管理、方便生活的基本原则合理布置，力求工艺顺畅、作业方便。

车辆段的布置宜将停车运用部分与办公生活区、非带电的检修区分开布置，保证车流和人流互不干扰。房屋及设备的布置应根据检修作业和生产性质按系统布置，房屋建筑在满足使用功能的前提下，性质相同或相近的房屋适当集中设置，尽量合建，以节约城市用地、方便使用。总图布置应以运用库和检修主厂房为核心，各辅助房屋根据运用、检修作业工艺流程和生产性质按系统布置，避免相互影响，并综合考虑防火、道路、管道敷设及绿化、环保等的有关要求，力求布置整齐、紧凑、合理，为安全作业、文明生产创造条件；建筑造型做到错落有致，格调简洁明快，整体协调。

6)车辆基地风水电设计

车辆段与综合基地内根据需要设置牵引降压混合变电所和跟随降压变电所。车辆段与综合基地供电系统按满足一、二级负荷要求，两路电源设计。动力、照明设备容量按远期最大负荷设计，并考虑一定裕量。

车辆基地给排水及消防设计。给水工程设施要安全可靠，并保证各用水点对水量、水质和水压的不同要求。段内生产废水采用分质处理、集中排放的方案，经污水处理厂处理达到《污水综合排放标准》(GB 8978—1996)三级标准后，排入城市污水管网。生活污水须经化粪池处理后，排入城市污水管网。车辆段与综合基地应有完善的水消防系统。

压缩空气供给设计。车辆段压缩空气供给有三种方式：段内压缩空气站集中供气，或各用气点小型空压机分散供气，或集中供气和分散供气相结合方式供气。目前国内地铁车辆段三种方式均有之。

7)检修制度设计

根据轨道交通线路的车辆选型总体技术特征，并参考国内地铁车辆的运用检修经验，车辆检修采用预防性计划检修制度。

8)节约资源原则

车辆段与综合基地设计应贯彻节约资源原则，车辆及固定设备、设施的检修，有条件时充分利用社会资源。锻件、铸件、热处理件、电镀件、标准件、橡胶件等零部件均外协。

9)技术创新原则

车辆段与综合基地设计应贯彻技术创新的原则，积极推广采用新技术、新工艺、新材料、新设备，积极推行车辆运用检修设备的国产化，有选择地引进国外先进技术和关键设备。设备机具宜采用国家标准系列产品，专用设备宜采用标准设备或技术成熟的非标设备。

10)环境友好型原则

车辆段与综合基地的设计应贯彻环境友好型原则，注意环境保护，产生噪声、冲击振动或易燃、易爆的车间宜单独布置，对产生的废气、废液、废渣和噪声等应进行综合治理，并符合现行国家和地方有关规范、标准的要求。

11.2 车 辆 段

11.2.1 车辆段工作任务

车辆段工作任务主要有：承担全线配属车辆的停放、运用、清扫、洗刷和列车技术检查工作；承担全线配属车辆的双周检、三月检工作；承担全线配属车辆不落轮镟修工作；承担全线配属车辆的定修、临修工作；承担本线和其他线路配属车辆的架修和大修工作；承担新车或检修后列车的静调、动调工作；负责全线的事故列车救援工作；负责车辆段内设备和机具的维修及调车机车的日常维修工作；负责本段的行政、技术管理、材料供应和后勤管理等工作。

以上任务范围是针对具备架修或大修能力的车辆段而言。有些车辆段任务范围界定在定(临)修修程及以下，车辆架修或大修由具备能力的车辆段承担。前者称为大架修车辆段，后者称为定修车辆段。同一条地铁线，为了每天列车始发和收乘方便，往往在其一尽端设置一座车辆段，另一尽端只设置具备停放、运用、清扫、洗刷和列车技术检查工作功能的停车列检库和列车清洗库，我们通常称之为停车场，如图 11-3 所示。

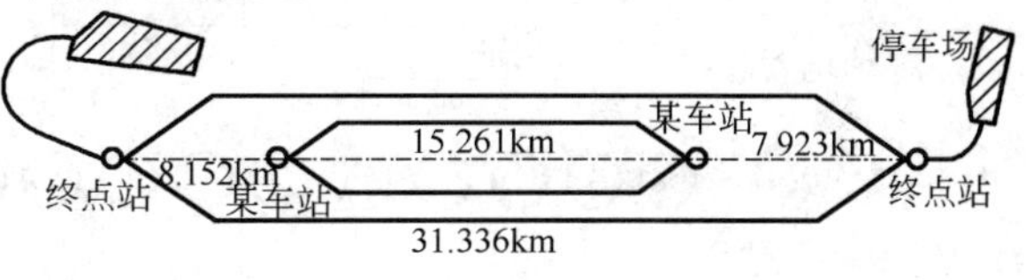

图 11-3 车辆段与停车场

11.2.2 车辆运用检修工艺设计

1)车辆检修制度和检修作业方式

车辆检修制度的制定，一般应根据车辆的技术条件、线路条件、地区环境和运营条件，以及运用、检修人员的素质等多方面因素确定，并在实际运用中不断调整和完善。

车辆检修制度一般分为预防性计划检修制度和矫治性检修制度两种。由于城市轨道交通对车辆的安全性和可靠性要求非常高，考虑到目前我国车辆的总体运用检修水平，车辆检修宜采用按车辆运行周期进行计划检修的预防性计划检修制度。但在整体采用预防性计划检修制度的前提下，应对部分有条件的系统和部件(如电气和控制系统等)实行状态修，对低级修程(如双周检和三月检等)推广采用在线修，以提高车辆的利用率，降低购车和修车成本。

车辆检修作业方式有现车修和换件修两种。

现车修是将待修车上的零部件，经过修理消除其缺陷后，仍安装在原车上。这种作业方式，除报废零件需要更换外，其他零部件均等待修理后，装回原车。其优点是可减少备用零部件的数量，缺点是常因等待零件而延长停修时间。

换件修又称互换修，是指将待修车上分解下来的零部件，用合格的备用零部件装上去。现车拆卸下来的零部件经修理后可以装到其他车辆上。换件修优点是最大限度地缩短停修时间，提高修车效率，其缺点是要求有足够的备用零部件。

从提高修车效率出发，车辆检修宜采用以换件修为主，部分零部件现车修为辅的检修作业方式。

2)检修修程

车辆检修修程指标(参考)如表 11-1 所示。

车辆修程周期和停修表 表 11-1

修　　程	检修周期(10^4km)	停修时间	库停时间
列检	2 天	2h	2h
双周检	0.5(15 天)	0.5 天	0.5 天
三月检	3(90 天)	2 天	2 天
定修	12～15(1～1.5 年)	8～16 天	6～9 天
架修	60(5～6 年)	24～28 天	18 天
大修(厂修)	120(10～12 年)	36～40 天	30 天

注:①表中停修时间及库停时间,均不含节假日;

②以上各修程工作班制均按 1 班制考虑,工作日指标按国家法定工作日 251 日/年计算;

③车辆修程关系如图 11-4 所示。

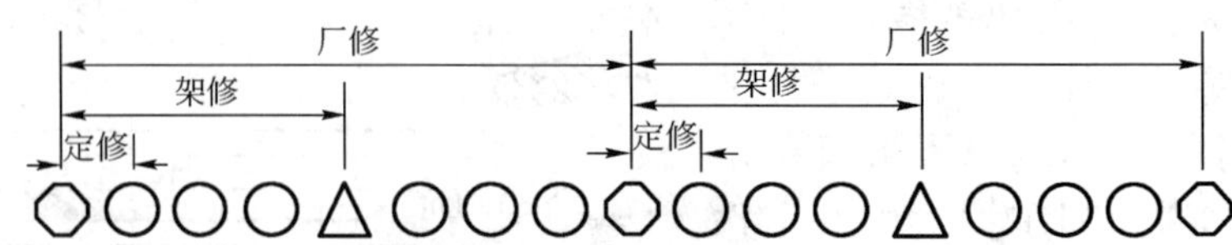

图 11-4　车辆修程关系

○—定修修程 △—架修修程 ⬡—厂修修程

3)车辆各检修修程的主要作业内容

(1)列检:主要对与车辆行车安全相关的部分进行日常性技术检查。

(2)双周检:主要对易损件和磨耗件进行检查,部分部件清洁、润滑。

(3)三月检:主要进行车辆的重点部件及系统状态检查,部件清洁、润滑,更换磨耗件。对车辆易损部件进行检查更换;对牵引、制动、控制系统进行全面检查、调试;对蓄电池根据需要进行检查,添加蒸馏水或离子交换水。

(4)定修:主要进行车辆的各系统状态检查、检测;各部件全面检查、清洁、润滑以及部分部件的修理及车辆的调试。主要检修内容是对受电弓、空调机、电气控制、牵引、制动、走行部等关键部件进行局部分解、检查、修理、测试,检修后进行静、动态调试。

(5)架修:对车辆的重要部件,特别是走行部进行分解,全面检查、修理,并更换部分部件。对车辆各系统进行全面检测、调试及试验。架车后对转向架、受电弓、空调机、空压机、牵引电机、制动系统、车钩缓冲装置、车门、坐椅和各种电气控制装置等部件进行分解、检查、修理、更换、试验,对仪表仪器进行校验,对车体及其余部件的技术状态进行检查修理,检修后对车辆进行静、动态调试。

(6)大修:对车辆包括车体在内进行全面的分解、检查及整修,结合技术改造对部分系统进行全面的更换,对车辆各系统进行全面检测、调试及试验。车辆各修程均以整列车为一检修单元,采用定位检修作业,部分零部件根据检修工艺需要采用流水作业。

4)车辆运用整备工艺流程

车辆运用整备工艺流程如图 11-5 所示。

5)列车检查、检修工艺流程

列车检查、检修工艺流程如图 11-6 所示。

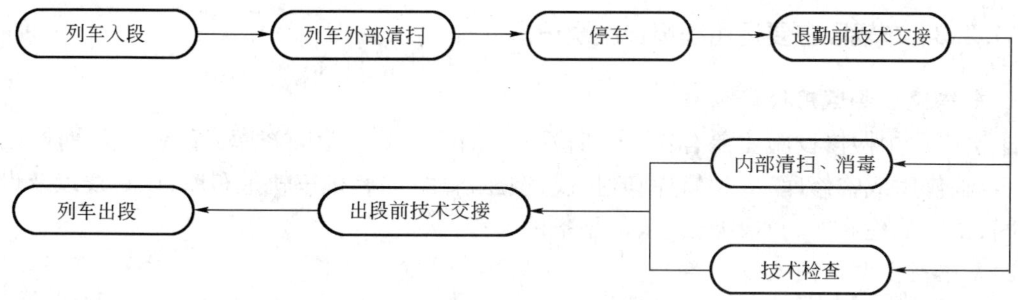

图 11-5　车辆运用整备工艺流程

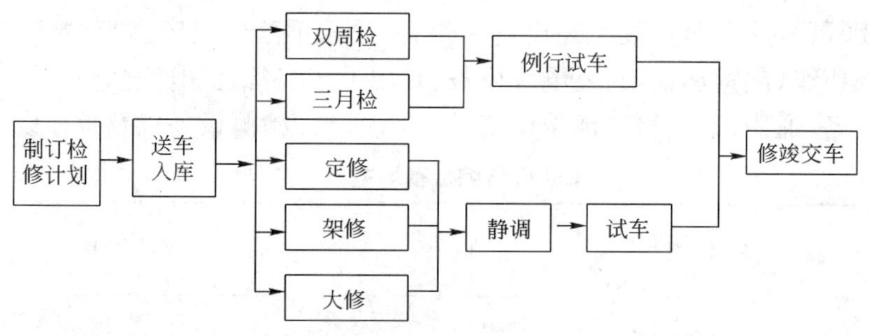

图 11-6　列车检查、检修工艺流程

(1)架修/大修工艺流程

车辆吹扫、冲洗→车辆由内燃机车推送入库解列→车辆预检→车辆架车→局部分解→落转向架→列车全部或局部解体→各零部件送检修间分解、检查、修理、更换、组装、试验→车体全面检查、除锈、刷漆、整修→各零件组装→落车调整→喷漆→单元或联挂静调→试车线动调→交验→出库。

(2)定修工艺流程

列车吹扫、冲洗→列车由调机推送入库→列车预检交接→列车架车局部解体→全面检查、测试→蓄电池检修充电→组装测试→落车调整→送不落轮镟库镟轮→送调试库单元/联挂静调→试车线动调→交验→出库。

(3)双周检或三月检工艺流程

列车整列入库→测试→全面技术检查→更换易损件→补充电或更换蓄电池→交验→出库。

(4)列车镟轮工艺流程

待镟轮列车自行牵引或由调机送入镟轮线→专用牵引装置与列车联挂→列车由牵引装置牵引停车轮对定位→轮对检测进行定位测量和磨耗测量→轮对镟修→轮对加工精度检测→其他轮对镟修→全部轮对镟修完成验交→列车出库。

(5)列车静调作业和动调作业

静调作业在专门的静调库或静调线内进行，主要对列车重要部件及联线进行低压通电检查，对车门、空调及列车控制等系统功能进行调试，各电器部件动作是否符合技术要求进行测试。动调作业是在试车线上对整列车的运行性能、状态及车载通信信号设备进行检测、试验，试车线长度需满足列车试验速度从 0km/h～v_{max}～0km/h 的需要。

调试作业工艺流程：单元静调→联挂静调→联挂动调→验交。

11.2.3 车辆段主要运用检修设施及设备

1)车辆段主要运用检修设施

车辆段运用检修设施主要有:停车列检库、洗车库、不落轮镟修库、静调库、双周检或三月检库、定临修库或临修库、大架修库、吹扫线、空压机站、内燃机车轨道车库、试车线以及设备维修车间、蓄电池检修库、救援办公室、备品备件库等。

2)车辆段主要运用检修设备

据不完全统计,全国各城市地铁车辆段与综合基地初步设计中,列明的工艺设备约 400~600 项,累计 1 000~1 380 台(套、辆、组),总投资约在 1 亿~1.5 亿。车辆段与综合基地主要设备如表 11-2 所示,其中车辆段工艺设备主要有:数控不落轮机床、列车自动清洗机、架车及转轨设备、内燃机车、起重运输设备、电源设备、专用工艺装备、机电检修检测设备、仪器仪表电器/电子检测设备、通用机电设备、清洗设备、转向架检修/检测设备以及救援设备等。

车辆段与综合基地主要设备　　表 11-2

<table>
<tr><th>类别序号</th><th colspan="2">设 备 类 别</th><th>设 备 名 称</th></tr>
<tr><td colspan="4">车辆段主要工艺设备</td></tr>
<tr><td>1</td><td colspan="2">数控不落轮机床</td><td>数控不落轮机床、遥控公铁两用车</td></tr>
<tr><td>2</td><td colspan="2">列车自动清洗机</td><td>列车自动清洗机</td></tr>
<tr><td>3</td><td colspan="2">架车及转轨设备</td><td>地下固定式架车机、移动式架车机、浅坑移车台、公铁两用车</td></tr>
<tr><td>4</td><td colspan="2">内燃机车</td><td>内燃调车机车</td></tr>
<tr><td rowspan="3">5</td><td rowspan="3">起重运输设备</td><td>起重机</td><td>电动双梁桥式机、电动单梁桥式机、电动单梁悬挂式起重机、伸缩臂悬挂式吊车</td></tr>
<tr><td>汽车</td><td>救援指挥车、工程救援车、救援设备集成箱货车、工具汽车、载货汽车、大客车、轿车</td></tr>
<tr><td>叉车、搬运车</td><td>蓄电池叉车、蓄电池搬运车、手动液压搬运车</td></tr>
<tr><td rowspan="3">6</td><td rowspan="3">电源设备</td><td>静调/周月检电源设备</td><td>静调/周检/月检电源设备</td></tr>
<tr><td>充放电设备</td><td>充电机、放电机、充放电机配套设备</td></tr>
<tr><td>稳压电源</td><td>直流稳压电源、交流稳压电源</td></tr>
<tr><td>7</td><td>专用工艺装备</td><td colspan="2">车辆轮廓限界检测装置、线路设备限界检测装置、工艺转向架、转向架提升台、移动式液压升降平台、移动式车钩架托机、转向架转盘、轮对转盘、移动式作业平台、移动式车体支座、单柱式校正液压机、吊具(转向架/空调/受电弓)</td></tr>
<tr><td rowspan="6">8</td><td rowspan="6">机电检修检测设备</td><td>车门检修测试装置</td><td>车门密封条检修台、可移动式车门测试装置</td></tr>
<tr><td>受电弓检修测试装置</td><td>受电弓检修试验台、便携式受电弓测试仪</td></tr>
<tr><td>空调检修测试装置</td><td>可移动式车辆空调测试装置、空调冷媒充放装置、空调机清洗槽</td></tr>
<tr><td>气制动设备检修测试装置</td><td>空压机试验台、单元制动装置综合试验台、固定式单阀试验台、可移动式制动装置测试设备</td></tr>
<tr><td>电机检修测试装置</td><td>电机检修试验装置、牵引电机空载试验装置</td></tr>
<tr><td>逆变器试验装置</td><td>可移动式 VVVF 试验装置、可移动式 SIV 试验装置</td></tr>
</table>

续上表

类别序号	设备类别		设备名称
9	仪器仪表及电器/电子检测设备	仪器仪表	静调仪器仪表、月检库检测设备、接地兆欧表、示波器、单双臂两用电桥
		电器/电子检测装置	速度表及传感器试验台、压力表及传感器试验台、转速传感器试验台、电量传感器试验台、仪表检测及试验设备、主断路器试验装置、电器开关元件综合试验台、驾驶员控制器试验台、电子检修综合试验台、移动式耐压试验台、电热鼓风干燥箱、电热干燥箱
10	通用机电设备	空压机	固定式空压机、移动式空压机
		金属机床设备	车床、铣床、刨床、摇臂钻床、立式钻床、磨床、带锯床、弓锯床、剪板机
		电气焊设备	电焊机、气焊/气割设备、焊接配套设备
		钳工设备	台式钻床、除尘式砂轮机、划线平台、压装设备、电动套丝机、弯管机
		通用机械	管道机械、磅秤、台秤、液压千斤顶、吸尘器、排风扇、升降梯
11	清洗设备	车下吹扫设备、高压喷射清洗机、构架清洗机、轮对清洗机、轴箱清洗机、轴承清洗机、超声波清洗机	
12	转向架检修/检测设备	探伤设备	构架探伤设备、轮对探伤设备、轴承探伤设备
		拆装、压装设备	轴箱拆装机、轴箱压装机、退轮高压油装置、轮对压装机
		检测设备	构架检测平台及专用工装、转向架静载试验机、轴承检测仪器设备、轴承检测平台、轴箱检测平台、轮对跑合试验台、轮对动平衡机
		机加工设备	数控轮对车床、数控立式车床、数控车轴车床
		组装设备	构架翻转机
		油漆设备	构架喷漆装置、漆雾净化装置
13	救援设备	车辆复位救援设备、扶正装置、牵引装置、气垫、剪扩钳、车轴推进器、轮对故障行走小车、轨道运输小车、发电及照明设备、人员防护装备、救援辅助设备	
综合维修基地主要工艺设备			
14	接触网设备	接触网作业车	接触网检修车、架线车、放线车
		接触网检测车	接触网检测车(可以和接触网检修车或轨道检测车组合)
15	工务设备	轻型轨道车	轻型轨道车
		轨道平板(吊)车	轨道平板车、平板吊车、轻型轨道平板车
		轨道打磨车	轨道打磨车
		轨道检测车	网轨检测车
		钢轨机械	锯轨机、焊轨机、弯轨机、钻孔机、液压拉轨器、轨缝调整器、钢轨涂油器
		道床机械	捣固机、起道机、拔道机、铁道螺钉电扳手、电镐、液压方枕器
		工务仪器及探伤	钢轨探伤仪、焊缝探伤仪、轨距水平测量仪、经纬仪、水准仪

续上表

类别序号	设备类别		设备名称
物资总库主要设备			
16	仓储设备		立体仓储设备、普通可调式工业货架
培训设备			
17	计算机及培训设备	计算机	台式电脑、笔记本电脑、移动硬盘、打印机、复印机、传真机、扫描仪
		电教设备	固定投影机、便携投影机、数字展示台、电动屏幕、移动屏幕、DVD 影碟机、彩色电视机、功率放大器、音箱、多媒体控制台、中央控制系统、无线手持话筒、会议专用话筒、DVD 光盘刻录机、红外线笔、录音笔、摄像机、数码相机
		教具模型挂图	驾驶员模拟驾驶器、受电弓演示器、动车转向架模型、拖车转向架模型、牵引电机模型、牵引逆变器模型、辅助逆变器模型、高压电路模型、牵引电路模型、自动列车防护(ATP)系统演示模型、自动列车驾驶(ATO)系统演示模型、自动列车监督(ATS)系统演示模型、微机联锁(CBI)系统演示模型、转辙机演示器、气制动演示器、气制动系统原理模型、自动车钩模型、半自动车钩模型、永久性牵引杆模型、车钩缓冲原理演示器、列车空调机模型、车门控制传动系统演示模型、屏蔽门(PSD)控制传动系统演示模型、自动检票机控制模型、传动系统演示模型、扶梯传动原理模型、其他教具/模型/挂图

11.2.4 列车救援策略及救援设备

(1)列车的一般性故障,如车门故障、部分失去动力等,列车应在前方车站清客,退出运营,在车站存车线上待避,等候返回车辆段,或立即返回车辆段处理。

列车在损失部分动力故障状态下有自行救援的运行能力:列车在超员状态下,当损失 1/4 动力时,列车仍然可以在 30‰的坡道上启动,并能以正常运行方式完成当天运营;列车在超员状态下,当损失 1/2 动力时,列车仍然可以在 30‰的坡道上启动,并完成一个单程运行。

(2)列车在完全失去动力条件下的救援如下。

列车在完全失去动力的条件下,后面追踪运行的列车应在 ATP 作用下停车,在车站清客后慢速与故障列车联挂,推送故障列车至前方车站,待故障车清客后,继续推送故障列车到存车线或返回车辆段。

地铁列车牵引无动力故障列车实施救援的能力一般有如下要求:一列空车应能将另一列停在 30‰坡道上的超员故障列车牵引至最近的车站(上坡),乘客下车后返回车辆段;一列空车应能将另一列停在 38‰坡道(含曲线附加)上的故障空车牵引回车辆段。

以上两种情况,均不中断运营,不需要车辆段出动救援车辆。

(3)在发生列车脱轨、颠覆、火灾、停电等重大事故时,正常运营中断,全线视故障情况可组织故障运营。乘务员和所在站(或邻近车站)站务员立即组织乘客疏散,车辆段出动救援。救援车辆和设备应在第一时间赶到所在站(或邻近车站),由救援人员携带设备器材进入事故现场,实施救援。若列车脱轨或颠覆,首先起复列车进行复位救援,并由次列车推送回车辆段。

必要时在线路清空前提下,亦可由内燃调车开赴事故现场,牵引故障列车回车辆段。处理事故后,应尽快恢复正常运营。

(4)救援设备如表 11-2 所示,主要包含:车辆复位救援设备、扶正装置、牵引装置、气垫、剪扩钳、车轴推进器、轮对故障行走小车、轨道运输小车、发电及照明设备、人员防护装备、救援辅助设备等。

11.3 综合维修中心、物资总库、培训中心

11.3.1 综合维修中心

综合维修中心主要由工建车间、机电车间、供电车间、通号车间和自动化车间等组成。

工建车间承担全线轨道、桥梁、路基、隧道、车站建筑、所有地铁地面建筑等建筑物、构筑物的检查、维修、保养工作。

供电车间承担全线变电所设备、接触网和高中压电缆线路及相关设备、电力监控设备、全线杂散电流防护设备的运营管理、巡检、维护保养、检修工作。

通号车间承担全线通信、信号系统、列车上通信广播设备和信号设备的运营管理、巡检、维护保养、检修工作。

机电车间承担全线各种机电系统及设备,包括环控系统空调设备、给排水系统(水泵、电机)、屏蔽门、防淹门、自动门、电梯及自动扶梯、各种小型运输车辆、低压电气设备及线路等的运营管理、巡检、维护保养、检修工作。

自动化车间承担全线各自动化系统及通用办公计算机系统的测试、维修保养工作,其中自动化系统包括自动售检票系统(AFC),车站设备监控系统(BAS),防灾报警系统(FAS),门禁、综合监控系统。

各系统设备以及线路、隧道等建筑物的大修,宜结合城市轨道交通线网运营模式统筹考虑检修方式,现各城市轨道系统较多考虑社会化服务。

综合维修中心主要工艺设备有:接触网作业车(检修车、架线车、放线车)、接触网检测车、钢轨打磨车、钢轨检测车、轨道平板(吊)车、钢轨机械、道床机械、工务仪器及探伤设备等。详见表 11-2。

11.3.2 物资总库

物资总库承担本线范围内运营和检修所需的各种材料、机电设备、机具、备品备件、配件、钢轨、劳保用品,以及其他非生产性固定资产的采购、存放、保管和供应工作。

物资总库主要设施是各种库房、料棚和材料装卸线站,主要设备有起重运输设备、自动化立体仓储设备和普通可调式工业货架等,其中起重运输设备已归入车辆段主要工艺设备中,详见表 11-2。

11.3.3 培训中心

地铁培训中心是对地铁员工进行技术教育的重要基地。地铁系统是一个多专业的综合性交通系统,它不仅技术复杂,而且发展很快,必须对所有职工进行定期的技术培训,不断提高全员的技术业务水平,以保证地铁系统正常运营。培训中心一般按城市轨道交通线网性的地铁

员工教育培训基地考虑。

培训中心设有大、小教室以及各种实验室、微机室、模型室、图书室、教职工办公用房等。培训中心主要设备包含计算机设备、电教设备和各种教具模型挂图，详见表 11-2。

11.4 车辆段与综合基地主要设备介绍

车辆段与综合基地设备种类多、涉及专业广，限于本章篇幅，本节不作一一介绍，这里主要仅向读者介绍数控不落轮镟床、地下固定式架车机、列车清洗机、磨轨车、浅坑移车台、内燃机车、接触网作业车、车辆复位救援设备、转向架静载试验台和车辆称重仪等。

11.4.1 数控不落轮镟床

数控不落轮镟床用于地铁车辆在整列编组不解列、车下转向架轮对不落轮的条件下，对车辆单个轮对的车轮踏面和轮缘的磨损、缺陷表面进行镟削加工的专用设备，安装在镟轮库轨面以下的基坑中，如图 11-7、图 11-8 所示。

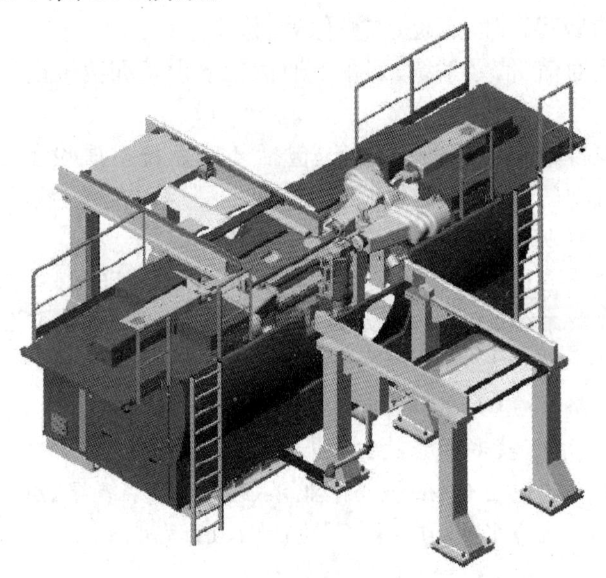

图 11-7 数控不落轮镟床(1)

与镟床配套使用的公铁两用车是主要用于镟轮线上牵引地铁车辆，对指定轮对进行不落轮镟削时遥控定位停车的专用设备。公铁两用车亦可用于其他轨道的牵引作业或在地面道路上行驶。如图 11-9 所示。

目前，国内各城市地铁使用数控不落轮镟床主要来自三个国外公司，分别是德国 Hegenscheidt 公司、法国 Sculfort 公司、意大利 Safop 公司。国内一些机床生产厂家也在逐步引进这项技术，分别与上述厂家合资生产。

地铁车辆在整列编组不解列、车下转向架轮对不落轮的条件下，对车辆单个轮对的车轮踏面和轮缘的磨损、缺陷表面进行修整加工的专用设备，除采用车削加工原理外，还有采用铣削加工修形的，但终因价格太贵，在国内城市轨道交通行业目前还没有应用实例。

1)数控不落轮镟床主要功用

数控不落轮镟床用于对不落轮的轮对车轮踏面及轮缘进行数控(CNC)镟削加工，可用于下列工况：

(1)地铁车辆在整列编组不解列、车下转向架轮对不落轮的条件下，对车辆单个轮对的车轮踏面和轮缘进行镟削加工；

(2)或对已落架的转向架上的单个轮对进行不落轮加工；

(3)或对已落轮、带轴箱的单个轮对的加工；

(4)或在不落轮条件下对工程轨道车辆(如内燃机车、接触网作业车等)单个轮对踏面和轮缘进行镟削加工；

(5)适用于被加工轮对带有外置式轴箱或内置式轴箱，目前国内购置的数控不落轮镟床大多要求被加工轮对带有外置式轴箱；

(6)数控不落轮镟床可用于对轮对上的制动盘进行镟削加工；

(7)数控不落轮镟床可用于同一转向架上两轮对间刚性传动链，对其中一个轮对车轮踏面及轮缘进行镟削加工，此时另一轮对车轮可随动旋转，目前国内城市轨道交通购置的数控不落轮镟床，均没有此项功能。

图 11-8　数控不落轮镟床(2)

图 11-9　公铁两用车

2)被加工轮对在机床上的定位夹紧原理

被加工轮对在机床上的定位夹紧原理如图 11-10 所示，具体包括：

(1)双滚轮支撑装置抬起对被加工轮对轴线径向定位

机床滑动轨处于封闭位置。公铁两用车牵引列车，使被加工轮对运行到机床上方位于两滚轮中间位置，机床发出提示信号，遥控公铁两用车控制列车停车，被加工轮对轨向初定位完成。此后两侧双滚轮同步上升(约 50mm 高)，抬起轮对脱离轨道，对被加工轮对轴线按长 V 形块定位原理实施径向定位，限制轮对四个自由度。

(2)实施定位元件转化

外轴箱支撑装置升起(对法国 Sculfort、意大利 Safop)或外轴箱压下装置下降(对德国 Hegenscheidt)接触外轴箱，对被加工轮对轴线进行辅助径向定位(不破坏双滚轮支撑对被加工轮对径向定位的轴线位置)，实施定位元件转化，将定位元件从原双滚轮转化为外轴箱支撑装置或外轴箱压下装置。此后外轴箱支撑装置或外轴箱压下装置始终处于锁死状态。

(3)被加工轮对轴向定置与自动对中切削

机床上位于轮对内侧的两轴向定置滚轮，在液压装置驱动下，接触两车轮轮缘内侧端面后保持锁死状态，限制轮对的轴向窜动。两轴向定置滚轮不具有使被加工轮对实现自动对中功能，约束轮对轴向自由度的定位装置不是轴向定置滚轮。借助于测量装置对轴向定置后的轮对测量内侧距后，通过数控系统控制刀具起始位置坐标实现自动对中切削。也就是说，数控系统控制刀具自动对中切削，在定位原理上可以认为轮对的轴向自由度已经被约束。

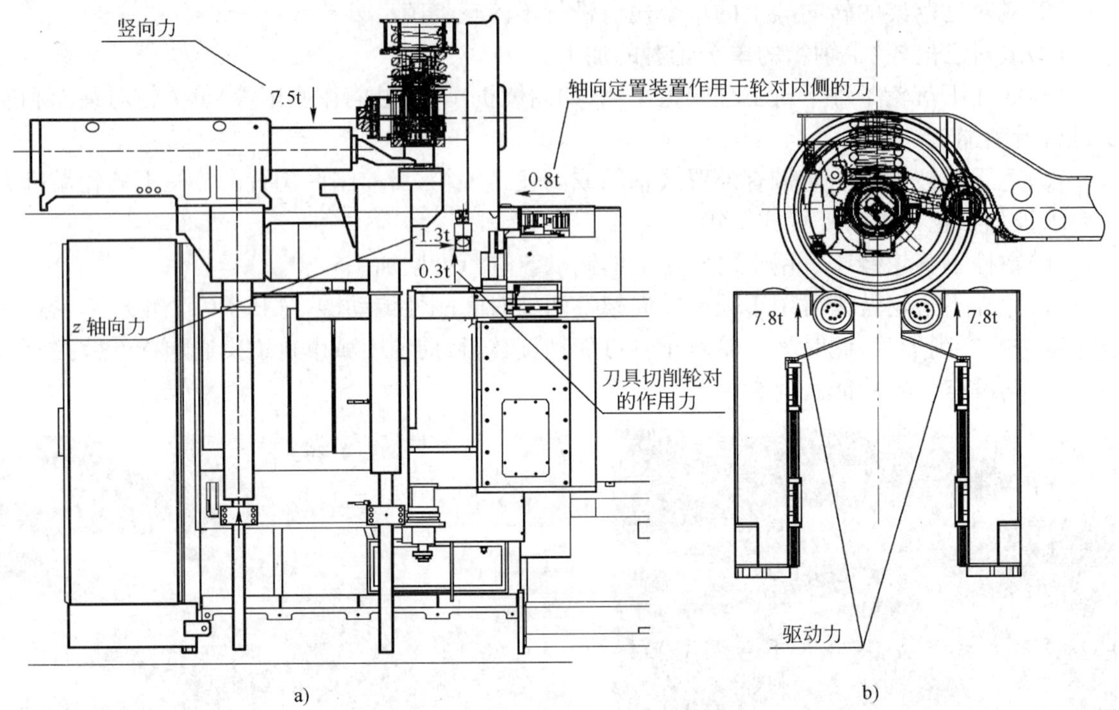

图 11-10　轮对在机床上的定位夹紧原理

a)数控不落轮镟床轮对装夹正视图(一侧)；b)数控不落轮镟床轮对装夹侧视图

从以上分析可知，被加工轮对在机床上除绕轴线的旋转自由度没有约束外，其余空间五个自由度均已被约束。

(4)夹紧

被加工轮对在机床上实现定位后，其夹紧动作对不同机床是通过不同的装置施加的：对法国 Sculfort、意大利 Safop 机床，由外轴箱压下装置实施夹紧动作；对德国 Hegenscheidt 机床，是靠双滚轮支撑装置顶升力实施夹紧动作。

被加工轮对完成定位夹紧程序后，滑动轨退回原位，进入测量和镟削加工程序。

3)数控不落轮镟床切削运动

数控不落轮镟床切削运动分为主切削运动、切入运动与走刀运动。

(1)主切削运动

数控不落轮镟床主切削运动是由 V 形径向定位的双滚轮借助于摩擦力矩驱动被加工车轮旋转而形成的，故双滚轮又称为摩擦驱动轮。双滚轮由变频异步电机经齿轮传动驱动，可实施无级变速。在正常切削工况下，驱动滚轮与车轮间保持纯滚动，以获得最大的传动转矩。

轮对踏面在镟削中，其定位轴线位置已由外轴箱支撑(法国 Sculfort、意大利 Safop)或轴箱压下装置(德国 Hegenscheidt)加以保持和锁定。由于被镟削轮对踏面是有缺陷的被加工面，为了保证主切削运动驱动转矩的连续传递，驱动滚轮和车轮踏面间必须保证始终良好接触，形成无相对滑动的滚动，但又不能影响轮对轴线的原始定位位置，为此每侧的两个滚轮各自必须独立浮动。

双滚轮每个支臂由一个液压缸支撑，液压缸安装在滑轨前面的一个支架上。滚轮支撑带有液压补偿装置，使得 4 个滚轮臂具有独立浮动功能。

(2)切入运动与走刀运动

在数字电机和 CNC 控制下，刀具可实现水平走刀(进给)运动和垂直吃入运动。其驱动传动装置包含交流伺服电机→传动齿轮→滚珠丝杠→刀架溜板。滚珠丝杠传动间隙可以调整。伺服电机上设置有位置反馈元件，和 CNC 系统一起组成位置闭环控制，垂直方向(x 方向)的伺服电机还带有制动器。交流伺服电机提供溜板无级变速和快速移动机能。数控刀架对轴向定置的轮对具有自动定心切削的机能。

4)数控不落轮镟床工艺过程

数控不落轮镟床工艺过程如下。

(1)被加工轮对轨向运行到机床上方位于两滚轮中间位置

机床滑动轨处于封闭位置。公铁两用车牵引列车，当被加工轮对运行到机床上方位于两滚轮中间位置时，机床发出提示信号，遥控公铁两用车控制列车停车，被加工轮对轨向初定位完成。

(2)被加工轮对在机床上实现定位和夹紧，机床滑动轨退回，轨道处于打开位置

(3)定位测量和磨损测量

轮对在机床上实施 CNC 加工，必须首先对轮对在机床坐标系统的位置予以测量和确定，这一过程称为"定位测量"。定位测量由定位/磨耗测量装置上的内侧面定位测头及磨耗测量头共同完成的。车轮在空间的实际确定位置的测量原理如图 11-11 所示。由测量装置中电子摩擦测量轮(测量位置在踏面滚动圆 R 点)和 RENISHAW 探头(测量位置在车轮内侧面的 FI 点)来实现。计算机数控将这些探测的值储存起来。

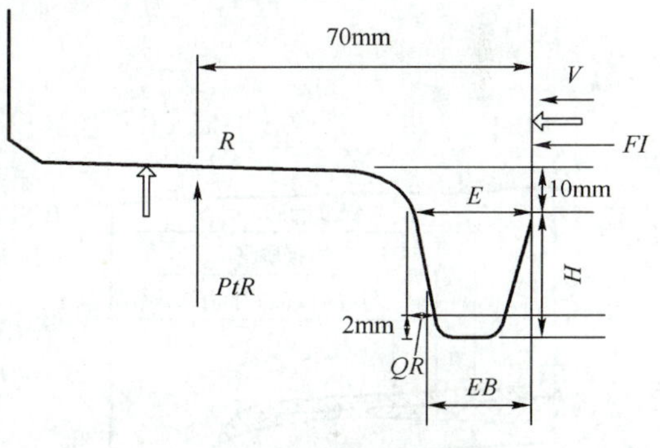

图 11-11　定位测量原理图

磨耗测量由磨耗测量头单独完成，用于轮对踏面及轮缘部分的检测。其中车轮直径测量原理如图 11-12 所示。直径的测量通过测量系统中作用在车轮圆周上 R 点上的电子摩擦轮和脉冲编码器来完成。电子摩擦轮与车轮 R 点的圆周线紧密接触，当轮对转动时，编码器可以记下测量轮转动的圈数，脉冲编码器将记录数据传送到电子评估分析系统。机床上装有光电信号装置，并且在轮对的内侧面安装有反射器。在车轮内表面上的脉冲反射器，通过脉冲传送

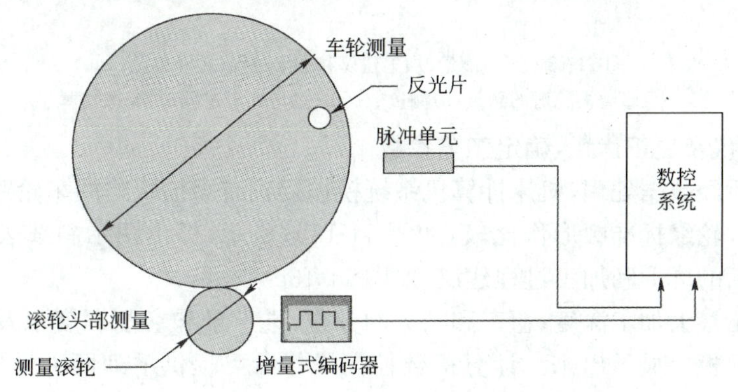

图 11-12　直径测量原理图

器以非接触的方式记录车轮的实际转动圈数，从而可以计算出车轮直径。通过磨耗测量，确定磨损缺陷车轮踏面和轮缘的实际廓形，如图 11-13a)所示。

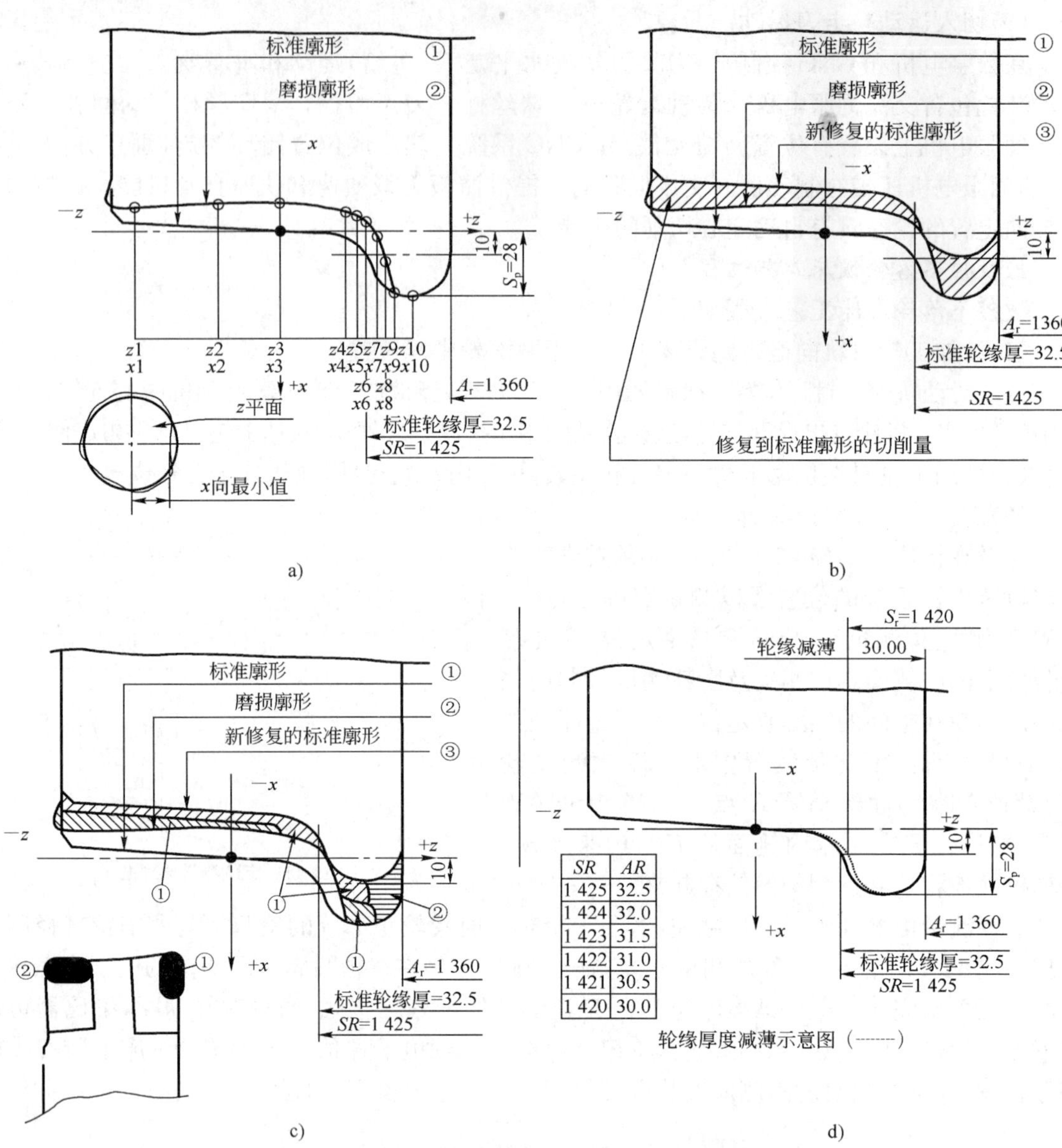

SR	AR
1 425	32.5
1 424	32.0
1 423	31.5
1 422	31.0
1 421	30.5
1 420	30.0

图 11-13 磨损测量、加工建议和加工过程(尺寸单位:mm)

a)磨损轮对的测量;b)测量数据处理;c)加工过程;d)轮缘减薄

(4)加工建议及更正优化，确定工艺参数

磨耗测量后经数据处理，机床计算机系统模拟得到有磨损缺陷的车轮踏面/轮缘的实际廓形，与车轮踏面/轮缘标准廓形作比较，如图 11-13b)所示，得出图示斜线表示的待加工区域，以及最经济的新的廓形和加工过程建议，如图 11-13c)所示。

系统计算出最大加工深度、粗车和精车的分配、进刀量和切削深度以及加工面的建议，此建议可在控制面板上显示出来。计算机数控向操作者可提供下列两种操作：如果 CNC 计算出的加工建议满足操作者的要求，操作者可使加工循环生效，加工循环自动进行；操作者更正数据输入，CNC 再次对踏面 R 点的新直径进行计算，操作者可使其生效，加工循环自动进行。

车轮踏面和轮缘磨损后，车轮踏面直径和轮缘厚度都在减少。影响新廓形和切削量大小的最主要因素就是轮缘厚度。新廓形的轮缘厚度如果允许适当减小，可极大地减少切削加工量，车轮踏面直径减小的速率可大大降低，可极大地延长车轮寿命。鉴于此，在实际工作中，往往将轮缘厚度制订若干轮缘减薄等级，实施轮对的等级加工，如图 11-13d)所示。

(5)启动自动加工循环进行镟削加工

被加工车轮在镟削中可对车轮进行测量。直径测量装置可在两个车轮镟削加工过程中同时进行，而不损失时间。机床将根据左、右轮径差自动控制切削深度，以使加工完成后，左、右轮径差保持在 0.10m 以内。

(6)镟削后车轮踏面/轮缘的几何精度测量

镟削后车轮踏面/轮缘几何精度测量的主要目的是测量轮对直径和各几何尺寸，评估廓形和尺寸精度是否合格。车轮的直径和廓形几何尺寸测量同时进行。在轮对车轮廓形上，至少设定 10 个测点(每个车轮至少 5 个点)，测量车轮下列几何参数。

车轮直径：$D1$、$D2$。

轮缘高度：H。

轮缘厚度：EB。

轮对内侧距：V。

径向跳动：$H2$。

端面跳动：$G2$。

上述所有测量都是自动的且可在轮对的 2 个车轮上同时进行。

车轮廓形测量、直径测量、径向跳动和端面跳动测量原理如图 11-14、图 11-15 所示。如果需要，复重第(5)、(6)项加工、测量过程。

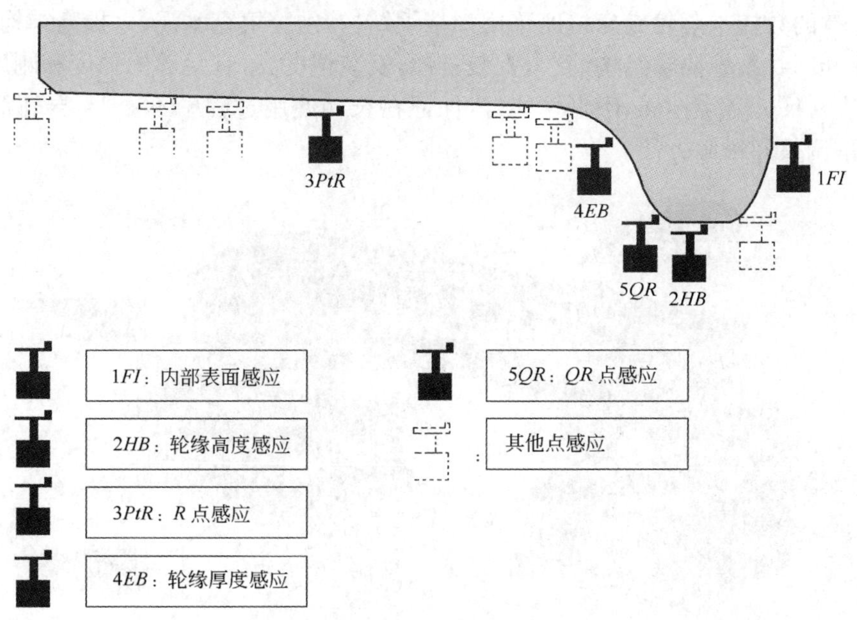

图 11-14　车轮踏面及轮缘外形测量点

(7)打印报告

(8)滑动轨封闭、卸载轮对

(9)重复上述过程，进行下个待修轮对的加工

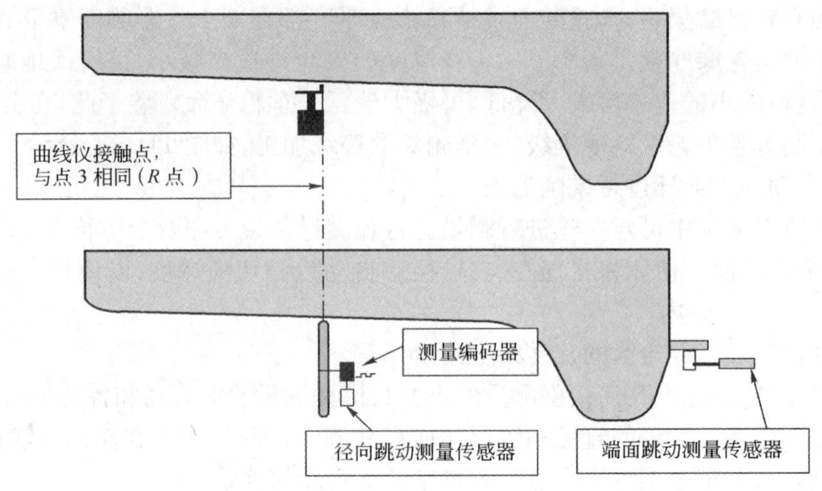

图 11-15　直径、径向跳动和端面跳动测量

5)数控不落轮镟床主要部件结构原理

数控不落轮镟床主要有下列部件组成：机座/床身系统，轨道系统，定位切削加工系统（包括双滚轮支撑装置、外轴箱支撑装置、轴箱压下装置、轮对轴向定置装置及数控刀架），测量系统，控制操作系统，电气系统，液压及气动系统，润滑系统，断屑、碎屑及排屑系统，吸/排烟尘系统，故障自动诊断及远程通信诊断系统等。

(1)机座和床身系统

机座和床身系统是由机座①、机架②、横梁/导轨③等机件组成并固联成整个机床的机体，如图 11-16 所示。机架、横梁/导轨固联体统称床身。机座和床身材料采用优质、高强度合金铸铁制造。有的数控不落轮镟床机座采用焊接钢结构，内腔填充水泥，以提高结构刚度和减振性能。机座和床身系统要求结构简单，安装方便，安装精度高，有足够的强度和刚度（包括整体刚度、动刚度），尺寸稳定性高，吸振性能好，保证在长期使用过程中不变形，导轨润滑/耐磨性能优良，水平调整和锚固方便。

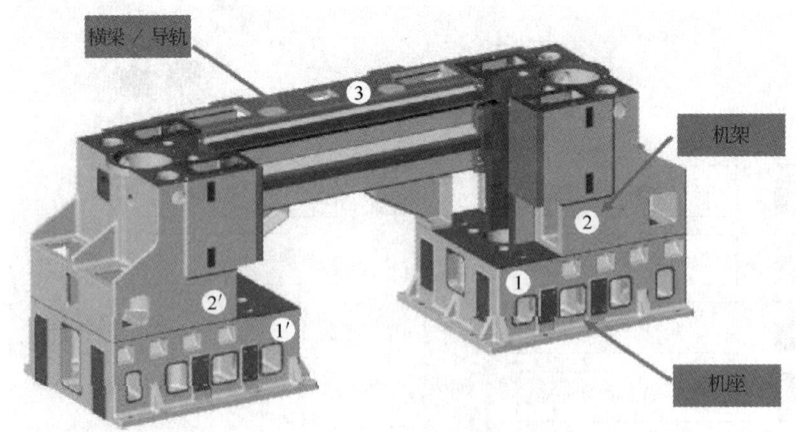

图 11-16　机座和床身

(2)机床轨道系统

车间地面 50kg/m 固定轨从两侧延伸到机床。机床轨道系统借助固联于坑底或设备机体的支撑座（2、2′）将机床上的导向轨道（1、1′）予以固定，机床的固定轨（1、1′）与车间地面钢轨相

接，4、4′是两可移动轨道，称为“滑动轨”，通过连接板(3)整合在一起。用滑动轨 4、4′横跨机床，对全轨道予以封闭或打开。滑动轨的移动(伴随轨道的封闭与打开)由液压缸驱动。列车在机床上运行时，必须保证轨道连续。被镟削轮对由驱动滚轮抬升后，滑动轨断开，此时可进行车轮的镟削加工。机床轨道系统如图 11-17 所示。

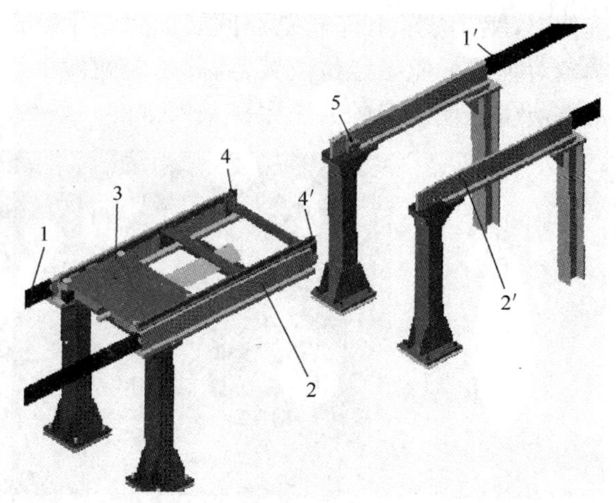

图 11-17　机床轨道系统

机床轨道系统具有下列机能。

①滑动轨带有自动转换(入位、抽回)功能，滑动轨的入位和抽回由液压缸控制，滑动轨有足够的承载能力。

②滑动轨在行程两端位置设有行程开关。

③轨道是否封闭的信息显示。

④车轮运行监控功能。在滑动轨的端部安装有安全装置(5)，它可以对列车进行引导、开动以及停止的操作。当滑动轨将轨道封闭时，车轮运行监控功能自动启动，一旦轮对粗定位到达机床中心时，有信息提示，方便轮对的轨向初始定位。

⑤轨道与机床电绝缘。

⑥轨道上安装有载荷测量装置。有车辆荷载是否卸载的信息显示。在过载时，禁止滑动轨的移动，从而保证镟床不受过载的影响。

⑦连锁功能。为了保证切削的定位和安全，机床具有连锁功能。车轮有滚轮支撑时，滑动轨可以收回。而只有在滑动轨封闭时，车轮才可以下降。

(3)双滚轮支撑系统

机床每侧机架上安装有双滚轮支撑装置，装置结构不同厂家略有不同，图 11-18 所示是某一厂家的双滚轮支撑装置，由 4 个滚轮支臂组成，滚轮支撑臂如图 11-18b)、c)、d)所示。每个支撑臂上带有一个驱动车轮的摩擦滚轮，滚轮由带减速器的变频异步电机驱动。其上安装有可上下垂直运动的滑轨。每个支臂由一个液压缸支撑，液压缸安装在滑轨前面的一个支架上。

双滚轮支撑装置具有下列机能。

①车轮抬升和径向定位机能

当待镟削轮对在滑动轨上水平初定位后，两侧双滚轮由液压驱动同步上行抬升轮对，类似于 V 形块定位原理，对待镟削轮对实施径向定位。轮对最后的抬升位置根据车轮直径大小事先调整确定。

②切削运动驱动、传动机能

双滚轮既是定位元件，又是借助于摩擦力矩驱动车轮旋转形成切削运动的驱动轮，可实施无级变速，在正常切削工况下，驱动滚轮与车轮间保持纯滚动，以获得最大的传动转矩。驱动滚轮与车轮之间的黏着力由液压缸保证。

③每侧双滚轮支撑系统各自具有独立浮动机能

轮对踏面在镟削中，通过定位元件转化，其轮对轴线位置已由外轴箱支撑装置(对法国 Sculfort、意大利 Safop)或外轴箱压下装置(对德国 Hegenscheidt)确定，并借助于夹紧力加以保持和锁定。由于被镟削轮对踏面是有缺陷的被加工面，为了保证主切削运动驱动转矩的连续传递，驱动滚轮和车轮踏面间必须保证始终良好接触，形成无相对滑动的滚动，但又不能影响轮对轴线的原始定位位置，为此每侧的两个滚轮各自必须独立浮动。滚轮浮动机能是通过带有液压补偿装置的液压系统来实现的。

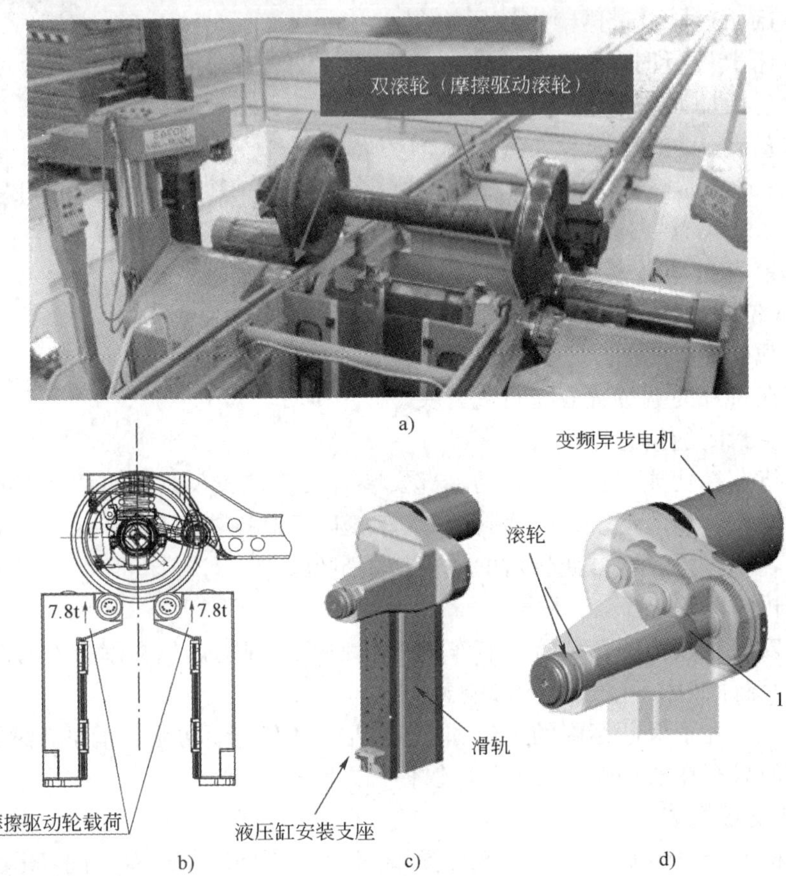

图 11-18　双滚轮支撑装置

④滚轮抬升油缸举升力具有可调、可检测机能

(4)外轴箱支撑系统

法国 Sculfort、意大利 Safop 等厂家的数控不落轮镟床设置有外轴箱支撑系统（德国 Hegenscheidt 未设置）。外轴箱支撑装置安装位置如图 11-19 所示，外轴箱支撑装置组成及工作原理如图 11-20 所示。

图 11-19　外轴箱支撑系统安装位置图

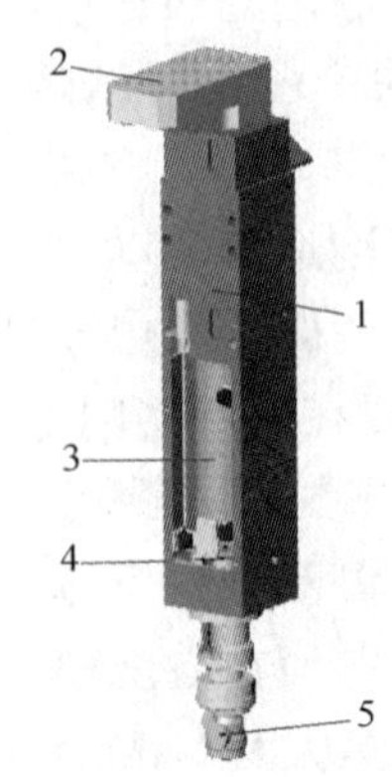

图 11-20　外轴箱支撑装置组成及工作原理图

外轴箱支撑(1)安装于两滚轮支臂之间。此装置有一个带制动装置的液压马达(5),它通过一个联轴器与一个梯形螺杆(3)相连。梯形螺母(4)与支撑(2)是一体的。螺杆通过一套轴承(图中未显示)与铸铁外壳(1)相连。

外轴箱支撑装置通过垂直自锁螺杆进行支撑定位,并由液压马达的制动装置锁死。装置起升与下降的动作由西门子的数控 CNC840D 进行控制,并整合为镟床加工循环的一部分。

装置举升的最终定位位置是通过传感器实现的,当装置与轴箱之间的接触压力达到 5kN 时,举升动作即停止。在加工循环期间此装置是锁死的,以保证轴箱的稳定,即使在断电的情况下也锁紧,从而保证了机床和人员的安全。

当外轴箱支撑发挥作用时,活动轨道撤离。

外轴箱支撑装置具有下列机能。

①自动升降机能,并且此机能的编程在机床的加工功能循环内。

②辅助定位机能和定位元件转化机能。被加工轮对轴线初始定位元件是双滚轮支撑装置,在镟削中要转化为外轴箱支撑装置。外轴箱支撑装置对双滚轮确定的轮对定心轴线有辅助定位机能,不破坏双滚轮确定的轮对定心轴线原始位置。

③外轴箱支撑装置具有保持、锁定机能,即使在断电的情况下也锁紧。在加工过程中,借助于轴箱压下装置作用,被加工轮对轴线保持固定不动。

④安全限位机能。在轴箱支撑定位装置上安装有高、低位安全限制开关。

⑤外轴箱支撑装置能适应不同的轴长和不同类型的轴箱,其支撑头可根据轴箱的不同形状进行设计和制造。有的外轴箱支撑还具有轴重分配机能。轮对轴重由双滚轮装置和外轴箱支撑装置共同承担,两者的重量分配比例,要兼顾既不能在切削力过大时发生双滚轮与车轮踏面间的相对滑动,也不能使外轴箱支撑失去定心保持作用。机床可根据车重自动调整,也可以由机床操作人员进行调整。

(5)轴箱压下系统

轴箱压下装置分别设置在机床的两端。轮对完全定位后,压下装置压紧作用在轴箱上,并对轴箱施加向下的压力。

法国 Sculfort-TF2000 型数控不落轮镟床压下装置如图 11-21 所示。

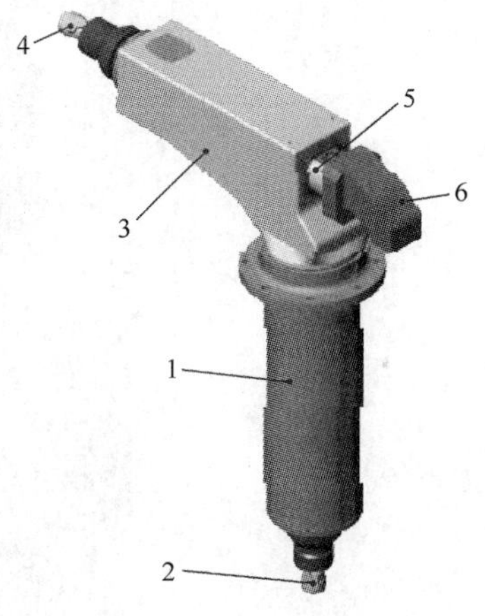

图 11-21 轴箱压下装置

轴箱压下装置主要包括:铸铁外壳(1),外壳与机架安装成为一体;内部是一个由液压马达(2)驱动的梯形螺杆;在外壳(1)上顶端的水平部分(3)内安装有第二根由液压马达(4)驱动的梯形螺杆,此螺杆可以控制轴套(5)的伸缩,从而控制压头(6)的伸缩。下压装置能够左右偏转 $\pm 45°$。在上述三种运动组合下,使之放在轴箱上部的适当位置。

压下(保持)装置是对称地并且自动地作用在轮对的轴箱上,但是,在空间狭小的情况下,液压缸将压下头送至离轴箱较近的位置,然后操作者可以通过手动遥控器使压下头准确地作用在轴箱上。

不同供货商的不落轮镟床轴箱压下装置功能设置是不相同的,可分为两种类型:对德国 Hegenscheidt 公司的机床,轴箱压下装置是用于辅助径向定位、作为轮对镟削加工时的径向定位元件而设置的。加工中,借助于轴箱压下装置垂直螺杆自锁性能和双滚轮支撑装置的顶升夹紧力，使被加工轮对轴线径向位置固定不动；对法国 Sculfort 公司、意大利 Safop 公司以及西班牙 Taigo、波兰 Koltech 等公司的不落轮机床，轴箱压下装置是作为夹紧元件而设置的。加工中，外轴箱支撑装置是定位元件，借助于外轴箱支撑装置垂直螺杆自锁性能和轴箱压下装置的下压夹紧力，使被加工轮对轴线径向位置固定不动。

此外，轴箱压下装置还具有下列机能。

①轴箱压下装置作为夹紧装置使用时，可增大车轮踏面与双驱动滚轮间的正压力和摩擦力矩，防止切削力过大时发生双滚轮与车轮踏面间的相对滑动。在加工之前，CNC 根据轮对的轴重及所要求的切屑面积来计算所需要的压下力。压下力的最大值不得超过所允许的最大轴重值。

②轴箱压下装置具有垂直升降、水平伸缩和旋转运动机能，并且此机能的编程在机床的加工功能循环内。

③压下装置运动安全、可靠，各运动的极限位置均设置限位行程开关。

④压下装置能适应不同的轴长和不同类型的轴箱。压下装置的压头根据被压轴箱的不同形状进行设计和制造，可以快速而容易地根据不同的轴箱形式更换不同的压爪。

(6)轮对轴向定置装置

轮对轴向定置装置，不同厂家的机床在结构与布置上略有不同，但都是液压驱动。两个不同供货商机床上的轴向定置系统装置如图 11-22 所示。

a)

b)

图 11-22　轮对轴向定置装置

轮对轴向定置装置主要具有下列机能。

①轮对轴向自动定置机能，限制轮对加工过程中的轴向窜动。

②轴向定置轮上设置有电气安全装置和压力模拟探测装置，可使轴向定置侧压力在显示屏上显示。

(7)数控刀架系统

机床左、右滑动刀座设置有数控刀架系统。数控刀架系统主要由刀架装置和滚珠丝杠驱动传动系统两部分组成。刀架装置如图 11-23 所示。

图 11-23　刀架装置

数控刀架系统主要具有下列机能。

①在数字伺服电机和 CNC 控制下，刀具可实现水平走刀进给运动和垂直吃入运动。

②滚珠丝杠传动及传动间隙调整机能。传动装置包含交流伺服电机→传动齿轮→滚珠丝杠→滑板。滑动刀座装有一个可对可能出现的传动间隙进行调整的装置。

③闭环或半闭环控制机能。伺服电机上设置有位置反馈元件，和 CNC 系统一起组成位置闭环或半闭环控制，垂直方向（x 方向）的伺服电机还带有制动器。

④数控刀架对轴向定置的轮对具有自动定心切削的机能。

⑤交流伺服电机提供溜板无级变速和快速移动机能。

⑥对导轨和滚珠丝杠的保护机能。机床配有导轨刮屑板，滚珠丝杠配有伸缩保护罩。

⑦快速更换刀头机能，各家镟床一般都采用山特维克一体化刀具，刀座与刀头分开，一旦加工后刀头磨损，可方便更换。

(8)测量系统

测量装置如图 11-24、图 11-25 所示。机床测量系统主要具有下列机能。

图 11-24　测量直径的拔轮装置图

图 11-25　测量踏面及内侧距的探针装置

①测量机能

测量机能包括定位测量、磨耗测量及车轮几何精度测量。

轮对在机床上实施 CNC 加工，必须首先对轮对在机床坐标系统的位置予以测量和确定，这一过程称为“定位测量”。定位测量由定位及磨耗测量装置上的内侧面定位测头及磨耗测量头来共同完成。

磨耗测量由磨耗测量头单独完成，用于轮对踏面及轮缘部分的检测。

车轮几何精度测量时，在轮对车轮廓形上，至少设定 10 个测点（每个车轮至少 5 个点），测量车轮下列几何参数：车轮直径、轮缘高度、轮缘厚度、轮对内侧距、径向跳动、端面跳动。

②加工建议及建议更正优化机能

测量所得的数据与计算机数控已输入的每一种廓形进行比较分析，从而得出新的廓形和加工直径建议，系统计算出最大加工深度、粗车和精车的分配、进刀量和切削深度、加工面的建议。此建议可在控制面板上显示出来，操作者可加以更正。

计算机数控向操作者可提供下列两种操作：

如果CNC计算出的加工建议满足操作者的要求，操作者可使加工循环生效，加工循环自动进行。

操作者更正数据输入，CNC再次对踏面R点的新直径进行计算。操作者可使其生效，加工循环自动进行。

③修正、补偿机能

镟床CNC控制系统可以通过标准轮对（相当于量具）校核测量系统准确性，并通过计算给予测量系统修正。当镟床加工轴的错位太大，机床的测量系统会对轮对的位置误差进行补偿校正。

④存储机能

在每一次加工后，加工前的测量数据、加工建议、切削量及加工后的测量数据，均可以保存在本地磁盘或转存至其他存储设备上，以作用户日后之用。

(9)机床液压系统

图11-26为意大利Safop机床的液压泵站。镟床液压系统由液压泵站、液压马达、各种控制阀组、集成块、蓄能器、液压管路及电气配电盘等部分组成，其主要机能如下。

图11-26　意大利Safop机床的液压泵站

①滑动轨道打开、封闭和锁定控制。

②双驱动滚轮的抬升和轮对径向定位控制、滚轮独立浮动控制。

③外轴箱支撑升降控制。

④轴箱压下装置的升降、旋转、伸缩控制。

⑤轮对轴向定置控制。

⑥测量设备的调整（有的镟床测量系统采用气压控制）。

(10)机床控制操作系统

机床控制系统包括四个功能单元，即CNC（计算机数字控制）系统、PLC（可编程逻辑控制器）系统、伺服驱动系统和MMC（人机通信）系统。其间总线连接具有强大的交互数据访问能力。

①CNC系统

数控（CNC）系统的主要机能有：自动测量及测量数据处理、切削参数自动优化、数控自动切削、刀具磨损自动补偿、各种车轮轮廓形状曲线的编程以及数据打印、记录、存储及输出等。数控系统一般采用德国西门子公司SINUMERIK 840D系列，预留一定的扩展条件，具有足够的CNC程序存储容量，采用10.4英寸彩色液晶显示屏。配置手持控制单元，用于机床进给轴的手动操作及机床调试维修时使用。

②PLC系统

可编程控制器（PLC）系统用来控制机床所有必需的动作程序，确保机床独立调整功能的协同，例如，双滚轮支撑装置升降，滑动轨的打开、封闭和锁定控制等。PLC具有西门子SIMATIC S7以上系列功能。PLC采用SIMATIC STEP7语言通过梯形图（LAD）、功能图

(FBD)或语言表(STL)来编程。

③伺服驱动系统

采用 SIEMENS SIMODRIVE 611D 全数字式交流伺服系统和全数字式交流伺服电机的配置。伺服系统由电抗器、滤波器组件、电源组件、功率组件(含闭环控制模块)等部分组成。伺服电机上装有编码器,与数控系统(CNC)一起构成闭环控制,垂直方向(x 轴方向)的伺服电机还配有制动器,水平横向方向(z 轴方向)设有两刀架防撞保护。

④MMC(人机通信)系统

人机通信(MMC)单元使操作者实现了人机交互控制,并执行必要的计算(测量数据的处理、轮廓和切削数据的处理等)。

在显示器单元上配置有通信组件,通信组件通过接口分别与键盘、打印机、软盘驱动器及 NCU(手持操作单元)相连。MMC 系统如图 11-27 所示。

(11)机床切削防滑系统

机床数控系统能够控制车轮和驱动轮的转速,并在加工过程中对它们的速度进行分析和比较,如图 11-28 所示。当车轮与驱动轮之间的摩擦黏着力不足,出现打滑或卡死时,防滑装置中的电子系统可降低进给速度或自动退刀。

图 11-27 MMC 系统

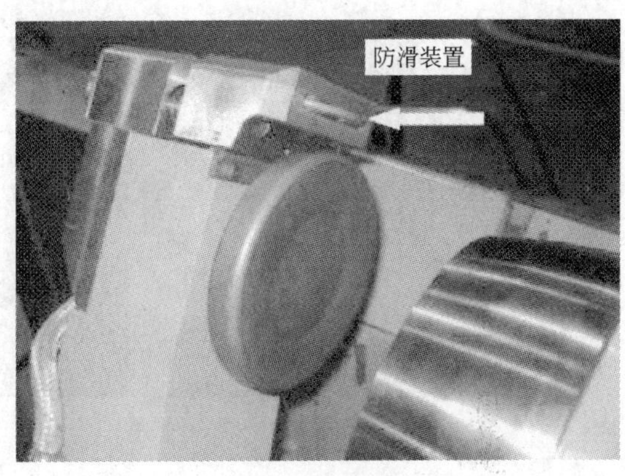

图 11-28 防滑装置

防滑控制系统设备包括:机床驱动系统的旋转编码器,包含 PLC 机床控制系统计数卡;机床控制软件程序。

车轮与驱动轮转速之间的允许差值可事先设定,编入计算机程序。

(12)碎屑、排屑系统

碎屑、排屑装置如图 11-29a)所示。由集屑器(1)、碎屑器(2)、异步电机(3)和传送带(4)[或螺旋输送,如图 11-29b)所示]组成,该系统主要是金属切屑收集、碎屑处理功能,并将切屑密封传送到地面的集屑桶中,如图 11-29c)所示。碎屑、排屑传送装置的操作可全部自动化,输送装置在不落轮镟床工作时自动运转。在控制操作台也可以以手动模式进行操作。

(13)吸、排烟尘系统

机床安装有吸、排烟尘的集尘装置,用来吸、排轮对加工过程产生的被污染的气体,如图 11-30 所示。系统设置集尘装置[图 11-30a)]和过滤装置[图 11-30b)],过滤装置由静电过滤器、机械过滤器和活性炭过滤器组成。

(14)故障自动诊断及远程通信诊断系统

CNC 系统和 PLC 系统具有完善的自动诊断、显示、查询、报警和记录机能。系统设置自动检测装置和可自动查找和分析事故原因的软件，系统可连续实时监测和显示镟床的功能及系统工作的实际情况，自动进行设备的故障诊断。一旦设备出现故障(包括误动作)时，在计算机数控显示屏上立即自动显示、记录故障内容及故障时间，自动停止设备的运转，同时可进行故障查询和故障的声、光警示，并能给操作人员提示机器故障部位和类型。对人员及设备(包括正在镟轮的车辆)不会造成伤害。

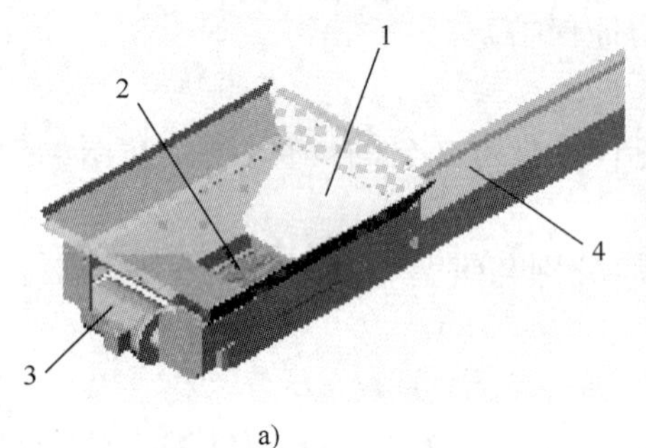

a)

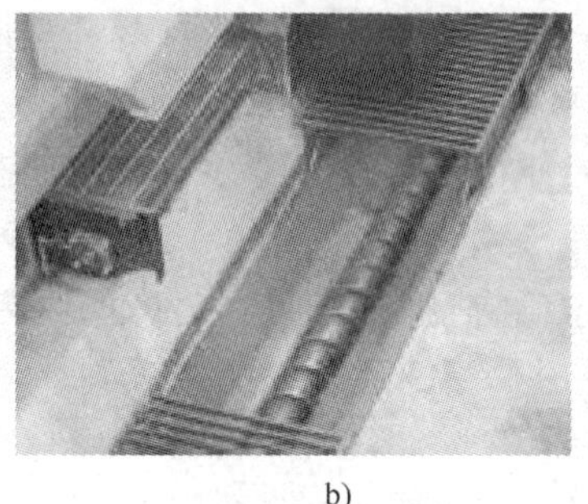

b)

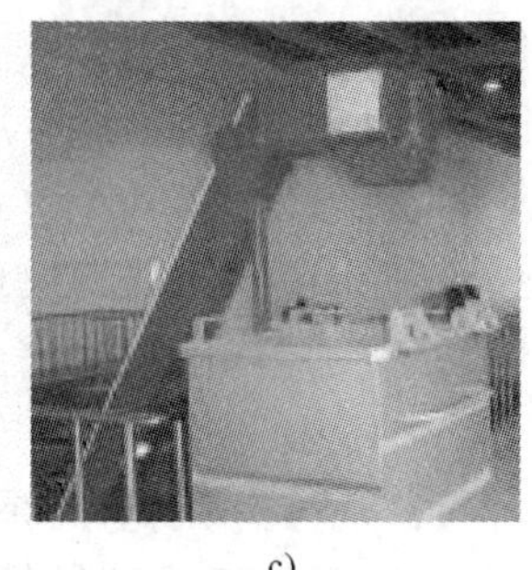

c)

图 11-29 碎屑、排屑装置

a)碎屑、排屑装置；b)螺旋输送；c)集屑桶

a)

b)

图 11-30 吸、排烟尘装置

a)吸尘装置；b)过渡装置

通过西门子 840D 系列数控系统的 RS232 或者 RJ45 接口，可提供远程通信诊断的功能。如果镟床出现故障，镟床操作人员可以先和供货商取得联系，再通过 840D 的远程通信功能，及时将数据通过网络发送给供货商所在地，这样供货商即便不到机床所在地现场也可以了解镟床故障状态，甚至可以利用主机在线修改镟床参数。

(15)数控不落轮镟床结构组成除上述 14 部分外，还包含有机床润滑系统、电气系统、安全防护系统以及计算机硬件、软件系统等

11.4.2 地下固定式架车机、移动式架车机

地下固定式架车机一般安装在车辆段大/架修库内。除地面操作控制台外，架车机安装在地下基础坑内。架车/落车作业完成后，设备全部降入地坑，地坑表面设置盖板，机库地面平整无障碍。

移动式架车机基本功用同地下固定式架车机，只是设备安置在地面上使用，一般安装在车辆段定、临修库内，其功能和技术要求基本类似于地下固定式架车机。下面着重介绍固定式架车机。

地铁列车厂修或架修时，在不摘钩状态下，地下固定式架车机可用于：

(1)对整列车(6辆、8辆)或单元车组(3辆、4辆)或单辆/多辆车(连同转向架)实施同步升降作业，如图11-31所示；

图11-31　对单元车组实施同步架升作业

(2)对整列车(6辆、8辆)或单元车组(3辆、4辆)或单辆/多辆车的车体实施同步升降作业，如图11-32所示；

图11-32　实施单节车体同步升降作业

(3)用于对一台或多台转向架实施更换作业，或对车下电箱等设备实施拆装作业，有的地下固定式架车机还可用于对单个轮对进行拆装作业。

以全列车架升，拆装转向架为例，介绍设备的基本工作模式如下：

(1)调车机车推引或公铁两用车牵引列车驶入架车台位就位；

(2)在总控制台上，根据给出的信息显示，按下相应按钮及选择功能键，由转向架架升装置对全列车同步实施架车作业，即转向架连同上部车体一起升高到需要的高度，并保持锁定状态；

(3)如需要拆卸或更换转向架，则升起相应车辆的车体架升柱，当车体架升柱与枕梁支承面接触后立即停止上升，承受全车体载荷，并自动保持锁定状态；

(4)解除待拆转向架与车体之间的连接；

(5)需要更换或检修的转向架由转向架架升柱(架升轨)架托下落至轨道，并沿着轨道方向推出；

(6)换装的新转向架从轨道一端推入，按上述相反程序，完成换装作业；

(7)转向架更换完毕，先将车辆(连同转向架)举升约 50mm 高，使枕梁和车体架升柱分离，然后落下车体架升柱；

(8)落下转向架架升柱，使全列车落到轨道上，架车设备全部降入地坑，整个过程结束。

车辆(转向架)架升装置如图 11-33 所示。安装在负一层承载结构(4)上。驱动电机(8)经架升螺杆(5)/螺母，带动 r 形架升柱(6)上升(下降)，其上悬臂架升轨支撑车轮(1)踏面实施车辆(转向架)架升(落车)作业。

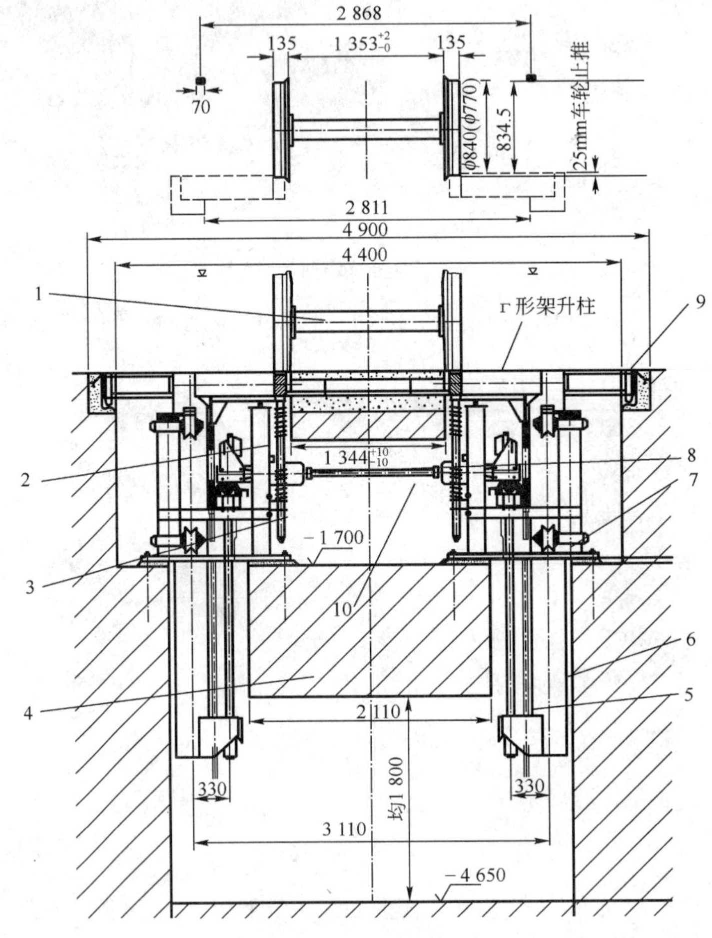

图 11-33　车辆(转向架)架升装置横剖面图(尺寸单位：mm)

1-被架升转向架轮对；2-盖板支撑；3-架升柱升起后的补平；4-负一层承载结构；5-架升螺杆；6-r 形架升柱；7-架升柱导向轮；8-驱动电机；9-地坑盖板；10-左右机械同步传动轴

车辆架升装置架升柱制成 r 形的原因，是为了架升柱升起时立柱间横向最小净宽≥(转向架最大宽度＋200mm)，保证拆装的转向架可以轨向推行进出架车线。

图 11-33 中 7 是导向轮，用于架升柱的升降导向。3 是补平装置，用于 r 形架升柱升起后，所产生的盖板缺口借助于弹簧力予以补平。

同一转向架上四根架升柱之间的联动方式有两种形式：一是四根架升柱全机械联动，实施机械同步升降，如图 11-34 所示，同一侧两 r 形架升柱通过水平架升轨连接，如图 11-35 所示；二是左右对称两架升柱机械联动，左右两架升柱机械同步，前后架升柱间采用电气同步方式，如图 11-36 所示。图 11-33 架车机属于后者，后者架车机具有单个轮对拆装功能。这种方式同一侧前后两 r 形架升柱间没有机械连接，如图 11-37 所示。

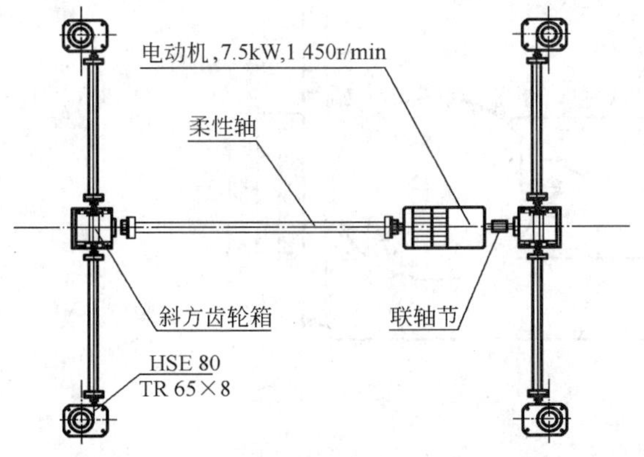

图 11-34　转向架升降用四根架升柱全机械联动

图 11-35　同一侧两 r 形架升柱通过水平架升轨连接

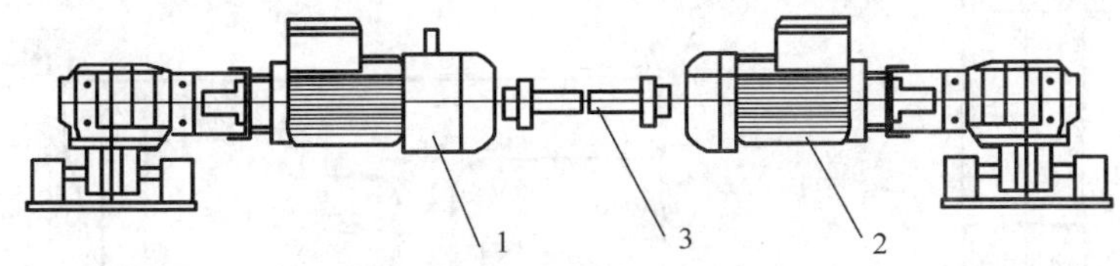

图 11-36　左右对称两架升柱采用双电机驱动机械联动

1-电动机（带制动器）；2-传动轴；3-电动机

图 11-37　同一侧两 r 形架升柱不连接

实施车体架升作业时，车体架升柱的顶面支撑在枕梁（如图 11-38 所示）的规定部位（图中影线）。

车体架升柱顶端面上设置压力开关，如图 11-39 所示，当车体架升柱上升接触到车体，压力达到设定值时，压力开关发出信号，车体架升柱立即停止上升。每根车体架升柱上升，当其顶部的承载感应开关与车体支承面接触时，都能自动单独停机，并自锁。待所有车体架升柱都停止上升后，方可操纵车体架升柱同步架升车体。各车体架升柱间的同步运动，一般是借助于电气同步手段。车体架升柱上升接触到车体支承面时自动停机。

螺旋传动装置是架车机的主要动力传动部件。图 11-40 为螺杆上支撑结构，图 11-41 为螺杆下支撑结构。螺杆上支承和下工作螺母均有自位机能，能有效避免附加弯矩对螺杆的影响。螺杆上端设置电气同步信号发生装置。螺杆只承受轴向拉伸载荷。提升螺杆接近开关具有自锁机能，驱动电机具有制动机能，确保螺杆停升位锁定可靠安全。

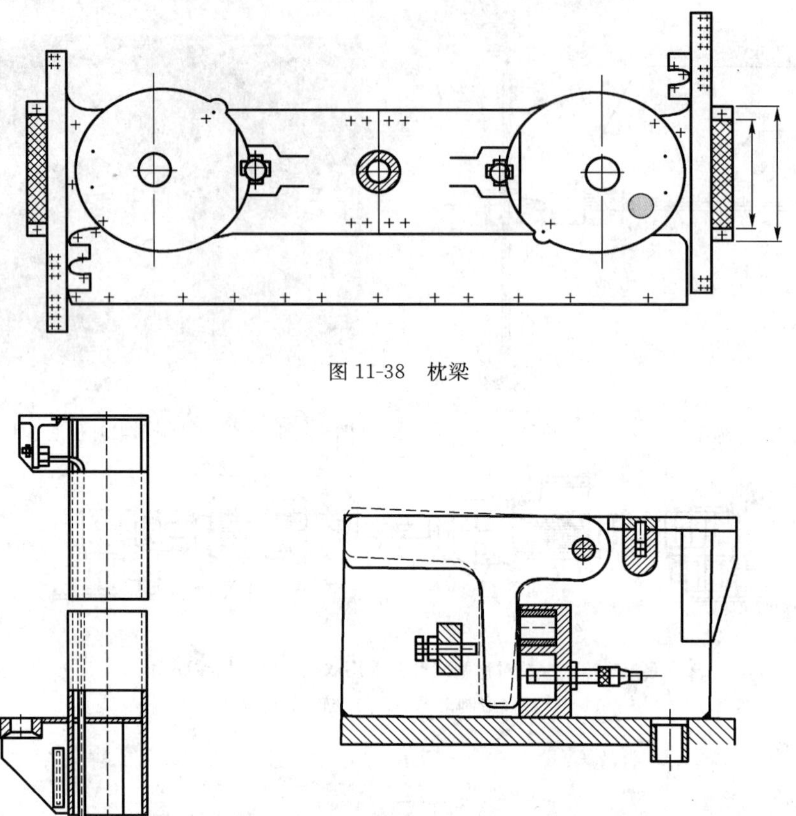

图 11-38　枕梁

图 11-39　车体架升柱顶端面上设置压力开关

螺杆下端设置工作螺母和安全螺母，一旦工作螺母失效，由安全螺母承载，以防发生事故。

工作螺母设置预期磨损监测开关，如图 11-42 所示。当工作螺母的螺纹磨损到安全设定值时，这个监测开关发出信号，控制系统命令停机。

为防止架升柱下降中受阻卡锁停时，驱动电机继续运行而损坏机械结构，在工作螺母上安装有防护开关，一旦工作螺母和上部的架升柱下端支撑臂有脱开倾向时，这个监测开关发出信号，控制系统命令停机。

架升柱同步升降的控制方法有电气同步法及机械同步法。

电气同步控制脉冲计数器如图 11-40 所示。接近开关用于自动同步控制。由 PLC 对接近开关的信号进行计数比较，一旦发现信号数不同，该系统就会自动进行同步调整。如一旦检测到同步误差大于 6mm，或发现有一个接近开关坏了，PLC 就会使机器停下来，同时在电控柜上显示出同步故障的信息。

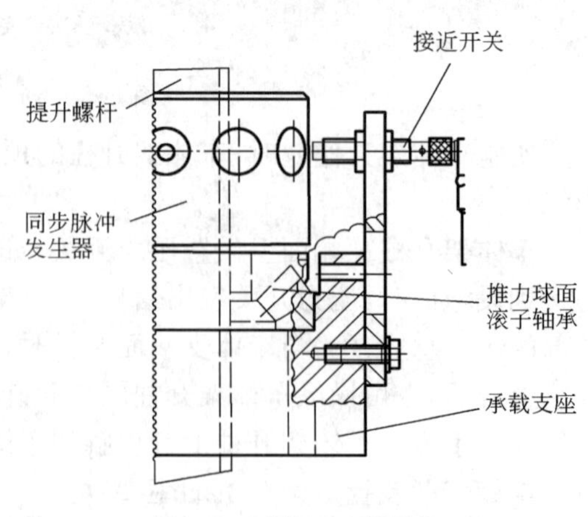

图 11-40　螺杆上支撑结构

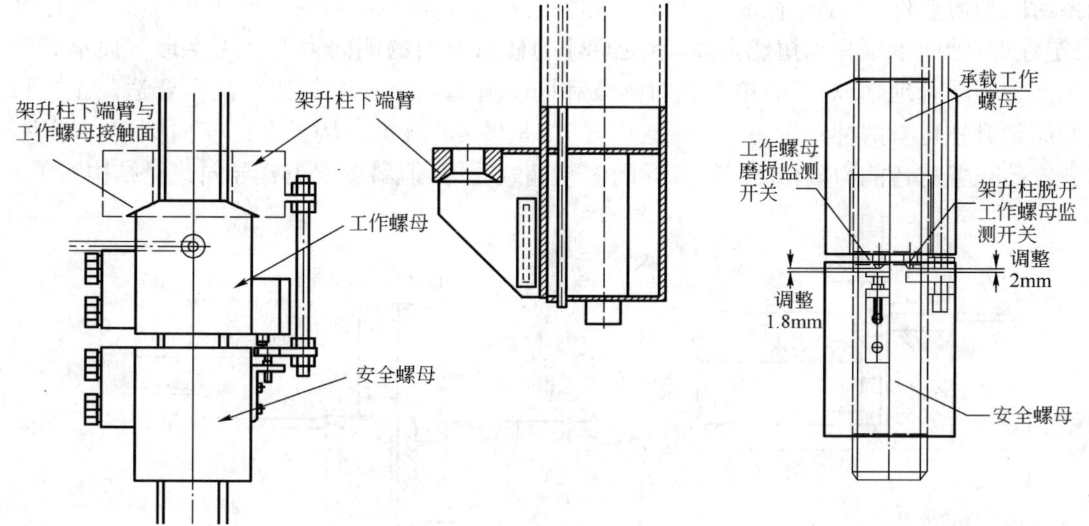

图 11-41　螺杆下支撑结构

图 11-42　预期磨损监测和“防脱开保护”监测

典型的机械同步如图 11-34 所示。该图摘自 PFAFF 投标文件。转向架四个架升柱用传动轴相连，由一台电机驱动。图 11-36 都是采用双电机＋传动轴形式实现两根架升柱的机械同步。双电机的优点是当其中一台电机故障时，可借助于另一台电机将架升柱降下来，保证被架升车辆的安全。

NEUERO、Windhoff、PFAFF 等，一般同步精度规定为±6mm。编者认为这种提法欠科学，理由是：各架升柱的不同步误差是互相比较，没有比较基准，不存在误差对称分布的规律；同时不论名义尺寸大小都规定±6mm 也不合理，不符合误差大小与名义尺寸大小之间的内在规律；而且采用同步精度±×mm 形式，不方便使用。实际工作中，同步精度定义是指各架升柱（或托架）相对于起始位置升降行程最大差值的允许值。由于架车机各架升螺旋具有升降行程自动数字显示和清零功能，采用“相对于起始位置升降行程最大差值的允许值”定义同步精度，使用非常方便。

架升柱升降同步精度数值一般规定为：同一转向架各架升柱同步精度为 4mm；同一辆车各架升柱同步精度为 6mm；相邻两辆车各架升柱同步精度为 8mm；单元车组各架升柱同步精度为 10mm；全列车各架升柱同步精度为 12mm（6 辆编组）或 14mm（8 辆编组）。

列车驶入或驶出架车台位时，伴随着很多动载荷。为了保护架车机免受动载荷影响，设备设置有辅助轨，让辅助轨承载，称谓架车机的卸载功能。

辅助轨的设置如图 11-43 所示。辅助轨有两种形式。

如图 11-43a）所示是辅助轨支撑车轮轮缘，架升柱上端支撑臂承载面略低于车轮踏面。架升时，架升柱上升接触车轮踏面，托起车轮。

如图 11-43b）所示是辅助轨支撑车轮踏面的一窄幅部位，车轮踏面外侧的较宽部位留给架升柱上升时其上端支撑臂与之接触。

架车机在作业时，被架升车辆的承载安全至关重要。下列几个力学问题在架车机设计中应予足够重视。

1）架升柱横截面形状

架升柱横截面目前有两种形状：一是正方形箱形截面，另一是工字形截面。正方形箱形截面系封闭型薄壁件，工字形截面是开口薄壁件。从纯力学观点看，封闭型比开口薄壁件刚性大，稳定性好，轴向承压和承扭能力高，承受意外的任意方向的侧向力大。工字形截面承载纯横向倾覆力矩最合理，但对于有单个轮对拆装和同步升降功能要求的架车机不合适。正方形箱形截面架升柱也有两种布置方式：一是正置，二是转 45°斜置。从承受纯横向倾覆力矩讲，柱体斜置比正置抗弯能力降低 30%，且导向滚轮偏载受力，但斜置比正置导向滚轮结构简单。

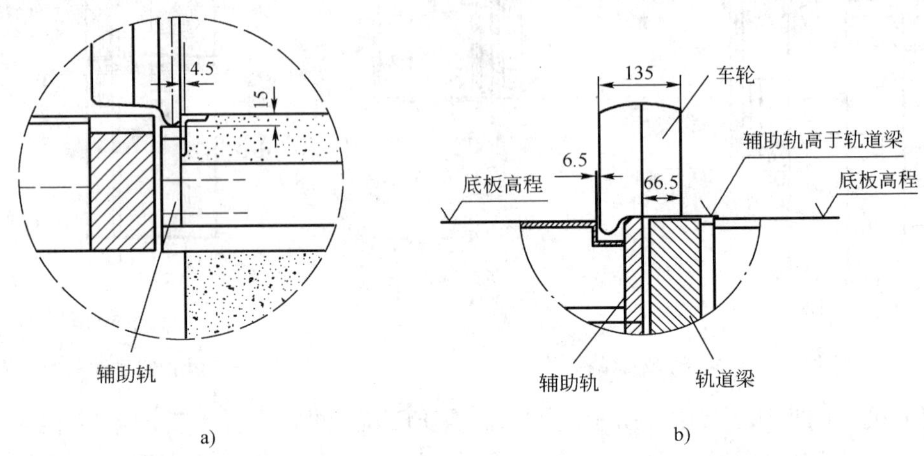

图 11-43　架车机辅助轨(尺寸单位:mm)

2)车辆(转向架)架升系统同侧两根架升柱，通过架升轨将两根悬臂梁固联(如图 11-34 所示)的超静定结构问题

车辆(转向架)架升系统的转向架架升轨，如果关联同侧两根架升柱，通过架升轨将两根架升柱悬臂梁固联，这种结构，存在“超静定”问题。两个关联的架升柱间不同步是客观存在的，不同步量是随机的，而且有可能出现不同步超限的问题。如果两关联架升柱不同步量过大，必然在架升轨梁—悬臂横梁—架升柱之超静定构件中产生潜在的破坏性应力，这是很危险的。结构受力，应避免超静定受力状态。如果架升机提供单个轮对拆装功能，同侧两根架升柱不关联，则其架升系统为静定结构。

3)螺杆受力模型

螺杆是架车机的重要受力、传动件，在其设计中，为保证螺杆承载的绝对安全，除注重螺杆本身的强度、刚度外，下列问题应引起注意：螺杆承载支撑只能设置在螺杆的上端，螺杆的工作载荷只能为拉力；螺杆上支承和下工作螺母均有自位机能，以有效避免附加弯矩对螺杆的影响。据理论分析，如果附加弯矩值达到轴向力×螺旋直径时，仅附加弯矩产生的正应力就达到纯轴向力产生的正应力的 8 倍；提升螺杆具有自锁机能。

4)稳定性和系统刚度

架升柱受力除考虑轴向压力、横向倾覆力矩外，还要考虑意外的任意方向的侧向力作用以及载荷不对中，保证在架升柱最大升程时结构有足够的稳定性和系统刚度。

导向滚轮对架升柱要具有足够的导向精度，导向滚轮与架升柱之间接触间隙调整方便，导向滚轮设置需合理，保证在架升柱最大升程时结构有足够的稳定性和系统刚度。

系统刚度分静刚度和动刚度两种，可通过测量架升轨的挠度来测定。

11.4.3　列车清洗机

列车清洗机是用于对地铁列车外表面实施自动洗车作业的专业设备(有些还具备进行淋

雨试验的功能)。列车长期在隧道、地面和高架线路上高速运行,其车体端面和表面会吸附很多灰尘或其他脏物,长期累积影响车辆外表面美观性,应予及时清洗,完成车身两侧(包括车门、窗玻璃、侧顶弧圆面)及车端面(包括端面肩部)的洗刷工作。

同时,借助于列车清洗机的供水/排水系统,列车清洗机可用于新造车辆和架修或大修过的车辆进行密封性验证的淋雨试验。

列车清洗库包括清洗主库和边跨两部分。清洗主库布置有列车清洗线,该线为一条单向行驶直接实施洗车作业的专用线。边跨设有控制室、机泵间、水处理间等。

洗车时列车自行牵引,不降受电弓,由架空接触网供电、列车以"洗车模式"3~5km/h 速度通过洗车主库。驾驶员按信号指示操纵列车运行或停车。

自动进行列车端部及两侧的刷洗和冲洗工作。列车采用走—停清洗模式。列车行进中刷洗两侧面,停车时刷洗列车前、后车头端面。

洗车主库喷淋或刷洗设备为贯通式设计,沿线按工艺流程布置。

占地范围允许时,尽量采用单向列车清洗操作,即列车只从一个方向通过,在列车单次通过后完成清洗操作。只有在清洗库长度过短时,才采用往返清洗作业方式。

常见的列车清洗工艺流程如图 11-44 所示,全过程自动控制。

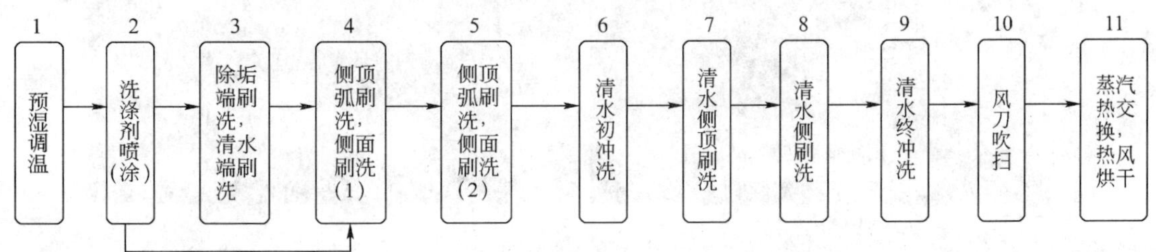

图 11-44　列车清洗工艺流程

工位 1 有两个功能:一是用(经回收处理后的)回用水预湿车体表面,提高车体外表面的湿润性;二是调节车体表面温度。在炎热夏季对经暴晒后的车体喷淋降温,防止后工序喷(涂)到车体上的洗涤剂迅速挥发。在北方地区严冬季节需用热水喷淋,适当提高车体表面温度,以提高后工序喷(涂)到车体上的洗涤剂的作用效果。

工位 2 是采用喷淋(或涂刷)方法将洗涤剂(实际是用水稀释后的洗涤剂,以下同)喷(涂)到车体表面,包括车体侧面、车窗、车门、侧顶弧面以及车头端面。

工位 3 是端洗作业,有两个行程:第一行程是车头端面除垢刷洗,水平端刷由下向上刷洗车头端面,刷洗过程中同时喷撒洗涤剂或回用水;第二行程是车头端面清水刷洗,水平端刷由上向下刷洗车头端面,刷洗过程中同时喷洒清水,将车头端面清洗干净。

工位 4、工位 5 是车侧顶弧刷洗和侧面刷洗,刷洗过程中同时喷洒洗涤剂或回用水。

工位 6~工位 9 是清水刷洗和清水喷淋清洗作业。正常工况下,工位 9 后列车就驶离清洗库,洗车作业结束。

工位 10、工位 11 仅适用于北方地区严冬季节的列车清洗,此时为了防止清洗后的列车外表面余水结冰,在列车清洗后立即采用压缩空气形成的风刀吹扫,然后热风烘干。

洗车主库接触网设置有断电绝缘区段,该区段的长度比列车上两受电弓之间的距离略短 4~5m 。列车自行牵引通过接触网断电区时,两受电弓分别受流。

车头端面刷洗装置置于接触网断电区的下方。在洗车主库清洗线接触网断电区的下方适当位置还设有列车淋雨试验装置。

工位2洗涤剂喷淋(涂刷)到工位4车体侧顶弧面刷洗之间要有足够的区间长度,以保证洗涤剂有充分的作用时间。据试验资料记载,洗涤剂在喷(涂)20~50s后作用才比较充分,按列车运行清洗模式的速度3~5km/h计算,工位2与工位4之间的距离至少要有20m。

列车清洗机全套设备安装在厂房内,部分设施如进车信号、回用水沉淀池等可置于室外。

列车清洗库地下设置环形接地网,接地电阻≤1Ω。

列车清洗线上安装的清洗设备主要类型(如图11-45所示)有:喷淋架、车头水平端刷洗装置、侧顶弧刷洗装置以及侧面垂直刷洗装置。上述四种装置对塞拉门地铁车辆已满足其清洗要求。对于内藏门、外挂门地铁车辆,为了做到车体侧面的无死角刷洗,还需设置侧面水平轴刷洗装置。

图11-45 喷淋、刷洗装置

上述滚刷装置在非作业状态时,全部退回到起始位置,置于隧道设备限界内。上述清洗设备中最关键的是车头端面刷洗装置,如图11-46所示。端面刷洗装置主要由端洗小车(含刷辊组件、刷辊摆动机构、刷棍机架及垂直提升机构、导向滚轮组件、钢结构框架及水平运动机构)、天轨、地轨等组成。系统内还安装有检测装置、电气、水(液)路及气路系统等。端洗小车由一变频减速电机驱动,借助于钢结构框架带动整个端洗装置沿轨向水平运行。刷辊组件及其摆动机构安装在刷棍机架上,刷辊组件后端连接减速电机驱动刷辊轴旋转,刷辊后端还装有驱动刷辊组件摆动的机构,用于收放刷辊。在钢结构框架上部有一减速电机驱动链轮,可使刷辊机架沿导轨上下移动。在刷辊组件上装两组喷水管。每组有两根水管,一根接回用水或混合有洗涤剂的回用水,另一根接清水。在端刷的第一行程中,喷射回用水或混合有洗涤剂的回用水进行除垢刷洗,第二行程中喷清水进行清水刷洗。

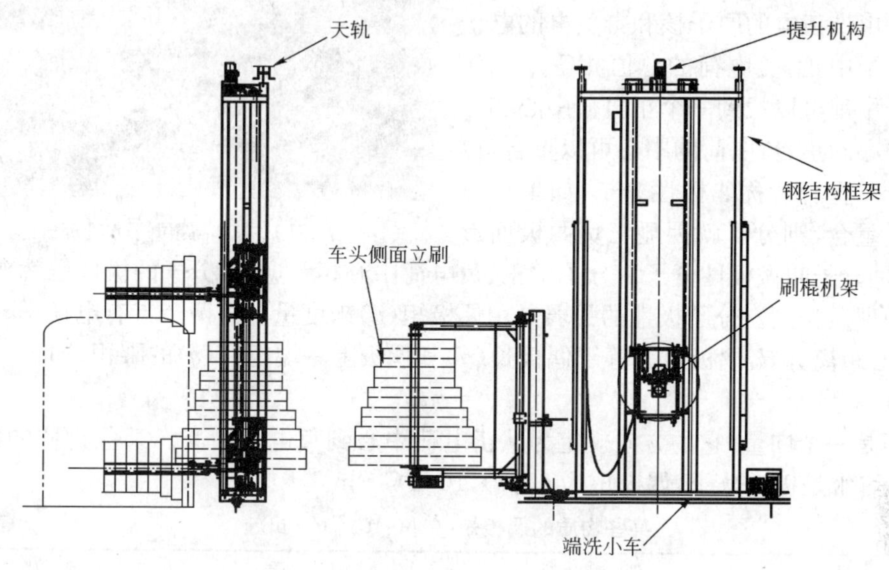

图 11-46 车头端面刷洗装置

端面刷洗装置可对各种车型的车头/尾端部曲面实施仿形无死角刷洗。仿形刷洗的工作原理如下。

(1)驾驶员按信号指示,将待洗车头停在规定区域内。

(2)通过刷辊收放机构使刷辊组件旋转 90°(最大可作 0～180°旋转),从而使刷辊组件摆到工作位置(或收回),同时刷棍自动启动旋转。

(3)端面刷洗装置自动水平轨向移动寻找停车位置(光电控制)。

(4)端刷沿车头向上仿形刷洗。仿形刷洗是根据车头形状预先设置的程序来完成的。即端洗小车预先设置的变速水平运动和刷棍机架恒速的垂直运动的合成运动,形成拟合曲线,使端刷作仿形刷洗。上行程刷洗是对车头实施除垢性刷洗。

(5)下行程仿形刷洗,对车头实施清水刷洗。

(6)下行程结束后,端洗小车退回原位,刷棍停转并摆回到原始位置。

(7)端刷装置具有接触压力超限保护功能。刷毛与车表面洗刷接触压力大小,反映到刷轴电机电流的大小,再由电流的变化来判断接触压力的大小。当控制系统判断出接触压力超限时,端刷附加水平退让运动,可以对设备和列车起到一个保护作用。

(8)为避免刷洗死角,要求水平刷轴上翘 10°左右,使两水平刷轴下端部刷毛彼此接近。有的端洗装置还装置有车头侧面立刷。

(9)车头水平端刷的仿形轨迹可以通过软件编程修改参数和程序予以确定,可以满足多种不同流线型车头刷洗功能,并有多种车头形状参数的存储功能。

(10)端刷刷洗车头时不得损坏雨刷器。

清水系统的任务是给工位 3 端洗作业第二行程、工位 6～9 喷淋、刷洗作业提供清水。清水水源是城市自来水。考虑到一般自来水含有矿物质,列车清洗后残留在车体表面的余水,易在车体表面形成水迹,影响清洗质量。采取的措施主要有三种方法:压缩空气风刀吹扫、自来水水蜡处理、自来水软化处理。下面仅介绍高频电子水处理器工作原理。清水软化在高频电子水处理器中进行，如图 11-47 所示 。

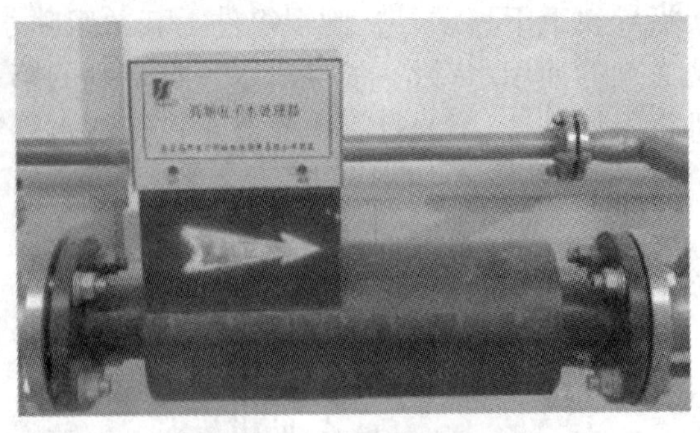

图 11-47 高频电子水处理器

分子是由带正电的原子核和带负电的电子组成。在分子中正、负电荷的总值相等。在任何一个分子中都可以找到一个正电荷中心和一个负电荷中心。正、负电荷的中心可以重合，也可以不重合。重合者称非极性分子，如果正负电荷中心不重合，则分子就因显正负两极而形成偶极，这种分子叫做极性分子。分子中正、负电荷中心相距愈远，分子的极性也就愈显著，这个距离叫做偶极长度。分子极性的强弱是用偶极矩(μ)来度量的。两个带有电荷$+q$和$-q$的质点，其中心距离为d，偶极矩μ等于偶极长(d)和偶极上一端电荷(q)的乘积，即：

$$\mu=qd$$

偶极矩是一个向量，它的方向规定为从正电荷中心到负电荷中心。某些物质的偶极矩如表 11-3 所示，水是极性分子，偶极矩为 6.17×10^{-30} C·m。

某些物质的偶极矩(单位：10^{-30} C·m) 表 11-3

物 质	偶 极 矩	物 质	偶 极 矩
氢	0	水	6.17
氮	0	氨	4.90
二氧化碳	0	氯化氢	3.57
硫化氢	3.67	溴化氢	2.67
二氧化硫	5.33	碘化氢	1.40
二硫化碳	0	氢氰酸	2.10

在电场中，电场可以使分子极化，分子中电子与原子核发生相对位移，原子核间也发生相对位移。流经高频电子水处理器的水分子，在高频电磁场的作用下，其物理结构发生变化，形成分子偶极矩现象。水分子对周围带电粒子(Ca^{2+}、CO_3^{2-} 等)的静电引力增强，或者说，水分子的亲和力增强。当水分子的亲和力远远大于车体表面对带电粒子的引力时，带电粒子难以与车体表面结合形成水垢，致使高频电子水处理器起防垢功能。

列车清洗后的脏水基本都回收再利用，水利用率应不小于 70%。回收水要达到再利用的目的，必须对回收水进行处理，以达到回用水标准。回收水处理程序取决于洗涤剂的酸碱度。目前国内列车清洗大多采用中性洗涤剂。对中性洗涤剂而言，回收水的典型处理程序是：库内地沟→集水坑→回收池→格栅沉淀池→混凝气浮除油池→生化过滤池→生化水池→机械过滤器→回用水池，如图 11-48 所示。流入回用水池的回用水已达到再利用标准，可以进入回用水系统，对工位 1、2、3、4、5 实施供水。

洗涤剂及其供给系统如图 11-49 所示。洗涤剂必须经回用水适度稀释后方可使用，因此系统中最重要的设备就是计量泵，按稀释比例定量加注洗涤剂。

计量泵结构原理图如图 11-50 所示。

(1)传动端采用传统的蜗轮蜗杆减速传动，以曲柄连杆机构将圆周运动转变成十字头的直线往复运动。采用带斜槽的滑轴的直线位移改变偏心轮的旋转半径，达到柱塞的行程长度调节。

(2)柱塞计量泵的柱塞密封采用填料密封，进出口阀采用双层球阀或单层蘑菇阀。

说明:

①集水坑1中的水是端洗前的回收水,集水坑2中的水为端洗后的回收水;

②集水坑1中的水如果不进行处理可以直接送段里的污水处理站,将两坑之间的阀门关闭;

③如果打开阀门集水坑1和集水坑2中的水是连通的,所有的水经过集水坑2中的潜水泵打入回收池进行处理。

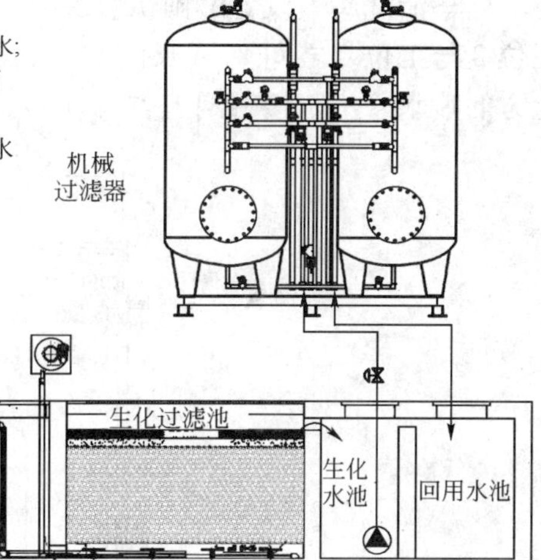

机械过滤器

段污水处理站

集水坑1　集水坑2　回收池　沉淀池　除油池　生化过滤池　生化水池　回用水池

图 11-48　水处理过程

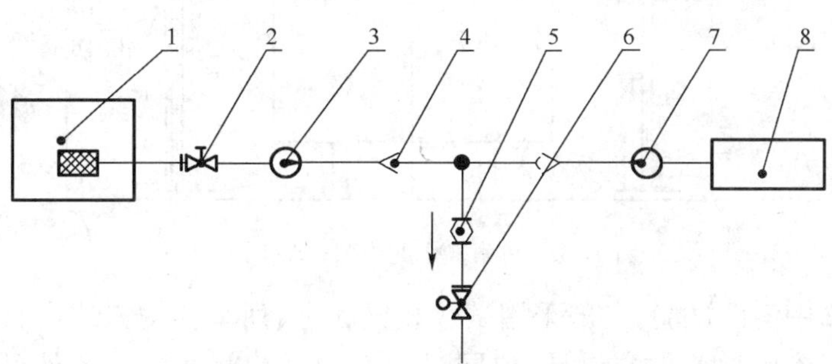

图 11-49　洗涤剂及其供给系统原理图

1-回用池;2-手动阀;3-预回泵;4-单向阀;5-缓冲阀;6-电磁阀;7-计量泵;8-洗涤剂罐

(3)隔膜泵是唯一一种非动密封及柱塞不接触介质的泵。流体通过一个液力驱动机构与介质隔开。这样可以长期工作,减少停车维修时间。

列车清洗用转刷的摆动均由压缩空气驱动。考虑列车清洗作业全自动控制的可靠性,一般列车清洗机供货商自备空压机(包括储气罐、除油、除水等设备)和列车清洗机一同供货。为减少环境噪声,建议配置螺杆式空压机,空压机如图 11-51 所示。

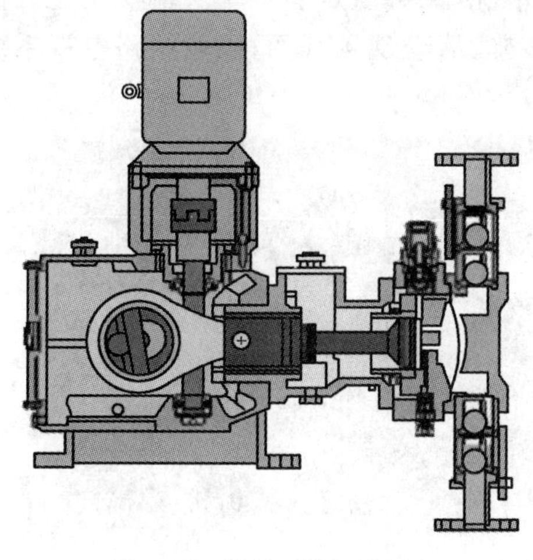

图 11-50　计量泵结构原理图

图 11-51　空压机

列车清洗库内设置淋雨试验装置，一般设置在图 11-44 中工位 2 与工位 3 之间，充分利用工位 2 与工位 4 之间 20m 长的空间。考虑淋雨试验的安全性，该区间接触网断电绝缘，装置上方的喷水管位于接触网上方，其间要求足够的安全距离，淋雨试验装置如图 11-52 所示。

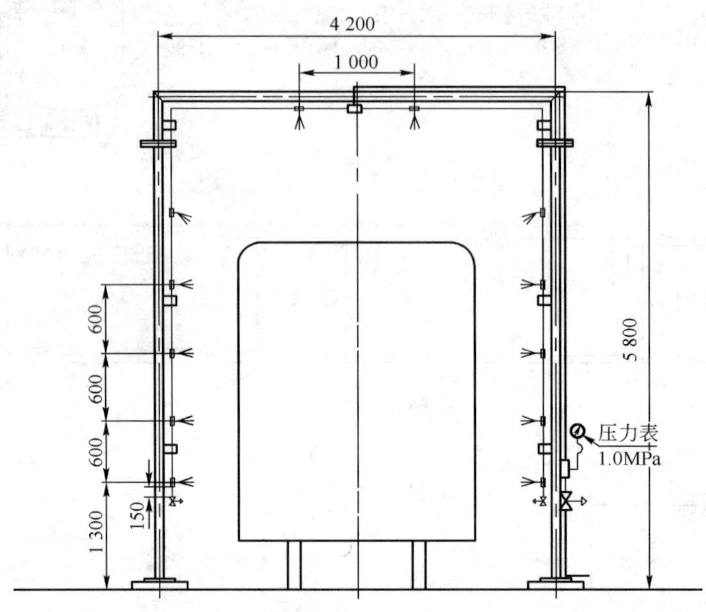

图 11-52　淋雨试验装置(尺寸单位:mm)

在列车清洗库中淋雨试验，一般采用试验装置固定、列车移动方式进行。试验装置水压、水量和喷嘴布置可参照相关标准设计，但同一截面的试验时间限于条件(装置长度只能 6～10m，列车运行速度≈1m/s，水池容积有限)只能维持 6～10s。即使这样，为了减小清水池的容积，除车顶淋雨必须采用清水外，车体侧面可采用回用水进行淋雨试验，淋雨试验后再执行工位 6、7、8、9 作业，对列车外表面进行清水清洗。

列车清洗机信号系统应能辨别列车在洗车机中的位置，显示洗车机的当前操作状态，自动开始和结束洗车的程序，并给列车驾驶员必要的提示信号。信号系统由信号机、停车标志牌、红外传感器、报警器和报警灯组成。红外传感器用于自动控制清洗设备的启动。

电视系统既能够扫视到洗车主库各工位的工作情况，又可重点显示车头端洗工况。借助于彩色分割器，在操作控制台彩屏上可以同时看到多幅、清晰现场画面，摄像闭路电视系统如图 11-53 所示。

图 11-53　摄像闭路电视系统

列车清洗机采用工业计算机和PLC为主要控制技术的测控系统，能自动完成车体两侧（包括车门、窗玻璃、侧顶弧圆面）及车端面（包括端面肩部）的洗刷工作。控制及操作系统如图11-54所示，主要包括总操作控制台、电控柜、端洗控制单元、手操盒（调试维护端洗工位）、传感器、分线盒、防水电缆及一套闭路电视系统等。总操作控制台具有自动、手动和点动操作功能。总操作控制台装有各种必要的控制元件、按钮和指示灯。操纵台上除各种功能开关外，还设有人机操作面板，具有下列控制操作功能。

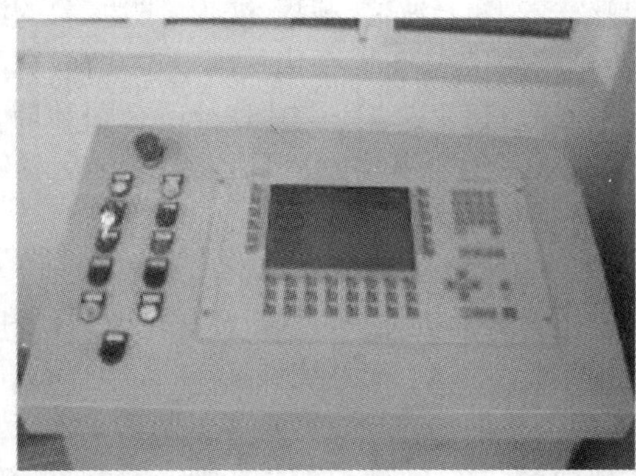

图11-54　控制及操作系统

(1)具有淋雨、清洗、维护模式的选择功能。

(2)清洗模式下具有自动清洗和手动清洗模式的选择功能。

①清洗模式的选择为自动清洗或手动清洗模式中的一种；

②自动清洗模式具有清洗流程内容选择功能；

③在自动模式下，列车清洗程序在列车到达洗车库入口时自动启动，并在清洗程序结束时自动关闭，无需操作员参与操作；

④在自动模式下，列车清洗程序只对待清洗列车自动启动，无列车通过或不清洗的列车通过时清洗程序均不能启动；

⑤在手动模式下，清洗程序或某一设备的启动和关闭由一名操作员控制。

(3)具有选择端洗和不选端洗的功能。

(4)具有选择是否加入洗涤剂清洗的功能。

(5)端面清洗满足多种不同流线型车头刷洗功能。具有按被洗列车车型选择的功能。

(6)各工位具有手动和点动操作功能。某工位故障时，应能够由操作人员从系统中切除，并不得影响其他工位和系统继续工作。

(7)具有系统流程工况显示功能。

(8)具有自动或手动排水和补水的功能。

(9)具有闭路电视摄像监视洗车过程功能。

(10)具备完善的安全保护功能，作业时有声光安全警示。

(11)具有自动检测、完善的系统保护功能，具有故障自动诊断和故障自动显示、查询、报警、记录以及故障停机功能。

(12)具有完整的洗车记录和打印功能。设置有对被清洗列车的车号、洗车次数及日期、是否用洗涤剂清洗、是否端洗等的记录和打印功能，并可随时调出查询。

11.4.4 磨轨车

磨轨车不同于以上设备，从分类看，它不属于车辆段设备，不是围绕地铁车辆运用、整备、检修工艺需求而配置的，但是它是车辆基地里一个重要且价格昂贵、工务部门维护钢轨的必备设备。

磨轨车是用于线路钢轨表面对其实施 PLC/CNC 磨削加工，以消除钢轨表面缺陷（锈蚀、疲劳裂纹、不平顺、波浪、磨损、变形、飞边等）的配套设备。对钢轨轨面进行缺陷修复的切削加工方法，除磨削外还可以采用铣削或铣/磨联合加工方法。目前世界上磨轨车的供货商主要有美国 Harsco HTT 公司、美国 Loram 公司和瑞士 Speno 公司，钢轨铣磨车的供货商仅有奥地利 LINSINGER（林辛格）公司一家。鉴于后者铣磨车价格昂贵，目前国内钢轨轨面缺陷修复都是采用轨面打磨方法。

磨轨车主要由下列系统（部件）组成：车体/车架/车钩系统；走行系统（转向架）；驾驶室；动力系统（包含柴油机、液压系统、压缩空气系统和发电机系统，柴油机是整个作业车的原动力设备，液压系统、压缩空气系统和发电机的原动力取自柴油机，它们自身又是直接给牵引、制动、轨面切削等提供动力的装置）；牵引制动系统（包含牵引传动系统和制动系统）；磨轨作业系统（包含轨面磨削系统、轨道测量系统）；控制系统（包含行车控制和作业控制系统）；润滑系统；电气/控制/操作系统；监控及故障诊断系统；集尘（屑）系统；喷水/消防系统。

磨轨车通常多辆成组供货，图 11-55 为 HTT 公司 20 头 C 型磨轨车，图 11-56 为 Loram 公司 LRG9 型 8 磨头钢轨打磨车。

图 11-55 HTT 公司 20 头 C 型磨轨车

图 11-56 Loram 公司 LRG9 型 8 磨头钢轨打磨车

为了便于双向运行及打磨，车组两头均设置驾驶/控制室，其中一头是主操作室，另一头是副操作室。以 HTT 公司 20 头 C 型磨轨车为例，两者的主要功能见表 11-4。

HTT 公司 20 头 C 型磨轨车主、副操作室操作功能　　表 11-4

操作功能	主操作室	副操作室	操作功能	主操作室	副操作室
显示打磨、走行和发动机状态的显示器	√	√	照明控制	√	√
主控计算机和触摸屏监视器	√		喇叭控制	√	√
驱动和制动控制器	√	√	防火检测和灭火器	√	√
打磨和除尘控制器	√		喷水控制	√	√
打磨头提升和降落的控制	√	√	雨刮	√	√
空调和操作间加压控制	√	√	紧急停车	√	√

磨轨车的主要功能有：自行牵引、双向运行、双向打磨功能；PLC 和 CNC 计算机控制自动操作功能；轨面切削方式自动选择和切削参数自动调整功能；纵向波浪精度自动测量、轨面廓形精度自动或手动测量功能；铣切/磨削参数及轨面精度自动记录、打印功能；监控功能，设置有足够传感器及摄像系统；故障诊断、显示及报警功能；黑匣子功能，存储作业车运行参数、切削参数及监控参数；集尘(屑)功能，磨削作业车具有喷水功能。

国外磨轨车动力驱动基本采用静液压系统，即变量泵和变量马达控制轮对，此适合于自牵引且牵引力小的作业工况；而国内内燃机车动力驱动都采用液力—机械传动，即通过液力变扭器放大液压油输出扭矩，再通过变速箱和传动轴将动力传递给轮对，此适合于大牵引力工况。

下面主要讲解与轨道作业有关的几个特色系统。

1)轨面磨削系统

轨面磨削系统集成在打磨小车上，它包括：打磨小车导向机构、打磨小车升降机构、液压或电机驱动磨头、磨头的横向位移机构、磨头偏转机构(磨头偏转角度为钢轨正上方－20°～60°，并可增量调整至 75°)；磨头定位结构；打磨压力和打磨功率的调整机构等(如图 11-57 所示)。

在磨轨车非磨削行车时，磨削头和导向轮被提升并锁定。装置在升起状态应满足地铁车辆限界要求。磨削装置四周设有防护装置，以防止打磨钢轨时磨屑和火花溅出，并提高集尘效果。打磨作业时的操作和控制在驾驶/操作室进行。可以独立对每个磨削头或磨削单元进行调整和控制。磨轨时，所有磨削头的动作都是通过计算机自动控制的。磨轨车具有双向轨面磨削能力，能连续工作 8h 以上。

2)轨道测量系统

轨道测量系统包括横向廓形测量系统和纵向波磨测量系统。由于列车长期在钢轨上运行，在通过钢轨曲线时，容易与钢轨内侧面冲击、挤压，造成钢轨横向廓形变形。又由于钢轨铺设过程中，枕木或混凝土道床总是有间隔，车辆载重运行会对枕木之间没有支撑的钢轨段造成垂向冲击，长期就形成了一个个浅坑，称为波浪磨耗。这些对钢轨产生的损害，不仅缩短了钢轨自身的寿命，也对车辆运行安全产生了隐患。因此钢轨测量系统能辅助钢轨打磨作业人员知晓钢轨病害所在，并建议合理的打磨模式消除病害(如图 11-58、图 11-59 所示)。

钢轨横向廓形测量系统采用双摄像头激光仿形系统，使用激光和视频摄像头测量轨道外形。在磨轨车运行在钢轨上时，能连续摄像、采点、记值，并将数据转化成廓形图像与计算机里存储的标准钢轨廓形进行对比，操作人员可以轻松地从操控室里了解现场钢轨廓形情况。钢轨纵向波磨测量装置包括一个用于每个轨道的测量头、信号调节电子装置和一台装有应用程序软件以执行测量和提供数据分析的计算机。该装置能沿轨道线连续采值，并记录，在操作人员在操作室计算机内设定钢轨波长采集标准的情况下，该系统可以将波浪磨耗状况与标准轨道状况做对比，并建议出磨削量。

图 11-57　轨面磨削系统

图 11-58　钢轨横向廓形测量系统

图 11-59　钢轨纵向波磨测量系统

3)磨削控制系统

磨削控制系统可以实现:磨削头的位置和运动(所有磨削头的升降、横向位移、角度调整等)控制;计算和磨削参数控制;按不同磨削方式和行程进行编程设定;多种磨削加工程序编辑、修改、复制、储存、数据记录、打印、下载及监控磨削过程;控制单边磨削头的升降,以避开障碍,并具有记忆功能;轨道测量控制。如图 11-60 所示。

磨轨车设置有足够的监控装置,对其各个系统实施监控。对打磨小车升降应设置监控装置。操作人员可以从监视器上掌握打磨小车是否正确下降到了钢轨上,也可以在打磨小车脱轨时给出报警。如果打磨小车没有正确下降到位,磨头就不可以被放下,警告信息会一直保留,如果出现磨削过程中脱轨,系统会自动停车、磨头停转并显示报警。磨轨车非切削行车时,打磨小车提升并锁定在车架下,监控系统提供反馈信息,提示打磨小车是否提升到位并锁定。在副驾驶室外端设置摄像装置,装备有高分辨率、带云台的彩色摄像头和平面监视器。可以让操作人员在背向行驶时方便观察,如图 11-61 所示。

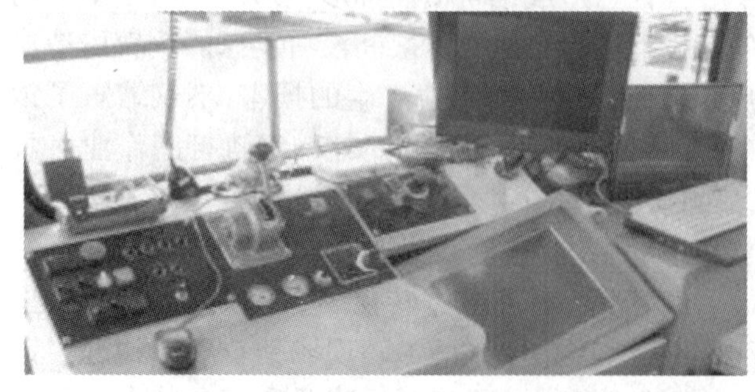

图 11-60　磨削控制系统

图 11-61　磨削监控系统

4)集尘(屑)系统和喷水/消防系统

当机车在打磨模式下运行时,集尘系统会清除打磨粉尘。集尘系统首先将含有粉尘的空气通过入口管吸入车架下方，然后过滤器总成将打磨粉尘与空气分离，打磨粉尘落入密封区。净化系统则提供瞬时反吹气以去除堵住过滤器的集结成块的粉尘。过滤后的空气从打磨车顶部排放。因为灰尘可能会变得致密而沉重，需定期从灰尘箱中清除粉尘。可通过排尘道从灰尘箱中清除大部分粉尘，如图 11-62 所示。

喷水/消防系统用于防止或熄灭由于打磨过程所产生的火花而引起的火势。该系统包括水箱、水泵、枕木喷射器、带喷枪的软管卷筒以及连接所有组件的软管。图 11-63 所示为枕木喷射器示意图。

图 11-62　集尘(屑)系统

图 11-63　枕木喷射器

以上只是对磨轨车的简要介绍，磨轨车是综合基地里一个集机械、电气、液压、气压、PLC 控制、数据通信等多专业知识为一体的复杂设备，技术应用的复杂性更是超过车辆段数控不落轮镟床，不仅操作复杂，就连波浪磨耗的修复标准国内也一直没有，此外，各城市轨道交通系统对钢轨的维护制度还处于针对病害消除阶段，而国外铁路系统早已推行预防打磨机制，这些工作国内都还处于空白，有待广大同学涉足这一行业时投入更多精力研究。

11.4.5　车辆复位救援设备

救援设备是用于列车事故救援的必备配套设备。车辆复位作业主要包括：对脱轨车辆实施复轨作业；对车辆实施顶升作业；对倾覆车辆实施扶正作业；对车辆实施短距离的牵引作业以及对车辆结构实施局部破坏性扩张/剪切等救援作业。此外，与其配套的还有用于应急发电及照明、轮对故障行走、救援运输、设备集成定置、警示、救援人员人身防护等设备和工具。车辆复位救援设备主要由汽油机液压泵及控制单元、手动液压泵、桥板式横移机构、分置式横移机构、液压顶升装置、扩张钳、剪切钳、救援液压撑杆、轻型液压泵、液压牵引装置、气垫顶升装置及空压机、救援运输小车、车轮抱死救援小车、发电机照明设备、扶正装置、车轴推进器、转向架捆绑工具等组成。下面针对几个主要设备作简要介绍。

1)汽油机液压泵及控制单元

汽油机液压泵为事故列车的救援作业提供动力，该设备包含：汽油机、双速径向柱塞泵、油箱、安全阀、控制阀、操纵台、延伸油管、快换接头等，如图 11-64 所示。

2)桥板式横移机构

桥板式横移机构适用于在车端部位钢轨上架设桥板,顶升车体边梁,以实施复轨作业。桥板式横移机构包含:桥板 2 块、桥板接块 1 套、滚轮滑车 2 套、可调连接杆 2 根、横移油缸、横移油缸固定支架等,如图 11-65 所示。

图 11-64　汽油机液压泵

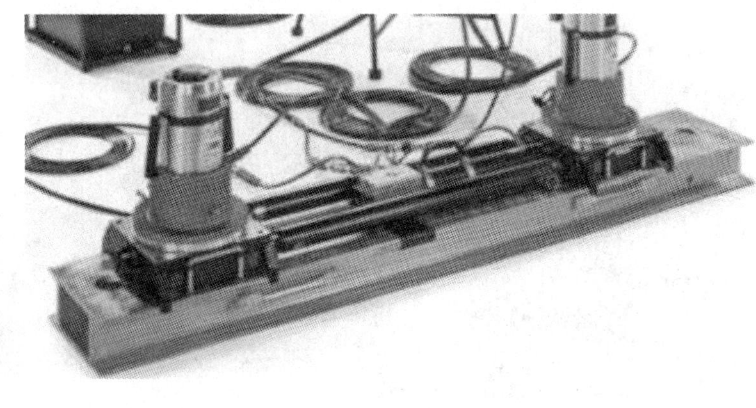

图 11-65　桥板式横移机构

3)分置式横移机构

分置式横移机构适用于在车端部位钢轨上不能架设桥板,但可顶升车体边梁而实施复轨作业的地方。分置式横移机构一般成对使用,但也可单个使用,如图 11-66 所示。

4)液压牵引装置

液压牵引装置用于对车辆实施短距离的牵引作业,如图 11-67 所示。

图 11-66　分置式横移机构

图 11-67　液压牵引装置

5)扶正装置

扶正装置用于对倾覆车辆实施扶正作业,如图 11-68 所示。

6)车轴推进器

当机车车辆转向架中心偏离轨道中心时,车轴推进器可实现推动机车车辆转向架落在轨道上,如图 11-69 所示。

图 11-68　扶正装置

图 11-69　车轴推进器

7)车轮抱死救援小车

当车辆车轴发生抱死时使用该小车替代该车轴迅速撤离现场，如图 11-70 所示。

11.4.6　转向架静载试验台

1)转向架静载试验台功能

转向架静载试验台用于列车的转向架组装后对高度、轮重、轴重的检测，采用液压加载的方式模拟车体及其载荷对空气弹簧的作用，检测空气弹簧的高度，检测转向架构架四角高度，同时测量单轮重、轴重、转向架重量及轮重差、轴重差等参数，如图 11-71 所示。

图 11-70　车轮抱死救援小车

图 11-71　转向架静载试验台

2)转向架静载试验台组成和技术特点

转向架静载试验台主要由机架、底座、称重系统、液压加载系统、数据采集和工控机处理系统等组成。转向架静载试验台机架采用型钢焊接龙门结构，强度高、安全稳定；底座用于支撑轨道和称重系统，采用双液压缸加载，载荷通过调整液压系统的压力获得，位移通过传感器检测，设置四组称重传感器，检测数据由工控机采集，轮重、轴重、转向架重量及轮重差、轴重差等参数由专用软件处理，液晶屏显示结果，并可打印和网络传送数据。为了适应不同转向架轴距，称重传感器的位置可根据转向架的尺寸调整，液压系统采用柱塞泵加压，系统压力高、稳定可靠，压力调整范围宽。

11.4.7　车辆称重仪

1)车辆称重仪功能

为了提高机车车辆运行的平稳性，确保行车安全，新造或经检修后的机车车辆应使其轮重、轴重符合检修的要求，以确保轴重和轮重的均匀性。该系统利用动态行驶的车辆经过专用的传感器后，传感器感受到动态车辆的压力信号，再由微机处理器进行一系列的分析、处理、计算后得到车辆的称重值。

车辆称重仪能够测量单轮重、轴重、整车重量及轮重差、轴重差。

2)车辆称重仪技术特点

(1)车辆称重仪按照《静态机车车辆称重台检定规程》(JJG(铁道)117—94)和《铁道机车车辆称重台技术条件》(TB/T 2782—1997)设计和制造

(2)车辆称重仪主要由机械测量系统、应变传感器检测系统和计算机数据处理系统等组成

(3)机械测量系统

该系统采用便携移动式设计，利用两钢轨间的轨底板和腰板进行定位，利用双向螺旋快速夹紧机构将机械测量系统固定于钢轨内侧，并通过防松机构保障系统长时间的牢固和可靠。如图 11-72 所示。

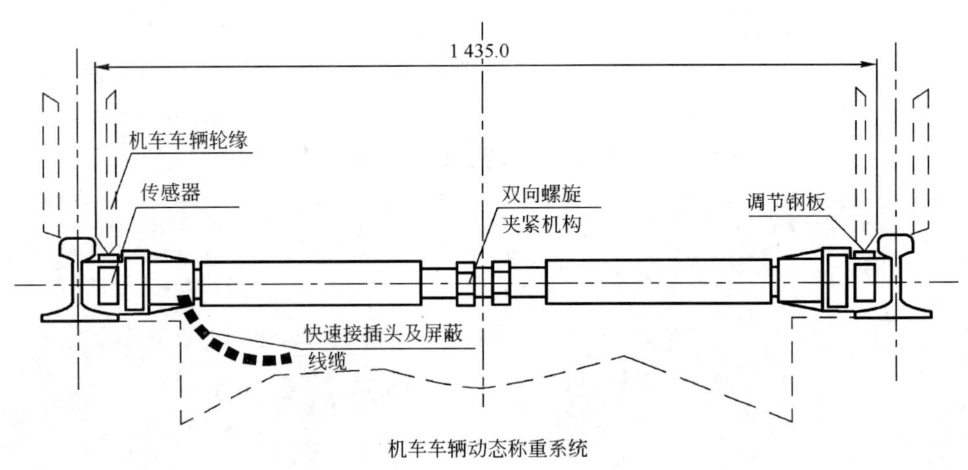

图 11-72　机械测量系统示意图(尺寸单位:mm)

测量时机车轮缘走行至机械测量系统，轮缘上升，使机车每个轮对落到称重传感器上，计算机采集数据。采用不同厚度的钢板调节系统高度，以适应于各种轮缘高度。不需要测量时，去掉调节钢板，机车车辆可以正常行驶。

(4)应变传感器系统

应变传感器检测系统中的传感器选用高精度称重传感器，该器件工作长期稳定性好，抗侧向力和抗干扰能力强，信号线采用屏蔽线，快速接插头连接。

(5)计算机数据处理系统

该系统包括模拟信号接口板、多路直流稳压电源、被测参数液晶显示屏、工控机(包括数据采集板卡)和打印机等。微机软件搭载平台是 Windows 系统，具有丰富的图形界面和各种报表形式，中文操作，容错性和可移植性好，具有在线帮助和菜单帮助功能，操作简便直观。能够实时显示机车车辆总重、轴重、轮重、轴重差、轮重差和操作日期、时间、车号、实验者姓名等参数，当轴重超过平均轴重的限度、轮重超过该轴平均轮重的限度(其限度值根据标准设定)，具有超限自动报警功能，能以报表形式打印和存储检测参数和各种数据。

思 考 题

1. 请简述车辆段与综合基地的组成与功能定位。
2. 请简述列车的检修制度、修程及修程之间的关系，并论述各修程的主要工作内容。
3. 请简述车辆段与综合维修基地的主要工艺设备类别。
4. 请简述数控不落轮机床的主要功能和系统组成。
5. 请论述地下固定式架车机的主要功用和工作模式。
6. 请简述列车清洗机的功用和列车清洗工艺流程。
7. 请论述钢轨打磨车(磨轨车)的系统组成与主要功能。

参考文献

[1] 吴文麒.城市轨道交通信号与通信系统.北京:中国铁道出版社,1998.

[2] 罗志兵.信号系统对线路通过能力的影响//上海市政工程设计研究院建院50周年工程技术论文集.上海:上海科学技术出版社,2004.

[3] 中华人民共和国国家标准.GB/T 50262—97 铁路工程基本术语标准.北京:中国计划出版社,1997.

[4] 付强.集中供冷系统在广州地铁二号线的应用.暖通空调,2004(7).

[5] 吕琳,等.地铁车站中环控系统的设计探讨.上海节能,1999(7).

[6] 蔡珊瑜.地铁车站公共区空调负荷的确定.城市轨道交通研究,2004(2).

[7] 刘艘争.浅论(深圳)地铁夏季空调室内设计参数.铁道工程学报,2002(6).

[8] 许慧华,等.地铁集中供冷的几个问题.制冷与空调,2004(1).

[9] 杨益.广州地铁二号线新港东站通风空调系统设计.甘肃水利水电技术,2003(6).

[10] 胡维撷,曹月华.上海地铁1号线漕宝路车站环控设计.地下工程与隧道,1992(4).

[11] 郑晋丽,胡维撷.深圳地铁一期工程环控模拟结果要点和分析.地下工程与隧道,2000(1).

[12] 胡维撷.深圳地铁一期工程环控系统制式研究.地下工程与隧道,1998(4).

[13] 谈洪潮.南京地铁一号线空调通风大系统运作方式与能耗初步分析.地铁与轻轨,2002(5).

[14] 马光友.广州地铁环控系统技术经济性综述.暖通空调,2003(2).

[15] 冯炼.地铁环控的发展与应用.铁路现代化,1999(1).

[16] 吴频,等.地铁工程环控闭式系统的设计与应用.科学技术通讯,2000(1).

[17] 陈云娜.浅谈地铁环控通风.地下工程与隧道,1995(3).

[18] 蒋卫艇.浅谈SES程序在地铁环控设计中的应用.地下工程与隧道,2000(3).

[19] 陈耀武.地铁车站方案设计中环控设计应注意的有关问题.铁道勘测与设计,2000(4).

[20] 罗燕萍.地铁车站防排烟系统.制冷空调,2004(3).

[21] 毛宇丰.地铁车站集成环控系统.地铁与轻轨,2002(5).

[22] 钟星灿.地铁空调负荷分析与估算.暖通空调,2006(6).

[23] 胡维撷.地铁站台屏蔽门系统述评.地下工程与隧道,1997 (4).

[24] 朱颖心.地铁系统环控方案分析.地铁与轻轨,1991(1).

[25] 中华人民共和国国家标准.GB 50019—2003 采暖通风与空气调节设计规范.北京:中国计划出版社,2003.

[26] 中华人民共和国国家标准.GB 50157—2003 地铁设计规范.北京:中国计划出版社,2003.

[27] 夏国欣,等.空调制冷机组的选择与分析.制冷技术,2003(1).

[28] 铁道第四勘察设计院.通风空调制式及相关问题研究,2006.

[29] 刘承东.屏蔽门系统在地铁中的应用.城市轨道交通研究,2000 (1).

[30] 铁道第二勘察设计院.地铁工程设计指南.北京:中国铁道出版社,2002.

[31] 叶霞飞,顾保南.城市轨道交通规划与设计.北京:中国铁道出版社,2000.

[32] 蒋永琨.中国消防工程手册.北京:中国建筑工业出版社,2000.

[33] 张庆贺,等.地铁与轻轨.北京:人民交通出版社,2002.
[34] 高明远,叶秀萍.建筑给水排水工程学.北京:中国建筑工业出版社,2002.
[35] DGJ 08-109—2004 城市轨道交通设计规范(条文说明).上海市建设工程标准定额管理总站,2004.
[36] 中华人民共和国国家标准.GB 50015—2003 建筑给水排水设计规范.北京:中国计划出版社,2003.
[37] 中华人民共和国国家标准.GB 50016—2006 建筑设计防火规范.北京:中国计划出版社,2006.
[38] 中华人民共和国国家标准.GB 50084—2001 自动喷水灭火系统设计规范.北京:中国计划出版社,2005.
[39] 魏晓东.城市轨道交通自动化系统与技术.北京:电子工业出版社,2004.
[40] 南京地下铁道有限责任公司.南京轨道交通1号线一期工程竣工文件.2005.9.
[41] 南京地下铁道有限责任公司.南京轨道交通珠江路综合楼工程竣工文件.2005.9.
[42] 北京和利时系统工程股份有限公司.广州轨道交通综合自动化系统.2005.11.
[43] 铁道第二勘察设计院.成都轨道交通1号线一期工程初步设计.2007.2.
[44] 南京地下铁道有限责任公司.南京轨道交通2号线信号系统技术文件.2007.5.
[45] 南京地下铁道有限责任公司.南京轨道交通2号线ACC系统技术文件.2007.6.
[46] 北京轨道交通路网管理有限公司.北京市轨道交通指挥中心(TCC)系统技术管理规定(暂行).2007.7.
[47] 高继传.南京地铁1号线车站乘客信息系统的设计.都市快轨交通,2007,20(04).
[48] 北京城建设计研究总院有限任公司.南京轨道交通2号线东延线工程初步设计.2007.9.
[49] 高继传,杜宏.南京地铁综合信息管理系统.都市快轨交通,2007,20(05).
[50] 南京地下铁道有限责任公司.南京轨道交通大厦控制中心续建工程招标文件.2007.11.
[51] 南京地下铁道有限责任公司.南京轨道交通综合信息管理系统技术文件.2007.12.

人民交通出版社公路类教材一览

（◆教育部普通高等教育“十一五”国家级规划教材 ▲建设部土建学科专业“十一五”规划教材）

一、交通工程教学指导分委员会规划推荐教材

1. ◆交通规划（王　炜）…… 33 元
2. ◆道路交通安全（裴玉龙）…… 36 元
3. 交通系统分析（王殿海）…… 31 元
4. 交通管理与控制（徐建闻）…… 26 元
5. 交通经济学（邵春福）…… 25 元

二、21 世纪交通版高等学校教材

（一）交通工程专业

1. ◆交通工程总论（第三版）（徐吉谦）…… 36 元
2. ◆交通工程学（第二版）（任福田）…… 38 元
3. ◆交通管理与控制（第四版）（吴　兵）…… 35 元
4. ◆道路通行能力分析（陈宽民）…… 27 元
5. ◆交通工程设计理论与方法（马荣国）…… 40 元
6. ◆公路网规划（裴玉龙）…… 27 元
7. 交通工程专业英语（裴玉龙）…… 28 元
8. ◆交通运输工程导论（第二版）（姚祖康）…… 23 元
9. 交通流理论（王殿海）…… 21 元
10. 交通系统仿真技术（刘运通）…… 26 元
11. 停车场规划设计与管理（关宏志）…… 30 元
12. 交通工程设施设计（李峻利）…… 35 元
13. ◆智能运输系统概论（第二版）（杨兆升）…… 25 元
14. 智能运输系统概论（第二版）（黄　卫）…… 24 元
15. ◆运输经济学（严作人）…… 40 元
16. ◆道路交通工程系统分析方法（王　炜）…… 28 元
17. 交通调查与分析（第二版）（严宝杰）…… 38 元
18. 城市轨道交通系统（彭　辉）…… 32 元
19. ◆交通运输设施与管理（郭忠印）…… 33 元
20. 道路交通安全管理法规概论及案例分析（裴玉龙）…… 29 元
21. 交通地理信息系统（符锌砂）…… 31 元
22. 公路建设项目可行性研究（过秀成）…… 27 元
23. 交通工程专业生产实习指导书（朱从坤）…… 7 元

（二）土木工程专业（路桥）/道路桥梁与渡河工程专业

I. 专业基础课教材

1. 土木工程概论（项海帆）…… 32 元
2. 道路概论（第二版）（孙家驷）…… 20 元
3. 土质学与土力学（第四版）（袁聚云）…… 30 元
4. 公路工程地质（第三版）（窦明健）…… 23 元
5. ▲道路工程制图（第四版）（谢步瀛）…… 36 元
6. ▲道路工程制图习题集（第四版）（袁　果）…… 26 元
7. ◆道路建筑材料（第四版）（李立寒）…… 35 元
8. ◆测量学（第三版）（许娅娅）…… 36 元
9. ◆基础工程（第三版）（王晓谋）…… 33 元
10. 结构设计原理（第二版）（叶见曙）…… 51 元
11. 公路经济学教程（袁剑波）…… 23 元
12. 专业英语（第二版）（李　嘉）…… 33 元

II. 专业核心课教材

13. ◆路基路面工程（第二版）（邓学均）…… 52 元
14. ◆道路勘测设计（第二版）（杨少伟）…… 40 元
15. 道路结构力学计算（上、下）（郑传超、王秉纲）…… 50 元
16. 水力学（王亚玲）…… 19 元
17. ◆桥梁工程（第二版）（姚玲森）…… 62 元
18. 桥梁工程（第二版）（土木、交通工程）（邵旭东）…… 52 元
19. ◆桥梁工程（第二版）（上）（范立础）…… 42 元
20. ◆桥梁工程（第二版）（下）（顾安邦）…… 38 元
21. 桥梁工程（陈宝春）…… 45 元
22. ◆桥涵水文（第四版）（高冬光）…… 28 元
23. ◆现代钢桥（上）（吴　冲）…… 34 元
24. ◆钢桥（徐君兰）…… 16 元
25. ◆公路施工组织及概预算（第三版）（王首绪）…… 32 元
26. ▲桥梁施工及组织管理（第二版）（上）（魏红一）…… 39 元
27. ▲桥梁施工及组织管理（第二版）（下）（邬晓光）…… 39 元
28. ◆隧道工程（第二版）（上）（王毅才）…… 65 元

III. 专业方向选修课教材

29. ◆道路工程（严作人）…… 40 元
30. 道路工程（土木工程专业）（凌天清）…… 32 元
31. ◆高速公路（第二版）（方守恩）…… 21 元
32. 高速公路设计（赵一飞）…… 38 元
33. 城市道路设计（吴瑞麟）…… 22 元
34. GPS 测量原理及其应用（胡伍生）…… 28 元
35. 公路测设新技术（雒　应）…… 36 元
36. 公路施工技术与管理（廖正环）…… 40 元
37. 土木工程造价控制（石勇民）…… 30 元
38. 公路工程定额原理与估价（石勇民）…… 36 元
39. 道路桥梁检测技术（胡昌斌）…… 31 元
40. 特殊地区基础工程（冯忠居）…… 29 元
41. 道路与桥梁工程计算机绘图（许金良）…… 31 元
42. ◆公路小桥涵勘测设计（第三版）（孙家驷）…… 31 元
43. 路基设计原理与计算（李峻利）…… 40 元
44. 路基路面工程检测技术（李宇峙）…… 46 元
45. 公路土工合成材料应用原理（黄晓明）…… 22 元
46. 水泥与水泥混凝土（申爱琴）…… 30 元
47. ◆环境经济学（董小林）…… 32 元
48. 公路环境与景观设计（刘朝辉）…… 30 元
49. 桥梁工程概论（第二版）（罗　娜）…… 27 元
50. 桥梁检测与加固（王国鼎）…… 27 元
51. 桥梁钢—混凝土组合结构设计原理（黄　侨）…… 26 元
52. 桥梁结构试验（章关永）…… 22 元
53. 桥梁抗震（叶爱君）…… 15 元
54. ◆桥梁建筑美学（第二版）（盛洪飞）…… 30 元
55. 大跨度桥梁结构计算理论（李传习）…… 18 元
56. 隧道结构力学计算（夏永旭）…… 29 元
57. 公路隧道运营管理（吕康成）…… 22 元
58. ◆地铁与轻轨（第二版）（张庆贺）…… 39 元
59. 土木规划学（石　京）…… 38 元

IV. 实践环节教材及教参教辅

60. 《道路勘测设计》毕业设计指导（许金良）…… 30 元
61. 桥梁计算示例丛书—桥梁地基与基础（第二版）（赵明华）…… 18 元
62. 桥梁计算示例丛书—混凝土简支梁（板）桥（第三版）（易建国）…… 27 元

63. 桥梁计算示例丛书—连续梁桥(邹毅松) …………20元
64. 结构设计原理计算示例(叶见曙) …………40元

V. 研究生教学用书

道路与铁道工程

1. 现代加筋土理论与技术(雷胜友) …………24元
2. 道路规划与几何设计(朱照宏) …………32元

桥梁与隧道工程

1. 高等桥梁结构理论(项海帆) …………35元
2. 高等钢筋混凝土结构(周志祥) …………27元
3. 结构分析的有限元法与MATIAB程序设计(徐荣桥) ……28元
4. 工程结构数值分析方法(夏永旭) …………27元
5. 箱形梁设计理论(第二版)(房贞政) …………32元

(三)公路工程管理专业

1. ◆工程项目融资(赵　华) …………29元
2. 管理信息系统(李友根) …………31元
3. 公路工程定额原理与估价(石勇民) …………36元
4. 工程风险管理(邓铁军) …………21元
5. ◆工程质量控制与管理(邬晓光) …………29元
6. 公路工程造价编制与管理(沈其明) …………31元
7. 工程项目招标与投标(周　直) …………30元
8. 高速公路管理(王选仓) …………35元

(四)工程机械专业

1. ◆施工机械概论(王　进) …………35元
2. ◆公路施工机械(第二版)(李自光) …………43元
3. 现代工程机械发动机与底盘构造(陈新轩) …………38元
4. 工程机械维修(许　安) …………38元
5. 工程机械状态检测与故障诊断(陈新轩) …………29元
6. 工程机械底盘设计(郁录平) …………36元
7. 公路工程机械化施工与管理(郭小宏) …………40元
8. 工程机械设计(吴永平) …………38元
9. 工程机械技术经济学(吴永平) …………23元
10. 工程机械专业英语(宋永刚) …………36元

三、普通高等学校规划教材

1. 交通土建工程制图(第二版)(和丕壮) …………38元
2. 交通土建工程制图习题集(第二版)(和丕壮) …………20元
3. 画法几何与土建制图(第二版)(林国华) …………39元
4. 画法几何与土建制图习题集(第二版)(林国华) ……25元
5. 土木工程制图(丁建梅　周佳新) …………36元
6. 土木工程制图习题集(丁建梅　周佳新) …………18元
7. ◆土木工程计算机绘图基础(尚守平) …………39元
8. 工程经济学(李雪淋) …………22元
9. 工程测量(胡伍生) …………25元
10. 交通土木工程测量(张坤宜) …………33元
11. 结构设计原理(毛瑞祥) …………26元
12. 路基路面工程(何兆益) …………45元
13. 道路勘测设计(第二版)(孙家驷) …………46元
14. 道路与桥梁工程概论(黄晓明) …………32元
15. 公路施工组织与管理(赖少武　李文华) …………35元
16. 公路工程施工组织学(第二版)(姚玉玲) …………38元
17. 公路施工与组织管理(廖正环) …………22元
18. 公路养护与管理(许永明) …………18元
19. 水力学与桥涵水文(叶镇国) …………38元
20. 桥位勘测设计(高冬光) …………20元
21. 道路规划与设计(李清波) …………46元
22. 道路交通环境工程(张玉芬) …………19元
23. 公路实用勘测设计(何景华) …………19元
24. 公路计算机辅助设计(符锌砂) …………30元
25. 公路工程预算与工程量清单计价(雷书华) …………35元
26. 公路工程造价(周世生) …………42元
27. 软土环境工程地质学(唐益群) …………35元
28. 公路与桥梁施工技术(盛可鉴) …………30元
29. 桥梁美学(和丕壮) …………40元
30. 桥梁结构理论与计算方法(贺拴海) …………58元
31. 钢管混凝土(胡曙光) …………38元
32. 隧道施工(于书翰) …………23元
33. 公路隧道机 电工程(赵忠杰) …………40元
34. ◆道路交通管理与控制(袁振洲) …………40元
35. 交通工程学(第二版)(李作敏) …………28元
36. 交通项目评估与管理(谢海红) …………36元
37. 工程项目管理(周　直) …………20元
38. 测绘工程基础(李芹芳) …………36元
39. 工程机械运用技术(许　安) …………40元
40. 现代工程机械液压与液力系统(颜荣庆) …………39元
41. 水泥混凝土路面施工与施工机械(何挺继) …………30元
42. 现代公路施工机械(何挺继) …………45元
43. 工程机械机电液一体化(焦生杰) …………28元

四、高等学校应用型本科规划教材

1. 结构力学(万德臣) …………30元
2. 道路工程制图(谭海洋) …………28元
3. 道路工程制图习题集(谭海洋) …………24元
4. 道路建筑材料(伍必庆) …………37元
5. 土木工程材料(张爱勤) …………39元
6. 土质学与土力学(赵明阶) …………30元
7. 结构设计原理(黄平明) …………47元
8. 结构设计原理学习指导(安静波) …………35元
9. 结构设计原理计算示例(赵志蒙) …………40元
10. 工程测量(朱爱民) …………30元
11. 基础工程(刘　辉) …………26元
12. 道路勘测设计(张维全) …………32元
13. 桥梁工程(刘龄嘉) …………45元
14. 公路工程试验检测(乔志琴) …………47元
15. 路桥工程专业英语(赵永平) …………44元
16. 水力学与桥涵水文(王丽荣) …………27元
17. 工程招标与合同管理(刘　燕) …………33元
18. 工程项目管理(李佳升) …………32元
19. 公路施工技术(杨渡军) …………64元
20. 公路工程机械化施工技术(徐永杰) …………32元
21. 公路工程经济(周福田) …………22元
22. 公路工程监理(朱爱民) …………33元
23. 道路工程(资建民) …………38元
24. 道路工程CAD(许金良) …………23元
25. 路基路面工程(陈忠达) …………45元(估)